“工程与法”系列丛书

建设工程施工合同法律实务与解析
（第二版）

高印立　编著

中国建筑工业出版社

图书在版编目（CIP）数据

建设工程施工合同法律实务与解析/高印立编著. —2 版.
北京：中国建筑工业出版社，2018.8
（“工程与法”系列丛书）
ISBN 978-7-112-22583-5

Ⅰ.①建… Ⅱ.①高… Ⅲ.①建筑工程-工程施工-合同法-法律解释-中国 Ⅳ.①D923.65

中国版本图书馆 CIP 数据核字（2018）第 195054 号

责任编辑：赵晓菲 张智芊
责任校对：李美娜

“工程与法”系列丛书
建设工程施工合同法律实务与解析
（第二版）
高印立 编著
*
中国建筑工业出版社出版、发行（北京海淀三里河路 9 号）
各地新华书店、建筑书店经销
北京科地亚盟排版公司制版
北京建筑工业印刷厂印刷
*
开本：787×1092 毫米 1/16 印张：24¾ 字数：496 千字
2018 年 10 月第二版 2019 年 12 月第三次印刷
定价：**60.00** 元
ISBN 978-7-112-22583-5
（31969）

序（第二版）

印立是好朋友，是个书生，从不人云亦云，永远保持着独立思考、学懂弄通、精益求精的求知态度。从工程界精英转行到法律界，成为法律人，保持了“理工男”近乎刻板地追求细节完美的优良品格，无论是在商事仲裁，还是律师岗位，凭借深厚的工学功底和对建筑市场的深度了解，公正中立地裁决了一批工程纠纷案件，为客户提供了优质的建筑工程法律服务，在人才力量相对薄弱的工程法律领域做出了贡献。

从司法角度看，施工合同纠纷案件基数不大，但诉讼当事人提出上诉、申请再审、甚至向检察机关申请抗诉或者提出检察建议的比例远高于其他类型民事案件。这意味着，裁判作出后，当事人始终不服，直至穷尽所有救济手段，表明此类案件裁判质量明显低于其他类型民事案件。究其原因，个人认为，主要在于法官缺乏工程专业知识，对建筑市场缺乏了解，即缺乏对工程建设的感性认识。域外司法也存在同样的困境。司法判断属于理性判断，讲究正当性，在形成证据链的基础事实基础上通过适法的逻辑推理过程得出裁判结论。由于对工程建设领域缺乏感性认识，在此基础上的理性判断，即司法裁判，存在着各类瑕疵就不难理解了。破解上述困境，在于建立专业审判制度，在充分的技术对抗基础上作出法律判断。因此，培育具备工程专业基础知识和法律专业知识的复合型人才就十分必要。对于印立这样的人才，我很羡慕，对工程专业知识，也多有讨教。

本书为原版书的修订版，增加了施工合同与承揽合同、买卖合同的辨析；工程总承包法律问题适用（EPC工程）；招投标过程中居间行为的审查及中标通知书发出后所成立合同的性质；合同无效时承包人的工期延误责任；关于内部承包模式的思考；挂靠人工程款请求权的实现；工程交付后的质量责任及期间；工程量清单计价规范强制性条款的法律适用；工程量清单错漏风险的承担；工程索赔期间；结算“默示条款”的效力认定；工程造价司法鉴定的启动；合作开发房地产各方的债务承担；以房抵工程款的法律适用及独立保函的认定等。上述内容均是施工合同纠纷案件中常见的法律争点，对这些法律实务问题的梳理分析，有利于厘清施工合同的法律难点，有利于提高对施工法律关系的认知广度和深度。当下，建筑业正在深化改革，国务院颁布《国务院办公厅关于促进建筑业持续健康发展的意见》，对完善优化建筑市场准入管理、完善招投标制度、加快推行工程总承包、培育全过程工程咨询服务、严格落实工程质量责任、建立统一开放的建筑市场等事关建筑业发展的问题指明了方向，作出了规划。同时，也势必对施工合同法律适用产生重大影响。本书修订的内容，也是改革关注的问题和实务中常见的法律问题，对这些问题的深入研究具有一定的前瞻性，相信会引来同仁对建筑法律实务新情况、新问题的再思考。法官、律师、商事仲裁、法学教育、公司法务等执业群体是法律职业共同体，需要逐步建立共同融合的法律思维和法律意识，坚守法律人的初衷和信仰，为建筑业发展作出法律人的贡献。

本人衷心将这本印立同志修订后的颇有价值的建筑工程法律作品推荐给大家，并期待印立同志有更多好的作品问世。

最高人民法院民一庭副庭长：

2018 年 9 月

序（第一版）

大家知道，工程项目管理是施工企业经营管理的核心环节，事关企业盈亏，甚至关乎企业生死。工程项目管理既是经济问题，也是法律问题，项目管理的全过程就是适法的过程，包括调整施工行为行政法、民商事等法律规范。有什么样的工程项目管理模式，就有什么样的工程建设法律制度，也就有与之对应的施工合同文本，这是经济活动决定法律制度的本质属性所决定的；同时，工程项目管理法律制度的创新，也必然引导管理模式创新，从粗放经营向集约经营、精细化管理方向发展。由中国建筑科学研究院、中国建筑技术集团有限公司完成的住房和城乡建设部科学技术项目《工程项目管理过程中的法律研究及风险防范》（课题编号：2010-R5-3），抓住了建筑行业工程项目管理的核心问题，旨在以法律手段化解项目管理的经营风险，意义重大。

受承办单位之邀，我有幸成为课题验收委员会主任委员。作为长期从事审理施工合同纠纷案件的法官，深刻感受到课题组同志们科学、严谨的工作作风，特别是课题组负责人印立同志作为名牌院校工程专业出身的专业人才，又具有法学教育背景，长期在工程建设领域从事科研、管理工作，研究法律问题依旧保持了严谨扎实的科学态度。课题研究期间，时常接到印立同志讨论法律问题的短信，每每回复都不敢懈怠，因为我知道他是一个一丝不苟的人，自己也经常被这份执着所感染。正因为如此，课题最终形成了建筑与法律、理论与实务相结合的综合类科研成果，本书即是在这一研究成果基础上修改完成。

应当看到，当前制约施工企业发展的瓶颈问题多是建筑业体制、机制和经济发展秩序问题，同时也是法律问题；如在施工企业体制、机制、管理模式、发展秩序等根本法律制度层面没有创新，很难从根本上解决企业效益问题，像建筑企业实行项目经理部管理模式能否向现代企业管理模式过渡，即比照房地产项目公司管理模式确定投资各方的责、权、利，通过项目公司股东分红方式实现投资各方权益，实现共同投资、共担风险、共享利润的利益共同体，而不是旧有的“工厂与车间”的管理模式。联合承包体各方是联营关系？合伙关系？合同关系？对外如何承担民事责任？履行施工合同过程中，业主拖欠工程款，施工人如何正确行使履行抗辩权，在不承担违约责任情况下，尽快追索工程欠款。承发包双方就施工合同约定的价款、工期、质量标准、违约责任、索赔条件、设计变更等事关企业重大利益的关键节点上发生纠纷时，应当如何建立符合行业特点的即时协调机制，及时化解矛盾，避免终结工程项目去打官司，如适当引进中间仲裁机制、纠纷评审机制等权威第三方化解纠纷机制，避免通过诉讼、仲裁等以终结施工合同履行为代价的终极解决方式等。业内人士讲，有什么样的施工合同，就有什么样的工程项目管理模式，我认为有一定道理。体现了法律制度对经济生活的能动作用，从一个侧面反映了法律制度对工程项目管理的建设性作用。本书的意义在于通过对建设工程施工合同法律问题的研究，反向推动工程项目管理升级换代，为以法律手段破解制约行业发展难题带了一个好头。

俗话说：缺什么，补什么。当前建筑业最缺乏秩序，公开、平等的自由竞争秩序。与其他行业比较而言，建筑业违法、违规现象普遍，且情节严重，对此，国家三令五申明令禁止。应当说，规范整顿措施取得的成效是显著的，但不治本，也不是长效机制。我认为，建筑业根本问题在于：一是管理模式相对迅猛发展且异常活跃的建筑经济活动而言有些滞后，优胜劣汰的市场竞争机制在行业内未得到充分体现；二是规则意识不强，转包、违法分包、肢解发包、规避资质管理规定挂靠、内部承包、联营等集体违规行为，甚至被当成企业发展的先进经验推广；三是个别企业缺乏诚信。本书在为行业重塑规则意识，树立法律权威，弘扬法治理念等方面起到了积极推动作用。广大读者读书的过程也是学法、信法、守法的过程，用法律解决经营问题是显规则，用潜规则去摆平问题毕竟不是长久之事，必然带来新的隐患和风险。本书的最大创新在于引导行业发展走向法制化轨道，大家在关注用法律手段防范经营风险的同时，恢复对法治的信仰，重塑规则意识，用合法的经营方式获得商机，取得利益，期待以后不再有规范整顿建筑市场的新“运动”。

本书的基本结构包括施工合同订立、效力、履行、履行障碍、验收和价款结算、施工人优先受偿权、法律风险防范等内容，几乎涵盖了施工合同履行过程中的全部法律问题，也是建筑法理论研究和法律实务中常见的焦点、热点问题。本书研究方法的新颖性体现在建筑工程法学基本理论——工程实务纠纷法律分析——结论，逻辑推理三段论方式解决，紧扣实务，深入浅出，一目了然，必将对施工企业法务、律师、仲裁、法官等实务界人士产生积极影响。

值本书付梓之际，聊书数语，实为学习体会，妄称序，以向各界推介。

最高人民法院民一庭审判长：
《施工合同司法解释》起草人：

2012年5月

前言（第二版）

本书出版已有六年之久。六年来，随着司法实践的与时俱进，有关法律、法规、司法解释及规范性文件陆续更新或出台，加之对于建设工程施工合同法律实务问题的思考也不断拓展和深入，使得本书存在修订的必要。

此次修订的主要内容如下：

一、增加的内容具体有：

1. 在第一章增加了“建设工程施工合同的概念”一节，将建设工程施工合同与承揽合同、买卖合同进行了比较，并对如如何区分进行了重点讨论。该内容由高印立完成。

2. 第一章第四节（第二版第五节）增加了“中标通知书发出后所成立合同的属性”，对中标通知书发出后所成立的合同是预约合同还是本约合同进行了讨论。该内容由高印立完成。

3. 在第二章第二节增加了“合同无效时承包人的工期延误责任”，对建设工程施工合同无效情形下，如何确定承包人的工期延误责任进行了讨论。该内容由高印立完成。

4. 在第三章增加了“合作开发房地产各方的债务承担”一节，对合作开发房地产各方是否对承包人债务承担连带责任进行了探讨。该内容由高印立完成。

5. 在第三章第二节增加了“关于内部承包模式的思考”，对内部承包合同的有效要件进行了讨论。该内容由高印立完成。

6. 在第三章第四节增加了“挂靠人工程款请求权的实现”，讨论了当发包人出现破产、下落不明等情况时，挂靠人能否向被挂靠人主张欠付的工程价款。该内容由高印立完成。

7. 在第五章增加了“工程交付后的质量责任及有关期间”一节，对缺陷责任期、质量保修期、质量保证期、合理使用年限以及相关的保修责任、瑕疵担保责任等概念进行了辨析，并在此基础上，讨论了我国合同法中尚无规定的工程质量异议期的确定。该内容由高印立完成。

8. 在第五章第三节（第二版第四节）增加了“工程量清单计价规范强制性条文的法律效力”，基于工程量清单计价规范的法律性质，对其强制性条文的效力进行了类型化分析。该内容由高印立、黄丽芳完成。

9. 在第五章第三节（第二版第四节）增加了“模拟工程量清单”、“‘工程量清单错漏风险由承包人承担’的认定与处理”、“工程索赔期间”和“关于结算‘默示条款’的效力认定”。该内容由高印立完成。

10. 在第五章第三节（第二版第四节）增加了“‘以房抵工程款’的性质及处理”，对“以房抵工程款”的性质进行了类型化分析，并对如何处理进行了讨论。该内容由高印立完成。

11. 在第五章第五节增加了“工程造价司法鉴定的启动”，并对“工程造价审计”进行了改写。该内容由高印立完成。

12. 在第七章第二节增加了“招投标过程中居间行为的审查”和“独立保函的认定”等内容。该内容由高印立完成。

13. 增加“工程总承包合同概要”，基于本书体系的考虑，将其放在附录。该内容由高印立完成。

二、对书中个别内容或观点进行了调整或丰富，如黑白合同中“实质性内容”的界定、履行抗辩权中的“拒绝配合竣工验收”和“未交工程资料”等。该内容由高印立完成。

三、删去了原书中的综合性案例，增加了 60 余个经过改编的实务判例，使其呈现短小精悍、论点结合紧密和可读性强的特点。判例由黄丽芳收集，改编由高印立、黄丽芳完成。

四、原书中涉及的法律、法规、司法解释、规章、规范性文件和示范文本发生变化的，根据新出台的相关规定进行了更新。同时，由于实践中尚有仍使用《建设工程施工合同（示范文本）》（GF-1999-0201）的情形，故对书中涉及的部分条款仍予以保留。该内容由黄丽芳完成。

五、全书由黄丽芳校对，高印立统稿、定稿。

在本书修订工作中，石伟博士对第一章第二节的内容提出了富有价值的意见，特此致谢！

尽管修订者做出了很大努力，但不当之处仍在所难免，敬请读者批评指正。

高印立

2018 年 9 月

前言（第一版）

建设工程施工合同具有标的额大、履行期限长、以形成不动产为目的及计划和程序严格等特点。由于我国建筑市场的特殊性，在建设工程施工合同签订和履行过程中存在大量的违法、违规和违约行为，导致建设工程施工合同纠纷案件频发，而且具有法律关系复杂、专业性强和疑难问题多的特点，给合同当事人带来巨大的法律风险。2004 年 9 月，最高人民法院出台了《关于审理建设工程施工合同纠纷案件适用法律若干问题的解释》，对施工合同的许多法律问题作了进一步的解释，但该解释在为司法实践提供审判指导的同时，也在实际施工人、黑白合同等问题上引发了一些新的争议。可见，对建设工程施工合同法律问题的研究，对于工程实践和司法实践都具有重要意义。为此，作者作为课题负责人在住房和城乡建设部立项了《工程项目管理过程中的法律问题研究及风险防范》科学技术项目（编号 2010-R5-3），也得到了中国建筑科学研究院的应用基金资助。本书即在该课题研究成果基础上修改完成。

纵观本书内容，具有以下几个方面的特点：

1. 紧扣工程实践，强调实务。本书紧密结合工程实践，对建设工程施工合同的成立时间、合同备案的性质、黑白合同的效力、表见代理的认定、实际施工人的特殊诉权和行为的责任归属、不可抗力与情势变更对施工合同的影响、工程结算及承包人的优先受偿权等典型的法律实务问题都进行了分析，并在此基础上提出了风险防范的具体措施，具有实务性强的特点，适合广大律师和建筑企业的法务人员阅读。

2. 汇集不同观点，重视说理。由于建设工程法律问题的复杂性和疑难性，无论在理论上还是实践中，对许多问题的处理都存在不同的意见。本书尽量列出不同的观点，并结合法学理论和工程实践对书中的观点进行了详细论述。虽为一家之言，但仍可供有志进一步研究者进行参考，旨在抛砖引玉。

3. 结构体系完整，实例丰富。本书基本上按照建设工程施工合同的履行过程编排结构，每章安排概述、法律实务问题解析（一般由法学基本理论、建设工程相关法律问题分析、结论三部分组成）、案例分析和本章小结等内容。无暇仔细阅读本书的读者可以浏览一下各章的小结，即可了解该章的主要内容。案例则均选自人民法院或仲裁机构已经裁决的真实案例，并尽量涉及书中论述的不同类型的法律问题，以供读者参考。

此外，本书的附录部分还收录了部分法院的相关指导性意见。这些指导性意见虽然效力位阶较低，但从中可以了解当地法院的倾向性观点。至于相关法律和司法解释等大家熟知的内容则不再收录，否则有充占篇幅之嫌，亦不符合节约的理念。

本书由高印立编著。黄丽芳参加了第二章第二节、第五节和第六节，第三章第二节，第四章第四节的撰写，并负责了大部分案例的整理工作；张绍发、周宜虎参加了第七章的撰写工作；刘丽彩参加了第四章第四节和第六节的撰写工作。全书最后由高印立统稿。

敬请读者注意的是，目前司法实践中对许多工程法律问题的认定和处理并不统一，书中的许多结论也仅代表作者的个人观点，书中各章的小结部分对此作了具体说明。而且，随着工程法律理论和实践的不断发展，对各种法律问题的认识还会进一步深化，一些观点还可能进行补充、修正。同时，由于建设工程施工合同纠纷案件的复杂性，在具体案件中对某一法律问题的认定还须结合案情具体分析才能得出正确结论。

因学识和经验所限，本书不当之处在所难免，敬请读者朋友们批评指正，并欢迎交流。联系方式：gaoyinli_book@126.com。

高印立

2012年5月

目　录

第一章　建设工程施工合同的订立

第一节　概　述

合同是平等主体的自然人、法人、其他组织之间设立、变更、终止民事权利义务关系的协议。也有学者认为，将合同定义为“民事主体之间以设立、变更和消灭债权债务为目的的双方法律行为”更为合适。[①] 建设工程施工合同是我国《合同法》规定的一种合同类型，其本质上是承揽合同的一种特殊形态，实践中，建设工程施工合同有时与承揽合同、买卖合同难以区分，从而对裁判机构正确适用法律进行裁判产生影响。因此，厘清建设工程施工合同的概念，确定其与承揽合同、买卖合同之间的区分标准十分必要。

合同作为一种“合意”，是双方当事人意思表示一致的产物。因此，合同的成立必定要经过双方订立的过程。在各国立法和国际条约中，一般规定一方当事人希望与他人订立合同的意思表示为要约，另一方当事人同意对方要约所作的意思表示称为承诺。承诺生效合同成立。

要约与承诺是合同订立的一般程序。而当事人在订立合同时选择什么具体方式，按照契约自由原则应由当事人来决定。当然，也存在例外。有些特别法为了维护社会公共利益或交易安全，要求合同订立采取特定的方式。对于建设工程施工合同来说，其订立方式包括招投标订立和直接委托发包订立两种。我国《招标投标法》第三条规定：“在中华人民共和国境内进行下列工程建设项目包括项目的勘察、设计、施工、监理以及与工程建设有关的重要设备、材料等的采购，必须进行招标：（一）大型基础设施、公用事业等关系到社会公共利益、公众安全的项目；（二）全部或者部分采用国有资金投资或者国家融资的项目；（三）使用国际组织或者外国政府贷款、援助资金的项目。”经国务院批准，国家发展和改革委员会（简称国家发展改革委）发布的《必须招标的工程项目规定》和《必须招标的基础设施和公用事业项目范围规定》又对必须进行招标的项目作了更为具体、详尽的规定。

---

① 李永军著：《合同法》，法律出版社 2004 年版，第 4 页。

一般来说，订立此类建设工程合同，要经过招标、投标、开标、评标、定标和签订合同书等几个阶段。而实践当中，投标人中标后，发包人擅自改变招投标条件的情况屡见不鲜，集中表现为在中标价的基础上压低工程造价、改变付款方式、降低合同额以逃避发包人应交的各种税费等。对此，中标人往往忍气吞声予以配合。在此过程中，有些中标人不愿意违背自己的真实意思，拒绝签订合同书，那么发包人的责任应当如何认定？是承担缔约过失责任还是承担违约责任？这就涉及建设工程合同成立的问题。

关于建设工程合同何时成立存在不同观点。这主要源于对契约自由与契约形式要求之间辩证关系理解的不同价值取向，以及对我国法律关于合同法定形式效力规定的不同见解。① 由此可见，要解决建设工程合同何时成立的问题，应当着重研究以下几个方面的问题：

(1) 对应于一般合同要约、承诺的订立过程，明确建设工程项目招标、投标和中标的法律性质；

(2) 基于我国《合同法》的规定，讨论合同法定形式的效力；

(3) 基于我国建设领域的现状，从平衡合同双方当事人利益和最大限度维护市场秩序的角度，研究建设工程合同的成立时间，以得出较为符合立法本意和现实价值的结论，从而确定擅自变更中标条件的法律后果，也为建设工程合同订立过程中的风险防范提供理论依据。

第二节 建设工程施工合同的概念

一、建设工程施工合同的概念

建设工程合同是承包人进行工程建设，发包人支付价款的合同，包括工程勘察、设计、施工合同等。所谓“施工”是指“工程的实施，即建筑产品的生产过程。是工程承包单位根据设计单位提供的图纸，按照设计规定的内容和要求，在现场进行的建筑安装活动。”②

建设工程合同本质上是承揽合同的一种，或者说其是承揽合同的一种特殊类型。但由于建设工程质量涉及社会公共安全，因此，国家对建设工程施工活动格外注重监督管理。建设工程施工合同的履行不但受《合同法》的规制，还要受

① 关于合同法定形式的效力，在学理上主要有生效要件说、成立要件说和证据效力说三种观点。参见王利明著：《合同法研究》(第一卷)，中国人民大学出版社 2002 年版，第 465～466 页。

② 黄汉江主编：《建筑经济大辞典》，上海社会科学院出版社 1990 年版，第 543～544 页。

《建筑法》《招标投标法》《建设工程质量管理条例》等法律、法规的规范。建设工程施工合同具有标的额大、履行期限长、以形成不动产为目的及计划和程序严格等特点。由于我国建筑市场的特殊性，在建设工程施工合同签订和履行过程中存在大量的违法、违规和违约行为，导致建设工程施工合同纠纷案件频发，具有事实难以查清、法律关系复杂、专业性强和疑难问题多的特点。

二、建设工程施工合同与承揽合同

如前所述，建设工程施工合同是承揽合同的一种特殊形态。关于建设工程合同和承揽合同的关系主要有两种立法例：一是统一适用承揽合同的规则，如德国、法国和我国的台湾地区；二是独立于承揽合同作出特别规定，如在奥地利，有专门的标准合同调整建设工程合同。[①] 有学者认为，在我国《合同法》中，建设工程合同从承揽合同中独立出来是受原苏联民法的影响，是计划经济的产物，在市场经济条件下，应当将其并入承揽合同，理性回归契约精神。[②] 也有学者认为，将建设工程合同区别于承揽合同单独规定的目的在于“保护合同之外社会公众的利益。正是由于现代社会对楼宇、桥梁、道路等设施的依赖，才使法律对上述设施的安全性做必要之控制，以防止工程质量低劣对整个社会公众的安全构成侵害。”[③] 但不管怎样，在当前市场条件下，无论是国家建设行政主管部门的监督管理还是司法、仲裁机构的裁判规则，对于建设工程合同与承揽合同来说均有显著不同，主要体现在以下几个方面：

1. 诉讼管辖不同。根据《民事诉讼法》第三十三条及《最高人民法院关于适用〈中华人民共和国民事诉讼法〉的解释》第二十八条的规定，建设工程施工合同纠纷按照不动产纠纷确定管辖，属于专属管辖。而承揽合同纠纷适用一般管辖原则。

2. 法律对合同主体的要求不同。一般来说，法律对建设工程施工合同的承包人均有资质要求，除特殊情形外，自然人或不具有相应资质的单位作为承包人签订施工合同的，合同无效[④]。而对于承揽合同的主体，法律并无特别要求。

3. 对承揽人工作转让的限制不同。建设工程施工合同的承包人不得将其承揽的工程转包，也不得将法律规定不得分包的工程分包给他人，否则，转包或分

---

① 参见王利明：《合同法研究》（第三卷），中国人民大学出版社 2012 年版，第 451 页。

② 参见李志国：“建设工程合同并入承揽合同是契约精神的理性回归”，载《学术交流》2010 年第 11 期。

③ 宋宗宇，温长煌，曾文革：“建设工程合同溯源及特点研究”，载《重庆建筑大学学报》2003 第 5 期。

④ 《建筑法》第八十三条第三款规定：“抢险救灾及其他临时性房屋建筑和农民自建低层住宅的建筑活动，不适用本法。”

包合同无效。而承揽合同的承揽人经定作人同意可以将其部分工作交由他人完成。

4. 对合同相对性能否突破的规定不同。在建设工程施工合同中，若合同存在转包、违法分包的情形时，根据《关于审理建设工程纠纷案件适用法律问题的解释》(法释〔2004〕14号)(以下简称《施工合同司法解释》)的规定，实际施工人有突破合同相对性向发包人主张工程款的特殊权利。而承揽合同则无类似规定。

5. 当事人行使合同解除权的条件不同。一般认为，建设工程施工合同中的发包人原则上不享有随时解除合同的权利。① 而在承揽合同中，根据《合同法》第二百六十八条的规定，定作人有随时解除合同的权利。

6. 合同无效的效果不同。建设工程施工合同无效，建设工程质量合格的，应适用折价补偿，参照合同约定支付工程价款。而承揽合同无效，根据履行情况和标的物的性质，可能会发生财产返还的法律效果。

7. 标的物的保修规定不同。《建设工程质量管理条例》对建设工程的最低保修期限作了规定，低于该法定保修期的约定无效。而承揽合同中关于定作物的保修期限由当事人自由约定，法律并无强制性规定。

8. 是否享有留置权不同。建设工程施工合同的承包人对建设工程享有优先受偿权，但该权利并非留置权。而承揽合同的承揽人对所完成的工作成果享有留置权。

由此可见，建设工程施工合同与承揽合同的区分在司法实践中十分重要，而判断的主要标准就在于二者的标的物不同。承揽合同的标的物通常是动产，而建设工程施工合同的标的物为建设工程。根据《建设工程质量管理条例》第二条的规定，建设工程是指土木工程、建筑工程、线路管道和设备安装工程及装修工程。“这里所指的土木工程包括矿山、铁路、公路、隧道、桥梁、堤坝、电站、码头、飞机场、运动场、营造林、海洋平台等工程；建筑工程是指房屋建筑工程，即有顶盖、梁柱、墙壁、基础以及能够形成内部空间，满足人们生产、生活、公共活动的工程实体，包括厂房、剧院、旅馆、商店、学校、医院和住宅等工程；线路、管道和设备安装工程包括电力、通信线路、石油、燃气、给水、排水、供热等管道系统和各类机械设备、装置的安装活动；装修工程包括对建筑物内、外进行以美好、舒适化、增加使用功能为目的的工程建设活动。”② 上述土木工程采用的是狭义概念，是指除房屋建筑外，用土、石、砖、木、混凝土、钢筋

---

① 参见冯小光：“适用《解释》应当处理好的几个问题”，载《建筑时报》2009年1月15日。也有学者认为，发包人享有任意解除权，参见黄喆：“建设工程合同法定解除权的教义学框架”，载《南京社会科学》2012年第4期。

② 国务院法制办、建设部编著：《建设工程质量管理条例释义》，中国城市出版社2000年版，第23页。

混凝土等和各种金属材料新建、改建或扩建的各类工程的构筑物、建筑物和相关配套设施。① 广义的土木工程则包含房屋建筑工程。

实践中，在对建设工程施工合同和承揽合同进行区分时，应注意以下几个方面的问题：

1. 临时性建筑虽然具有临时性、简易性的特点，但其符合建设工程的特性，仍属于建设工程范畴。以临时性建筑为工作成果的合同为建设工程施工合同，而非一般承揽合同。不同的是，临时性建筑不适用施工许可、设计、施工、监理、招标投标的规定，施工人不需要具备相应的建筑业企业资质。同样，农民两层（含两层）以下的自建住宅也无须由具有资质的单位设计、施工，但也属于建设工程范畴。这两类工程的建筑活动不适用《建筑法》，并不是不加强监督管理，只不过不按《建筑法》的基本程序和环节管理。“建设行政主管部门可以制订有关质量、安全管理办法，将此类工程纳入适用范围，引导农民和临时建筑工程的建设单位加强安全、质量管理。”②《建设部关于加强村镇建设工程质量安全管理的若干意见》（建质〔2004〕216 号）第 3 条第（3）项对此作了相应规定：“对于村庄建设规划范围内的农民自建两层（含两层）以下住宅的建设活动，县级建设行政主管部门的管理以为农民提供技术服务和指导作为主要工作方式。”因此，有关上述两类工程的建设工程施工合同纠纷仍适用《民事诉讼法》第三十三条和《最高人民法院关于适用〈中华人民共和国民事诉讼法〉的解释》第二十八条的规定，按照不动产纠纷确定管辖。在“郭玉新与田涛建设工程施工合同纠纷案”中，法院认为，牛场工程中的牛舍、氰化池、围墙等标的物均为基础建设工程，符合建设工程合同的特征，应定性为建设工程施工合同。同时，根据《建筑法》第八十三条第三款的规定，抢险救灾及其他临时性房屋建筑和农民自建低层住宅的建筑，不适用该法。因此，施工人不受《建筑法》关于对施工资质许可的限制，合同合法有效。③ 实践中，也有法院将钢骨架式农户储粮仓的采购、安装、调试、检验合同认定为一般承揽合同，笔者认为欠妥。④

2. 如前所述，土木工程的概念包括建筑物和构筑物。建筑物是指“人工营造的，供人们进行生产、生活或其他活动的房屋或场所。一般指房屋建筑，也包括纪念性建筑、陵墓建筑、园林建筑和建筑小品等。”⑤ 而构筑物是指“为某种工程目的而建造的、人们一般不直接在其内部进行生产和生活活动的某项工程实体

---

① 参见齐康主编：《中国土木建筑百科辞典》（建筑卷），中国建筑工业出版社 1999 年版，第 345 页。

② 国务院法制局、建设部编著：《〈中华人民共和国建筑法〉释义》，中国建筑工业出版社 1997 年版，第 172 页。

③ 参见宁夏回族自治区高级人民法院（2008）宁民终字第 50 号民事判决书。

④ 参见黑龙江九三农垦法院（2016）黑 8104 民初 240 号民事判决书。

⑤ 齐康主编：《中国土木建筑百科辞典》（建筑卷）. 北京：中国建筑工业出版社 1999 年版，第 167 页。

和附属建筑设施。前者如道路、桥梁、隧道、上下水道、运河、水库、矿井等；后者如烟囱、水塔、蓄水池、贮气罐等。”① 比如，户外独立的广告牌，往往用钢结构作为支撑，其就属于构筑物，钢结构的制作安装也有资质要求。此类广告牌的制作、安装合同属于建设工程施工合同，而非一般承揽合同。石油工程中的钻井、完井、固井合同也应认定为建设工程施工合同。

3. 对合同性质进行判断时，考察承包人是否必须具备相应的建筑业企业资质是一个重要方法。项目相应专业有工程资质要求的，就应当认定为建设工程施工合同。比如，按照目前建筑业企业资质的管理规定，综合布线系统、视频会议系统、大屏幕显示系统均属于建筑智能化工程，需要具备电子和智能化工程专业承包资质才能承揽。

4. 实践中较难判断的往往不是营造活动，而是安装活动。对此，首先要看安装是否需要资质，如塔式起重机、门式起重机和各类施工升降机的安装和拆卸均需要起重设备安装工程专业承包资质，则此类安装活动的承揽应认定为建设工程施工合同；其次，再判断安装的设备、装置、系统是否构成土木工程、建筑工程的附属设施或配套设施，如果构成，则应认定为建设工程施工合同。比如，对于制作、安装塑钢门窗的合同来说，虽然门窗属于动产，但其安装在建筑物上即构成了建筑物的附属设施，该合同应认定为建设工程施工合同。同时，门窗属于建筑装饰装修分部工程的子分部，承包人应当具备装饰装修工程专业资质。

5. 关于维修合同的性质。如果所维修的对象属于建设工程或其附属设施或配套设施，则维修也是一种建筑活动，其合同性质一般应认定为建设工程施工合同。需要注意的是，对于建设工程有关设备的维修合同，如果仅涉及设备自身的修理，不涉及安装，则其属于承揽合同；如果维修涉及安装部分，到应认定为建设工程施工合同。

三、建设工程施工合同与买卖合同

建设工程合同是承揽合同的一种，而“承揽合同是买卖合同的变种。这一类合同表面看来是货币和特定工作成果的交换，但实际上，双方当事人进行的不是货币与一般商品物的交换，而是完成工作的一方按相对方的特别指定，把自己的特定内容的活劳动，与特定的物品相结合，形成物化工作成果，作为商品出卖。”② 在由承揽人提供材料的情况下，承揽合同兼有买卖的性质。③ 正是承揽合同与买卖合同的相似性，导致实践中还存在建设工程施工合同易与买卖合同混淆

① 齐康主编：《中国土木建筑百科辞典》（建筑卷）．北京：中国建筑工业出版社 1999 年版，第 119 页。
② 张俊浩主编：《民法学原理》，中国政法大学出版社 2000 年版，第 801 页。
③ 参见王利明：《合同法研究》（第三卷）．北京：中国人民大学出版社 2012 年版，第 409 页。

的现象。二者在诉讼管辖、主体资格、工作内容的转让、合同解除、标的物保修、合同无效的效果等方面均有所不同，具体可见前述建设工程施工合同与承揽合同中的有关内容。除此之外，建设工程施工合同与买卖合同当事人的权利义务和风险分担亦不相同。

基于建设工程施工合同所具有的承揽合同属性，我们首先讨论承揽合同与买卖合同的区别。一般认为，承揽合同与买卖合同的区别主要体现在以下几个方面：

1. 目的不同。买卖合同以一方移转所有权而另一方支付价款为目的，而承揽合同是以一方完成特定的工作成果而另一方支付报酬为目的。①

2. 标的物不同。“承揽合同的标的物是特定的工作成果，在订立合同时是不存在的。它要在合同订立后，由承揽人依照约定通过其设备、技术和劳力创造出来。而买卖合同订立时，合同标的物一般是已经存在的，标的物为未来之物的买卖合同是特殊现象。此外，承揽合同的标的物总是特定物，而买卖合同的标的物既可以是特定物，也可以是种类物。”②

3. 需方是否提供材料不同。承揽合同中，定作人有时会提供己方的图纸、模具，要求加工人按此生产，而买卖合同中则不会提供图纸、模具等，仅会对产品的相关规格、质量等方面提出要求。③

4. 是否享有监督检查的权利不同。在承揽合同中，定作人有权对承揽人进行必要的监督检验。在买卖合同中，买受人一般无权过问出卖人组织生产的过程。④

5. 是否以人身信任为基础不同。承揽合同具有浓厚的人身信赖性质，承揽人未经同意擅自将主要工作交给第三人完成的，定作人可以解除合同并追究其违约责任。而买卖合同通常不以人身信任为基础，只要标的物质量合格，究竟由谁制造该标的物对买受人并无意义，买受人也无权就此提出请求。⑤

也有学者认为，承揽合同与买卖合同的主要判断标准为合同文本中有无强调标的物的接受人控制生产过程的内容，如材料选材权、监督检查权、单方设计变

---

① 参见李勇主编：《买卖合同纠纷》. 北京法律出版社 2011 年版，第 27 页。转引自《合同法研究》（第三卷），中国人民大学出版社 2012 年版，第 409 页。

② 王利明：《合同法研究》（第三卷）. 北京：中国人民大学出版社 2012 年版，第 410 页。

③ 参见李霖：“买卖、承揽合同的实务辨析”，载《江苏法制报》2014 年 6 月 3 日。《合同法》第二百五十六条规定：“定作人提供材料的，定作人应当按照约定提供材料。承揽人对定作人提供的材料，应当及时检验，发现不符合约定时，应当及时通知定作人更换、补齐或者采取其他补救措施。”第二百五十七条规定：“承揽人发现定作人提供的图纸或者技术要求不合理的，应当及时通知定作人。因定作人怠于答复等原因造成承揽人损失的，应当赔偿损失。”

④ 参见王利明：《合同法研究》（第三卷）. 北京：中国人民大学出版社 2012 年版，第 410 页。《合同法》第二百六十条规定：“承揽人在工作期间，应当接受定作人必要的监督检验。定作人不得因监督检验妨碍承揽人的正常工作。”

⑤ 王利明：《合同法研究》（第三卷）. 北京：中国人民大学出版社 2012 年版，第 410 页。

更权、终止定作权等权利的约定。如有，则为承揽合同；如无，应认定为买卖合同。而合同标的物、合同主体以及权利义务和风险转移等标准可以作为辅助参考标准。[①] 但需要注意的是，在设计-采购-施工总承包（EPC）合同中，业主有时对于工程项目的实施控制较少，但其性质显然为建设工程合同，是承揽合同的一种。

建设工程施工合同与买卖合同的辨别也基本适用上述判断标准。实践中，容易发生争议的是，在合同约定供方除提供材料的义务外还负有安装义务的情况下，合同性质应如何认定。

笔者认为，合同约定在转移标的物所有权的同时，供方还承担安装、施作义务，并不一定表明该合同即为承揽合同或建设工程合同。该种情况下合同性质的判断要看安装、施作行为是否构成合同的主要义务。如果构成合同的主要义务，则应认定为承揽合同或建设工程合同；如果合同的主要义务仍是交付并转移标的物的所有权，安装、施作仅为从给付义务，则应认定为买卖合同。对于安装、施作等行为所构成义务性质的判断，应主要考察安装、施作是否是合同的主要目的，其重要性如何，具体可以从安装、施作行为的复杂程度来判断。如果依常理判断，该行为属于供方"举手之劳"的简单操作，无需特别技能即可完成，由供方完成主要基于方便需方的考虑，有的也有"买产品，送服务"的意味。在这种情况下，可认为安装、施作行为并不影响当事人之间转移标的物使用权的合同目的，一般可认定为买卖合同。比如，家具、空调买卖合同中的家具组装和空调安装即属于此类情形。在"龚晓明与句容市城市建设工程有限公司买卖合同纠纷案"中，法院即认为，龚晓明向赵某提供工程所需铁门和栏杆并进行安装，龚晓明的主合同义务是将铁门和栏杆的所有权转移给赵某，而安装则是由于铁门和栏杆的使用性质所引发的从合同义务。因此赵某与龚晓明之间是买卖合同关系，并非建设工程施工合同关系。[②] 如果安装、施作属于复杂的操作，需要特别的技能才能完成，以致安装、施作成为合同的主要目的，则应认定为承揽合同。若该种操作还有建筑业企业资质的许可要求，则应认定为建设工程施工合同。需要注意的是，如果出卖人除出卖标的物之外还对买受人的安装提供技术指导，由于出卖人除交付标的物并转移其所有权外，并不能独立形成安装后的工作成果，则一般仍成立买卖合同。

此外，安装、施作在合同价款中所占的份额对其重要性有一定的影响，但并非绝对，如果安装所占份额虽少，但重要性程度高，需要特别技能，则仍可能对合同性质产生影响。在"浙江康帕斯流体输送技术有限公司与浙江金港汽车有限

---

① 参见佟欣欣："承揽合同与买卖合同的性质辨析"，载《辽宁师范大学学报（社会科学版）》2010年第3期。

② 参见江苏省镇江市中级人民法院（2015）镇商终字第210号民事判决书。

公司建设工程合同纠纷案”中，安装费用占压缩空气管路材料和安装服务总合同额的比例不足13%，但法院仍认为，涉案合同内容涉及管道的安装、调试、专业验收，故应定性为建设工程施工合同。①

实践中还经常出现合同名称与内容不一致的情形，根据《最高人民法院关于经济合同的名称与内容不一致时如何确定管辖权问题的批复》（法复〔1996〕16号）的规定，当事人签订的合同虽具有明确、规范的名称，但合同约定的权利义务内容与名称不一致的，应当以该合同约定的权利义务内容确定合同的性质。笔者就曾遇到过被法院以买卖合同纠纷立案的案件，实际上，该合同虽然名为“××系统的买卖合同”，但合同约定的内容是卖方提供“××系统的工程设计、制造、运输、安装、调试、培训服务”，而且约定“在项目建设期间，卖方必须遵守买方有关施工管理的规定”。可见，该合同并非是买卖合同，实质上是一个包含设计、施工内容的工程总承包合同。

当然，对于合同性质的判断是一个非常复杂的问题。本节对于建设工程施工合同与承揽合同、买卖合同区分的讨论主要基于一般情形。而工程实践复杂多样，而且，一个合同兼具多种性质的情况也并不鲜见，因此，准确确定合同的性质还需要结合个案的具体情形进行判断。

【实务判例】 建设工程施工合同与买卖合同的认定②

2010年3月，建设公司（甲方）与科技公司（乙方）签订GRF薄壁构件工程施工合同，双方对工程名称、地点、内容以及施工范围等进行了约定，施工范围为施工图纸及乙方报价清单范围内的全部内容。合同约定，货物品名为GRF标准构件，规格为500mm×500mm×200mm，组装费为33.8元/只，价款支付为货到付款。施工费一栏划去，另备注“非标准构件按标准构件价格执行，按实际用量结算”。合同中的权利与义务约定：1. 开工前甲方必须确保施工作业等达到具备施工的条件。2. 甲方须提供满足乙方正常施工所需要的水、电、提升设备等设施，所产生的费用由甲方负担。3. 甲方要货需提前三天通知规格及数量。4. 乙方负责按照图纸编制施工方案并按建筑单位标准的施工方案、技术要求、质量目标和甲方代表依据合同发出的指令、要求施工。此外，合同底部有甲方人员手书“另自合同签订后，三日内乙方务必送贰仟个到甲方施工现场”。

2010年3月7日至2010年6月1日，乙方提供箱体14419个，总货款为487362.2元，甲方已付货款404000元。同时，建设公司又将组装施工部分发

① 参见浙江省绍兴市中级人民法院（2016）浙06民终110号民事判决书。

② 参见安徽省六安市中级人民法院（2014）六民再终字第00006号民事判决书。

包给江某，安装费为8元/只。建设公司共支付江某施工费115352元。

双方当事人因纠纷涉诉，涉案合同性质是建设工程施工合同还是买卖合同成为争议焦点之一。

二审法院认为，施工费一栏划去以及货到付款的约定，符合买卖合同的部分法律特征，但不能确定为单纯的买卖合同，从合同名称、科技公司提供的施工技术方案以及施工工艺栏看，应属建设工程施工合同。

安徽省人民检察院抗诉认为，涉案合同名称虽为施工合同，但合同内容及履行方式符合买卖合同的法律特征，故原判认定涉案合同系工程施工合同，缺乏证据证明。

再审法院认为，诉争合同是建设工程施工合同还是买卖合同，其中主要涉及对合同文本的理解、双方签订合同后的行为表现以及相关的交易习惯。

第一，关于合同文本的理解。施工费一栏被划去与约定施工义务二者的指向是直接相反的，二者的效力可以作相互抵销。科技公司主张的货到付款，是价款支付方式，是合同的主要条款；手写的大致内容为三日内送货到施工现场。该两处的表述都符合买卖合同的性质。

第二，双方签订合同后的行为表现。基于意思表示的一贯性，双方当事人在合同履行中的行为表现可以作为对合同理解的辅助性依据。本案中，自双方签字后三个月内，科技公司送货14419只，建设公司付款404000元。如果合同约定的33.8元/只以货款计，总额为487362.2元，已付404000元，尚欠83362.2元。如果合同约定的33.8元/只以包含施工计，总额为487362.2元，其中既应包括材料费也应包括相应的施工费，扣除另付给他人的施工费115352元，货款额应为372010.2元。相较而言，合同约定价如以货款计，与双方签字确认的履行状况是相符的；如以含施工费计，则建设公司实际支出超过了应支出，此与签字确认尚欠货款相矛盾。同时，自合同签字时起，建设公司即要求送货至施工现场，双方约定的要货提前三天通知，也可以说明对于用货的数量及进度并非由科技公司掌握。因此，根据双方的发货、款项支付及结算确认等情形，应当认定双方当事人在合同履行中表现出的一致意思表示是进行买卖交易，涉案合同应为买卖合同。

第三，构件安装是否复杂也是合同约定价是否包括安装费的考虑之一。如果较为简单，可以附随在卖方送货义务中一并完成；如果较为复杂，超出买卖合同的正常包容范围，则属于另外的法律关系。根据庭审中科技公司提供的施工流程图以及本案的施工技术交底方案，建设公司另行委托江某的构件安装是较为复杂的，应属一个相对独立的施工操作，已超出买卖合同的一般权利义务范围。

综上，法院认定双方真实的意思指向是买卖交易，即诉争合同为买卖合同。

第三节　建设工程施工合同的订立方式

建设工程施工合同是承包人进行工程施工，发包人支付价款的合同。建设工程施工合同作为合同的一种，其订立同样要经过要约与承诺两个阶段，但由于建设工程的特殊性，其缔约过程也具有特殊性。建设工程施工合同的订立方式主要有两种，即直接发包与招标发包。

一、直接发包

直接发包是指由发包人直接选定特定承包人，与其进行协商谈判，并对工程建设有关内容达成一致协议后，签订建设工程承包合同的发包方式。这种方式简便易行，节省发包费用，但缺乏竞争机制，易滋生腐败。在我国可直接发包的工程主要有三类：

1. 根据《招标投标法》第六十六条的规定，涉及国家安全、国家秘密、抢险救灾或者属于利用扶贫资金实行以工代赈、需要使用农民工等特殊情况，不适宜进行招标的项目，按照国家有关规定可以不进行招标。

2. 根据《招标投标法实施条例》（国务院令第 613 号）第九条规定，有下列情形之一的可以不进行招标：

(1) 需要采用不可替代的专利或者专有技术；

(2) 采购人依法能够自行建设、生产或者提供；

(3) 已通过招标方式选定的特许经营项目投资人依法能够自行建设、生产或者提供；

(4) 需要向原中标人采购工程、货物或者服务，否则将影响施工或者功能配套要求；

(5) 国家规定的其他情形。

当然，投标人为适用前款规定弄虚作假的，属于《投标招标法》第四条规定的规避招标行为。

3. 从建设工程的投资主体上看，对私人投资建设的工程，且不涉及社会公共利益、公共安全的项目，采用何种方式发包，法律一般不加以限制，投资人可以自行选择发包方式。[①] 如《北京市工程建设项目招标范围和规模标准规定》(市政府令〔2001〕89号)第十一条第五款规定，国内外民间组织或者个人全额捐赠的，可以直接发包。《深圳经济特区建设工程施工招标投标条例》(2004年第二次修订)第八条规定："下列建设工程是否实行招标发包，由投资者自行决定：(一)全部由外商或者私人投资的；(二)外商或者私人投资控股的；(三)外商或者私人投资累计超过50%且国有资金投资不占主导地位的。"

二、招标发包

建设工程招标发包是指由建设单位设定标的并编制反映其建设内容与要求的招标文件，吸引承包人参与竞争，按照特定程序择优选择，达成合意并签订合同。基于法律的强制性规定及招标发包竞争所带来的优越性，许多建设工程施工合同都是通过招标发包的方式订立的。根据《招标投标法》第三条的规定，在中华人民共和国境内进行下列工程建设项目包括项目的勘察、设计、施工、监理以及与工程建设有关的重要设备、材料等的采购，必须进行招标：

(1) 大型基础设施、公用事业等关系社会公共利益、公众安全的项目；

(2) 全部或者部分使用国有资金投资或者国家融资的项目；

(3) 使用国际组织或者外国政府贷款、援助资金的项目。

同时，根据《招标投标法》第三条的授权，国家发展改革委制定了《必须招标的工程项目规定》(国家发展和改革委员会令第16号)和《必须招标的基础设施和公用事业项目范围规定》(发改法规规〔2018〕843号)，对应当采取招标方式发包的工程作了详细规定。工程建设项目符合该规定要求的范围和标准的，必须依据招标投标方式订立建设工程合同，否则所订立的合同无效。

建设工程的发包采用招标的方式，是在建设工程领域对供求关系、价值规律和竞争机制的充分利用。通过招标来选择承包人，一方面可以使建设单位避免或减轻发包工程的风险，有效地控制工程投资、质量与工期；另一方面还可以促使承包人不断采用先进技术，提高经营管理水平，努力降低工程成本。招标发包的优点显而易见，但也存在一定的问题，主要有招标投标工作透明度保障不够、招标代理机构行为不规范以及招投标失信惩罚机制和监督管理机制的不健全等。这

---

① 涉及社会公共利益和公共安全的项目范围参见国家发改委《必须招标的基础设施和公用事业项目范围规定》第二条的规定。第二条规定："不属于《必须招标的工程项目规定》第二条、第三条规定情形的大型基础设施、公用事业等关系社会公共利益、公众安全的项目，必须招标的具体范围包括：(一)煤炭、石油、天然气、电力、新能源等能源基础设施项目；(二)铁路、公路、管道、水运，以及公共航空和A1级通用机场等交通运输基础设施项目；(三)电信枢纽、通信信息网络等通信基础设施项目；(四)防洪、灌溉、排涝、引(供)水等水利基础设施项目；(五)城市轨道交通等城建项目。"

些问题的存在都会影响工程招标投标事业的健康发展，破坏招投标竞争秩序，导致招标发包的优点不能得到充分发挥。因此，在采取招标发包时，完善相关制度十分重要。

第四节　建设工程招标投标的法律性质

建设工程招标投标中主要的法律行为有招标行为、投标行为和发出中标通知书的行为。本节对招标行为和投标行为的法律性质进行讨论。

一、工程招标的方式及法律性质

根据《招标投标法》的规定，招标分为公开招标和邀请招标。公开招标，是指招标人以招标公告的方式邀请不特定的法人或者其他组织投标。邀请招标，是指招标人以投标邀请书的方式邀请特定的法人或者其他组织投标。国家发展改革委确定的国家重点项目和省、自治区、直辖市人民政府确定的地方重点项目不适宜公开招标的，经国家发展改革委或者省、自治区、直辖市人民政府批准，可以进行邀请招标。国有资金占控股或者主导地位的依法必须进行招标的项目，应当公开招标。但对于技术复杂、有特殊要求或者受自然环境限制，只有少量潜在投标人可供选择的情形和采用公开招标方式的费用占项目合同金额的比例过大的情形，可以邀请招标。

公开招标中招标单位一般通过报刊、电视、互联网等途径公开发布招标公告，吸引具备相应条件并愿意参加的投标单位参与竞争。公开招标体现了全面、公开、平等的竞争原则，但缺点是工作繁杂、开支费用大，一般是视工程性质有选择地采用。邀请招标是一种非公开方式的招标，由招标人向有承包能力的单位发出招标通知书或邀请函进行招标的方式。一般可选择3～10家单位参加招标。由于这种方式有针对性，招投标双方往往相互了解、彼此信任，可以大大节省人力、物力、财力，所以目前也被广泛采用。

关于工程招标的法律性质，我国学者一般认为，招标的法律性质为要约邀请，邀请投标人投标即邀请投标人向其发出要约。我国《合同法》第十五条规定："要约邀请是希望他人向自己发出要约的意思表示。寄送的价目表、拍卖公告、招标公告、招股说明书、商业广告等为要约邀请。"但是，也有观点认为："如果招标人在招标公告中已明确表示将与报价最优者订立合同，这一招标行为就已具有要约的性质。"①

① 崔建远主编：《合同法》（第三版），法律出版社2003年版，第349页。

根据《工程建设项目施工招标投标办法》第十五条的规定，招标人进行招标除需要发布招标公告外，还应当按招标公告或者投标邀请书规定的时间、地点出售招标文件或资格预审文件。那么，招标文件的法律性质如何？相关法律没有明确的规定。根据《工程建设项目施工招标投标办法》的规定，招标公告应当包括招标项目的内容、规模、地点、工期以及对投标人资质等级的要求等。同招标公告相比，招标文件内容则要具体、详尽得多，一般包括投标邀请书、投标人须知、合同主要条款、投标文件格式、技术条款、图纸、评标办法等。也正基于此，有学者提出“招标属要约，投标是订立合同的准承诺，而发出中标通知书即定标是对准承诺择优选定的正式承诺”。①

笔者认为，招标文件性质仍属要约邀请，其内容和特点都不符合要约的特征。一般来说，要约的构成需以下要件：①要约必须由特定的当事人作出，即发出要约的人必须特定。②要约必须向相对人作出。一般情况下，要约人在特定的时间和场合只能与特定的对方当事人订立特定内容的合同。当然也存在例外，如悬赏广告。③要约必须具有订立合同的目的。是否以订立合同为目的，是要约和要约邀请的主要区别。④要约的内容必须具体、确定。② 就建设工程招标文件来看，其内容和目的并不符合要约的特征：③

1. 招标文件的发布对象具有不特定性。建设工程招标并非针对某一特定主体，符合招标文件要求的主体均可以参加特定项目的投标活动。即使招标范围较小的邀请招标也同样具有选择性。如果招标对象和要约对象一样，特定在某一民事主体之上，招标也就失去了存在的价值。④

值得注意的是，所谓是否“特定”，是针对招标人发出招标文件时的对象而言，而非所谓“潜在中标人”在招标截止时已经实质存在的“特定”⑤。这如同悬赏合同的成立最终会有赖于某一特定主体的出现，但我们仍无法否认悬赏广告发布对象的不特定性一样。

2. 招标人发布招标文件，其目的是希望他人向其投标，而不以订立合同为目的。

其一，他人在购买招标文件时，尚无法确定其是否同意招标文件内容而向招标人投标，招标人如何能作出希望与他人订立合同的意思表示？

其二，一般情况下，招标人就同一标的只能与某一特定的当事人订立合同，而招标文件的发布对象却是不特定的。

---

① 陈仕中等：《招投标文件与建设工程合同关系研究》，载《上海政府法制研究》2001 年第 8 期。

② 参见陈小君主编，《合同法学》，中国政法大学出版社 2002 年版，第 27～28 页。

③ 高印立：《定标后擅自变更招投标条件的性质和后果》，载《建筑经济》2006 年第 12 期。

④ 宋宗宇、温长煌、曾文革：《建设工程合同成立程序研究》，载《重庆建筑大学学报》2004 年第 6 期。

⑤ 翟保峰：《招标文件是否应作为合同文件的组成部分》，载《建筑经济》2006 年第 1 期。

其三，在不违反有关招投标法规定的情况下，招标人不同意投标人的条件，可以拒绝投标人而不必承担法律责任。至于有的招标文件中所谓"最低价中标"条款并不符合《招标投标法》中所规定的"合理低价"原则。况且，价格并非定标的唯一要素，招标人还应当结合投标人的履约能力、质量标准、投标工期和方案特点等综合考虑。对于某些工程项目，工期和技术方案的可行性可能比投标价款还占有更加重要的地位。

3. 招标文件内容不能满足确定性要求。虽然招标文件一般规定有投标保证金、履行保函（保证金）、付款方式等比较详细、具体的内容，但工程价款显然并不包含在招标文件中，否则，招投标也就失去了意义。而且，实践中有的招标文件并不规定合同的支付条件等主要条款，而是要求投标人自己提出相应的付款方式、工期和优化的技术方案等。还有的招标人仅仅将空白的建设工程合同示范文本放入招标文件中，并不规定确定的内容。可见，招标文件内容并不符合要约所要求的具体、确定的特征。

由此可见，招标文件虽然比一般要约邀请在内容上更为具体，但在性质上仍属要约邀请范畴，对当事人不具有合同上的约束力，但这并不表明其没有法律约束力。投标人违反招标文件规定的，可能会产生废标、投标保证金不予退还等法律后果。

【实务判例】 招标文件对当事人具有法律约束力①

2008年12月，某县电视台委托某招标代理机构就县传媒中心室内装饰工程施工进行招标。《投标通知书》上载明：拟派施工项目负责人不得有在建工程；投标人在投标截止时间以前按规定向县招投标中心交纳投标保证金50万元。《招标文件》中规定：投标人在投标过程中提供虚假资料，并经查证属实，将拒还投标保证金。

2009年1月，A公司向县招投标中心交纳投标保证金50万元，但最终未中标。

2009年3月，县建设局作出《关于县传媒中心室内装饰工程有关投标单位弄虚作假行为调查处理情况的报告》，龙邦公司的项目经理赵某在该工程招投标活动的投标期间，正在承建其他装饰工程，与其投标时提供的资料不符。2009年8月，县电视台向A公司发函，通知其投标保证金50万元不予退还，并于当日上缴国库。

A公司向县人民法院起诉，请求判令被告县电视台返还其投标保证金50

① 参见臧峻月、程笑盈：《招标文件的法律约束力及投标保证金的法律性质》，载《人民法院报》2013年3月28日。

万元，并赔偿利息损失。

法院经审理认为：招标属于要约邀请，但对招标人仍然具有一定的法律约束力。县电视台的《招标文件》属于向A公司发出关于县传媒中心室内装饰工程施工的要约邀请，该《招标文件》不违反法律规定，具有法律效力，故对原、被告双方均具有相应的法律约束力。A公司关于项目经理赵某的实际情况和投标时提供的资料不符，属于在投标过程中提供虚假资料，根据《招标文件》规定，县电视台对A公司投标保证金50万元不予退还，并无不当。

二、工程投标的法律性质

符合《招标投标法》第二十六条规定的投标主体，均可以根据法律规定，去响应招标，参与投标竞争。[①]《工程建设项目施工招标投标办法》第三十六条规定，投标人应当按照招标文件的要求编制投标文件。投标文件应当对招标文件提出的实质性要求和条件作出响应。投标文件一般包括投标函、投标报价、施工组织设计、商务和技术偏差表等内容。此外，投标人根据招标文件载明的项目实际情况，拟在中标后将中标项目的部分非主体、非关键性工作进行分包的，应当在投标文件中载明。第三十八条规定，投标人应当在招标文件要求提交投标文件的截止时间前，将投标文件密封送达投标地点。第三十九条规定，投标人在招标文件要求提交投标文件的截止时间前，可以补充、修改、替代或者撤回已提交的投标文件，并书面通知招标人。补充、修改的内容为投标文件的组成部分。第四十条规定，在提交投标文件截止时间后到招标文件规定的投标有效期终止之前，投标人不得撤销其投标文件，否则招标人可以不退还其投标保证金。

工程项目投标的法律性质在我国现有立法上没有明确规定。从投标的特征以及投标文件的内容来看，投标属于投标人依据招标人发出的招标文件要求，向招标人发出的期望与招标人订立合同的要约。理由如下：

1. 从投标的目的来看，投标人参与投标就是希望与招标人订立合同。投标人按照招标文件的要求编制投标文件，并对招标文件提出的实质性要求和条件作出响应，就是迎合投标人要约邀请表达的意思，向投标人作出希望与之订立合同的意思表示。

2. 从投标文件的内容来看，投标文件内容具体确定。一旦中标，投标文件中的投标函、投标报价等内容，都将作为工程合同的重要部分。投标文件内容明

---

① 《招标投标法》第二十六条规定："投标人应当具备承担招标项目的能力；国家有关规定对投标人资格条件或者招标文件对投标人资格条件有规定的，投标人应当具备规定的资格条件。"

确、具体，涵盖了未来有可能订立的合同的主要条款，符合要约内容具体、确定的特征。

3. 从投标文件是否可修改和可撤回、撤销来看，投标文件具有要约的相关特征。《合同法》第十七条规定："要约可以撤回。撤回要约的通知应当在要约到达受要约人之前或者同时到达受要约人。"同时，第十八条规定："要约可以撤销。撤销要约的通知应当在受要约人发出承诺通知之前到达受要约人。"第十九条规定："有下列情形之一的，要约不得撤销：（一）要约人确定了承诺期限或者以其他方式明示要约不可撤销；（二）受要约人有理由认为要约是不可撤销的，并且已经为履行合同做了准备工作。"投标文件在要求提交的截止日期前，可以补充、修改、替代或者撤回。要求提交投标文件的截止日期就是要约生效的日期，在此之前，投标文件可以被撤回，甚至修改。此日期之后，投标文件属于受要约人有理由认为不可撤销的，并且已经为履行合同做了准备工作的要约，是不可撤销的要约。投标人不能随意撤销其投标，否则要承担不能收回投标保证金的责任。

综上可知，工程投标的法律性质是要约。一旦投标人向招标人发出投标文件，在投标日期截止后，投标生效。投标及投标文件属不可撤销要约，投标人不得随意撤销投标，否则要承担投标保证金不予退还的损失。

第五节　建设工程合同的成立

对于实行招投标的建设工程项目，在投标截止后，进入开标、评标和定标阶段，最后确定中标人。中标人确定后，招标人应向中标人发出中标通知书。该中标通知书对招标人和投标人均具有法律约束力。《招标投标法》第四十五条第二款中规定："中标通知书发出后，招标人改变中标结果的，或者中标人放弃中标项目的，应当依法承担法律责任。"第四十六条第一款规定："招标人和中标人应当自中标通知书发出之日起三十日内，按照招标文件和中标人的投标文件订立书面合同。招标人和中标人不得再行订立背离合同实质性内容的其他协议。"那么合同自何时成立呢？是中标通知书发出时还是双方签订书面合同书时呢？这一直是工程实践争议较大的一个问题。关于建设工程合同成立的讨论，涉及一般合同的成立要件和合同形式的影响，因此，我们从合同成立的一般理论开始讨论。

一、合同成立的一般理论

合同的成立涉及合同是否存在，未成立的合同谈不上履行问题，更不涉及合同的变更、终止以及解释等。合同的成立还是区分合同责任与缔约过失的根本标志，在合同成立以前，合同关系尚不存在，故因一方的过失而造成的对另一方信赖利益的损失则应承担缔约过失责任而并非合同责任。此外，合同成立的时间又是确定合同生效时间的基本标准。因此，合同何时成立关系重大。

一般认为，合同的成立必须具备两个要件①：

1. 要有订立合同的主体。实际订立合同的民事主体，在合同成立后，即成为合同当事人。该主体既可以是自然人，也可以是法人或其他组织。合同的订立是双方或多方法律行为，只有一方当事人谈不上合意问题，因而合同也就根本不能成立。

2. 合同当事人须对合同的主要条款达成合意，即订约主体意思表示一致。合同成立的根本标志即在于当事人的意思表示一致，凡对合同的主要条款意思表示不一致者，或虽经过协商却尚未达成合意者，自然不能产生合同成立的效果。

当事人意思表示的一致需通过要约和承诺两个阶段来实现。我国《合同法》第十三条规定："当事人订立合同，采取要约、承诺方式。"要约和承诺是合同成立的基本规则。如果合同没有经过承诺，而只停留在要约阶段，则合同双方未能就合同主要内容意思表示一致，合同根本未成立。

合同成立的时间一般以意思表示达成一致的时间为准。《合同法》第二十五条规定："承诺生效时合同成立。"我国《合同法》对要约承诺的生效采用到达生效主义，那么合同成立的时间一般为承诺到达要约人的时间。另外，《合同法》第三十二条规定："当事人采用合同书形式订立合同的，自双方当事人签字或者盖章时合同成立。"第三十六条规定："法律、行政法规规定或者当事人约定采用书面形式订立合同，当事人未采用书面形式但一方已经履行主要义务，对方接受的，该合同成立。"第三十七规定："采用合同书形式订立合同，在签字或者盖章之前，当事人一方已经履行主要义务，对方接受的，该合同成立。"可见，除承诺生效时外，签字或盖章时也可能是合同成立的时间。

除了合同的一般成立要件以外，基于合同的性质和内容的不同，还可以有其他特别成立要件。如实践合同应以实际交付标的物为其成立要件；要式合同须以完成一定的形式要件为其成立要件。形式要件中最典型的属书面形式。关于法定书面形式的效力在理论上有生效要件说、成立要件说和证据效力说三种观点。从我国法律用语来看，法律采取"应当"的表述方法，并不意味着该规定是一种效

---

① 这里采用"两要素说"。此外，合同成立一般要件理论还有"三要素说"，如王利明、崔建远先生认为，合同成立三要素为定约主体存在双方或对方当事人、对主要条款达成合意、应具备要约和承诺阶段。笔者认为达成合意与要约和承诺阶段本质上为一个要素，合意的达成是通过要约和承诺实现的。

力性强制性规范，否则，无效合同的范围过广，不符合鼓励交易的原则。①《合同法》第三十六条规定："法律、行政法规规定或者当事人约定采用书面形式订立合同，当事人未采用书面形式但一方已经履行主要义务，对方接受的，该合同成立。"据此，通说认为，法律、行政法规规定应当采用书面形式订立合同的，在未采用书面形式之前，应当推定合同不成立。②

二、建设工程合同的成立

关于建设工程合同的成立，理论和实务界有以下多种观点：

1. 中标通知书一经发出，建设工程合同即告成立。③

2. 中标通知书发出时，合同尚未成立。该观点认为，既然《招标投标法》第四十六条第1款规定，招标人和中标人应当订立书面合同，且《合同法》第三十二条规定："当事人采用合同书形式订立合同的，自双方当事人签字或者盖章时合同成立。"据此，中标通知书发出后合同还未成立。④

3. 中标通知书发出时，预约合同成立。该观点认为，以发出中标通知书为标志，招标人与中标人之间的预约合同成立且生效。而《招标投标法》第四十六条第一款所规定的"按照招标文件和中标人的投标文件订立书面合同"就是依照预约订立本约合同。⑤

笔者认为，中标通知书一经发出合同即告成立，具体理由如下：

1. 要约、承诺是合同成立的基本规则，也是合同成立必须经过的两个阶段。合同从当事人之间的交涉开始，由要约和对此的承诺达成一致而成立。在建设工程合同订立过程中，招标人向不特定对象发出招标书或招标文件属要约邀请，投标人的投标行为为要约，招标人依一定程序确定中标人，并向中标人发出中标通知书的行为属承诺。根据《合同法》第二十五条规定："承诺生效时合同成立。"合同法上的承诺生效采用到达主义，而《招标投标法》第四十五条规定："中标通知书发出后，招标人改变中标结果的，应当依法承担法律责任。"可见，《招标投标法》采用的是发信主义，按照特别法优于一般法的原则，中标通知书发出合同成立。

---

① 参见王利明：《合同法研究》（第一卷），中国人民大学出版社2002年版，第465～467页。

② 胡康生主编：《中华人民共和国合同法释义》，法律出版社2009年版，第68页。

③ 参见何红锋、华心萌："关于国际工程招标中合同成立时间的研究"，载《国际经济合作》2008年第2期。

④ 参见林善谋：《招标投标法适用与案例评析》，机械工业出版社2004年版，第178页。

⑤ 陈川生、王倩、李显冬："关于中标通知书法律效力的研究——预约合同的成立和生效"，载《北京仲裁》2012年第2辑。

2.《合同法》第二百七十条规定："建设工程合同应当采用书面形式。"第十一条规定："书面形式是指合同书、信件和数据电文（包括电报、电传、传真、电子数据交换和电子邮件）等可以有形地表现所载内容的形式。"可见，书面形式不同于合同书，合同书仅是书面形式的一种。而作为要约、承诺的投标文件和中标通知书显然符合《合同法》关于书面形式的要求。因此，中标通知书一经发出，建设工程合同即告成立。至于实践中当事人多采用的合同书形式，是对招投标内容的确认、整理和补充，主要起到保全证据的作用。

3. 虽然《招标投标法》第四十六条规定："招标人和中标人应当自中标通知书发出之日起 30 日内，按照招标文件和中标人的投标文件订立书面合同。招标人和中标人不得再行订立背离合同实质性内容的其他协议。"但该规定不能作为当事人签订书面合同后建设工程合同方可成立的依据。从文义上看，该条有以下三方面的含义：

（1）招标人和中标人应当在一定期限内订立书面合同，这里的书面合同即指书面合同书；

（2）招标人和中标人应当按照招标文件和中标人投标文件的内容订立合同；

（3）招标人和中标人不得再行订立背离合同实质性内容的其他协议，即不得签订"黑白合同"。

从法律性质上看，《招标投标法》不但调整民事主体之间的民事关系，而且调整行政机关和各民事主体之间的行政关系，具有行政指导和监督管理的功能。结合《招标投标法》第五十九条关于行政责任的规定，可知第四十六条的规定具有行政监督和行政管理的作用。

从立法目的上看，规定"应当订立合同书"，其目的在于维护双方当事人的利益，使建设工程合同的订立规范化，同时便于合同的备案管理，而并非合同成立或生效的条件。同时，合同备案是一种行政管理手段，并不具有法定公示作用，也不当然产生合同成立或生效的效力；而"按照招标文件和中标人的投标文件订立合同"和"不得再行订立违反合同实质性内容的协议"的规定，其目的则在于维护招标投标的严肃性和正当性，保护公开、公平、公正的市场竞争原则，保护其他未中标人的合法权益，不但具有行政管理作用，更有维护公共利益和保护第三人合法权益的作用。

【实务判例】 中标通知书发出之日起 30 日后签订施工合同的，合同有效。[1]

1999 年 8 月 4 日，A公司中标某市电影公司招标的影视城项目，同年 8 月 5 日，电影公司向A公司发出了《中标通知书》。2001 年 1 月 3 日，A公司与电

① 参见浙江省高级人民法院（2009）浙民终字第 45 号民事判决书。

影公司就中标项目签订《建设工程施工合同》，合同中的建筑面积、工期、质量要求和价款与《中标通知书》基本一致。2004年5月，该工程竣工验收合格。

2007年10月，A公司以电影公司拖欠工程款为由诉至法院。电影公司辩称，案涉合同在《中标通知书》发出17个月之后签订，超过了《招标投标法》第四十六条规定的法定期限，应属无效。

一、二审法院经审理认为，《招标投标法》第四十六条规定的主要价值取向是规范招标投标活动，保证项目质量，维护国家利益和社会公共利益。规定签订合同的期限，目的仅仅是限定一定时间约束当事人尽快订立合同，并不能仅因为当事人签订合同的时间超过了《招标投标法》的规定即认定合同无效。最终，法院认定合同有效。

4. 从应然角度来看，中标通知书发出合同即告成立，维护招标投标法权威性和严肃性的需要，也是矫正建筑市场招标人与投标人失衡地位的需要。①

招投标过程依据相关法律的具体规定开展，整个过程体现了招投标双方当事人的意志，具有严肃性和权威性。中标通知书的发出并非随意所为，而是有《招标投标法》等相关法律法规对程序正义和结果公正的保证。如中标通知书不能导致合同成立，则招标人改变中标结果或中标人放弃中标的成本很小，那么此类现象必定多发。其结果是招标投标制度可能失去赖以生存的基本前提条件，国家通过相关法律对招标投标过程的规范被架空，损害招投标的严肃性和权威性。

同时，从实际来看，投标人相对于招标人处于被动和弱势地位。赋予中标通知书合同成立的法律效力，是矫正建筑市场此种失衡现状的需要。《招标投标法》第六十条规定："中标人不履行与招标人订立的合同的，履约保证金不予退还，给招标人造成的损失超过履约保证金数额的，还应当对超过部分予以赔偿；没有提交履约保证金的，应当对招标人的损失承担赔偿责任。"这意味着中标人放弃中标不与招标人订立合同要承担损失履约保证金的风险。实际操作中，履约保证金比例一般为标的额的10%。形成对比的是没有对招标人类似的约束规定，招标人随意改变中标结果的损失是极为有限的。赋予中标通知书发出导致合同成立的法律效力，一旦招标人改变中标结果，需要承担违约责任，而非缔约过失责任，从而增大招标人的代价，降低招标人改变中标结果的随意性，有利于平衡招标人和投标人之间的利益。

三、中标通知书发出后所成立合同的属性

中标通知书发出合同即告成立，但此处的合同是预约合同还是本约合同在理

---

① 参见王建东：《建设工程合同法律制度研究》，中国法制出版社2004年版，第69页。

论和实践中存有较大争议。笔者依据预约和本约的区分标准，从预约合同的概念、招标投标的目的、招标投标文件的内容、违约责任的设定及当事人权利保护等方面，对中标通知书发出所成立合同的性质进行分析探讨。

（一）预约合同的概念及其判别

立法上最早确认预约合同的，始于1804年的《拿破仑民法典》。该法典第1589条规定："双方当事人就标的物及其价金相互同意时，买卖的预约即转化为买卖。"我国现行合同立法并未明确规定预约合同，但《最高人民法院关于审理买卖合同纠纷案件适用法律问题的解释》（法释〔2012〕8号）首次在法律上正式承认了预约合同。该司法解释第二条规定："当事人签订认购书、订购书、预订书、意向书、备忘录等预约合同，约定在将来一定期限内订立买卖合同，一方不履行订立买卖合同的义务，对方请求其承担预约合同违约责任或者要求解除预约合同并主张损害赔偿的，人民法院应予支持。"根据该条的规定："预约就是约定在将来一定期限内订立合同。""将来应当订立的合同，称为本约合同，而约定订立本约的合同，称为预约合同。"①

预约合同的根本目的是签订本约合同，因此在预约合同中一定要有当事人在将来一定期限内订立本约合同的意思表示。而本约合同的根本目的是确立当事人之间的权利义务关系并加以履行。关于预约合同与本约合同的区别，王利明教授的观点可兹赞同。他认为，应当从以下三个方面确定二者的区别：②

1. 是否具有设定具体法律关系的意图。除了订立本约合同之外，预约合同不能形成其他的债权债务关系，否则，预约合同的性质可能就会发生变化。例如，当事人在合同中约定订立租赁合同，如果当事人已经就租赁的期限、租金等达成合意，则应当将其认定为本约合同。

2. 合同的内容是否不同。预约合同的标的就是订立本约合同，其只是以订立本约合同为目的，只需要具备标的并包含将来订立合同的意愿即可，而无须包含本约合同的主要条款。预约合同并不直接指向具体的权利变动内容，否则就已经转化为本约合同。

3. 是否约定违反本约合同的责任后果不同。在预约合同中，一般不可能出现关于违反本约合同的责任的约定。因为本约合同还没有最终订立，不可能就违反本约合同的责任问题达成合意。

（二）中标通知书发出后成立合同的本约属性③

中标通知书发出后合同即告成立，但该合同是预约合同还是本约合同，我们

---

① 王利明："预约合同若干问题研究——我国司法解释相关规定述评"，载《法商研究》2014年第1期。

② 参见王利明："预约合同若干问题研究——我国司法解释相关规定述评"，载《法商研究》2014年第1期。

③ 高印立："论中标通知书发出后建设工程合同的本约属性"，载《建筑经济》2015年第1期。

从以下几个方面进行分析：

1. 从预约合同的概念上看，预约合同是当事人约定为在将来一定期限内订立合同而达成的允诺或协议。而招标人和中标人在招标投标过程中并无此意思表示，“按照招标文件和中标人的投标文件订立书面合同”是《招标投标法》第四十六条第一款的规定。从法律性质上看，《招标投标法》不但调整民事主体之间的民事关系，而且调整行政机关和各民事主体之间的行政关系，具有行政指导和监督管理的功能。从立法目的上看，规定“应当订立书面合同”，其目的在于维护双方当事人的利益，使建设工程合同的订立规范化，同时便于国家对合同的管理。在招标人和中标人之间成立承发包合同关系并无事实和法律上的障碍的情况下，将《招标投标法》第四十六条第一款的管理性规定作为预约合同成立的理由，是为本约合同成立设置的“人为障碍”，干涉了当事人的合同自由，违反了合同自由原则。

2. 从设定具体法律关系的意图上看，招标人招标的目的在于选择合适的承包人，而投标人投标的目的在于承接建设工程项目。对于中标人和招标人来说，中标通知书发出表示双方当事人就工程项目的质量、价款、工期及其他相关内容达成了合意，即在当事人之间设定了具体的债权债务关系。可以说，除了双方未约定在将来一定期限内订立合同外，对合同其他的主要内容均进行了约定。因此，中标通知书发出，意味着招标人和中标人之间确立了承发包关系，而并非仅仅是为了使当事人预先受到订立本约合同义务的约束。

3. 从招标投标文件的内容上看，《招标投标法》第十九条规定：“招标人应当根据招标项目的特点和需要编制招标文件。招标文件应当包括招标项目的技术要求、对投标人资格审查的标准、投标报价要求和评标标准等所有实质性要求和条件以及拟签订合同的主要条款。”《标准施工招标文件》（2007年版）和《房屋建筑和市政工程标准施工招标文件》（2010年版）均将合同条款中规定的双方权利义务与工程质量、技术标准、工期等并列为响应性评审标准，并明确规定投标文件不符合响应性评审标准中任何一项的，作废标处理。而在实践中，许多招标人均要求投标人在投标文件中，专门对遵守招标文件合同条款内容作出书面承诺。可见，中标通知书发出所成立合同的标的，是关于工程项目建设的给付和对待给付内容，而不是订立本约合同。“如果将包含本约合同必备条款的合同视作预约合同，将会导致预约合同与本约合同之间的混淆。”也有学者认为，在招标投标的情况下，预约合同的内容与本约合同几乎相同，此时将发出中标通知书所形成的合意看作预约合同，是因为将预约合同定性为本约合同的话，本约合同就无法成立，已经确定的合同内容无法获得更多的保护。[①] 如前所述，既然中标通知书发出后本约合同成立，当事人的权利会得到更加有力的保护，所以这种顾虑

① 参见刘承韪：“预约合同层次论”，载《法学论坛》2013年第6期。

也就不必要了。

4. 从履约担保的约定上看，《标准施工招标文件》（2007年版）第7.3.1项规定："在签订合同前，中标人应按投标人须知前附表规定的金额、担保形式和招标文件第四章'合同条款及格式'规定的履约担保格式向招标人提交履约担保。"《房屋建筑和市政工程标准施工招标文件》（2010年版）中的投标函附录中也包含了履约担保的金额。可见，招标文件中有履约担保要求的，根据《合同法》第二十五条的规定，中标通知书发出则中标人与招标人之间的担保合同成立。众所周知，履约担保合同为建设工程合同的从合同，担保合同的成立以其所担保的主合同成立为前提，故中标通知书发出则建设工程合同成立。同时，由于履约担保是为了保证中标人按照合同约定完成工程项目，而非保证中标人在一定期限内与招标人签订本约合同，即此处的"约"是指本约而非预约，因此，所成立的合同为本约合同而非预约合同。

5. 从违约责任的设定上看，《标准施工招标文件》（2007年版）和《房屋建筑和市政工程标准施工招标文件》（2010年版）在合同通用条款中，均详细列明了当事人不履行、不适当履行合同的违约责任。如《标准施工招标文件》（2007年版）规定，当事人无法继续履行或明确表示不履行或实质上已停止履行合同的，对方当事人可以解除合同；对于承包人的其他违约行为，其应承担违约所引起的费用增加和（或）工期延误；对于发包人的其他违约行为，其应承担由此增加的费用和（或）工期延误，并支付承包人合理利润。在具体的工程项目招标文件中，招标人还会在专用合同条款中列明更加明确的违约责任，并作为响应性评审标准之一。可见，招标人和中标人在招标投标过程中达成合意的违约责任条款，是当一方当事人不履行或不适当履行本约合同时，对另一方当事人的补偿规定。因此，中标通知书发出所成立的合同应为本约合同，因为在预约合同中不可能约定违反本约合同的违约责任问题。

6. 从当事人的权利保护上看，对因违约所造成的损失进行赔偿是对守约方的一种补偿。预约违约损失相当于本约的信赖利益损失，通常包括所受损失与所失利益。其中，所受损失包括缔约费用、准备履行所需费用、已给付金钱的利息等，所失利益主要是另失订约机会之损害。缔约过失损害赔偿一般限定在守约方实际损失的范围内，不包括机会损失。而机会损失如何界定以及是否赔偿，目前存在争议，尚未达成共识。[①] 本约合同的违约损失则为履行利益，其中包含所得利益。可见，虽然在理论上预约违约责任比缔约过失责任更为严重，但实践中二者的损害赔偿范围总体相当。建设工程的招标投标周期长，费用高，程序复杂，

---

① 参见奚晓明主编：《最高人民法院关于买卖合同司法解释理解与适用》，人民法院出版社2012年版，第61～62页。

赋予中标通知书发出本约合同成立的法律效力，给予当事人更为严苛的守约义务，有利于保护守约方的合法权益，对诚实守信市场氛围的形成和正常招标投标秩序的维护起到积极作用。

7. 从立法目的上看，《招标投标法》是为了规范招标投标活动，保护国家利益、社会公共利益和当事人的合法权益。招标投标程序关乎缔约的公开、公平、公正，举足轻重。中标通知书的发出并非随意所为，而是有《招标投标法》等相关法律法规对程序正义和结果公正的保证。而预约是一个暂时性契约，如果这一重要过程所形成的结果仅构成预约合同，显然降低了招标投标程序的地位，不利于维护《招标投标法》的权威性和严肃性。

此外，在预约合同和本约合同的判断上，有"疑约从本"的兜底标准，即如王泽鉴先生所言的"认定一个原则，订立预约在交易上系属例外，有疑义，宜认为系属本约"①。

综上所述，笔者认为，中标通知书发出所成立的建设工程合同属本约合同，而非预约合同。

【实务判例】 中标通知书发出施工合同成立，但可得利益损失未获法院支持②

2013年10月，和赵房产向A建工致送《住宅项目外立面装饰专业分包工程招标邀请信》，邀请A建工参加投标。招标文件要求投标者具有房屋建筑工程施工总承包一级、建筑装修装饰工程专业承包二级、防腐保温工程专业承包一级及建筑防水工程专业承包二级资质。

A建工具有招标文件要求的前两项资质，可承担单位工程造价1200万元及以下建筑室内室外装修装饰工程的施工。在取得招标资料后，其向和赵房产提交了投标文件。

2014年2月，和赵房产向A建工发送《中标通知书》，确定总承包方为十五建公司，A建工为专业分包人，分包工程合同金额为8300万元。

因总包方十五建公司不同意A建工作为分包方，和赵房产于2014年4月向A建工发函表示，A建工的资质不能承接本工程的专业分包，故通知其未能中标。

2014年8月，外立面装饰工程由项目总承包方十五建公司承接。

2014年9月，A建工诉至法院，请求判决和赵房产赔偿经济损失1400余万元，包括办公室租金及物业费、办公室装修费用、办公用品及生活设施、

---

① 王泽鉴：《债法原理（第一册）》，中国政法大学出版社2001年版，第148页。

② 参见上海市青浦区人民法院（2014）青民三（民）初字第3354号民事判决书；上海市第二中级人民法院（2015）沪二中民二（民）终字第3180号民事裁定书。

交通费、管理人员工资及解除劳动合同违约金、农民工生活费及清退费用、预期可得利益损失等，其中预期可得利益损失664万元。

法院经审理认为，和赵房产向A建工发出了邀标的要约邀请，在要约邀请中提及了工程分包人需具备四项资质。A建工并未隐瞒自己的资质情况，就其仅具备的二项资质向和赵房产发出了要约，和赵房产经审核后发出中标通知书，接受A建工仅有二项资质参与分包的要约，至此原被告间建设工程专业分包合同关系成立。本案中，分包合同无法继续履行的主要过错在被告和赵房产，次要过错责任在原告A建工。法院综合证据和案件发生的客观事实以及原告A建工自身应当负担的过错责任，酌情确定被告应赔偿原告损失为420万元。原告A建工既主张合同不能履行的实际支出损失，又主张合同履行完毕后的可得利益损失，没有法律依据和事实依据，对于可得利益损失主张难以支持。

上述案例中，和赵房产向A建工发出中标通知书，双方之间成立了建设工程施工合同关系，但由于本案分包工程造价为8300万元，而A建工的资质只能承担1200万元及以下装修工程，属超越资质承揽工程，合同无效。从这个意义上讲，法院不支持可得利益损失是正确的。

本章小结

建设工程施工合同是承揽合同的一种特殊形态，区分二者的主要标准就在于标的物不同。承揽合同的标的物通常是动产，而建设工程施工合同的标的物为建设工程。需要注意的是，建设工程除包括一般房屋建筑、临时建筑和农民自建住宅外，还包括用土、石、砖、木、混凝土、钢筋混凝土等和各种金属材料新建、改建或扩建的各类构筑物及其附属设施。实践中较难判断的往往不是营造活动，而是安装活动。对此，首先要看安装是否需要资质，其次再判断安装的设备、装置、系统是否构成土木工程、建筑工程的附属设施或配套设施，如果构成，则应认定为建设工程施工合同。

建设工程施工合同与买卖合同较难区分的情形是，合同约定在转移标的物所有权的同时，供方还承担安装、施作义务。该种情形下合同性质的判断要看安装、施作行为是否构成合同的主要义务。如果构成合同的主要义务，则应认定为承揽合同或建设工程合同；如果合同的主要义务仍是交付并转移标的物的所有权，安装、施作仅为从给付义务，则应认定为买卖合同。对于安装、施作等行为所构成义务性质的判断，应主要考察安装、施作是否是合同的主要目的，其重要性如何，具体可以从安装、施作行为的复杂程度来判断。

在建设工程施工合同订立过程中，一般来说，招标为要约邀请，投标为要约，中标通知书为承诺。虽然我国《合同法》第二百七十条对建设工程合同作了书面形式的要求，但通说一般认为，书面形式为建设工程合同的成立要件而非生效要件。鉴于招投标过程中当事人的投标文件和中标通知书均符合《合同法》第十一条关于书面形式的规定，因此，笔者认为，中标通知书一经发出，建设工程施工合同即告成立。

理论界关于建设工程合同何时成立存在不同观点，有观点认为当事人签订书面合同书时合同才成立，也有学者认为，中标通知书发出后仅成立预约合同。本章从预约合同的概念、招标目的、招投标文件内容、当事人权利保护等方面进行分析，认为中标通知书发出所成立的合同属本约合同，而非预约合同。

第二章　建设工程施工合同的效力

第一节　概　　述

合同成立是指一个合同关系已经存在，而已经成立的合同并不一定会产生当事人预期的法律效果。因为在一个国家，当事人的意思自治必须有一个法律的边界。也就是说，法律要对当事人之间的意思自治进行评价。一旦法律对一个成立的合同进行了否定性评价，那么这个合同就无法产生当事人预期的法律效果，从而导致合同无效或可撤销。

我们知道，在当今市场经济条件下，本着鼓励交易的原则，法院对合同无效认定一般均采取审慎从严的态度。然而，在建设工程领域，尤其是建设工程施工合同中的无效情形却大量存在，反映出工程建设领域市场环境和从业主体行为的不规范。这也是建设工程施工合同当事人在进行合同审查时，首先习惯性地考察合同效力的重要原因。

建设工程施工合同的效力评价，首先是对一个双方法律行为的效力评价，其效力要件主要包括主体要件、意思表示要件、内容要件等；其次，要结合建设工程施工合同的特点详细分析其合同生效的具体要件，并对建筑市场从业主体的大量规避法律强制性规定的行为，如借用资质、违法分包、黑白合同等问题进行分析讨论。

此外，由于建设领域各种规章、规范性文件纷繁复杂，其中也有许多禁止性规定，这也为建设工程施工合同效力的正确认定带来了一定障碍。建设工程项目具有投资额大、标的涉及不动产的特点也使得建设工程施工合同无效的处理有其特殊性，不能简单地适用合同法上对于无效合同采取的“返还财产、恢复原状”的方式。建设工程项目的一系列特殊性，使其在适用合同法的过程中，必须结合工程实践进行具体分析。这也是研究建设工程合同的价值所在。

最高人民法院于2004年10月发布的《施工合同司法解释》对建设工程施工合同的无效认定及法律后果作了较为具体的规定，为审判实践和工程实践提供了法律依据。本章旨在对建设工程施工合同的无效情形进行梳理，并在其基础上，对司法解释未明确的其他可能影响合同效力的情形进行讨论。

第二节 建设工程施工合同的生效

建设工程施工合同的生效是指建设工程施工合同对双方当事人的法律约束力的开始。建设工程施工合同的成立，是合同当事人双方就合同的权利义务达成了一致，但这并不一定意味着合同就有效。只有该合同具备了生效要件方能对双方当事人产生合同的法律约束力。其原因在于合同成立只是反映当事人的意志，而当事人的意志未必均与国家意志和社会公共利益相吻合。因而，国家需要通过合同的效力制度对合同进行必要的干预，对合同的有效成立提出更为严格的要求。[①]

一、合同的效力要件

我国《民法通则》规定，民事法律行为是公民或者法人设立、变更、终止民事权利和民事义务的合法行为。民事法律行为应当具备下列条件：①行为人具有相应的民事行为能力；②意思表示真实；③不违反法律或者社会公共利益。我国《民法总则》第一百四十三条规定具备下列条件的民事法律行为有效：①行为人具有相应的民事行为能力；②意思表示真实；③不违反法律、行政法规的强制性规定，不违背公序良俗。法律行为的概念首创于德国民法典，契约在《德国民法典》中被归入到法律行为的范畴中，视为法律行为的一种。[②] 由此，将契约定义为“民事主体之间以设立、变更或消灭债权债务为目的的双方法律行为”[③] 也许更为恰当。据此，合同的生效自然应符合我国《民法总则》规定的民事法律行为的条件，即合同当事人具有民事行为能力、双方意思表示真实以及不违反法律和社会公共利益。简言之，合同的生效需以主体适格、意思表示真实、内容合法为一般要件。此外，基于法律规定或当事人的约定，合同的有效可能还需具备一定的特别要件，又称形式要件，如办理登记等。合同有效一般应具备以下要件：

（一）合同订立各方主体适格——当事人具备相应的缔结合同的能力

合同是双方当事人就权利义务达成一致的意思表示，要求该表意人具有相应的意思表示能力和为自己的行为负责的能力。我国《民法总则》第一百四十四条

---

① 参见王建东：《建设工程合同法律制度研究》，中国法制出版社 2004 年版，第 73 页。

② 参见李永军：《合同法》，法律出版社 2004 年版，第 3 页。

③ 参见张俊浩主编：《民法学原理》，中国政法大学出版社 1991 年版，第 577 页。

规定：无民事行为能力人实施的民事法律行为无效。第一百四十五条第一款规定：限制民事行为能力人实施的纯获利益的民事法律行为或者与其年龄、智力、精神健康状况相适应的民事法律行为有效；实施的其他民事法律行为经法定代理人同意或者追认后有效。合同属民事行为范畴，因此，合同的有效必须满足订约双方具有相应民事行为能力的要求。

自然人与法人在行为能力上存在区别。依《民法总则》规定，法人的民事权利能力和民事行为能力，从法人成立时产生，到法人终止时消灭，企业法人应当在核准登记的经营范围内从事经营活动。这就意味着法人在核准的经营范围之外没有从事经营活动的行为能力。但我国《合同法司法解释（一）》基于交易安全和履约秩序的考虑，对此作出了修正："当事人超越经营范围，人民法院不因此认定合同无效，但违反国家限制经营、特许经营以及法律法规禁止经营的除外。"

（二）合同双方意思表示真实

意思表示真实是合同自由和正义在合同法上的贯彻。当事人将缔约内在意思表示于外的过程中，可能会因主观或客观、内在或外在的因素而导致缔约人欲表达的意思和表示出来的意思不一致。"在效果上就会出现自己所希望的交易没有发生，但却将自己置于一个不愿发生的交易关系中，即自己被不想同意的义务所约束。这就背离了契约自由和契约正义的价值理念。"①

关于意思表示真实的内涵，各国立法一般未作直接解释，多采用列举意思表示瑕疵类型，以排除方式确定意思表示真实。我国《民法总则》和《合同法》也采取此种方式，将欺诈、胁迫、重大误解、显失公平、恶意串通、虚假作为意思表示存在瑕疵的典型类型，作为判断意思表示真实与否的标准。

（三）合同内容合法、妥当

合同内容合法、妥当是指合同中的权利义务及其指向的对象不违反法律和社会公共利益，又称合同的标的合法、妥当。

合同内容的合法是指合同内容不违反法律的强制性规定。如《法国民法典》第1128条规定："得为契约标的之物，以许可交易者为限。"《德国民法典》第134条规定："法律行为违反法律禁止性规定时，无效。"

合同内容的妥当是指标的确定且可能。合同是当事人权利义务的准绳，债权人享有权利和债务人承担义务均以此为依据。这就要求权利义务的具体内容——给付必须是确定的。否则债权就无法实现，义务也就不能履行。② 标的确定性的

---

① 李永军：《合同法》，法律出版社2004年版，第231页。

② 李永军：《合同法》，法律出版社2004年版，第243页。

认定标准在我国现行法律中应作广义解释，即如果合同中包含了将来确定的方法，或依照法律规定的方式、交易习惯或依照法院的解释可以确定时，就应当认定为标的确定。合同内容的可能，是指合同所规定的权利义务在客观上有成为现实的可能性。如果标的无法实现，则不发生法律上的效力。值得注意的是，与合同有效有关的“合同内容可能”是指订立合同时的可能，而非合同订立后发生的可能。

我国1986年《民法通则》并没有将民事行为的内容妥当作为其有效的法律要件，后制定的《合同法》《民法总则》对此也没有明确规定。“依民事行为的本质，内容不确定不能据以划定当事人的权利义务之范围，以不可能的事项作为民事行为的内容，违反民事行为制度的本旨。”① 因此，应将合同内容的确定、可能作为合同的有效要件之一。

（四）形式要件——符合法定或约定的形式要求

大多数国家的民法都有关于缺少特别形式时某种合同无效的规则。但形式要件作为合同的有效要件之一只是例外规则，在没有法律明确规定情形下的合同生效只需具备上述前三个要件即可。原因在于法定形式要件是对契约自由的限制，而且起草文本文件、适时登记、当事人签字等都必然增加缔约成本，所以只有在有某种充分理由要求这样做时，法律才能予以规定。这种“充分理由”主要体现在：

1. 固定证据，减少争议的需要。仅以口头达成协议的双方当事人，往往会发现他们对于所达成协议的内容和时间上意见不一致；如果他们达成书面约定和协议，仍可能有争议。但是，这种争议可能会少得多。②

2. 保护缔约主体利益的需要。与口头形式相比，非口头形式更能提醒或唤起当事人的注意。正如德国关于法律行为立法理由书中所述，“遵守某种形式的必要，可以给当事人产生某种交易的气氛，唤醒其法律意识，确保其作出决定的严肃性。此外，遵守形式可以明确行为的法律性质……可以永久保存法律行为存在及内容的证据，可以简化诉讼程序。”③

3. 维护第三人利益的需要。第三人虽不参与合同的缔结，但合同效力可能会对第三人产生重要影响，如抵押合同对不动产购买人的影响。对此类合同采取特定形式，是保护第三人利益的需要。

特定的形式一般包括书面形式、登记、签字盖章等，有的国家还将公证机构的公证作为形式之一予以规定。我国《合同法》第十条规定：“当事人订立合同，

---

① 尹田：《法国现代合同法》，法律出版社1995年版，第150页。

② ［德］海因·克茨著，周忠海、李居迁、宫立云译：《欧洲合同法》，法律出版社2006年版，第115页。

③ ［德］迪特尔·梅迪库斯著，邵建东译：《德国民法典总论》，法律出版社2000年版，第462页。

有书面形式、口头形式和其他形式。法律、行政法规规定采用书面形式的，应当采用书面形式。”《物权法》中对不动产抵押采取登记生效主义，也意味着不动产抵押合同的生效以登记为准。

对于违反法定形式的后果，现代合同法并不是无一例外地认定无效。只有法律规定合同必须具备一定的形式才生效的，方为合同的生效要件。我国《合同法》第三十六条规定：“法律、行政法规规定采用书面形式的合同，当事人未采用书面形式但一方已经履行主要义务，对方接受的，该合同成立”。由此可以推定，在未采用书面形式之前合同不成立。①

对于违反约定形式的后果，我国法律没有明确规定。笔者认为，从维护交易安全和契约正义角度出发，在认定该后果问题上，应当区分当事人关于合同形式的约定是作为合同有效要件还是仅仅为了提供证据。如是后者，则不宜认定合同不生效，因为往往当事人已经为合同的生效甚至履行作了充分准备及成本投入。即便是前者，当事人也可以明示或默示方式改变或废除有关形式的约定，以避免无效结果的发生。

二、建设工程施工合同的效力要件

建设工程施工合同作为《合同法》规定的有名合同之一，其生效必然需要符合合同生效的一般要件，即主体要件、意思表示要件和内容要件。此外，根据《合同法》第二百七十条的规定，建设工程合同应当采用书面形式，有观点认为书面形式构成合同的生效要件。

（一）主体要件

建设工程施工合同的主体一般为法人，因此在考察建设工程施工合同生效要件的主体条件时，应当从法人行为能力角度出发。虽然《合同法司法解释（一）》中出于交易安全和契约秩序的考虑，并未对超越经营范围的民事行为作出必然无效的认定，但这并非对法人作为缔约主体应当具备行为能力这合同生效要件的否定，行为能力仍然是缔约主体所不可缺少的生效要件之一。建设工程施工合同的缔约当事人应当具备相应的行为能力，尤其应满足法律、法规对发包人和承包人特殊行为能力的要求。

1. 建设工程施工合同的发包人应当具备相应的行为能力，具有相应的主体资格。

《建设工程施工合同（示范文本）》GF-1999-0201 第 1.3 款将发包人定义为

① 参见胡康生主编.《中华人民共和国合同法释义》，法律出版社 2009 年版，第 68 页。

“具有工程发包主体资格和支付工程价款能力的当事人以及取得该当事人资格的合法继承人”。而《建设工程施工合同（示范文本）》GF-2017-0201 通用合同条款第 1.1.2.2 目规定，发包人是指与承包人签订合同协议书的当事人及取得该当事人资格的合法继承人，改变了 1999 年版施工合同示范文本以资质和履约能力界定发包人的表述。一般来说，发包人可以是经过立项，获得规划批准，并有土地使用权的项目所有人。特殊情况下也可以是使用人，其发包主体资格可能来自所有人授权，如承租人的装修修缮工程，也可能来自政府规划建设部门批准，如临时建筑。发包人还有可能是多家单位联合投资下的合作一方。[①] 我国《合同法》及《建筑法》没有对发包人的主体资格作出明确限制，但根据《建筑法》第八十三条第三款的规定，农民自建低层住宅的建筑活动不适用《建筑法》。

关于“农民自建低层住宅”的界定，原建设部《关于加强村镇建设工程质量安全管理的若干意见》（建质〔2004〕216 号）第三条第（三）项规定：“对于村庄建设规划范围内的农民自建两层（含两层）以下住宅（以下简称农民自建低层住宅）的建设活动，县级建设行政主管部门的管理以为农民提供技术服务和指导作为主要工作方式。”可见，对于两层（含两层）以下的农民自建住宅不适用《建筑法》，而对于三层以上（含三层）的农民自建住宅则应当执行《建筑法》的规定。原建设部《关于加强农民住房建设技术服务和管理的通知》（建村〔2006〕303 号）对此也明确作了规定。[②]《广东省高级人民法院关于审理建设工程合同纠纷案件疑难问题的解答》（粤高法〔2017〕151 号）第 2 条也规定：“家庭室内装修和农村、建制镇、集镇规划区内自建低层住宅（二层以下、含两层）、建设工程投资额在 30 万元以下或者建筑面积在 $300m^2$ 以下的合同纠纷，当事人以施工人没有施工资质而主张合同无效的，一般不予支持。”

在以商品房建设为标的的建设工程施工合同中，发包人为房地产开发企业，房地产开发企业在房地产开发时应当具备相应的资质。《房地产开发企业资质管理规定》（建设部令 2000 年第 77 号）第五条对房地产开发企业的资质条件作了详细规定。[③] 那么，如果房地产企业未取得房地产开发资质或超越资质，其与承

① 参见汪金敏：“谁是发包人，向谁追讨工程款”，载《造价师》2010 年第 3 期。

② 该通知第六条规定：“三层（含三层）以上的农民住房建设管理要严格执行《建筑法》、《建筑工程质量管理条例》等法律法规的有关规定。”

③ 《房地产开发企业资质管理规定》第五条规定，一级资质企业的条件如下：“1. 从事房地产开发经营 5 年以上；2. 近 3 年房屋建筑面积累计竣工 30 万平方米以上，或者累计完成与此相当的房地产开发投资额；3. 连续 5 年建筑工程质量合格率达 100%；4. 上一年房屋建筑施工面积 15 万平方米以上，或者完成与此相当的房地产开发投资额；5. 有职称的建筑、结构、财务、房地产及有关经济类的专业管理人员不少于 40 人，其中具有中级以上职称的管理人员不少于 20 人，持有资格证书的专职会计人员不少于 4 人；6. 工程技术、财务、统计等业务负责人具有相应专业中级以上职称；7. 具有完善的质量保证体系，商品住宅销售中实行了《住宅质量保证书》和《住宅使用说明书》制度；8. 未发生过重大工程质量事故。”二级、三级及四级资质企业也有相应规定。

包人签订的建设工程施工合同效力如何？

房地产开发企业是以营利为目的，从事房地产开发和经营的企业。所谓房地产开发是指在取得国有土地使用权的土地上进行基础设施、房屋建设，并转让房地产开发项目或者销售、出租商品房的行为。房地产开发关系到国计民生和社会公共安全，作为一个特种行业，房地产的开发经营应有准入限制。《最高人民法院关于审理涉及国有土地使用权合同纠纷案件适用法律问题的解释》（法释〔2005〕5 号）（简称《国有土地使用权司法解释》）第十五条第二款规定，当事人双方均不具备房地产开发经营资质的，应当认定合作开发房地产合同无效。但有关司法解释关于无效的认定，仅限于房地产开发经营合同，是否适用建设施工合同？笔者认为，法律对当事人主体资格的要求，主要基于对其民事行为能力的考察。设立房地产开发企业的目的即在于强化对从事房地产开发经营主体的资金投入、管理能力的要求，保证房地产开发经营的顺利进行。房地产开发经营合同是以房地产开发经营为内容的合同，房地产开发经营从广义上讲，包括从土地使用权出让或划拨、工程勘察、规划设计、征地拆迁、基础设施建设、房屋建设，到房屋销售、出租的整个过程。而狭义上的房地产开发经营，主要包括土地使用权转让或划拨、征地拆迁、商品房销售，不包括基础设施和房屋建设的内容。《民事案件案由规定》（法发〔2017〕138 号）将房地产开发经营合同纠纷与建设工程合同纠纷作了明确划分。[①] 可见，在狭义的房地产开发经营合同中，房地产开发企业是具体的实施主体，其行为能力直接关系到合同目的的实现，因此对其无相应的经营资格的，法律应当作出否定性评价。而对于建设施工合同，工程项目的具体实施者为承包人，“承包人的资质等级是其承担建设工程项目能力的直接体现，这种能力将直接影响到建设工程的质量与安全”[②]。此时，法律对建设工程合同发包人的行为能力仅要求具有相应的资金能力。由于法律并不认为承包人的垫资行为无效，因此，实质上法律对发包人关于资金方面的能力要求也并非是具有效力强制性的。因此，房地产开发企业的资质并不影响建设工程施工合同的效力。当然，实践中不具备相应资质的房地产开发企业是很难进行项目前期开发并取得项目建设合法手续的。

2. 承包人应当具备相应的行为能力，取得相应主体资格。

《FIDIC 施工合同条件》（1999 年版）中对承包商的定义为：雇主已接受其投标书并由其负责提供工程的当事方，及其财产所有权的合法继承人。[③]《建设工程

① 该规定把委托代建合同纠纷，合资、合作开发房地产合同纠纷，项目转让合同纠纷归入房地产开发经营合同纠纷；工程勘察、设计、施工、监理等合同纠纷归入建设工程施工合同纠纷。

② 王建东：《建设工程合同法律和制度研究》，中国法制出版社 2004 版，第 80 页。

③ 参见中国工程咨询协会、国际咨询工程师联合会编译：《菲迪克（FIDIC）合同指南》，机械工业出版社 2003 年 6 月版，第 693 页。

施工合同（示范文本）》GF-2017-0201 通用合同条款第 1.1.2.3 目规定，承包人是指与发包人签订合同协议书的，具有相应工程施工承包资质的当事人及取得该当事人资格的合法继承人。承包人是建设工程项目的具体实施者，其行为能力直接关系到工程项目的质量与安全，事关社会公共利益和公共安全。因此，法律对《建筑法》规范下的承包人实行严格监管，对它的主体资格提出了严格要求，并按注册资本、专业技术人员、技术装备和已完成的工程业绩划分为不同的资质等级。承包人在取得相应资质后，方可在资质等级许可的范围内从事建筑活动。这表现在以下几个方面：

(1) 从事建设工程施工的主体必须是取得建筑施工资质的法人，建设工程因其特有的复杂性，属"国家特许经营"的行业，未取得施工资质的一般民事主体订立的建设工程施工合同因主体不具有相应的行为能力无效。

(2) 具备建筑施工资质的法人还必须在其资质范围内从事施工承包活动，不能超越其资质等级范围，否则签订的建设工程施工合同无效。《建筑法》第三十六条第二款规定："禁止建筑施工企业超越本企业资质等级许可证的业务范围承揽工程。"根据《施工合同司法解释》第一条规定，承包人未取得建筑施工企业资质或者超越资质等级的，建设工程施工合同无效。此外，基于鼓励交易的考虑，《施工合同司法解释》第五条规定："承包人超越资质等级许可的业务范围签订建设工程施工合同，在建设工程竣工前取得相应资质等级，当事人请求按照无效合同处理的，不予支持。"这表明，尽管资质超越等级但仍可在竣工前补正。

（二）意思表示要件——意思表示真实

意思表示真实作为建设工程施工合同的效力要件，是指合同内容应当反映发包人和承包人真实的内心意思，不得有意思与表示的不一致和不自由，如重大误解、欺诈、胁迫、乘人之危等情形，否则可能导致合同的无效或可撤销。

（三）内容要件

建设工程施工合同的内容要件是指合同内容合法、妥当，不得违反法律和社会公共利益。但建设工程施工合同有其特殊性，其受到不同领域的多部法律、行政法规及部门规章的调整。"法律、行政法规和部颁规章中调整建设工程施工合同的强制性规范就有 60 多条，如果违反这些规范都以违反法律强制性规定为由而认定合同无效，不符合《合同法》的立法本意，不利于维护合同稳定性，也不利于保护各方当事人的合法权益，同时也会破坏建筑市场的正常秩序。法律和行政法规中的强制性规定，有的属于行政管理规范，如果当事人违反了这些规范应当受到行政处罚，但是不应当影响民事合同的效力。”① 在此，我们对以下几个常见的问题进行讨论。

1. 建设用地规划许可证、建设工程规划许可证对施工合同效力的影响

以出让方式取得国有土地使用权的建设项目和在城市、镇规划区内以划拨方式取得国有土地使用权的建设项目，建设单位应当取得建设用地规划许可证。工程项目所在城市、县人民政府城乡规划主管部门应当依据控制性详细规划核定建设用地的位置、面积、允许建设的范围，确定土地使用性质、开发强度（容积率、建筑密度、建筑高度、绿化率等）。符合规划条件的，核发建设用地规划许可证。《城乡规划法》第三十七条、三十八条对此作了规定。取得建设用地规划许可证后，建设单位可向县级以上地方人民政府土地主管部门申请用地取得国有土地使用权，或通过国有土地权出让合同取得国有土地使用权。在进行工程项目建设之前，建设单位还应当申领建设工程规划许可证，有关政府城乡规划主管部门将审查建设项目的性质、建筑密度和高度、容积率、绿化率等是否符合城乡规划的要求，审查建筑间距、停车位数量、公共服务设施等是否符合有关法律、法规和标准规范的要求。审查合格后，将核发建设工程规划许可证。建设工程规划许可证是办理施工许可证、竣工验收备案和房屋权属证书的法定条件。

由建设用地规划许可证和建设工程规划许可证的办理要求和审查内容可知，《城乡规划法》作出上述规定主要是为了保证工程项目的建设符合城乡总体规划，其最终目的是保证工程项目的建设符合社会公共利益，符合国家的发展要求。因此，建设工程项目未取得建设用地规划许可证和建设工程规划许可证，违反了法律的强制性要求，这种强制性要求应当是效力性的。在这种情况下，建设工程施工合同的标的物属于违法建筑，建设工程施工合同也将因此而无效。《浙江省高级人民法院民事审判第一庭关于审理建设工程施工合同纠纷案件若干疑难问题的解答》（浙法民一〔2012〕3号）即认为：“发包人未取得建设用地规划许可证或建设工程规划许可证，与承包人签订建设工程施工合同的，应认定合同无效；但在一审庭审辩论终结前取得建设用地规划许可证和建设工程规划许可证或者经主管部门予以竣工核实的，可认定有效。”

【实务判例】 发包人未取得建设工程规划许可证的，建设工程施工合同无效②

2007年8月1日，一建与冷储公司签订《建筑工程项目合同》，约定由一建承建冷储公司的“水产大世界”门面房和商铺工程，并约定了工程造价、工期和违约责任。合同签订后，双方又就水电部分增加了工程量，一

---

① 黄松有就《关于审理建设工程施工合同纠纷案件适用法律问题的解释》答记者问，http://www.dffy.com/fazhixinwen/lifa/200810/20081023192419.htm. 2011年10月20日访问。

② 参见河南省高级人民法院（2011）豫法民一终字第132号民事判决书。

建按照合同约定及增加的工程量履行了义务。冷储公司未按约定支付一建工程款。

2008 年 5 月，一建诉至法院，请求判令冷储公司支付工程款并承担违约责任。冷储公司提起反诉，请求判令一建返还超付工程款并承担违约责任，同时确认双方所签订的建设施工合同为无效合同。

经法院审理查明，冷储公司发包给一建的工程，未取得建设用地批准手续及建设工程规划许可证，亦未经过竣工验收，但冷储公司已实际使用。

终审法院认为，涉案工程未取得建设用地批准手续及建设工程规划许可证，违反了《土地管理法》及《城乡规划法》的强制性规定，系违法建筑，即冷储公司与一建所签订建设工程施工合同的标的违法，故该施工合同无效。该工程未经验收而冷储公司已实际使用，且未验收亦非一建原因造成，根据《施工合同司法解释》第十三条和第二条的规定，该工程价款应参照双方合同约定进行结算。

2. 国家土地使用权证对施工合同效力的影响

建设单位在土地上建设工程项目应当取得国有土地使用权。根据我国法律规定，土地使用权属于不动产物权，若其未取得国有土地使用权证则表明其对该建设用地无土地使用权，那么建设单位在自己无土地使用权的土地上进行工程建设的行为是一种无权处分行为。根据《合同法》第五十二条的规定，建设单位未取得土地使用权证而签订的建设工程施工合同属于效力待定合同。①《国有土地使用权司法解释》第九条作了类似的规定："转让方未取得出让土地使用权证书与受让方订立合同转让土地使用权，起诉前转让方已经取得出让土地使用权证书或者有批准权的人民政府同意转让的，应当认定合同有效。"

3. 施工许可证对施工合同效力的影响

施工单位在进行工程项目施工前，应当取得施工许可证。《建筑法》第七条对此作了规定："建筑工程开工前，建设单位应当按照国家有关规定向工程所在地县级以上人民政府建设行政主管部门申请领取施工许可证；但是，国务院建设行政主管部门确定的限额以下的小型工程除外。"《建筑法》第八条规定："申请领取施工许可证，应当具备下列条件：（一）已经办理该建筑工程用地批准手续；（二）在城市规划区的建筑工程，已经取得规划许可证；（三）需要拆迁的，其拆迁进度符合施工要求；（四）已经确定建筑施工企业；（五）有满足施工需要的施工图纸及技术资料；（六）有保证工程质量和安全的具体措施；（七）建设资金已经落实；（八）法律、行政法规规定的其他条件。"从《建筑法》的上述规定来

① 《合同法》第五十一条规定："无处分权的人处分他人财产，经权利人追认或者无处分权的人订立合同后取得处分权的，该合同有效。"

看，办理施工许可证的主要目的有两个方面：一是核实工程项目的合法性；二是保证工程项目具备施工条件。只要工程项目合法，即使未取得施工许可证也仅是违反了法律的管理性要求，而不会影响合同的效力。而且，申领施工许可证的条件之一是已经确定建筑施工企业，此时，建设工程施工合同已经成立。因此，建设工程施工合同签订在先，取得施工许可证在后。从时间先后来看，施工许可证也不应当影响施工合同的效力。《浙江省高级人民法院民事审判第一庭关于审理建设工程施工合同纠纷案件若干疑难问题的解答》（浙法民一〔2012〕3号）第二条规定："发包人未取得建设用地使用权证或建筑工程施工许可证的，不影响建设工程施工合同的效力。"《重庆高院关于建设工程施工合同纠纷案件的处理的指导意见》第十条也规定："有关施工许可证的规范属于管理性规范，不是影响合同效力性的规范，是否取得施工许可证不影响合同的效力。"

值得注意的是，虽然施工许可证不影响合同效力，但其对当事人的权利义务也可能会产生影响。有法院认为，施工许可证确定的开工时间与开工报告确定的开工时间不一致的，以施工许可证确定的开工时间为准。如《深圳市中级人民法院关于建设工程合同若干问题的指导意见》第九条规定："建设工程开工时间一般以发包人签发的《开工报告》确认的时间为准，但如果发包人签发的《开工报告》确认的开工时间早于《施工许可证》确认的开工时间，则以《施工许可证》确定的开工时间作为建设工程开工时间。承包人在领取《施工许可证》之前已实际施工，且双方约定以实际施工日为工期起算时间的，依照约定。"也有法院认为，施工许可证是否取得并不影响开工日期的确定，如《广东省高级人民法院关于审理建设工程合同纠纷案件疑难问题的解答》（粤高法〔2017〕151号）第十九条规定："虽然发包人未取得施工许可证，但承包人已实际开工的，应以实际开工之日为开工日期，合同另有约定的除外。因未取得施工许可证而被行政主管部门责令停止施工的，停工日期可作为工期顺延的事由。"笔者赞成后者的意见。施工许可是一种行政管理行为，不应当影响民事合同条款的效力。况且，有的项目甚至在工程完工时尚未取得施工许可，很显然以施工许可证上确定的开工日期作为工程开工日期也是不合理的。如果施工许可证的滞后对工期产生不利影响，其可以作为工期顺延的理由。同时，由于取得施工许可证的主要义务在于发包人，因此，因未取得施工许可停工而造成承包人损失的，发包人应当承担主要责任，而承包人作为施工企业应当明知未取得施工许可证不得开工的规定，故也可由其承担一定的责任。①

① 《建筑工程施工许可管理办法》（住房和城乡建设部令第18号）第三条规定："本办法规定应当申请领取施工许可证的建筑工程未取得施工许可证的，一律不得开工。"

【实务判例 1】 发包人未取得施工许可证，不影响施工合同的效力[①]

2003 年 7 月，A 公司与通道公司签订《建设工程施工合同》，约定通道公司承建 A 公司厂房。2004 年 2 月，通道公司在未完成全部工程的情况下，因造价问题与 A 公司产生纠纷而成讼。通道公司认为，A 公司虽然在起诉前取得了厂房的《国有土地使用权证》和《建设用地规划许可证》，但未取得《建设工程施工许可证》，违反了法律、法规强制性规定，故建设工程施工合同无效。

法院经审理认为，虽然 A 公司未取得建设工程施工许可证，但该项工程在起诉前取得了《国有土地使用证》和《建设用地规划许可证》，A 公司已具备签订该工程合同的资格，该合同有效。

【实务判例 2】 开工不应以施工许可证的日期为准[②]

2011 年 9 月，A 公司与 B 公司签订《建设工程施工合同》约定：由 B 公司为 A 公司的某商业广场工程施工。开工日期为 2011 年 5 月 8 日，竣工日期为 2012 年 6 月 30 日，工期 419 天。2011 年 5 月 15 日，B 公司开始施工。2012 年 6 月 13 日，B 公司、A 公司与相关单位组织主体验收。

2012 年 7 月 9 日，B 公司向一审法院起诉，请求法院判令 A 公司向 B 公司支付拖欠的工程进度款，并支付违约金。A 公司提起反诉，要求 B 公司赔偿 A 公司损失，其中包括工期延误造成的损失。庭审中，开工日期的确定成为争议焦点之一。

最高人民法院认为：《建设工程施工合同》约定的开工日期为 2011 年 5 月 8 日，竣工日期为 2012 年 6 月 30 日；由 B 公司呈送并经监理单位确认的《开工报告》中载明的计划开工日期为 2011 年 5 月 15 日，竣工日期为 2012 年 10 月 1 日；由 A 公司申报办理的《建筑工程施工许可证》中载明的开工日期为 2011 年 6 月 20 日，竣工日期为 2012 年 12 月 31 日。上述三份文本中记载的开工与竣工日期均不相同的情形下，应当以监理单位确认的《开工报告》中载明的 2011 年 5 月 15 日作为本案工程开工日期。尽管 B 公司与 A 公司签订《建设工程施工合同》约定的工期为 2011 年 5 月 8 日，但双方均认可在该时间节点上。B 公司并未开始施工。合同约定的开工日期与实际开工日期不一致的，应当以实际开工日期作为开工日期。

此外，招标投标程序也会对建设工程施工合同的效力产生影响。《招标投标法》第三条规定："在我国境内进行下列工程建设项目包括项目的勘察、设计、施工、监理以及与工程建设有关的重要设备、材料等的采购，必须进行招标：

（一）大型基础设施、公用事业等关系社会公共利益、公众安全的项目；

① 参见广西壮族自治区高级人民法院（2005）桂民一终字第 45 号民事判决书。

② 参见最高人民法院（2014）民一终字第 69 号民事判决书。

（二）全部或者部分使用国有资金投资或者国家融资的项目；（三）使用国际组织或者外国政府贷款、援助资金的项目。”《施工合同司法解释》第一条第三款规定：“建设工程必须进行招标而未招标或者中标无效的，建设工程合同无效。”《必须招标的工程项目规定》（国家发展改革委令第16号）和《必须招标的基础设施和公用事业项目范围规定（发改法规规〔2018〕843号）对必须进行招标的工程建设项目的具体范围和规模标准作了具体的规定。

（四）形式要件

有观点认为，建设工程施工合同的生效还应当符合法律规定的形式要件。原因在于《合同法》第二百七十条规定，建设工程合同应当采用书面形式。根据第一章的分析，笔者认为，此处的“书面形式”包括建设工程施工合同签订过程中能体现发包人和承包人协商一致内容的文字材料，如招投标文件、中标通知书等各种文书、图表等。而且，该“书面形式”并非建设工程合同的生效要件，应当为建设工程合同的“成立要件”。至于中标通知书发出后签订的建设工程施工合同书，其法律效力应为“证据效力”。

三、建设工程施工合同无效的情形

我国对建设工程实行严格的准人制度，《招标投标法》《建筑法》对建设工程的招标投标、承包发包和质量安全管理作了严格的规定，但在实践中，违反法律而导致合同无效的情形经常发生。依据《施工合同司法解释》的规定，常见的无效建设施工合同包括以下几种情形：

（一）承包人未取得建筑施工企业资质或者超越资质等级承揽建设工程的合同无效

建筑施工企业的施工能力是保障建设工程质量和安全的前提条件，我国相关法律对建筑施工企业的资质要求非常严格。《建筑法》第十三条规定，根据建筑企业的注册资本、专业技术人员、技术装备和已完成的工程业绩划分为不同的资质等级。在取得相应资质证书后，方可在资质等级许可的范围内从事建筑活动。如果承包人不具备法律、法规要求的资质条件或违反了法律、行政法规的效力性强制性规定，发包方所签订的施工合同应当无效。在签订建筑工程施工合同时，对承包方的资格审查主要是承包人有无法人营业执照，是否具有与所承包工程相适应的资质证书。

《施工合同司法解释》第五条规定：“承包人超越资质等级许可的范围签订建设工程施工合同的，在建设工程竣工前取得相应资质等级范围，当事人请求按照无效合同处理的，不予支持。”即对于承包人超越资质等级的情形，允许其在工程竣工前进行效力补正。

（二）没有资质的实际施工人借用有资质的建筑施工企业名义承揽工程的合同无效

我国《建筑法》第二十六条规定，禁止建筑施工企业以任何形式用其他建筑施工企业的名义承揽工程；禁止建筑施工企业以任何形式允许其他单位或者个人使用本企业的资质证书、营业执照，以本企业的名义承揽工程。

《施工合同司法解释》第一条第（二）款规定，没有资质的实际施工人借用有资质的建筑施工企业名义承揽工程的合同无效。需要的注意的是，此情形下合同无效有一个条件，即发包人在签订合同时明知实际施工人借用资质的事实。如果发包人不知道实际施工人借用资质的，可类推适用《合同法》第四十九条关于表见代理的规定，认定发包人与建筑施工企业签订的建设工程合同有效，但根据《合同法》第五十四条的规定，发包人对该合同有撤销权。[①]

（三）必须进行招标而未招标或者依据无效的中标结果签订的施工合同无效

《招标投标法》《必须招标的工程项目规定》和《必须招标的基础设施和公用事业项目范围规定》对于工程的招标范围有明确的规定。对于法律规定必须招标的工程，不能化整为零或者以其他形式规避招标。对于必须招标的工程，当事人未经招投标程序签订合同而后又补办招投标手续的，也应按无效合同处理。

中标结果无效的情形通常包括：招标人或招标代理公司泄露标底的；投标人相互串通投标或与招标人串通投标的；投标人弄虚作假，骗取中标等。中标是当事人签订施工合同的前提条件，中标无效必然导致施工合同的无效。

【实务判例】 强制招标项目未经招投标程序，虽然补办了招投标手续合同仍无效[②]

2004年11月，六建公司与开发公司签订了一份《建设工程施工合同》，合同约定开发公司将其某二期住宅小区的土建、安装工程发包给六建公司进行施工建设。由于双方在签订上述合同时未履行招标程序，双方于2005年9月补办了招投标手续。同年10月，六建公司与开发公司再次签订了《某小区二期工程建设工程施工合同》。同年12月，六建公司完成其承揽工程的主体结构封顶。后双方因工程质量和造价问题产生争议，涉案合同的效力成为争

---

① 《合同法》第五十四条规定：“下列合同，当事人一方有权请求人民法院或者仲裁机构变更或者撤销：（一）因重大误解订立的；（二）在订立合同时显失公平的。一方以欺诈、胁迫的手段或者乘人之危，使对方在违背真实意思的情况下订立的合同，受损害方有权请求人民法院或者仲裁机构变更或者撤销。当事人请求变更的，人民法院或者仲裁机构不得撤销。”

② 参见最高人民法院（2014）民一终字第72号民事判决书。

议焦点。

法院认为，建设工程必须进行招标而未招标的应认定建设施工合同无效。本案涉案工程开工前未向社会公开招投标，事后虽然补办了招投标手续，但实际并未向社会公开招投标，属于“明招暗定”行为，违反了招投标法的规定，故认定涉案合同无效。

(四) 承包人非法转包、违法分包所签订的建设工程施工合同无效

《建筑法》明确禁止承包人非法转包和违法分包建设工程。所谓非法转包，是指承包人违反法律、法规规定，将其承包的全部工程转让给他人施工或者将全部工程肢解以后以分包的名义分别转包给他人的行为。违法分包是指建设工程承包人将工程分包给没有资质的分包人，或违反合同的约定和未经建设单位认可，将其承包的工程交由其他单位完成，或施工总承包单位将其主体工程分包给其他单位，分包单位将其承包的工程再分包的行为。

根据《施工合同司法解释》第七条的规定，具备劳务作业法定资质的承包人与总承包人、分包人签订的劳务分包合同，当事人以转包建设工程违反法律法规为由请求确认无效的，不予支持。在这种情况下，劳务分包合同不属于非法转包或违法分包，不会导致劳务作业分包合同的无效。

【实务判例】 当事人以投标价低于鉴定所得成本价为由确认合同无效的，未获支持①

2006 年 4 月，A 公司经过招标投标程序确定南海某建为某厂区工程的中标单位，中标价 2913.4 万元。此后，双方签订《建设工程施工合同》(以下简称涉案合同)，合同采用固定总价合同，合同价款为 2913.4 万元，除发包人原因或设计变更引起的费用、工程量增减而引起的工程价款调整的项目外，合同价不作调整。

双方在合同履行过程中产生争议，中途解除合同而成讼。南海某建以涉案工程投标价低于成本价为由，请求确认案涉合同无效。

经一审法院委托鉴定，鉴定单位根据涉案合同、招标方案、投标文件、图纸及当地有关建筑工程定额出具了《工程造价鉴定书》。经鉴定，涉案工程不含利润的造价为 3788.7 万元。

一审、二审法院认为，基于鉴定单位出具的涉案工程不含利润的《工程造价鉴定书》，该工程造价成本为 3788.7 万元，相对双方签订的涉案合同约定的 2913.4 万元，差额比例超过 20%。由于涉案合同约定的中标价远低于

① 参见最高人民法院 (2015) 民提字第 142 号民事判决书。

《工程造价鉴定书》认定的造价，违反了《招标投标法》第四十一条第二款关于“中标人的投标应当能够满足招标文件的实质性要求，并且经评审的投标价格最低；但是投标价格低于成本的除外”的规定，依照《合同法》第五十二条第（五）项关于“违反法律、行政法规的强制性规定的合同无效”的规定，确认涉案合同无效。

最高人民法院经再审认为，法律禁止投标人以低于成本的报价竞标，主要目的是为了规范招标投标活动，避免不正当竞争，保证项目质量，维护社会公共利益，如果确实存在低于成本价投标的，应当依法确认中标无效，并相应认定建设工程施工合同无效。但是，对何为“成本价”应作正确理解，所谓“投标人不得以低于成本的报价竞标”应指投标人投标报价不得低于其为完成投标项目所需支出的企业个别成本。《招标投标法》并不妨碍企业通过提高管理水平和经济效益降低个别成本以提升其市场竞争力。原判决根据定额标准所作鉴定结论为基础据以推定投标价低于成本价，依据不充分。南海某建未能提供证据证明对案涉项目的投标报价低于其企业的个别成本，其以此为由主张涉案合同无效，无事实依据。涉案合同是双方当事人真实意思表示，不违反法律和行政法规的强制性规定，合法有效。

四、建设工程施工合同无效的法律后果

无效合同自始没有法律约束力，不能产生当事人预期的法律效果。根据我国《合同法》第五十八条的规定，无效合同的法律后果之一是返还财产、恢复原状，不能返还或没有必要返还的，折价补偿。由于建设工程施工合同履行结果的特殊性，承包人往往已经通过施工建设使建筑材料物化成在建工程，甚至是竣工的建设工程了。因此在建设工程施工合同无效的情况下，返还财产已不太可能。此时应当适用折价补偿的原则进行处理。我国司法解释采用的即是“折价补偿”的方式。①

（一）参照合同约定支付工程价款

根据《施工合同司法解释》第二条规定，建设工程施工合同无效，但建设工程经竣工验收合格，承包人请求参照合同约定支付工程价款的，应予支持。当然，发包人请求参照合同约定支付工程价款的，也应予支持。

这里要注意的是“参照合同约定支付工程价款”，并非“按照”合同约定支付工程价款。一般情况下，在工程竣工验收合格的前提下，可按照合同约定支付

① 唐青林：“建筑工程施工合同无效的种类及法律后果”，中国人民大学法学硕士论文 2004 年。

工程款。但在工程未完成或有大量设计变更的情况下，按合同无法确定工程价款的，可通过鉴定的方式确定建设工程的造价。

关于“参照合同约定”的范围，实践中有不同观点。有观点认为，“参照合同约定”应进行限制性的理解，仅限于合同中对计价标准的约定。也有观点认为，既然施工合同对价格的约定是一个完整的计价体系，从当事人意思自治的原则出发，当事人在合同中关于工程款支付的所有约定，包括付款条件、付款时间、付款方式以及质保金的扣留及返还等均属于“参照合同约定”的范围，甚至认为违约金条款在合同无效时也要参照约定适用。笔者认为，建设工程无效的法律后果为折价补偿，因此，首先，“参照合同约定”的范围应当包括合同中工程价款数额的约定，当然也就包括与工程价款数额密切相关的计量、计价规则。其次，付款方式对承发包双方均意义重大。发包人会尽可能地延迟付款时间，以减少自身的支付压力，而承包人则会尽力争取减少垫资，以获得工程款的早日回收。甚至在某些情况下，承包人宁愿以牺牲一小部分工程款为代价来换取工程款的尽早回笼。从这个意义上看，工程款的付款方式也可能对工程价款数额产生影响，即使合同无效，其某种程度上也表征着折价补偿的“品质”。而且，预付款、进度款及质保金均是工程最终总价款的组成部分，应当计入工程折价的范围内。因此，无效施工合同中约定的付款时间、付款金额等支付方式以及质保金的扣留及返还等均属于“参照合同约定”的范围。至于违约金、赔偿损失的约定，因其与折价无关，不应包含在“参照合同约定”的范围内。

【实务判例】 合同无效后发包人亦可主张参照合同约定支付工程价款①

2008年1月12日，A公司与B公司签订《建设工程施工合同》，约定B公司承包A公司商品房住宅工程，合同价款暂定6000万元，价算方式为可调价合同。合同签订后，A公司于2008年2月1日将该工程委托丙公司进行邀请招标，并于同日将招标文件报市招投标办公室备案。2008年2月15日，B公司投标。2008年2月16日，B公司中标，中标价6000万元。

2008年2月4日，该工程开工。2009年7月，工程验收合格。后因双方对工程款发生争议，B公司诉至法院，请求按实结算工程价款，即请求A公司支付工程欠款2200万元及利息。A公司辩称应按照合同约定结算工程价款。A公司此前已支付工程款5000万元。

一审法院认为，涉案《建设工程施工合同》签订于招标之前，属于串标行为，故合同无效。工程验收合格，故可折价补偿。因此应按对清远公司实际投入评估后得出的工程造价作为结算价格。故判决A公司以按实结算方式

---

① 参见奚晓明主编：《民事审判指导与参考》总第48辑，人民法院出版社2012年版。

的鉴定金额扣减相应的利润额作为结算依据，向B公司支付欠款2414万元。

二审法院认为，无效合同的工程款结算，原则上应参照合同约定的结算方式计算。同时认为，在建筑工程中形成相应的利润及税金是承包人通过施工应得的合法收益，如果扣减将导致其被发包人取得，有违公平原则。故判决A公司以合同约定结算方式的鉴定金额为结算依据，向B公司支付欠款1165万元。

（二）承包人承担修复费用

根据《施工合同司法解释》第三条第一款第（一）项规定，如果建设工程施工合同无效，且建设工程经竣工验收不合格，但是修复后的建设工程经竣工验收合格的，发包人请求承包人承担修复费用的，法院应予支持。

（三）不予支付工程款

根据《施工合同司法解释》第三条第一款第（二）项规定，如果建设工程施工合同无效，修复后的建设工程经竣工验收仍不合格，承包人请求支付工程价款的，不予支持。

（四）发包人按照过错承担相应的民事责任

根据《施工合同司法解释》第十二条规定，因建设工程不合格造成的损失，发包人有过错的，也应承担相应的民事责任。

【实务判例】合同无效的，当事人应当按照过错分担所造成的损失①

2004年2月，化工总厂与建筑公司签订了《工程施工合同》和《补充协议》，约定化工总厂将工程中的挡土墙工程发包给建筑公司承建。2004年5月，陈某某以项目施工负责人的名义与鞠某某签订《内部承包合同》，约定由鞠某某承包约$2500m^3$的挡土墙工程，如一方违约，违约方向守约方支付工程总造价5%的违约金。之后，鞠某某按《内部承包合同》的约定完成了相关工程施工。2005年9月，陈某某以项目负责人的名义与鞠某某结算，明确尚欠鞠某某工程款20.9万元。此外，在建筑公司与化工总厂的结算表上，建筑公司加盖了公章，陈某某在负责人一栏签了名。后因工程款拖欠，鞠某某诉至法院，请求判令建筑公司支付工程欠款并承担违约金和银行贷款利息。

法院经审理认为：建筑公司与化工总厂签订的施工合同项下的挡墙工程系鞠某某承建施工，虽然挡墙工程所属的《内部承包合同书》系陈某某以自

---

① 参见重庆市第三中级人民法院（2010）渝三中法民再终字第43号民事判决书。

己的名义与鞠某某签订，但从建筑公司与化工总厂的工程结算表上可看出，陈某某系该工程的项目负责人，故其与鞠某某签订合同并进行结算的行为属职务行为，因此，《内部承包合同书》实为鞠某某和建筑公司所签订。鞠某某系自然人，不具备分包建筑工程的资质，因此，其与建筑公司签订的《内部承包合同书》应属无效合同，但建设工程经竣工验收合格，鞠某某请求按合同约定支付工程款，应当予以支持。鞠某某基于无效合同而向对方主张合同约定的违约金，不予支持。鞠某某请求给付资金利息，因建筑公司拖欠工程款给鞠某某造成资金占用损失是客观存在的，故鞠某某的该项请求应当得到支持，但因对无效合同的签订双方均有过错，故鞠某某和建筑公司对资金占用损失各自应承担50%的责任，判决建筑公司支付鞠某某工程款20.9万元，并赔偿按银行贷款利率计算的鞠某某资金占用损失的50%。

笔者认为，上述判例中，法院判决由鞠某某承担50%利息损失似有不妥。《合同法》第五十八条规定："合同无效或者被撤销后，因该合同取得的财产，应当予以返还；不能返还或者没有必要返还的，应当折价补偿。有过错的一方应当赔偿对方因此所受到的损失，双方都有过错的，应当各自承担相应的责任。合同无效或者被撤销后，因该合同取得的财产，应当予以返还；不能返还或者没有必要返还的，应当折价补偿。有过错的一方应当赔偿对方因此所受到的损失，双方都有过错的，应当各自承担相应的责任。"由该条规定可以看出，此处"损失"是指因合同无效而造成的损失，而本案中的利息损失系建筑公司拖欠工程款所造成，并非是因合同无效而造成的损失。

（五）施工中取得资质的，按照有效合同处理

根据《施工合同司法解释》第五条规定，在超越资质等级的建设工程施工合同无效的场合下，如果承包人签约之时超越了资质等级许可的业务范围，但是在建设工程竣工前取得了相应的资质等级，当事人请求按照无效合同处理的，法院不予支持。

此外，根据《施工合同司法解释》第四条规定，在承包人非法转包、违法分包建设工程或者没有资质的实际施工人借用有资质的建筑施工企业名义与他人签订建设工程施工合同，导致合同无效的，人民法院可以根据《民法通则》第一百三十四条的规定，收缴当事人已经取得的非法所得。

【实务判例】人民法院对于转包所得可以收缴[①]

2000年12月28日，某建筑公司与某地产公司签订了某工程施工框架协

① 参见关晓海："行政处罚不能成为工程转包人豁免司法制裁的依据"，载《人民法院报》2013年7月18日。

议，约定由建筑公司承建该工程，合同价款为每平方米950元。2001年5月18日，建筑公司与地产公司根据中标通知书签订了建设工程施工合同，约定合同价款采用固定价格合同方式，固定价款为人民币3390.88万元。

2001年11月18日，建筑公司与江苏某建筑工程有限公司（以下简称江苏公司）签订施工协议书，将承建的上述工程转包给江苏公司施工，约定合同价款为每平方米795元。地产公司共支付建筑公司工程款2617.56万元。

2007年5月28日，建筑公司提起诉讼，请求判令地产公司支付拖欠的工程款及相应利息、违约金。另外，在建筑公司与江苏公司的诉讼中，根据郑州市中级人民法院作出的（2006）郑民二终字第1723号民事判决，由双方都认可的工程量计算得出江苏公司实际施工的工程总造价为2530.16万元。

法院经审理认为，建筑公司已经取得的地产公司超付的87.4万元工程款，系其因非法转包取得的非法所得，决定对其予以收缴。

五、合同无效时承包人的工期延误责任①

在建设工程施工合同中，因违反《建筑法》《招标投标法》等法律、行政法规导致合同无效的情形大量存在，《施工合同司法解释》对于无效建设工程施工合同的处理作出了比较明确的规定，为司法实践提供了依据。然而，许多无效建设工程施工合同在履行过程中出现了工期延误的问题，在这种情况下，承包人是否要为因其造成的工期延误承担赔偿责任？如何承担责任？这在实践中存在较大的争议。

（一）实践中的主要观点

关于无效建设工程施工合同中工期延误的责任承担，实践中主要有以下四种观点和处理方式：

1. 基于合同无效，认为延误工期的违约责任条款不能适用。司法实践中，有的法院以发包人无法举证证明延误工期造成的损失为由，不支持发包人的请求。②

2. 参照合同约定的延误工期的违约责任条款确定因承包人逾期竣工给发包人造成的损失。《广东省高级人民法院关于审理建设工程施工合同纠纷案件若干问题的意见》（粤高法发〔2006〕37号）第三条规定："建设工程施工合同无效，但按照《解释》第二条的规定可参照合同约定计算工程价款的，如承包人存在延

① 高印立："论无效建设工程合同工期延误的责任承担"，载《建筑经济》2014年第5期。

② 王永起、李玉明：《建设工程施工合同纠纷法律适用指南》，法律出版社2013年版，第108页。

期完工或者发包人存在延期支付工程款的情形，当事人应参照合同约定赔偿对方因此造成的损失。”

3. 将因承包人原因所造成的损失纳入合同无效过错责任赔偿范围，即以《合同法》第五十八条规定的过错赔偿责任解决无效合同工期延误的责任承担。该观点认为，发包方出于对承包方能按期完工的信赖，与第三方签订《房屋买卖合同》并确定违约责任。在合同无效情况下，发包方难以向承包方主张合同违约责任，在合同被确认无效且承包方在履行合同过程中的确存在过错情况之下，不将该损失纳入合同无效过错赔偿范围，无疑与“有损失有救济”原则相悖。该损失的发生与承包方订约过错及履约过错均有关系，其应对过错承担相应责任。①

4. 对合同中约定的工期、工期延误的事由及程序等进行评判，既要考虑双方在合同中的约定，又要兼顾公平原则，综合确定工期是否延误及责任的承担。②

（二）对上述主要观点的评说

1. 对于第一种观点，笔者认为，从学理上讲，合同无效，除争议解决条款之外的合同条款均为无效，由此可以推论工期条款和违约责任条款均无效，则延误工期的违约责任当然不能直接适用。但若因此认定承包人不承担任何赔偿责任，则会导致双方当事人利益的失衡，对发包人来说是不公平的。

2. 探究第二种观点的理由，大概源于《施工合同司法解释》第二条的规定：“建设工程施工合同无效，但建设工程经竣工验收合格，承包人请求参照合同约定支付工程价款的，应予支持。”由此便产生了“无效合同有效处理”的说法，但这并不等于合同无效其合同条款均按有效对待，否则，法律对合同所作出的否定性评价将失去力量甚至意义。《施工合同司法解释》第二条规定的合理性在于，在工程质量得到保证的前提下，承包人享有依据《合同法》第五十八条的规定请求发包人对已完工程进行折价补偿的权利。参照合同约定补偿工程价款，符合当事人在订立合同时的真实意思和我国建筑市场的现状，也便于提高诉讼效率。也有学者认为，其合理性根源在于通过合同的履行，第三人和社会公众的价值得到了弥补，由此效力得到补正。③ 由此可见，直接参照合同约定的违约责任来确定无效合同的工期逾期责任从法理上看似有不妥。

3. 第三种观点实质上是试图以无效合同的缔约过失责任来解决工期延误的责任承担问题。缔约过失的概念首先由德国法学家耶林提出，其在《缔约上过

① 参见奚晓明主编：《民事审判指导与参考》（总第53辑），人民法院出版社2013年版，第149～151页。

② 李雪森编著：《建设工程工期延误法律实务与判例评析》，中国建筑工业出版社2013年版，第33页。

③ 林文学：《建设工程合同纠纷司法实务研究》，法律出版社2014年版，第112～113页。

失、契约无效与不成立时之损害赔偿》一文中指出："契约的缔约产生了一种履行义务，若此种效力因法律上的障碍而被排除时，则会产生一种损害赔偿义务，因此，所谓契约无效者，仅指不发生履行效力，非谓说不发生任何效力。简言之，当事人因自己的过失致使契约不成立者，对信其契约为有效成立的相对人，应赔偿基于此项信赖而生的损害。"[①] 缔约过失责任的成立，需要具备以下要件：(1) 缔约人一方违反先合同义务。先合同义务以诚实信用原则为基础，又称附随义务。(2) 相对人受有损失。该损失为信赖利益的损失，而非履行利益的损失。(3) 违反先合同义务与该损失之间有因果联系。(4) 违反先合同义务者有过错。这里的过错是对形成合同无效、被撤销、不被追认、不成立的原因的过错。[②] 在合同被确认无效后，凡是因合同无效而给当事人造成的损失，主观上有故意或者过失的当事人都应当赔偿对方的财产损失。[③]

由此可见，《合同法》第五十八条所规定的"有过错的一方应当赔偿对方因此所受到的损失"，其中"过错"指的是造成合同无效的过错，"损失"指的是因合同无效造成的损失。而该观点认为，工期延误损失的发生与承包方订约过错及履约过错均有关系，笔者认为有失偏颇。其一，导致建设工程合同无效的原因有多种，诸如承包人无相应资质、应当招标而未招标或中标无效、标的违法等。其中，标的违法、违反招标投标程序性规定的行为显然与承包人工期延误无因果联系。对于承包人无相应资质的情形，其仍有可能按期完工，有资质的承包人也有可能因自身原因导致逾期完工，从而给发包人造成损失。实践中也确有大量有效合同因承包人原因逾期完工的现象存在。其二，法律对建设工程合同的效力作否定性评价，其目的在于保证工程质量，维护正常的市场竞争秩序，最终保护社会公共利益，而非在于保护当事人一方的利益免受损害。因此，合同无效与工期延误之间并无法律上的因果关系，当事人对导致合同无效的过错并不必然导致工期延误，该过错与工期延误损失之间亦无法律上的因果关系。

此外，承包人延误工期的行为并非发生在合同订立过程中，而是发生在基于合同所为之给付过程中，所产生的损失亦不是缔约费用、准备履行的费用支出及丧失与第三人订约机会等的信赖利益损失，而是包括发包人固有财产利益受损、所得利益减少及对第三人违约造成的损失等。

综上，笔者认为，以《合同法》第五十八条所规定的缔约过失责任，来解决无效建设工程合同的工期延误责任承担问题似有不足。

4. 第四种观点有其合理性，但因其未提出具体的处理方法，使得其在实践中欠缺可操作性。

---

① 转引自王泽鉴：《民法学说与判例研究》（第一册），中国政法大学出版社 2005 年版，第 84 页。

② 崔建远：《合同法》，法律出版社 2010 年版，第 123 页。

③ 参见胡康生主编：《中华人民共和国合同法释义》，法律出版社 2009 年版，第 107 页。

(三) 处理思路

运用《合同法》第五十八条所规定的缔约过失责任，来解决无效施工合同工期延误之责任承担问题存在障碍的主要原因，在于无效施工合同履行后无法恢复到合同履行前的状态，无效合同在事实上已经得到了实际履行，尽管这种履行失去了法律上的依据。既然合同在履行后无法恢复到订约时的状态，那么，能否以《合同法》第五十八条关于对已发生之给付折价补偿的规定来解决工期延误的责任承担问题呢？笔者作以下分析：

首先，根据民法的公平原则，对于无效建设工程合同的已完成标的物进行补偿，应当保证发包人的利益与补偿价款的均衡。《施工合同司法解释》第二条根据我国建筑市场的现状规定参照合同约定确定补偿价款，但这一补偿规则存在一个前提，即工程应当在合理期限内完工且质量合格。若承包人未在合理期限内完工，可以视为是对发包人应当享有利益的减损，其造成的损失可以与参照合同约定确定的工程价款相抵。

其次，关于履行合理期限的确定。尽管合同无效，其条款除争议解决条款外均无效，但在当事人意思表示真实且工期约定不损害社会公共利益和第三人利益的情况下，根据诚实信用原则，可以参照合同约定的工期确定合理履行期限。

最后，由于对发包人主张工期损失的补偿是基于公平原则，而非合同约定，故无效合同的工期延误损失应当按照实际发生的损失确定，而不能适用合同中的违约责任条款。何况在许多合同中，违约责任在补偿性这一主要功能外，还具有一定的惩罚功能，在合同无效的情况下，仍然适用违约责任条款缺乏法理上的支撑。至于双方对工期延误均有过错的，应当根据各自过错的大小分担因工期延误所造成的损失。值得注意的是，这里的过错是指当事人对导致工期延误的过错，而非造成合同无效的过错。因此，即使发包人对无效合同的形成具有过错，但若其对工期延误无过错的，不宜让其分担因承包人原因导致工期延误所造成的损失。

综上，已经履行的无效施工合同参照合同约定折价补偿的前提，除建设工程质量合格外，尚应当满足在合理工期内完工这一条件。由此，可以根据民法的公平原则和诚实信用原则，按照当事人对工期延误的过错程度和发包人实际发生的损失，确定承包人应当承担的赔偿责任。发包人对无效合同的形成具有过错，但若其对工期延误无过错的，不宜让其分担因承包人原因导致工期延误所造成的损失。

六、建设工程施工合同无效的诉讼时效问题

关于无效的建设工程施工合同的诉讼时效问题，实践中时有涉及。这一问题实际上包括两类：一类是当事人申请法院或仲裁机构确认合同无效的诉讼时效问

题；另一类是合同被确认无效后，当事人请求对方返还财产（折价补偿）、赔偿损失的诉讼时效问题。

（一）确认合同无效请求权的诉讼时效

当事人申请确认建设工程施工合同无效的请求权，实质上是一种形成权，而不是债权请求权。根据民法原理，其不适用诉讼时效的规定。《最高人民法院》《关于无效合同所涉诉讼时效问题的规定》（征求意见稿）第一条规定："当事人对确认合同无效请求权提出诉讼时效抗辩的，人民法院不予支持。"《北京市高级人民法院审理民商事案件若干问题的解答之五（试行）》（京高法发〔2007〕第168号）第16条规定："请求确认合同无效的，不应适用诉讼时效期间的规定。"

（二）返还财产（折价补偿）、赔偿损失请求权的诉讼时效

因建设工程施工合同无效而产生的返还财产（折价补偿）请求权和赔偿损失请求权在性质上属于债权请求权，故应当适用诉讼时效的规定。《最高人民法院关于无效合同所涉诉讼时效问题的规定》（征求意见稿）第一条规定："当事人可以对作为债权请求权的返还财产、赔偿损失请求权提出诉讼时效抗辩。"

但此类请求权的诉讼时效期间如何起算，在理论界和实务界争议较大。主要有以下三种观点：①

1. 第一种观点认为，应从合同被确认无效之日起算。理由是：只有在判决或裁决确认合同无效之时才产生返还财产及赔偿损失请求权，权利人才知道或者应当知道其权利受到侵害，诉讼时效期间才起算。

2. 第二种观点认为，应从履行期限届满之日开始起算。理由是：当事人基于合同有效而签订和履行合同，其对权利实现的合理预期为合同履行期限届满之日，故在合同履行期限届满后，当事人知道或者应当知道其权利受到侵害，而无论合同事后是否被确认无效。而且，合同无效产生的损失，多因合同当事人不履行合同义务产生，而非因合同被确认无效产生。

3. 第三种观点认为，应综合前两种观点作折中规定，即诉讼时效期间从合同被确认无效之日起计算，但合同履行期限届满，当事人没有履行或没有完全履行合同的，当事人以合同无效为由请求返还财产、赔偿损失的，诉讼时效期间从履行期限届满之日起计算。理由是：在当事人基于合同有效而订立和履行合同的情形下，其对合同权利实现的合理预期为履行期限届满之日。因此，当事人一方

---

① 参见宋晓明、刘竹梅、张雪楳："《最高人民法院关于审理民事案件适用诉讼时效制度若干问题的规定》理解与适用"，载最高人民法院研究室编：《最高人民法院司法解释》（2008年卷），法律出版社2009年版，第196～197页。最高人民法院《关于无效合同所涉诉讼时效问题的规定》（征求意见稿）第二条提出的三种方案也反映了上述三种观点。

或者双方在合同履行期限届满后，没有履行或者没有完全履行合同义务的，对方当事人应当认识到其权利受到侵害，故诉讼时效应从合同履行期限届满之日起算。但如果当事人双方已完全履行合同义务，其权利已达到实现，故其在履行期限届满之日不知道或者不应当知道权利受到侵害。只有在合同被确认无效之后，其才知道或者应当知道权利受到侵害，故诉讼时效应从合同被确认无效之日起算。

在中国五金交电化工公司诉中国光大银行合肥分行借款合同纠纷案中，虽然借款合同和保证合同事后均被法院认定无效，但最高人民法院认为，原告的赔偿损失请求权的诉讼时效期间应从合同约定的对方履行期限届满次日起计算。[①]

【实务判例】基于合同无效的返还财产请求权的诉讼时效，应自合同被确认无效之日起算[②]

1993年3月，A集团与B公司签订《土地合作开发协议书》，双方合作开发某块土地150亩。B公司按每亩20.5万元标准交付合作开发费用，共计3075万元，双方还约定了付款方式。合同签订后，B公司于1993年3—4月间向A集团支付了2500万元，但A集团未依约为B公司办理土地使用权证。A集团也一直未取得该块土地的使用权。2005年，B公司诉至法院，请求确认《土地合作开发协议书》无效，同时请求判令北生集团返还2500万元，并赔偿利息损失。B公司承认诉讼前一直未向A集团主张过权利。

法院经审理认为，双方当事人签订的《土地合作开发协议书》，名为合作开发，实为土地使用权转让，该协议为无效合同；原告关于确认合同无效的请求属于形成权之诉，不应受两年诉讼时效的限制；而合同经确认无效后，当事人关于返还财产及赔偿损失的请求，应当适用法律关于诉讼时效的规定。本案中，B公司与A集团签订的《土地合作开发协议书》被法院确认无效后，B公司才享有财产返还的请求权，故B公司的起诉未超过法定诉讼时效期间。

---

① 最高人民法院在审理该案时认为："一方当事人未按约定期限履行合同义务之时，另一方基于其对合同有效的认识以及对方到期不履行义务的事实自当意识到其合同权利已经受到侵害，即应关注并及时行使其权利；即使其行使权利的结果会因合同无效而使该项归于无效的权利不能实现，但在处理无效合同之后果的过程中亦即依法返还财产、使双方的民事关系恢复到合同履行之前的状况的同时，其因对方当事人不履行合同或合同被确认无效所遭受的损失亦得以弥补，其合法的民事权利即得以实现。所以，合同当事人在知悉其预期的合同权利受到侵害即对方当事人在约定期限届满而不履行约定义务之时，即有权亦应当及时提出权利主张，无论合同在事后是否被确认无效，其对合同对方的请求权亦即其基于双方的真实意思签订并履行合同以及对方到期不履行合同等事实而形成的请求对方履行合同或赔偿损失的权利即已产生。权利人怠于行使权利或以合同无效为由得以在无限的期间内随时要求合同对方实施给付行为，必将使其间的民事关系长期处于不确定状态，有碍于社会流转的客观需求和民事秩序的稳定，有悖于民事诉讼时效制度的本旨，对此依法不应认可与支持。"引自最高人民法院（2003）民二终字第38号民事判决书。

② 参见最高人民法院（2005）民一终字第104号民事判决书。

第三节 建设工程施工合同备案的法律性质

建设工程施工合同备案是指为达到一定的管理目的，建设行政主管部门对已签订的施工合同进行登记、办理存备的行为。《房屋建筑和市政基础设施工程施工招标投标管理办法》（建设部令第89号）第四十七条规定：“招标人和中标人应当自中标通知书发出之日起30日内，按照招标文件和中标人的投标文件订立书面合同；招标人和中标人不得再行订立背离合同实质性内容的其他协议。订立书面合同后7日内，中标人应当将合同送工程所在地的县级以上地方人民政府建设行政主管部门备案。”该办法对施工合同备案作了明确要求，但未对备案内容、审查方式、法律后果进行统一规定，从而使得我国各地方建设行政主管部门在制定建设工程施工合同备案管理办法或细则时，所采取的态度存在较大差异。

尽管“备案”一词在汉语中的本义是指“向主管机关报告事由，存案以备查考”[①]，从文义上理解不应对当事人权利义务产生影响，但在实践中，把“施工合同备案完毕”作为当事人申领施工许可证的必要条件已成建设领域的常态。在这种情况下，对建设工程施工合同备案法律性质的理解极易产生模糊认识，甚至有人提出把工程合同备案与否作为合同是否生效的条件。这将会影响建设行政主管部门对建筑市场管理权的正确行使，不利于建筑市场的健康发展。因此，有必要明确建设工程施工合同备案的法律性质，而其法律性质的明确首先要从行政行为基本理论入手进行讨论。

一、行政行为基本理论

建设工程施工合同备案是一种行政管理措施，是建设行政主管部门以“备案”的形式对外实施的行政管理行为。在行政法上，行政管理行为从法律性质上可以划分为行政法律行为、行政事实行为和准行政法律行为三种类型。

（一）行政法律行为

行政法律行为是指行政主体以意思表示为构成要素而发生法律效果的行为。[②]“意思表示”和“法律效果”是行政法律行为必备的两大要素。首先，行政机关具有追求意图对行政相对人的权利义务产生影响或约束力的内心意思；其次，行

① 衡等主编：《当代汉语词典》，上海辞书出版社2001年版。

② 马生安：《行政行为研究》，山东人民出版社2008年版，第235页。

政机关通过一定的方式将其上述内心意思表达于外部，从而实现影响相对人权利义务的目的。[①] 如行政许可、行政处罚均属于行政法律行为。

（二）准行政法律行为

准行政法律行为不是一个法律用语，它被作为一个学术用语提出，缘于对行政行为研究的需要。有学者将其定义为“行政主体运用行政职权以观念表示的方式作出的间接产生行政法律效果的行政行为”[②]。“观念表示”和“间接法律效果”是准行政法律行为的两大要素。所谓“观念表示”，是指行政主体就具体事实作出判断后表明观念。[③] 这种“观念表示”，并不追求创设或影响行政相对人的权利义务，仅就已存在的权利义务关系作出认识判断。所谓“间接法律效果”是指法律效果不具有必然性、确定性和即刻性，只有借助于其他法律事实才能发生。交通事故责任认定、医疗事故鉴定、公证等都属于准行政法律行为的范畴。

（三）行政事实行为

行政事实行为是指行政主体为实现一定的行政目的，主观上既无“意思表示”和“观念表示”，客观上也不会产生创设或影响行政相对人权利义务的法律效果，而仅产生事实上结果的行为，如行政公告、行政答复、行政调查等。

二、施工合同备案法律性质的实证分析[④]

在我国建设领域，各种备案制度层出不穷，纷繁复杂，许多制度虽然形式上为“备案”，但实质上却行行政审批、行政许可之功。即使在建设工程施工合同备案这一制度中，由于各地方制定的管理办法或细则之间存在较大差异，单纯笼统地研究施工合同备案的性质也难以得出科学的结论。因此，我们从实证研究的角度出发，按我国当前施工合同备案制度的不同类型分类分析其法律性质。

按照当前我国建设工程施工合同备案的审查内容，可以分为以下三种类型：

（一）记载式备案

所谓记载式备案是指建设行政主管部门仅对施工合同的信息，如当事人名称、项目概况、合同金额、工期等记录在案，并留存合同副本以备查阅。备案

① 参见茅铭晨：《中国行政登记法律制度研究》，上海财经大学出版社 2010 年版，第 93 页。
② 孔繁华：“准行政行为”，载《郧阳师范专科学校学报》2000 年第 2 期。
③ 参见皮宗泰、王彦：“准行政法律行为研究”，载《行政法学研究》2004 年第 1 期。
④ 高印立：“建设工程施工合同备案的法律性质剖析”，载《建筑经济》2011 年第 5 期。

机关仅对备案资料是否齐全进行形式审查，而对合同内容不予审查。比如，上海市 2006 年 8 月发布的《上海市建设工程合同登记备案操作程序（试行）》（沪建建管〔2006〕第 97 号）规定，受理人员仅审查当事人提交的合同副本与登记表所记载的数据及网上登记的数据是否一致，不一致的，可以要求当事人当场改正，不能改正的，一次性告知补齐内容。在此类备案活动中，行政主体主观上无任何"意思表示"，也不追求达到影响相对人权利义务的目的，因此其在法律性质上不属于行政法律行为。但其是属于行政事实行为，还是属于准行政法律行为，要看行政主体有无"观念表示"和是否会产生间接的法律效果。

我们仍以上海市的规定为例。由于上海市将施工合同登记备案作为申领建筑工程施工许可证的必备条件之一，很显然，施工合同备案构成了建筑工程施工许可证管理这一行政法律行为的一个必备条件，施工合同备案借助于施工许可这一行政法律行为对行政相对人的权利义务会产生间接影响。同时，正是由于这种间接影响使得行政主体对施工合同的备案行为具备了一定的公信力，表明了行政部门对于施工合同备案的态度，从而使得行政主体具备了"观念表示"这一特征。因此，笔者认为这种情况下的记载式备案属于准行政法律行为的范畴。当然，如果合同备案不构成施工许可证申领的必备条件，也不借助其他事实或行为对相对人的权利义务产生任何影响，那么这种情况下的记载式备案应当是一种行政事实行为。

（二）确认式备案

确认式备案是指建设行政主管部门在合同备案时，除审查备案资料的完整性外，还依法审查合同的合法性，包括合同主体、合同价与中标价是否相符等。比如，《宁夏回族自治区建设工程合同备案管理办法》（宁建（法）字〔2008〕13 号）第十一条规定："有下列情形之一的，建设工程合同备案机构不予办理合同备案：（一）应当实行招标投标而未进行招标投标的；（二）背离招标文件和中标结果内容，未按造价部门确定的类别签订的合同；（三）双方没有在合同中提供开户银行及账号的；（四）没有按规定采用示范合同文本的；（五）双方或一方没有按规定出具履约保函的；（六）没有按规定签字（盖章），以及没有签约日期的；（七）签订合同的法人主体不合法的；（八）备案材料不全的；（九）其他违反法律、法规、规章及有关规定的。"

该办法第四条同时规定："下列合同均应在施工许可证发放之前依照本办法进行合同备案，未进行备案的，各级建设行政主管部门不得发放施工许可证：（一）建设工程勘察、设计合同；（二）建设工程施工合同（含总承包、装饰装修、市政、园林合同）；（三）建设工程施工专业分包合同；（四）建设工程施工劳务分包合同；（五）建设工程委托监理合同；（六）建设工程招标代理合同；（七）建设工程造价咨询委托合同。”

可见，确认式备案明确表明了行政主体对相对人所签合同的态度，是对合同合法性的一种行政确认（不管实际中的确认是否符合真实情况），是一种典型的“观念表示”。但这种确认并不直接对相对人的权利义务产生影响，即使由于行政主体的不予备案而导致合同内容的修改，也是由于法律或其他规定的影响，而非备案这一行为直接造成。因此，确认式备案应当属于准行政法律行为的范畴。

（三）批准式备案

批准式备案是指建设行政主管部门在合同备案时，除审查备案资料的完整性外，还对合同主要条款进行审查，审查通过后才予以批准备案。比如，《黑龙江省建设工程施工合同备案管理办法》（黑建造价〔2008〕16号）中所规定的备案即属此类。该办法第十七条对备案审查内容作了详细规定，除审查建设单位是否将工程肢解发包，合同价与中标价是否一致，合同主体是否合法，是否经过招投标外，还审查预付工程款的比例（或数额）及支付时限，工程进度的支付方式，数额（工程价款的60%～90%）及时限，工期提前或延误的奖惩约定，是否使用统一的合同文本，工程发生变更时工程款的调整方法，索赔方式等等。[①] 此类合同备案行为除具有记载和确认的功能外，行政主体还被赋予了批准的职能。此时，即使合同条款合法，但如果其不符合备案要求，行政相对人必须进行修改，否则无法登记备案。可见，在这种情况下，行政主体具有意图影响相对人权利义

① 该办法对施工合同的审查内容包括：“1. 建设单位是否将工程肢解发包；2. 合同价款与中标价是否一致；3. 全部使用国有资金投资或国有资金投资为主的工程建设项目是否采用了工程量清单计价；4. 关于工程价款的约定是否符合《黑龙江省建设工程造价计价管理办法》的规定；5. 预付工程款的比例（或数额）、支付时限和抵扣方式（重大工程项目按年度施工进度或投资计划逐年预付）；6. 安全生产措施费的总额、预付金额（开工前预付不低于总额的50%）、支付办法、抵扣方式等；7. 工程进度款的支付方式、数额（工程价款的60%～90%）和时限；8. 工程施工中发生变更时，工程款的调整方法、索赔方式、时限要求和支付方式；9. 采用固定价格的，国有资金投资项目合同价款不应超过200万元，并明确包含的风险范围、风险系数（或风险金额）以及风险范围以外合同价款的调整方法；10. 采用工程量清单计价的工程，应明确约定可以调整综合单价的情况；11. 采用定额计价的，各项费率、各专业费率（土建、安装、装饰、市政、园林绿化、修缮等）是否约定清楚，并符合相关规定；12. 工程竣工价款的结算时限应符合国家和省《建设工程价款结算暂行办法》（财建〔2004〕369号）的规定，明确约定支付方式、数额、时限；13. 工期提前或延误的奖惩约定；14. 与履行合同、支付价款相关的保险、担保事项；15. 采用可调价格，应明确约定材料价差的调整方法以及各种可调因素；16. 对于双方同意的分包工程应在合同中约定；17. 合同中对工期、质量的约定是否明确、合理；18. 争议的解决方式，仲裁或诉讼只能选择一种；19. 附件中对工程质量保修期、保修金的数额、返还时限的约定应符合规定；20. 合同主体是否合法；21. 应当实行招投标的工程是否招标；22. 备案资料是否齐全；23. 是否使用统一的合同文本；24. 合同实质内容与招投标文件是否一致；25. 其他违反法律法规及有关文件规定或有潜在争议的条款。”

务的“意思表示”，并会直接产生影响相对人权利义务的法律效果。因此，此类合同备案在性质上应认定为行政法律行为。

三、建设工程施工合同备案的可诉性

施工合同备案是一种行政管理行为，其是否可诉取决于是否同时具备以下标准：[①]

(一) 主体标准

可诉性行政行为是具有国家行政管理职权的机关、组织或者个人的行为。确立主体标准可以排除下列行为：行政机关以外的国家机关（审判机关、检察机关、立法机关）的行为；党政以及其他社会团体的行为，但法律法规授权的除外；企事业单位、公司法人所实施的行为，但法律法规授权的除外。

(二) 内容标准

可诉的行政行为必须是行使与国家职权有关的行为，包括国家行政行为和公共行政行为。确立内容标准可排除行政机关或法律、法规授权组织以民事主体身份实施的民事行为，以及企事业单位内部的行政管理行为。这些行为不具有社会公共事务性。

(三) 结果标准

可诉的行政行为是对行政管理相对人的权益产生实际影响的行为。所谓实际影响指对行政管理相对人已经造成了损害，其权利义务关系已经发生了变化。或者有的行政行为虽然还没有执行，但行政行为已经产生确定力，如果相对人不自动履行，行政机关可以采取相应的强制措施。这也应当认为对相对人的权利义务产生影响。

(四) 必要性标准

指对行政主体的行政行为如果不通过行政诉讼来救济，相对人就没有其他救济途径了，故必须赋予这类行政行为可诉，才能根本保护公民、法人和其他组织的合法权益。虽然“有权利必有救济”，但不是所有行政主体行使职权的行为都有必要通过行政诉讼来救济，还存在通过其他方式救济的可能。根据《最高人民法院关于适用〈中华人民共和国行政诉讼法〉的解释》，没有行政诉讼“必要性”的行为包括：行政机关调解行为；法律规定的仲裁行为；刑事司法行为；不具有

① 皮宗泰、王彦：“准行政行为研究”，载《行政法学研究》2004年第1期。

强制力的行政指导行为等。[①]

(五) 可能性标准

指根据法律、法规的规定，司法机关可以对行政行为的合法性作出明确判断的可能。在我国，目前有几种行为不适宜由司法机关来审查：国家行为、抽象行政行为、内部行为，以及法律规定行政机关最终裁决的行为。

由前述施工合同备案的性质分析来看，判断其是否可诉关键要看结果标准，即备案是否会对行政相对人的权利义务产生实际影响。可见，属于行政事实行为的记载式合同备案不具有可诉性，而属行政法律行为的批准式合同备案符合可诉性标准。准行政法律行为在我国尚属于不明确的“模糊地带”，学者对此也持有不同的观点。但“有权利，则必有救济”，否则行政权力的专制和滥用将在所难免，从这个意义上看，赋予当事人对准行政法律行为寻求司法救济的权利具有进步意义。对于性质上属于准行政法律行为的合同备案，尽管其不能直接影响相对人的权利义务，但一旦行政主体作出不予备案的决定，将使相对人无法取得相应的施工许可，这将对相对人的权利义务产生重大影响。因此，笔者认为，赋予相对人对行政主体不予备案决定的诉讼权利，有利于限制行政权力的滥用，有利于维护当事人的合法权益。《宁夏回族自治区建设工程合同备案管理办法》（宁建（法）字〔2008〕13号）第十七条规定了合同当事人对不予备案决定的行政诉讼权利：“合同当事人对建设行政主管部门不予备案的通知以及其他有关决定不服的，可以在接到通知和决定之日起60日内向上级行政复议机关申请复议，或者依法向人民法院起诉。”尽管该办法仅是一个规范性文件，效力位阶较低，但却表明了有关行政部门的一个态度。

由于我国建设工程合同备案制度的创设规定过于原则和粗糙，导致各地方建设行政主管部门对合同备案认识上的混乱。一些地方建设行政主管部门在合同备案审查中被赋予了过大的干预权力，由此会造成行政效率的大大降低，并易滋生

---

① 《最高人民法院关于适用〈中华人民共和国行政诉讼法〉的解释》第1条规定：下列行为不属于人民法院行政诉讼的受案范围：(1) 公安、国家安全等机关依照刑事诉讼法的明确授权实施的行为；(2) 调解行为以及法律规定的仲裁行为；(3) 行政指导行为；(4) 驳回当事人对行政行为提起申诉的重复处理行为；(5) 行政机关作出的不产生外部法律效力的行为；(6) 行政机关为作出行政行为而实施的准备、论证、研究、层报、咨询等过程性行为；(7) 行政机关根据人民法院的生效裁判、协助执行通知书作出的执行行为，但行政机关扩大执行范围或者采取违法方式实施的除外；(8) 上级行政机关基于内部层级监督关系对下级行政机关作出的听取报告、执法检查、督促履责等行为；(9) 行政机关针对信访事项作出的登记、受理、交办、转送、复查、复核意见等行为；(10) 对公民、法人或者其他组织权利义务不产生实际影响的行为。《行政诉讼法》第13条规定：人民法院不受理公民、法人或者其他组织对下列事项提起的诉讼：(1) 国防、外交等国家行为；(2) 行政法规、规章或者行政机关制定、发布的具有普遍约束力的决定、命令；(3) 行政机关对行政机关工作人员的奖惩、任免等决定；(4) 法律规定由行政机关最终裁决的行政行为。

腐败。有人认为，合同备案制度可以有效防止“黑白合同”的出现，[①] 但有资料显示，随着政府规范整顿建筑市场的力度加大，“黑白合同”数量不仅没有减少，反而呈发展蔓延趋势。[②] 可见，通过合同备案的审查，达到完善合同条款、减少合同纠纷的目的，实际上是行政主体的越位，有代替合同当事人行使权利之嫌。这在市场经济条件下是不合适的，也是不可能实现的。

鉴于此，笔者建议由有关建设行政主管部门以部门规章的形式制定统一的建设工程合同备案办法，以减少各地方建设行政主管部门运用合同备案手段进行市场管理甚至干预的盲目性和随意性。同时，为防止行政权力对建筑市场的过分干预，建议建设工程合同备案采用性质上属于行政事实行为的记载式备案为宜。

四、建设工程施工合同备案与合同效力

建设工程合同备案是一种行政登记，属于行政管理措施，备案与否并不影响合同的效力。原因如下：

1. 合同是否生效，取决于国家的意志判断，体现了国家对意思自治的一种干预，其判断的根据只能是法律、行政法规对合同无效的明确规定。《合同法》第四十四条第二款规定：“法律、行政法规规定应当办理批准、登记等手续生效的，依照其规定。”《合同法司法解释（一）》第九条规定：“法律、行政法规规定合同应当办理登记手续，但未规定登记后生效的，当事人未办理登记手续不影响合同的效力，合同标的所有权及其他物权不能转移。”可见，行政登记不是合同的生效要件。

2. 尽管《施工合同司法解释》第二十一条规定，“另行订立的建设工程施工合同与经过备案的中标合同实质性内容不一致的，应当以备案的中标合同作为结算工程款的根据”，但该规定是基于另行订立合同中的实质性内容违反了《招标投标法》的效力性强制性规定，而与合同是否备案无关。具体讨论见本章第四节。

值得欣慰的是，国务院办公厅于 2018 年 5 月 14 日发布了《国务院办公厅关于开展工程建设项目审批制度改革试点的通知》（国办发〔2018〕33 号），决定开展工程建设项目审批制度改革试点工作，改革试点内容包括取消施工合同备案等事项，这将有利于政府职能的转变和市场作用的发挥，也会在一定程度上缓解黑白合同问题的出现。

---

① 闫爱宏：“谈建筑工程施工合同及其备案管理制度”，载《山西建筑》2009 年第 34 期。

② 冯小光：“回顾与展望——写在《最高人民法院关于审理建设工程施工合同纠纷案件适用法律问题的解释》颁布实施三周年之际”，载《民事审判指导与参考》（总第 33 集），法律出版社，第 78 页。

第四节 黑白合同及其效力

一、“黑白合同”问题的实质及其效力

（一）“黑白合同”问题的提出

“黑白合同”一词最早见于2003年10月27日全国人大常委会副委员长李铁映所作的《全国人大常委会执法检查组关于检查〈中华人民共和国建筑法〉实施情况的报告》（以下简称《关于建筑法实施情况的报告》）。该报告指出：“建设单位与招标单位或招标代理机构串通，搞虚假招标，明招暗定，签订‘黑白合同’的问题相当突出。所谓‘黑合同’，就是建设单位在工程招标投标过程中，除了公开签订的合同外，又私下与中标单位签订合同，强迫中标单位垫资带资承包、压低工程款等。‘黑合同’违反了《招标投标法》、《合同法》和《建筑法》的有关规定，极易造成建筑工程质量隐患，既损害施工方的利益，最终也损害建设方的利益。”

（二）“黑合同”的效力

《招标投标法》第四十六条对签订“黑合同”作了禁止性规定：“招标人和中标人不得自行订立背离合同实质性内容的其他协议。”那么，当事人签订的“黑合同”效力如何呢？

根据《合同法》第五十二条的规定，违反法律、行政法规的强制性规定的合同无效。进一步讲，该强制性规定是指效力性强制性规定而非管理性强制性规定。认定“黑合同”效力的关键，就在于判断上述禁止签订“黑合同”的强制性规定是否为效力性强制性规定。判断一项强制性规定是否为效力性强制性规定的一个重要标准，即是看若违反该规定使合同继续有效是否损害国家利益和社会公共利益。[①]《最高人民法院关于当前形势下审理民商事合同纠纷案件若干问题的指导意见》（法发〔2009〕40号）规定：“人民法院应当综合法律法规的意旨，权衡相互冲突的权益，诸如权益的种类、交易安全以及其所规制的对象等，综合认定强制性规定的类型。如果强制性规范规制的是合同行为本身即只要该合同行为发生即绝对地损害国家利益或者社会公共利益的，人民法院应当认定合同无效。”

① 参见王利明：《合同法研究》（第一卷），中国人民大学出版社2002年版，第658页。

在我国一般认为，损害社会公共利益实质上是违反了公共道德，破坏了社会经济秩序和生活秩序。①

那么，"黑合同"的出现是否损害了社会经济秩序？我们仅以发包人压低承包人中标价款的"黑合同"为例进行分析。第一，它损害了承包人的利益；第二，由于投标价格的改变往往会影响评标基准价，从而影响中标结果，所以它也会损害其他投标人的合法权益；第三，当事人采用招投标这一订立合同的方式，而又擅自改变中标结果，违反了诚实信用原则，扰乱了正常的招投标秩序。"黑合同"的出现，正如李永军教授和冯小光法官所言，"使得《招标投标法》的目的荡然无存而徒具形式。同时也违反了反不正当竞争法，是一种不正当的竞争手段"，其"本质上不是损害合同相对人的利益，而是损害其他投标人的利益，破坏了正常的市场竞争秩序，进而加剧了建筑市场的不规范行为，使《招标投标法》归于无用。"② 很显然，"黑合同"扰乱了社会经济秩序，损害了社会公共利益。此外，《关于建筑法实施情况的报告》关于"黑白合同"的阐述也反映了立法部门的基本态度。可见，将《招标投标法》第四十六条关于"招标人和中标人不得自行订立背离合同实质性内容的其他协议"这一禁止性规定界定为效力性强制性规定是合适的。因此，当事人另行订立的背离中标合同实质性内容的"黑合同"，应认定为无效。《施工合同司法解释》第二十一条所规定的"应当以备案的中标合同作为结算工程价款的依据"，虽然字面上回避了"黑白合同"的效力评判，但因其明确了"黑合同"不能作为确定当事人权利义务的依据，实质上已经对"黑合同"作出了否定性评价。③

【实务判例】对中标合同构成实质性背离的"黑合同"无效④

2001 年 4 月 6 日，某城建公司通过招投标方式与当代公司签订了《建设工程施工合同》，合同约定由城建公司承建当代公司开发的科技大厦，合同造价 7700 万元。同月，该合同在该市施工合同管理处备案。

双方当事人另于同年 4 月 16 日、7 月 30 日和 12 月 15 日分别签订了两份总承包工程合同协议书和一份钢结构工程协议书，三份协议书工程造价与经备案的合同价款相差 228 万余元。后城建公司以当代公司拖欠工程款为由，请求其支付工程欠款。

法院审理过程中，委托造价咨询机构对涉案工程造价进行鉴定，鉴定机

---

① 参见胡康生：《中华人民共和国合同法释义》，法律出版社 2009 年版，第 92 页。

② 万静："建筑工程'黑白合同'的效力之辩"，载《法制日报》2005 年 7 月 19 日。

③ 也有学者认为，黑白合同只有效力高低的区别，而不涉及合同的无效。见朱树英："因违法招投标导致施工合同无效与黑白合同的区别及应注意的法律问题"，载《建筑经济》2010 年第 11 期。

④ 参见北京市高级人民法院（2004）高民终字第 1340 号民事判决书。

构分别按“中标合同”和“三份协议”出具了不同的鉴定意见。

法院认为，双方当事人在签订中标合同后，又签订了三份协议，对原中标合同的工程价款等实质性内容进行了较大变动，已构成实质性背离，违反了有关法律的规定，“三份协议”应认定无效。故判决当代公司按“中标合同”鉴定的价格向城建公司支付工程欠款。

（三）中标合同的概念

要分析黑白合同的实质，首先要明确中标合同的概念。根据《招标投标法》第四十六条的规定，所谓中标合同应当是招标人和中标人按照招标文件和中标人的投标文件订立的合同，其强调的是合同内容与招标文件及中标人的投标文件的一致性。只有招标人和中标人订立的书面合同与其在招标投标过程中达成一致的实质性内容相符合，该书面合同方可称为中标合同。因为中标通知书一经发出，建设工程施工合同即告成立。而《招标投标法》所要求订立的书面合同，仅仅是将招标投标文件的规定、条件和条款以书面合同的形式固定下来，招标文件和投标文件是该合同的依据。① 因此，从这个意义上讲，中标通知书一经发出，招标人和中标人在招标投标过程中达成一致的内容即成为原始的中标合同，它是双方签订中标的书面合同书的渊源。更进一步讲，若招标人和中标人在中标通知书发出后订立的所谓书面合同，背离了招投标过程中双方明确达成一致的实质性内容的，该合同也因违反法律的效力性强制性规定和招标投标的原旨应被认定为无效的“黑合同”。

至于《施工合同司法解释》中提到的“备案”，如前所述，是建设行政主管部门的一种行政管理措施，并非合同生效的要件，只是在实践中会使“黑白合同”的认定更加方便。若当事人备案的合同背离了双方在招标投标过程中达成一致的实质性内容，也应当认定其违反《招标投标法》的效力性强制性规定，应认定无效。同样，如果在合同履行过程中，有证据表明由于工程情况发生变化，当事人对合同进行了必要的补充、修订和细化，只要其内容不违反法律、行政法规的效力性强制性规定，即使未办理二次备案手续，仍可认定其具有合法效力。《广东省高级人民法院关于审理建设工程合同纠纷案件疑难问题的解答》（粤高法〔2017〕151 号）第 7 条规定：“发包人经过合法招投标程序与承包人签订的中标合同，即使没有在建设主管部门备案，亦应作为结算工程价款的依据。双方当事人在诉讼中均主张不按照合法的中标合同进行工程价款结算的，不予支持。”

---

① 国家计委政策法规司，国务院法制办财政金融法制司：《〈中华人民共和国招标投标法〉释义》，中国计划出版社 1999 年版，第 91 页。

【实务判例】黑白合同问题还是合同成立问题?[①]

2005年4月15日，原告某公司作为投标单位就某污水处理厂扩建工程公开招标事项，向某招标代理公司发出投标书，投标报价为909万元。2005年4月18日，原告又向招标代理公司出具承诺函，确定其最终报价为839万元。2005年4月20日，招标代理公司向原告发出《中标通知书》，确定原告为涉案工程的中标单位，中标价为909万元。2005年4月22日，某公司与被告水务公司签订《施工合同》，确定合同价款为839万元。合同签订后，原、被告双方未到相关部门进行备案。2006年5月22日，工程竣工验收合格。后原、被告双方就工期、质量、应付款数额等发生争执，原告诉至法院。

一审法院认为：涉案合同系原、被告双方当事人经招投标后签订的书面合同，除合同价款尚有争议之外，其他条款均能够反映双方的真实意思表示，且不违反相关法律法规的强制性规定，应为合法有效。本案合同价款的确定，实际上涉及的是“黑白合同”的认定问题。本案中，原告虽在投标价上有反复，但《中标通知书》确定的中标价为909万元，其后双方签署的《施工合同》确定合同价款为839万元，明显与中标通知书的内容不一致，违反了民法上的诚实信用原则和招标投标法规定的公开、公平、公正的基本原则，为法律所禁止，不得作为结算工程价款的依据。故依据中标通知书涉案工程的合同价款依法应确定为909万元。

水务公司不服一审判决上诉称，一审判决认定事实及适用法律错误，本案只有一份《施工合同》，其对合同价款的约定系双方当事人的意思自治，且双方并未按规定向有关部门进行备案，因此不应当以“黑白合同”的处理原则来认定涉案工程合同价款。某建设公司答辩称，涉案工程必须进行公开招投标，应当依据中标价认定工程价款，任何实质改变的行为均属无效。

二审法院认为：涉案《施工合同》系双方当事人真实意思表示，应为合法有效。首先，本案双方当事人只签订了一份建设工程施工合同，不存在经过备案的中标合同，故一审判决认定本案涉及“黑白合同”问题，并依据中标价909万元确定涉案工程合同价款，属于适用法律错误。其次，虽然涉案工程中标价为909万元，但上诉人在中标前的最终投标价为839万元，《施工合同》约定的合同价款亦为839万元，该约定低于中标价，不侵害其他投标人的权利，且没有证据证实该价款低于成本价。双方当事人实际履行了该合同，且均未主张合同签订非真实意思表示，故《施工合同》对合同价款为839万元的约定应当视为双方当事人意思自治的结果，合法有效。因此，涉

① 参见山东省高级人民法院（2015）鲁民一终字第392号民事判决书。

案工程合同价款应为 839 万元。

笔者认为，在上述判例中，原告发出要约的投标报价为 839 万元，而被告发出的《中标通知书》确定的中标价为 909 万元。根据《合同法》第二十一条的规定，承诺是受要约人同意要约的意思表示，即承诺的内容必须与要约保持一致。可见，被告发出《中标通知书》的行为并非承诺。因此，在《中标通知书》发出后，建设工程施工合同并未成立。因此，本案不涉及黑白合同问题，应当以《施工合同》约定的价款 839 万元作为结算依据。

二、"实质性内容"的界定

《招标投标法》第四十六条及《施工合同司法解释》第二十一条都涉及了合同实质性内容这一重要问题，合同实质性内容的界定范围将直接决定"黑白合同"的认定。实践中有法院认为，合同实质性内容是指工程价款、质量和工期等重大事项。[①]《第八次全国法院民事商事审判工作会议纪要（民事部分）》第 31 条规定："招标人和中标人另行签订改变工期、工程价款、工程项目性质等影响中标结果实质性内容的协议，导致合同双方当事人就实质内容享有的权利义务发生较大变化的，应认定为变更中标合同实质性内容。"笔者认为，工程价款、质量标准和工期均是中标通知书记载的重要事项，确实是建设工程合同中必须包括的实质性内容，但合同的实质性内容并非仅限于中标通知书所记载的重要事项。这里的"实质性内容"，应当是指在招标投标过程中可能对中标结果产生实质性影响的内容，这与《第八次全国法院民事商事审判工作会议纪要》中的表述也是一致的。

那么，除中标通知书记载的内容外，当事人在招标投标过程中确认的招投标文件中是否含有可能对中标结果产生实质性影响的内容呢？

根据《招标投标法》的规定，建设工程招标文件中一般都包括较为详细的主要合同条款，特别是工程款的支付方式，是除工程价款以外招投标人最为关注的内容。按交易惯例，投标人在投标文件中一般都会作出"响应招标文件内容"的明确表示，此时投标人在投标文件中响应的招标文件内容实际上已经构成要约的一部分。一经招标人承诺——发出中标通知书，双方在招投标过程中已经达成一致的内容应当为将要签订的合同书所遵守。《标准施工招标文件》（2007 年版）和 2010 年 6 月 9 日施行的《房屋建筑和市政工程标准施工招标文件》（2010 年版），均将合同条款中规定的双方权利义务与工程质量、技术标准、工期等并列为响应性评审标准，并明确规定投标文件不符合响应性评审标准中任何一项的，

---

① 参见杨鹏、刘尊知："建设工程'黑白合同'的认定与处理"，载《人民司法》2009 年第 14 期；夏正芳："建设工程案件审判实务中的有关问题"，载《民事审判指导与参考》（总第 35 集），法律出版社 2009 年版，第 59 页。

作废标处理。《标准施工招标文件》（2007年版）在第三章评标办法（经评审的最低投标价法）中列明了响应性评审的内容和评审标准，见表2-1所列。

《标准施工招标文件》（2007年版）中的响应性评审标准　　表2-1

条款号		评审因素	评审标准
2.1.3	响应性评审标准	投标内容	符合第二章“投标人须知”第1.3.1项规定
		工期	符合第二章“投标人须知”第1.3.2项规定
		工程质量	符合第二章“投标人须知”第1.3.3项规定
		投标有效期	符合第二章“投标人须知”第3.3.1项规定
		投标保证金	符合第二章“投标人须知”第3.4.1项规定
		权利义务	符合第四章“合同条款及格式”规定*
		已标价工程量清单	符合第五章“工程量清单”给出的范围及数量
		技术标准和要求	符合第七章“技术标准和要求”规定

*该章“合同条款及格式”的合同通用条款部分包含了建设工程施工合同的全部内容，专用合同条款则由招标人具体拟定。

《房屋建筑和市政工程标准施工招标文件》（2010年版）中的附表A-4列明了响应性评审的具体内容，包括投标内容、工期、工程质量、投标有效期、投标保证金、权利义务、已标价工程量清单、技术标准和要求等。同时，《房屋建筑和市政工程标准施工招标文件》（2010年版）中的格式投标函中更是明确将投标函附录中列明的预付款额度、质量保证金额度、履约担保金额、逾期竣工违约金及最高限额等作为投标函的组成部分。投标人一旦响应将对其具有约束力。《房屋建筑和市政工程标准施工招标文件》（2010年版）中的格式投标函附录内容见表2-2。

投标函附录　　表2-2

工程名称：＿＿＿＿＿（项目名称）＿＿标段

序号	条款内容	合同条款号	约定内容	备注
1	项目经理	1.1.2.4	姓名：＿＿＿	
2	工期	1.1.4.3	＿＿＿日历天	
3	缺陷责任期	1.1.4.5		
4	承包人履约担保金额	4.2		
5	分包	4.3.4	见分包项目情况表	
6	逾期竣工违约金	11.5	＿＿＿元/天	
7	逾期竣工违约金最高限额	11.5	＿＿＿	
8	质量标准	13.1		
9	价格调整的差额计算	16.1.1	见价格指数权重表	
10	预付款额度	17.2.1		
11	预付款保函金额	17.2.2		
12	质量保证金扣留百分比	17.4.1		
	质量保证金额度	17.4.1		
……	……			

备注：投标人在响应招标文件中规定的实质性要求和条件的基础上，可作出其他有利于招标人的承诺。此类承诺可在本表中予以补充填写。

实践中，许多项目的招标文件对合同条款规定得更是非常具体，尤其是工程款的支付方式。如重庆某置业发展有限公司作为招标人在某项目的招标文件中规定："本工程无预付款，支付节点与工程施工组织相一致，本标段工程进度款分阶段支付比例如下：1. 2011 年 8 月 15 日住宅基础工程完工（完成至桩、地梁顶标高）支付合同总价（扣除暂定金额）的 3.3%；……17. 2012 年 9 月 30 日整个项目竣工验收通过后，支付至合同总价（扣除暂定金额）的 80%；18. 2012 年 10 月 30 日完成所有竣工资料，并经发包人项目管理部、开发部确认后，支付合同总价（扣除暂定金额）的 2%；19. 2012 年 10 月 31 日移交物业整改验收以后付合同总价（扣除暂定金额）的 2%；20. 本工程财务决算完成后支付除 5%质保金以外的全部工程结算款。"

在上述响应性内容中，除工期、质量标准和价款之外，工程款的支付方式、违约责任及履约担保的设定均可能会对潜在投标人产生影响。在前期工程款支付非常滞后，对承包人垫资能力要求较高的条件下，有的潜在投标人有可能直接放弃参与投标。试想，如果在此情况下，承包人在中标后又与发包人协商将支付方式变更为对承包人更为有利，那么，招标文件显然是排斥了部分潜在投标人，最终可能会对中标结果产生影响。同样，过高的违约责任或严苛的履约担保（如见索即付保函的担保方式）设定也可能产生类似的效果。从这个意义上看，"实质性内容"的认定不应仅局限于项目性质、工程价款、质量标准和工期，在某些情况下还可能包括招标文件中规定的工程款支付方式、违约责任甚至履约担保等内容。

三、不同情形下"黑白合同"效力的认定

实践中"黑白合同"的产生有不同的原因，表现形式也多种多样。因此对"黑白合同"的认定也不宜采取"一刀切"的方式。当其不属于对原合同内容细化、补充的正常合同变更时，应当根据以下不同情形具体分析。

（一）经过招标投标的工程项目

根据《招标投标法》第四十六条的规定，招标人和中标人应当自中标通知书发出之日起 30 日内，按照招标文件和中标人的投标文件订立书面合同。该书面合同一般情况下也是当事人备案的合同。但备案合同的实质性内容并不总是与双方确认受其约束的招投标文件完全一致，因此，有必要分以下几种具体情形分别认定。

1. 备案合同的实质性内容与当事人达成一致的招投标文件一致的，若当事人另行订立了与备案合同实质性内容不一致的合同的，该合同为"黑合同"，属

于无效合同。此时应当以备案合同作为结算工程价款的依据。

2. 备案合同和当事人另行订立的其他合同的实质性内容背离当事人达成一致的招投标文件的，备案合同和另行订立的合同均为“黑合同”。此时应当以当事人在招投标过程中已达成一致的招投标文件内容作为结算工程价款的依据。

3. 招投标文件中的实质性内容包含于备案合同和另行订立的合同之中且内容一致，但超出招投标文件中的实质性内容在备案合同和另行订立的合同中规定不一致的。这种情况的表现形式一般为，工程项目招投标文件不甚完备，特别是其中的合同条款部分往往不够明确或不完善。在招投标过程中，中标人与招标人达成一致的实质性内容主要限于工程价款、工期等，双方就工程款支付方式、违约责任和解决争议方法等实质性内容尚未达成一致。而备案合同和另行订立的合同在上述工程款支付方式、违约责任等实质性内容方面却并不一致。此时的备案合同并不当然为“白合同”，另行订立的合同也不当然为“黑合同”，而是应当以体现当事人真实意思表示的合同作为确定当事人权利义务的依据。在这种情况下，当事人明确表示仅用于备案的合同不能作为确定当事人权利义务的依据。①

4. 因招投标过程中的违法行为导致中标无效的，当事人就同一工程项目签订的合同均为“黑合同”，属无效合同。此时，应当按照《合同法》规定的无效合同过错责任原则、公平原则和诚信原则来处理。②

上述“黑白合同”的处理不但适用于必须招标的工程项目，也应适用于自愿进行招标的工程项目。首先，《招标投标法》的适用范围是在我国境内进行的招标投标活动。《招标投标法》第二条对此作了规定。该法第十二条、第十六条、第二十四条、第三十七条、第四十二条、第四十七条均对依法必须进行招标的项目作了特别规定，这也从侧面证明《招标投标法》既适用于必须招标的项目，也适用于自愿招标的项目。其次，“黑白合同”问题的出现，无论对于必须招标的项目还是自愿招标的项目，都属于严重背离《招标投标法》的公平、公正和诚实信用原则的行为，损害了正常的市场竞争秩序和不特定投标人的合法权益，将使招标投标活动失去本来的意义。

【实务判例 1】施工合同与招投标文件实质性内容不一致的，以招投标文件作为结算依据③

2003 年 11 月，A 公司与 B 公司就某小区建设签订《建设工程施工合同》。此后该工程进行了招投标。2004 年 5 月 10 日，A 公司发出中标通知书，确认 B

---

① 高印立，张绍发，黄丽芳：“建设工程‘黑白合同’的效力及认定”，载《建筑经济》2011 年第 6 期。

② 冯小光：“回顾与展望——写在《最高人民法院关于审理建设工程施工合同纠纷案件适用法律问题的解释》颁布实施三周年之际”，载《民事审判指导与参考》（总第 33 集），法律出版社 2008 年版。

③ 参见河南省高级人民法院（2012）豫法民一终字第 159 号民事判决书。

公司中标。2004年5月21日，双方就该工程又签订《建设工程施工合同》。上述两份施工合同除开工及竣工日期不同外，其余条款内容均一致，但与备案的招投标文件实质性内容不一致，两份施工合同均未备案。

该工程竣工验收合格后，双方对工程结算产生争议。B公司主张按照备案的招投标文件约定的结算办法进行结算，而A公司主张以施工合同作为结算依据。B公司诉至法院，请求法院判令A公司支付工程款及利息。

一审法院认为：该工程系依法应当进行招标的工程，双方当事人也履行了招投标程序，并且相关文件在政府有关部门备案。而A公司提交的两份施工合同中，2003年11月1日合同签订时尚未进行招投标，故该合同无效。而2004年5月21日合同与备案的招投标文件实质性内容不一致，也未在政府有关部门备案。同时，从实际施工过程来看，双方在实际履行过程中也并未按照施工合同约定的结算标准执行。参照《施工合同司法解释》第二十一条的相关规定，应当以在备案的招投标文件作为结算依据。

二审法院认为：依据《招标投标法》第四十六条的规定，招标人和中标人应当自中标通知书发出之日起30日内，按照招标文件和中标人的投标文件订立书面合同，不得再行订立背离合同实质性内容的其他协议。2004年5月21日施工合同与招投标文件的实质性内容不一致，违反了《招标投标法》的强行性规定，另该施工合同未进行备案，因此，不属于经过备案的中标合同，不能作为双方工程价款结算的依据，应以招投标文件作为双方结算工程价款的依据。

【实务判例2】 先签订合同后履行招标手续的，构成违法招投标，合同均无效[①]

原告A公司与被告B公司在2011年5月8日签订建设工程施工合同，约定原告A公司投资的某商贸城工程由被告B公司承建。合同约定了工程内容、工期、工程质量保证金等内容，同年6月13日，云和县建设局组织该商贸城工程邀请招标。同年6月21日对被告发出中标通知书。同年6月23日原、被告又签订了一份建设工程施工合同，合同价款为中标价，并进行了备案。其中，5月8日签订的建设工程施工合同为实际履行的合同。

一审法院认为：实际履行合同与备案合同形成“黑白合同”，由于实际履行的合同在前，中标合同在后，构成违法招投标情节，两个合同均属无效。但建设工程经竣工验收合格，应按实际履行合同计付工程价款。

二审法院认为，因A公司与B公司就涉案工程的招投标行为构成违法招投标，故双方签订的两份《建设工程施工合同》均属无效合同，本案工程应以实际履行合同作为确定双方权利义务的依据。

---

① 参见丽水市中级人民法院（2015）浙丽民终字第72号民事判决书。

（二）无须招标也未经招标投标的工程项目

《施工合同司法解释》第二十一条对“黑白合同”的处理源于《招标投标法》的规定，因此，对于无须招标也未经招标投标程序的工程项目，该条的规定并不适用。当事人在备案合同之外另行订立与备案合同实质性内容不同的合同的，不能当然认为另行订立的合同无效，而是应当以体现当事人真实意思表示的合同为准。此时，当事人明确表示仅用于备案的合同不能作为确定当事人权利义务的依据。

【实务判例 1】未严格执行招投标法的自愿招标项目，以实际履行合同作为结算依据①

2010 年 8 月 24 日，A 公司与 B 公司签订编号为 UNI-T-JZ-002-01 的《广东省建设工程标准施工合同》（以下简称“前合同”），约定 A 公司发包的某工程由 B 公司施工。该合同进行了备案。

同年 8 月 28 日，双方又就此工程签订编号为 UNI-T-JZ-002 的《建筑工程施工合同》（以下简称“后合同”）。“前合同”与“后合同”的承包范围、工期及价款均不同。

同年 8 月 29 日，双方签订一份《补充协议》，该协议载明“前合同”仅作为报建使用，不作结算等用途，双方合作约定按“后合同”执行。

后该工程竣工验收合格，双方因以哪份合同作为结算依据发生争议而成讼。另查明，涉案工程是 A 公司自行邀请招标工程，当时有四、五家公司竞标，由 A 公司内部自行讨论确定价格和中标单位。

一审法院认为：双方均确认涉案工程由 A 公司自行组织招标，B 公司投标后，A 公司经审核确定由 B 公司中标。因涉案工程不属于必须进行招投标的工程项目，若涉案工程没有经过招投标，即使将合同进行了备案，该备案合同与双方另行签订的合同不一致的，以双方实际履行的合同作为结算工程价款的依据。但一经招投标，涉案工程都应当受到招投标法的约束。A 公司自愿依法进行招投标，并且双方将合同进行了备案，虽另行签订了合同，但仍应以备案合同即“前合同”作为涉案工程款结算的依据，故一审法院认定涉案合同以“前合同”为准。

A 公司不服一审判决，提起上诉，称案涉工程不属于必须进行招投标的工程项目，A 公司参照《招标投标法》的招标程序而自主进行招标活动，案涉工程中 A 公司的“邀请招标”及内部确定的“中标”均不是实质意义的招投标活动，双方当事人关于案涉工程无须受《招标投标法》的约束。根据双方认可的《建筑工程招标文件》中附随的合同样本，与“后合同”完全一致，无论是价款、质量还

① 参见东莞市中级人民法院（2015）东中法民一终字第 2620 号民事判决书。

是工期都是与“后合同”吻合，备案合同与之相差甚远，因此“后合同”才是真正中标的合同。备案合同是双方为加快办理施工手续签订用于东莞市建设局备案，并非实际履行的合同。一审法院将“备案合同”等同“备案的中标合同”，进而依据司法解释判定以备案合同为结算依据，适用法律错误。

B公司则认为不能以A公司主张在某些形式上有所欠缺就否认招投标的性质。

二审法院认为：首先，案涉工程不属于法律规定必须招投标的工程项目，A公司也未严格按照《招标投标法》的规定进行案涉招投标活动，“前合同”不属于《施工合同司法解释》第二十一条规定的备案的中标合同。其次，双方当事人在2010年8月29日签订的《补充协议》明确约定“前合同”仅作为报建使用，不作结算等用途，双方合作按“后合同”执行。因案涉工程不属于强制进行招投标的工程，A公司通过自行组织招投标并经考察审核后确定案涉工程由B建设公司承包，双方签订“前合同”并备案后，又另行签订“后合同”并明确约定双方权利义务以该份合同为准，属于当事人意思自治的范围，没有违反法律法规强制性规定，“后合同”应为双方的真实意思表示，根据自愿原则，应以双方当事人实际履行的合同为准，因此案涉工程应以“后合同”作为结算依据。一审判决以“前合同”是招投标后备案的合同为由认定应以该份合同作为结算依据，与双方当事人签署合同时的真实意思表示相悖，也与案涉工程施工过程中实际执行的合同权利义务不相符。

【实务判例2】 未经招标的非强制招标项目，应以体现当事人真实意思表示的合同作为依据①

2007年2月28日，浙江某科技公司与绍兴某工程公司签订建设工程施工合同，合同约定由工程公司承建科技公司的1号厂房。2007年3月1日，双方又签订了厂房工程合同及补充合同各1份，其内容与2月28日所签合同不同。

合同签订后，工程公司没有按合同约定时间完成工程，直至2008年1月18日才通过中间结构验收。2008年8月，科技公司实际使用了涉案工程。但工程公司未向科技公司交付工程资料，造成工程无法竣工验收。科技公司遂向法院起诉，请求工程公司交付竣工验收所需的中间结构验收前的全部资料，并支付逾期完工违约金。

法院经审理认为，本案讼争工程并非法律、行政法规规定的必须进行招标的建设工程，厂房工程合同及补充合同签订在施工合同之后，且结合其他证据可以看出，双方实际履行的系厂房工程合同及补充合同，故应视为双方协商一致对第一份合同进行了变更，前后三份合同不一致处应以3月1日签订的两份合同为准。

---

① 参见浙江省绍兴市中级人民法院（2010）浙绍民终字第1105号民事判决书。

第五节 指定分包的效力

一、指定分包的概念

在我国建设工程施工领域，业主指定分包的现象大量存在，但无论是我国的法律、法规、相关司法解释或是有关建设工程施工合同示范文本，均没有对指定分包的概念作出明确定义。通常，我们可以把指定分包理解为，业主（发包人）将总承包人承包工程项下的某些专业工程，直接交由其选择或指定的分包人来完成的行为。

一般来讲，我国建设工程的业主指定分包具有以下几点特征：一是指定分包人直接由发包人确定，不是由总承包人选定；二是指定分包的工程内容包含在总包合同的承包范围内；三是由总承包人与指定分包人签订指定分包合同，或是发包人、总承包人与指定分包人共同签订合同。

实践中常见的指定分包模式主要有以下几种：

1. 常规意义上的指定分包模式。在这种模式下，指定分包人与总承包人签订合同，发包人先将指定分包人的工程款支付给总承包人，再由总承包人付至指定分包人账户中。这在一定程度上有利于总承包人对指定分包人的监管，也是目前对总承包人来说相对较好的指定分包模式。

2. 发包人不与指定分包人签订合同，却将工程款直接支付给指定分包人的模式。在这种模式下，又分为两种情形：

（1）指定分包工程价款在总包价款内。此时一般先由总承包人向发包人开具付款委托，然后发包人将工程款径直支付给指定分包人；

（2）指定分包工程价款不在总包价款内。指定分包价款经总承包人审核后，发包人将工程款径直支付给指定分包人。

不管是这种模式的哪种情形，总承包人承担的风险都为最大，一旦发包人不及时付款，指定分包人自然会依据合同向总承包人追索。

3. 发包人与指定分包人直接签订合同并直接付款的模式。即发包人通过招标直接与分包人签订指定分包合同，该分包人直接对发包人负责，工程款的支付由发包人直接支付给该分包人。这种模式下，名为指定分包，实属于发包人另行发包。

二、关于指定分包的有关规定

（一）我国现行法律对指定分包的规定

我国《建筑法》第二十四条第一款规定：“提倡对建筑工程实行总承包，禁止将建筑工程肢解发包。”第二十五条规定：“按照合同约定，建筑材料、建筑构配件和设备由工程承包单位采购的，发包单位不得直接指承包单位购入用于工程的建筑材料、建筑构配件和设备或者指定生产厂、供应商。”《招标投标法》第20条规定：“招标文件不得要求或者标明特定的生产供应者以及含有倾向或者排斥潜在投标人的其他内容。”可见，我国法律只明确了发包单位不得指定材料供应商（但现实中却是有禁无止），并没有明确发包单位是否可以指定分包。

（二）我国行政法规对指定分包的规定

《招标投标法实施条例》第三十二条规定，招标人存在“限定或者指定特定的专利、商标、品牌、原产地或者供应商”行为的，属于以不合理的条件限制、排斥潜在投标人。可见，该条例也是仅仅规定招标人不得指定生产供应商，目的是避免影响招标的公平性和竞争性。而其他行政法规，如《建设工程质量管理条例》《建设工程安全生产管理条例》等，均未涉及指定分包问题。

（三）部门规章对指定分包的规定

国家发展与改革委员会2013年3月11日发布的《工程建设项目施工招标投标办法》（2013年修订）第六十六条规定：“招标人不得直接指定分包人。”建设部2004年2月发布的《房屋建筑和市政基础设施工程施工分包管理办法》第七条规定：“建设单位不得直接指定分包工程承包人。”上述两个部门规章分别对指定分包作了禁止性规定。

（四）《FIDIC施工合同条件》对指定分包的规定

在FIDIC施工合同条件下是允许业主（发包人）指定分包的，这种做法通常被认为是一种国际惯例。《FIDIC施工合同条件》（1999年版）第5.1条规定了指定分包商的定义，即：合同中“指定的分包商”是指以下分包商：合同中提出的指定的分包商，或工程师依据第13条变更和调整的规定指承包商雇用的分包商。

《FIDIC施工合同条件》（1999年版）第5.2条还规定了对指定的反对，即：承包商没有义务雇用一名他已通知工程师并提交具体证明资料说明其有理由反对的指定分包商。如果因为（但不限于）下述任何事宜而反对，则该反对应被认为是合理的，除非雇主同意保障承包商免于承担下述事宜的后果：

1. 有理由相信分包商没有足够的能力、资源或资金实力；

2. 分包合同未规定指定分包商应保障承包商免于承担由分包商、其代理人、雇员的任何疏忽或对货物的错误操作的责任；

3. 分包合同未规定指定分包商对所分包工程（包括设计，如有时），应该向承包商承担该项义务和责任以使承包商可以依照合同免除他的义务和责任，以及保障承包商免于按照合同或与合同有关的以及由于分包商未能履行这些义务或完成这些责任而导致的后果所具有的所有义务和责任。

此外，《FIDIC施工合同条件》（1999年版）还规定，指定分包商的工程价款应按照暂列金额的有关规定计入雇主与承包商的合同价格，并且在承包商未有充分理由可以证明其有权不向指定分包商支付有关款项时，雇主可以直接向指定分包商支付有关款项，并要求承包商将雇主直接支付给指定分包商的有关款项付还给雇主。①

可见，在《FIDIC施工合同条件》中，指定分包是一项很重要的内容，其在工作内容、工程款支付、利益保障措施、违约处理等多方面均有特别规定。关于我国建设工程中的指定分包问题，由于在立法时顾及我国建筑行业和市场的混乱和不规范，没有将指定分包内容纳入《建筑法》。其后，在主管部门的部门规章中虽欲禁止，但规定不够完善，且极易被规避，使得“禁而不止”又有损法律的威信。笔者认为，与其回避，不如在《建筑法》修订时，一并将此问题参照国际上的通行做法，在法律中予以明确，避免法律和现实两张皮的现象。《FIDIC施工合同条件》中的相关内容，值得借鉴。

三、指定分包的效力分析

（一）指定分包合同的效力

在我国，业主（发包人）指定分包虽然违反了《房屋建筑和市政基础设施工程施工分包管理办法》等部门规章的禁止性规定，但却不会直接导致分包合同的无效。根据我国《合同法》的规定，对合同无效的认定只能依据法律或行政法规的规定，而《房屋建筑和市政基础设施工程施工分包管理办法》属于部门规章，其效力等级低于法律和行政法规。因此，在司法实践中，法院一般不能据此判定指定分包合同无效。但如果指定分包规避了招标投标，违反了《招标投标法》的强制性规定，则可能导致合同无效。

（二）指定分包的责任承担

根据我国《合同法》第二百七十二条和《建筑法》第二十九条第二款的规定，一般情况下，施工总承包合同与工程分包合同涉及三方主体，但两个合同又相互独立，工程的发包人（业主）与分包人没有直接合同关系。就工程质量而

① 国际咨询工程师联合会、中国工程咨询协会编译：《菲迪克（FIDIC）合同指南》，机械工业出版社2003年版，第279～283页。

言，施工总承包人和分包人就工程质量共同对工程发包人承担连带责任。

而在指定分包的工程实践中，形成质量缺陷往往存在混合过错，即指定分包人和总承包人都有过错。例如，指定分包人在施工中擅自降低质量标准，总承包人发现后不予以拒绝或者是总承包人没有发现质量缺陷等等。此时，总承包人对质量缺陷依然不能免责。此时，对于工程质量缺陷的责任承担，我国司法实践中按照过错原则处理。《施工合同司法解释》第十二条规定："因发包人直接指定分包人分包作业工程，造成建设工程质量缺陷的，发包人应当承担过错责任。承包人有过错的，也应当承担相应的过错责任。"但是该司法解释仅仅是对指定分包情形下的质量缺陷责任承担作出规定，并没有对指定分包造成的工期延误、工程价款结算等突出问题作出明确规定，大大降低了司法实践中的可操作性。

另外，由于建筑市场属于买方市场，工程承包人往往处于弱势地位，业主（发包人）完全可以要求承包人与其直接指定的分包人签订分包合同，并以此作为承包人承包工程项目的前提条件。这样，业主（发包人）既实现了指定分包的目的，又不必承担因指定分包而产生的本来就很少的法律责任。这使得在实践中业主指定分包或变相指定分包的情况大量存在。

第六节 劳务分包与"扩大"劳务分包

一、劳务分包的概念

根据2004年建设部颁布的《房屋建筑和市政基础设施工程施工分包管理办法》(2014年修订）第五条的规定，劳务分包是指施工总承包企业或者专业承包企业将其承包工程中的劳务作业发包给劳务分包企业完成的活动。建设部《建筑业劳务分包企业资质标准》规定了以下13种类别属劳务作业范围：①木工作业；②砌筑作业；③抹灰作业；④石制作业；⑤油漆作业；⑥钢筋作业；⑦混凝土作业；⑧脚手架搭设；⑨模板作业；⑩焊接作业；⑪水暖电安装作业；⑫钣金工程作业；⑬架线工程作业。同时，还对多数专业划分了一级和二级。住房和城乡建设部于2015年颁布的《建筑业企业资质管理规定》（住房和城乡建设部令第22号）对此进行了改变，将建筑业企业资质分为施工总承包资质、专业承包资质和劳务资质三个序列，并规定施工劳务序列不再划分类别和等级，即施工劳务资质可承接各类施工劳务作业。同时，将原劳务作业类别中的脚手架搭设和模板作业从劳务序列中抽出，单独设立了模板脚手架专业承包资质，以承担各类模板、脚手架工程的设计、制作、安装、施工。

由劳务分包的定义可以看出，在我国，合法的施工分包包括专业分包和劳务分包，但专业分包和劳务分包并非并列关系。根据对劳务分包的定义可知，专业分包下的承包人（专业承包企业）仍可将其所承包的专业工程中的劳务作业发包给劳务企业，形成专业分包下的劳务分包，但劳务分包的承包人则不能再将所承包的劳务作业继续发包。

二、劳务分包合同的特点

劳务分包合同是施工总承包企业或者专业承包企业就其承包工程中的劳务作业与劳务分包企业之间签订的合同。我们可以从以下几个方面阐述劳务分包合同的特点。

（一）劳务分包合同的主体

劳务分包合同的发包人是建设工程施工总承包人或专业分包的承包人，承包人是具有相应资质的劳务企业。根据《建筑业企业资质标准》（住房和城乡建设部令第 22 号）的规定，取得施工劳务资质的企业，可承接各类施工劳务作业。

（二）劳务分包合同的内容

劳务分包合同内容指向的是工程的施工劳务作业，其对象是计件或计时的施工劳务，主要是指人工费用以及劳务施工的相应管理费用。

与专业分包合同相比较，劳务分包合同内容不是分部分项工程，不能计取分包的工程款，仅计取直接费中的人工费以及相应管理费。而专业分包计取的是直接费、间接费、税金和利润。实践中，区别劳务分包与专业分包时，主要看系争合同中价款结算的对象是劳务报酬还是工程价款，看系争合同的材料和设备由谁负责购买。简单而通俗地讲，包工又包料的，是工程分包；包工不包料的是劳务分包。只要符合仅仅提供劳务这一标准，就能使合同的性质归入劳务分包的范畴。其中一条重要的管理经验是作为劳务分包发包人的总承包人或工程分包人，必须能够提供确切证据证明由自己提供建设项目的材料和设备，有付款支票和载明自己单位名称的发票等收付凭据。有了这些证据即能证明系争合同属于劳务分包合同，从而可以适用《施工合同司法解释》第七条的规定。[①]

---

① 参见朱树英："从一起重大安全事故的责任划分看劳务分包合同的本质属性以及拓展劳务用工模式应注意的法律问题"，载中华全国律师协会民事专业委员会编：《房地产建筑律师实务——前沿、务实与责任》，法律出版社 2006 年版。《施工合同》司法解释第七条规定："具有劳务作业法定资质的承包人与总承包人、分包人签订的劳务分包合同，当事人以转包建设工程违反法律规定为由请求确认无效的，不予支持。"

（三）劳务分包合同的性质

劳务分包合同在性质上属于承揽合同，是建设工程施工合同之一种，“是基于建设工程施工合同派生出来的合同关系”，其与劳动合同、劳务合同及劳务派遣均不同。[①]

劳务分包合同的发包人和承包人之间是建设工程施工合同关系，而劳务承包人与其雇佣的劳务人员之间的关系是劳动关系。在履行劳务分包合同过程中，劳务人员作为劳务承包人的成员之一，承担一定的工种作业工作，并遵守劳务企业的内部管理制度进行劳动，按劳动数量及质量获取劳动报酬，双方之间的关系具备劳动关系的属性，受《劳动法》和《劳动合同法》的调整和约束。劳务发包人与劳务人员之间一般不存在直接的关系。劳动发包人对施工劳务的管理和监督是通过对劳务承包人的指示，由劳务承包人通过具体的劳动组织工作而传达于劳务人员，劳务人员的报酬也不直接由劳务发包人支付，而是由劳务承包人支付。但如果因劳务发包人安全措施不力，包括未按安全标准进行施工以及未采取必要的安全防护措施等，由此引发安全事故造成劳务人员身体伤害的，劳务发包人应当承担相应责任。对于劳务分包的承包人不具备用工主体资格的，劳动和社会保障部《关于确立劳动关系有关事项的通知》（劳社部发〔2005〕12 号）第四条规定：“建筑施工、矿山企业等用人单位工程（业务）或经营权发包给不具备用工主体资格的组织或自然人，对该组织或自然人招用的劳动者，由具备用工主体资格的发包方承担用工主体责任。”反映在司法实践中，对于该情形下劳动者的工伤保险待遇，多认为应当由劳务发包人和不具备用工资格的承包人共同承担。[②]而劳务发包人和劳动者之间是否成立劳动关系，理论和实务界均存在争议。有学者认为，劳社部发〔2005〕12 号文的第四条仅确认了发包企业的替代承担责任，而不是旨在确认劳动者与发包企业间存在劳动关系，但在其对 17 个此类案例的统计中，发现其中 9 个案例认定劳动者与具有用工主体资格劳务发包人成立劳动

---

① 最高人民法院民事审判第一庭：《最高人民法院建设工程施工合同司法解释的理解与适用》，人民法院出版社 2004 年版，第 80 页。

② 如《广东省高级人民法院关于审理劳动争议案件若干问题的指导意见》（粤高法发［2002］21 号）第 27 条规定：“建设工程的分包人挂靠承包人，并以承包人名义承接工程的，人民法院可以责令分包人和承包人共同承担劳动者的工伤待遇。承包人违反《建筑法》第二十四条、第二十八条和第二十九条的规定，对建设工程进行转包或分包的，劳动者的工伤待遇可由转包人、分包人和承包人共同承担。”《江苏省高级人民法院 江苏省劳动人事争议仲裁委员会＜关于审理劳动人事争议案件的指导意见（二）＞》第十条规定：“建筑施工、矿山企业等用人单位将工程或经营权发包给不具备用工主体资格的其他组织或自然人，劳动者起诉请求确认与具有用工主体资格的发包方存在劳动关系的，不予支持；但劳动者依据人力资源社会保障部门作出的因工伤亡或职业病确认结论和劳动能力鉴定结论请求赔偿工伤保险待遇，并要求发包人与承包人承担连带赔偿责任的，应予支持。”

关系。[①]

劳动合同的主体为《劳动法》规定的用人单位和劳动者，合同内容指向的是双方之间因用工产生的权利义务关系，即劳动关系。在劳动关系中，用人单位和劳动者之间存在支配和被支配关系，用人单位对劳动者的劳动风险承担责任。而劳务合同的主体不限于《劳动法》的规定，当事人双方是平等的民事主体，不存在支配和被支配的关系，劳务使用人也无须为劳务提供人的劳动风险承担责任。

劳务派遣是一种特殊的雇佣劳动关系，涉及劳务派遣单位、被派遣劳动者与用工单位三方的法律关系。根据《劳动合同法》第五十八条的规定，劳务派遣单位与被派遣劳动者之间是劳动合同关系。[②] 用工单位与劳务派遣单位之间是按照劳务派遣协议履行权利义务的民事关系。用工单位与被派遣劳动者之间形成的是劳务关系，用工单位负责在劳动过程中对被派遣劳动者进行指挥和管理，劳动者遵守用工单位的规章制度。

三、“扩大”劳务分包及其效力

(一)“扩大”劳务分包的概念

“扩大”劳务分包不是一个法律概念，亦无明确的定义，实践中一般指建设工程承包人在将劳务作业依法交由劳务承包企业承揽的同时，还将一部分机具、材料的租赁或购买包含在劳务分包合同当中，是一种对劳务合同内容的“扩大”。“扩大”劳务分包在实践中可按其承包内容和法律效果的不同分为以下三种：

1. 劳务分包的承包范围除包括劳务外，还包括低值易耗材料、小型机械器具，不包含大型机械租赁和主要材料采购等内容。

2. 劳务分包的承包范围除包括劳务外，不但包括低值易耗材料、小型机具的采购、租赁，还包括大型机械租赁和主要材料采购等内容。这在劳务分包合同中表现为，约定劳务企业不但包人工费、税金及管理费，还包低值易耗材料、大型机械设备及机具，并负责各种施工记录和施工技术资料、竣工档案资料的整理归档，甚至还要配备施工技术负责人、施工员、质检员、安全员等施工管理人员。

---

① 参见王芬：“建筑领域劳动关系的确认及相关争议的处理”，载《审判研究》2011年第1辑（总第44辑），法律出版社2011年版。

② 我国《劳动合同法》第五十八条规定：“劳务派遣单位是本法所称用人单位，应当履行用人单位对劳动者的义务。劳务派遣单位与被派遣劳动者订立的劳动合同，除应当载明本法第十七条规定的事项外，还应当载明被派遣劳动者的用工单位以及派遣期限、工作岗位等情况。”

3. 劳务分包的承包范围除包括劳务外，既包括低值易耗材料、小型机具的采购、租赁，也包括周转性材料的采购和租赁，不包含大型机械租赁和主要材料采购等内容。

（二）扩大劳务分包的效力分析

上述三类承包内容不同的“扩大”劳务分包，法律效果也有所不同。

1. 对于上述第一种“扩大”劳务分包，即“扩大”分包的范围仅为低值易耗材料和小型机具采购、租赁的“扩大”劳务分包，从理论和实践来看，其具有存在的价值，应当是有效的劳务分包。

从理论层面分析，在此范围内的“扩大”劳务分包可以在发包人和承包人之间形成双赢的局面。对劳务承包企业来说，扩大劳务分包使得企业可以利用现有资源，无须为某个工程特意制作、购买低值易耗材料，既可成为竞争优势和有效的经营手段，又可以因此得到一定的赢利空间和经济补偿，还可以加速材料的周转频率，创造出应有的效率，赢得综合效益；对发包人来说，发包人对劳动者的管理是间接管理，小型机具、低值易耗品及相应的辅料如果全部由发包人提供，因和劳动者并不直接产生利益关系，极易造成过多的损耗、浪费甚至流失，从而加大工程成本。而分包给劳务队伍自行提供、管理和使用，使劳动者和机具之间产生直接的利益关系，和自己的收入直接挂钩，不仅使企业得利，也使劳动者个人得利，发包人也可以降低成本。因此，合理的扩大分包，某种意义上说是一种新型的双赢的合作，于合作双方都有利。①

从实践层面来看，在此范围内的“扩大”劳务分包已被我国地方政府部门制定的劳务分包管理办法所采纳。如《北京市房屋建筑和市政基础设施工程劳务分包合同管理暂行办法》（京建市〔2009〕610号）第十条规定：“劳务分包合同可规定低值易耗材料由劳务分包企业采购。”《厦门市建设与管理局关于改善和加强建筑劳务管理与监督工作的指导意见》（厦建建〔2005〕34号）第二条第二款中规定：“劳务分包合同可规定低值易耗材料由劳务企业采购，并由劳务企业凭采购凭证，另加一定的管理费向总包企业报销。”《天津市建筑工程劳务分包管理办法（试行）》（建筑〔2006〕972号）第十条规定：“劳务发包人和劳务承包人建筑材料和建筑构配件采购的划分应遵循以下原则：凡是构成工程实体且直接影响工程结构质量的钢材、混凝土、墙体材料等主要材料，应由劳务发包人采购和管理；主要材料以外的辅助或周转建筑材料可由劳务承包人采购和管理。”

---

① 参见余作文：“劳务招标过程中分包方式及内容的变化与发展”，载《首都建设报》2005年3月9日。

2. 对于包含了大型机械租赁和主要材料采购等内容在内的“扩大”劳务分包，一般认为其构成转包或违法分包而无效。

首先，将主材购买、大型机械设备租赁作为劳务分包内容，会导致劳务发包人的管理与劳务作业之间相隔离，使劳务分包合同独立于劳务发包人与业主或施工总承包人之间的建设工程施工合同。在这种情况下，即使没有劳务发包人的参与，劳务企业也可以独立完成劳务与生产资料的结合，从而把技术含量偏低的简单劳动转变为专业性较强的复杂劳动，使劳务承包人成为实质意义上的整个建设工程施工合同的义务履行人。这与劳务分包合同以施工劳务为对象的性质不符，也超出了劳务企业的资质范围，本质上属于转包或违法分包。

其次，由于主材和大型机械设备事关工程的质量与安全，是否将其纳入劳务分包范围涉及劳务发包人对有关工作内容的控制和监督。工程承包人的工作包含管理、技术和建筑材料采购等多方面内容，如均由劳务承包人代为实施，那么劳务发包人对工程的控制和监督将被架空，工程的质量和安全也会得不到保障。

实践中，许多政府部门发布的有关规定也作出了类似的规定。《北京市房屋建筑和市政基础设施工程劳务分包合同管理暂行办法》（京建市〔2009〕610 号）第十条规定：“劳务分包合同不得包括大型机械、周转性材料租赁和主要材料采购内容。”《关于北京市进一步规范房屋建筑和市政基础设施工程施工发包承包活动的通知》（京建发〔2011〕130 号）第九条规定：“除小型机具和辅料之外，总承包单位、专业承包单位将与工程有关的大型机械、周转性材料租赁和主要材料、设备采购发包给劳务分包单位的，按照《建设工程质量管理条例》关于违法分包工程的规定处罚。”《厦门市建设与管理局关于改善和加强建筑劳务管理与监督工作的指导意见》（厦建建〔2005〕34 号）第二条中规定：“劳务分包合同不得包括大型机械租赁和主要材料采购内容。”

3. 对于周转性材料的购买或租赁是否可以包含在劳务分包合同中，我国不同地区尚有不同的态度和意见。《北京市房屋建筑和市政基础设施工程劳务分包合同管理暂行办法》（京建市〔2009〕610 号）第十条明确规定，劳务分包合同不得包括周转性材料租赁；《天津市建筑工程劳务分包管理办法（试行）》（建筑〔2006〕972 号）第十条则规定，周转建筑材料可由劳务承包人采购和管理。住房与城乡建设部于 2014 年发布的《建筑工程施工转包违法分包等违法行为认定查处管理办法》（试行（建市〔2014〕118 号）则认为劳务分包单位除计取劳务作业费用外，还计取主要建筑材料款、周转材料款和大中型施工机械设备费用的，属于违法分包。《北京市高级人民法院关于审理建设工程施工合同纠纷案件若干疑难问题的解答》也持同样的意见。

笔者认为，模板、扣件、脚手管等周转性材料并不能成为建筑产品的一部分，不会直接影响工程结构质量。至于模板、脚手架搭设等产生的生产安全问题，主要在于技术方案和现场操作的规范性和合理性，并可通过劳务发包人或总承包人加强现场的技术管理予以解决。这与该材料由谁购买或租赁并无关系。允许劳务分包人负责周转性材料，可以大大减小施工过程中的材料浪费，使总承包人或者劳务发包人对工程的管理更为高效。

值得欣慰的是，在2015年《建筑业企业资质管理规定》发布后，由于模板和脚手架劳务作业已经成为一个独立的专业承包序列，不再包含在劳务作业范围内，本节所讨论的第三类“扩大”劳务分包类型以后将不复存在，相应问题也就迎刃而解了。同时，这种变化也从一个侧面反映出，模板、脚手架由独立的承包人完成对于施工总承包管理是有利的。

本章小结

1. 建设工程施工合同的效力应从合同主体、意思表示、合同内容等方面进行考察。作为建设工程施工合同的履行主体，承包人未取得相应资质或超越相应资质承揽工程的，因其不具有相应的行为能力而无效。对于以商品房建设为标的的建设工程施工合同，虽然国家对房地产开发经营有资质要求，但房地产开发企业的资质并不影响建设工程施工合同的效力。

2. 若建设工程未取得建设用地规划许可证、建设工程规划许可证将构成合同标的物违法，从而导致合同无效，除非当事人在合理期限内补正。建设单位在自己无土地使用权的土地上进行工程建设的，属于无权处分行为，当事人签订的建设工程施工合同效力待定。

3. 关于合同无效时工期延误的责任承担，实践中有不同认识。有法院认为应参照合同约定的违约责任条款确定发包人的损失，也有观点认为可将其工期延误损失纳入合同无效的过错责任赔偿范围。我们认为，《施工合同司法解释》第二条确定的折价补偿规则存在一个前提，即工程应当在合理期限内完工且质量合格。若承包人未在合理期限内完工，可以视为是对发包人应当享有的利益的减损，其造成的损失可以与参照合同约定确定的补偿价款相抵。在当事人意思表示真实且工期约定不损害社会公共利益和第三人利益的情况下，根据诚实信用原则，可以参照合同约定的工期确定合理履行期限。

4. 我国对指定分包的禁止性规定仅见于部门规章和有关规范性文件，法律和行政法规未见禁止性规定，因此，除规避招标投标的情形外，尚不足以导致合同无效。实践中“扩大”劳务分包的法律效果因其合同内容的不同而不同。对于包含大型机械租赁和主要材料采购内容的“扩大”劳务分包合同，应当认定其已构成转包或违法分包而无效。

5.“黑白合同”效力认定的实质在于考察其是否违反了《招标投标法》的效力性强制性规定，而与合同是否经过备案这一行政行为无关。当事人签订施工合同的实质性内容背离双方在招标投标过程中达成一致的意思表示的，该合同应当被认定为因违反法律效力性强制性规定而无效的“黑合同”。

关于“实质性内容”的确定，根据2015年《第八次全国法院民事商事审判工作会议纪要》第31条的规定，主要指工期、工程价款、工程项目性质等影响中标结果实质性内容的协议。实际上，对中标结果可能产生影响的不仅限于上述内容，影响潜在投标人参加投标的工程价款支付方式、违约责任条款及履约担保的设定等内容均可能对中标结果产生实质性影响。

当然，也有法院认为：“建设工程合同中事关当事人权利义务的核心条款是工程结算，而影响工程结算的往往涉及三个方面：工程量，建设工期，施工质量。其他条款的变化对工程款结算的影响不大，一般只涉及违约责任的判断，而违约责任的认定与工程价款的结算可以看作两个不同范畴解决的问题，可将之作为非属于实质性内容的变更，应不影响合同的效力。”①

① 夏正芳：“建设工程案件审判实务中的有关问题”，载《民事审判指导与参考》（总第35集），法律出版社2009年版，第59页。

第三章　建设工程施工合同的履行

第一节　概　　述

建设工程施工合同的履行是指承发包双方当事人按照合同约定履行各自义务，实现各自权利的过程。由于建设工程施工周期长、环节多、项目地点分布广，工程项目都是由项目部具体来实施的。因此项目主要管理人员能否尽责履职，对于工程项目的顺利完成起着至关重要的作用。

然而，在当前建设工程领域，施工管理人员对利益的追逐和建筑施工企业相对粗放型的管理制度，使得施工企业管理人员在履行施工合同过程中，经常超越职务权限对外从事商事活动，再加上建设领域挂靠、转包和违法分包现象十分普遍，实际施工人以施工企业的名义对外进行商事活动损害施工企业利益的现象也是屡见不鲜。这种情况的存在导致工程实践中出现了大量的合同纠纷，给施工企业带来了极大的经营风险，同时也产生了许多疑难案件和新的法律问题。这些法律问题是建设工程施工合同所特有的，也是施工企业在建设工程施工合同履行过程中应当重点研究的。

本章针对建筑市场的现状，重点对工程项目部的法律地位、合同履行过程中的表见代理构成、劳务分包和相关法律关系以及与实际施工人相关的法律问题进行讨论。

第二节　工程项目部及其法律地位

工程项目部在建设工程施工合同履行过程中占有重要地位，它是工程项目的组织实施机构，有时甚至是工程项目的实际控制机构，其运行方式和对外权限往往与施工企业的经营模式和管理机制密切相关。但不管怎样，工程项目部往往被看作是建筑企业对外行使权力和承担义务的代表，由此引发的法律问题和争议纠纷在司法实践中体现的十分明显。尤其在涉及是否构成表见代理、工程项目部应当在何种范围内承担责任等问题上，各种争议和纠纷频频发生。这些争议、纠纷的解决都需要建立在明确工程项目部的法律地位的基础之上。

一、工程项目部的含义

工程项目部也称项目经理部。我国国家标准《建设工程项目管理规范》GB/T 50326—2006 第 2.0.11 条规定，项目经理部（或项目部）是由项目经理在企业法定代表人授权和职能部门的支持下按照企业的相关规定组建的、进行项目管理的一次性的现场组织机构。“项目部的主要职能是制订项目计划和目标，开展项目立项、组织实施工作，管理、监督项目运作过程，确保项目顺利完成。”以施工为主的项目部组织结构如图 3-1 所示。这与《建设工程项目管理规范》5.2.2 条中所规定的“项目经理部由项目经理领导，接受组织职能部门的指导、监督、检查、服务和考核，并负责对项目资源进行合理使用和动态管理”的职能是一致的。

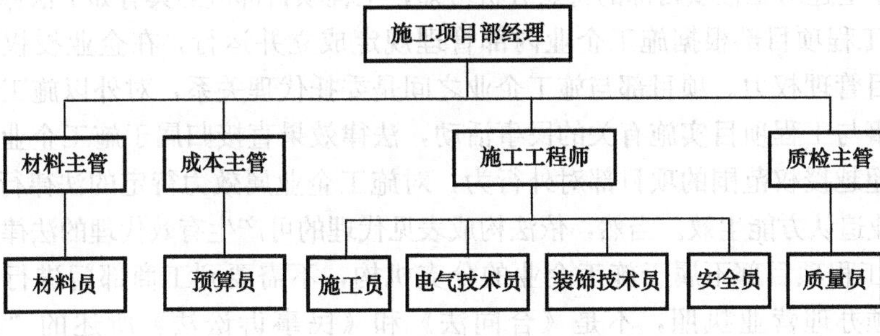

图 3-1 以施工为主的项目部组织结构①

二、工程项目部的特点和法律地位

(一) 工程项目部的特点

根据《建设工程项目管理规范》GB/T 50326—2006 的定义，项目部具有如下特点：

1. 项目部是企业进行项目管理的组织机构。尤其是大中型施工项目的承包人在施工现场设立项目经理部，能实现对施工项目成本、质量、安全等的更直接、更高效的管理，保证工程施工的顺利进行。

2. 项目部是由项目经理组建并领导的。项目经理由法定代表人任命，并根

① 参见袁艳烈：《项目部规范化管理工具箱》，人民邮电出版社 2010 年版，第 14 页。

据法定代表人授权的范围、期限和内容，履行管理职责，并对项目实施全面过程管理。项目部由项目经理领导，项目经理在项目部乃至整个工程实施过程中发挥举足轻重的作用。

3. 项目部的组建和领导需要企业的支持，并接受企业职能部门的指导、监督、检查和考核。“企业的支持”包括项目部从组建到解散遵循企业内部的管理规章制度，主要是《项目管理目标责任书》。项目部在内部授权范围内从事项目管理活动。

4. 项目部是一次性的现场组织机构。它不属于企业的固定建制单位，而是一种一次性的机构。它既不具备企业法人资格，也没有营业执照，属于企业的一个有机部分。施工企业与项目部的关系不是“母与子”的关系，而是“身体与四肢”的关系。①

（二）工程项目部的法律地位

基于上述对工程项目部的特点分析可知，工程项目部应当具有如下法律地位：

1. 工程项目部根据施工企业内部管理规定成立并运行，在企业授权范围内行使项目管理权力。项目部与施工企业之间是委托代理关系，对外以施工企业的名义从事与工程项目实施有关的民事活动，法律效果直接归属于施工企业。未经授权或超越授权范围的项目部对外行为，对施工企业属效力待定的法律行为，经施工企业追认方能生效。当然，依法构成表见代理的可产生有效代理的法律效果。

2. 工程项目部不属于施工企业的分支机构，不需要到工商部门进行企业登记，无须办理营业执照，不是《合同法》和《民事诉讼法》所述的“其他组织”②，更不具有独立的法人地位。工程项目部不同于施工企业的分公司，其“一次性”特征决定了其不具有独立的民事主体资格，不能作为诉讼当事人参与诉讼活动。

3. 工程项目部一般实行项目经理负责制，项目经理是项目部最核心的人员，项目经理的综合能力和行为方式等直接决定项目部作用的发挥，甚至决定着整个

---

① 吕宗斌，李继军，李殿勤：“浅议建筑工程施工项目部的法律主体地位”，载《山西建筑》2002年3月第28卷第3期。

② 《合同法》第二条规定：“本法所称合同是平等主体的自然人、法人、其他组织之间设立、变更、终止民事权利义务关系的协议。”《民事诉讼法》第四十八条规定：“公民、法人和其他组织可以作为民事诉讼的当事人。法人由其法定代表人进行诉讼。其他组织由其主要负责人进行诉讼。”《最高人民法院关于适用〈中华人民共和国民事诉讼法〉若干问题的意见》第五十二条规定：“民事诉讼法第四十八条规定的其他组织是指合法成立、有一定的组织机构和财产，但又不具备法人资格的组织，包括：（1）依法登记领取营业执照的个人独资企业；（2）依法登记领取营业执照的合伙企业；（3）依法登记领取我国营业执照的中外合作经营企业、外资企业；（4）依法成立的社会团体的分支机构、代表机构；（5）依法设立并领取营业执照的法人的分支机构；（6）依法设立并领取营业执照的商业银行、政策性银行和非银行金融机构的分支机构；（7）经依法登记领取营业执照的乡镇企业、街道企业；（8）其他符合本条规定条件的组织。”

工程的顺利实施和项目管理的质量和效率。

4. 工程项目部的材料员、安全员等其他人员在各自的职权范围内代表工程项目部对外从事与项目相关的活动，其行为后果直接由项目部并最终由施工企业承担。但其职权范围受施工企业对工程项目部及其人员授权范围的限制，否则，除构成表见代理外，对施工企业属效力待定的法律行为。

综上，工程项目部是施工企业为了工程的顺利实施在施工现场设置的一次性组织。它依据企业内部管理制度成立，在施工企业授权范围内对工程项目进行管理，在工程实施完成后解散。它不属于企业的分支机构，不能以自己的名义作为诉讼当事人参与诉讼，其与施工企业之间是委托代理关系，未经授权或超出授权范围的行为除构成表见代理者外为效力待定的法律行为。

三、工程项目部承包与挂靠

当前，作为内部承包方式之一的项目部承包是施工企业项目部的重要运行方式，该运行方式是由企业与以项目经理为首的项目部签订内部承包合同，约定允许该项目部完成工程项目施工，独立核算、自负盈亏，向企业缴纳管理费等内容，以实现建筑企业最大限度且合法有效地整合、运用社会资源，促进企业自身的发展壮大。但在实践中，项目部内部承包经营模式与项目挂靠的界限难以划分，这种企业经营模式往往容易演变成《建筑法》所禁止的施工挂靠行为，导致名为项目部内部承包，实为挂靠。项目挂靠是违法的，而企业内部承包是合法的。笔者拟从法律层面讨论二者的关系。

（一）项目部承包与挂靠的含义

项目部承包作为企业内部承包方式之一，在我国现行法律法规中并没有专门规定。但此种经营模式在建设领域广泛存在，且并不为法律所禁止。

1987年，原国家计划委员会、财政部、中国人民建设银行发布了《关于改革国营施工企业经营机制的若干规定》（计施〔1987〕1806号）。其中第二条规定：“施工企业内部可以根据承包工程的不同情况，按照所有权与经营权适当分离的原则，实行多层次、多形式的内部承包经营责任制，以调动基层施工单位的积极性。可组织混合工种的小分队或专业承包队，按单位工程进行承包，实行内部独立核算；也可以由现行的施工队进行集体承包，自负盈亏。不论采取哪种承包方式，都必须签订承包合同，明确规定双方的责权利关系。”可以说这是施工企业内部承包经营模式的渊源。其与项目施工相结合，产生了项目部承包。可见，独立核算与自负盈亏是项目部承包的重要特征。

由于项目部实行项目经理负责制，因此项目部承包往往是由项目经理与施工企业签订内部承包合同。这种由项目经理主导的项目部承包模式，可以定义为：建筑施工企业与其内部职工（即项目经理）主导的项目部之间通过协议的方式，约定企业负责监督、管理、指导，并许可内部职工（即项目经理）在企业资质范围内组织施工人员、施工材料及资金等众多必要因素，完成一定的项目施工，并实行内部独立核算，自负盈亏，向企业缴纳管理费的经营方式。

项目部承包合同通常具有以下特点：

1. 在法律性质上，因该合同主体之间存在隶属关系，项目部承包合同应当适用合同法调整还是劳动法调整没有明确的规定。通常认为项目部承包合同内容充分显示了合同法意义上合同所具有的平等、自愿、等价有偿原则，主要受合同法调整，只有涉及承包人与建筑施工企业属于劳动法调整的争议事项时，才受劳动法的调整。劳动部办公厅 1993 年发布的《关于履行企业内部承包责任合同的争议是否受理的复函》中对此有一定体现。[①] 不过，该复函已经于 2016 年 4 月 13 日被废止。

2. 在法律效力上，项目部承包合同应合法有效。项目部承包合同内容充分体现了平等、自愿、等价有偿原则，不为法律、行政法规所禁止，只要其在合同主体、意思表示和合同内容等方面不存在无效的事由，此类承包合同应当是合法有效的。

3. 在合同纠纷的可诉性上，最高人民法院的观点经历了一个从有限受理到应当受理的过程。1987 年 12 月 1 日，最高人民法院研究室在《关于人民法院可否受理企业内部承包合同纠纷案件问题的电话答复》中认为："大部分应由企业或上级主管机关调处，极少数违反法律，必须由人民法院受理的，人民法院应予受理。在受理此类案件时，应严格审查、从严掌握，而不宜铺得过宽。"该电话答复于 2013 年 1 月 18 日被废止。而 1991 年 8 月 13 日，最高人民法院在《关于企业经营者依企业承包合同要求保护其合法权益的起诉人民法院应否受理的批复》[②] 中认为，在企业承包经营合同中，企业经营者因人事任免争议而向人民法院起诉的，人民法院不予受理；企业经营者因合同纠纷而向人民法院起诉的，人民法院应予受理。对于项目部承包合同来说，施工企业和项目承包人之间的纠纷大多是由于管理费上交、项目亏损承担而引起的合同纠纷，属于平等民事主体之

---

① 该复函阐明：企业实行内部责任制后与职工签订的承包合同与劳动合同有很大差别，一般不属于劳动合同。但是，如果承包合同中包含有工资福利等应在劳动合同中规定的劳动权利义务方面的内容，则该合同带有劳动合同的某些属性。职工与企业因执行承包合同中有关劳动权利义务方面的规定发生的争议，属于劳动争议。

② 该批复答复为："承包经营合同的发包方是人民政府指定的有关部门，承包方是实行承包经营的企业。企业经营者通过公开招标或者国家规定的其他方式确定之后，即成为企业的厂长，企业的法定代表人，对企业全面负责。企业经营者因政府有关部门免去或变更其厂长职务而向人民法院起诉，要求继续担任厂长的，属于人事任免争议，人民法院不予受理；企业经营者为请求兑现承包经营合同规定的收入而向人民法院起诉的，属于合同纠纷，人民法院应与受理。"

间的权利义务关系，人民法院应当受理。

挂靠并非法律概念，一般认为建设领域内的挂靠是指无资质或低资质的单位或个人，借用符合资质的施工企业的名义承揽工程任务并向该资质企业缴纳相应“管理费”的行为。① 基于对建设工程质量的考虑，立法上禁止挂靠经营。根据《施工合同司法解释》第一条第二款规定，没有资质的实际施工人借用有资质的建筑施工企业名义承揽工程，签订的施工合同无效。其原因在于其违反了《建筑法》的效力性强制性规定。②

挂靠施工一般具有如下特征：

1. 挂靠人没有从事相应建筑活动的主体资格，即没有具备与建设项目的要求相适应的资质等级，包括没有资质和以低资质承接超过资质允许范围的工程。

2. 挂靠关系下，被挂靠人与挂靠人的关系是名义借用关系。工程项目由挂靠人洽谈，被挂靠人仅是提供手续而已。

3. 挂靠人向被挂靠的施工企业交纳一定数额的“管理费”。被挂靠的施工企业只是以企业的名义代为签订合同及办理各项手续，施工企业仅收取“管理费”而不实施管理，或者所谓“管理”仅仅停留在形式上，约定不承担技术、质量和经济责任。可见，挂靠施工的一个重要特征是挂靠人自负盈亏，向被挂靠企业缴纳管理费。这与项目部承包具有相似性。

（二）项目部承包与挂靠的区别

项目部承包与挂靠在自负盈亏和缴纳管理费上具有一定相似性，也正因为此，实践中二者极容易混淆。这也为借项目部承包之名实施挂靠之实的行为提供了便利。关于挂靠与项目部承包的区别，我们可以从 1999 年建设部发布的《关于若干违法违规行为的判定》（建建〔1999〕53 号）中找到依据。该文件第四条规定了挂靠行为的判定条件：“（一）有无资产的产权（包括所有权、使用权、处分权、受益权等）连系，即其资产是否以股份等方式划转现单位，并经公证；（二）有无统一的财务管理，不能以“承包”等名义搞变相的独立核算；（三）有无严格、规范的人事任免和调动、聘用手续。凡不具备上述条件之一的，定为挂靠行为。”但该规定为规范性文件，效力较低。由于缺乏实践基础，《施工合同司法解释》未对挂靠形式进行概括。

为解决司法实践中遇到的问题，各地法院出台了相应的指导意见，关于挂靠

① 陈宽山主编：《建筑施工企业工程合同风险管理法律实务》，法律出版社 2009 年版，第 84 页。

② 《建筑法》第二十六条规定：“承包建筑工程的单位应当持有依法取得的资质证书，并在其资质等级许可的业务范围内承揽工程。禁止建筑施工企业超越企业资质等级许可的业务范围或者以任何形式用其他建筑企业的名义承揽工程。禁止建筑施工企业以任何形式允许其他单位或者个人使用单位本企业的资质证书、营业执照，以本企业名义承揽工程。”

行为的具体认定基本上与1999年建设部的规定是一致的。如《江苏省高级人民法院关于审理建设工程施工合同纠纷案件若干问题的意见》（2008年12月17日通过，苏高法审委〔2008〕26号）第五条规定："承包人之间具有下列情形之一的，可以认定为本意见第四条规定的'挂靠'：（一）相互间无资产产权联系，即没有以股份等方式划转资产的；（二）无统一的财务管理，各自实行或者变相实行独立核算的；（三）无符合规定要求的人事任免、调动和聘用手续的；（四）法律、行政法规规定的其他情形。"

以上规定实际上就是通过"挂靠"行为的认定来区分挂靠与项目部承包。具体来说，我们可以从以下几个方面进行区分：

1. 从项目管理班子是否为施工企业人员上进行区分。

内部项目部承包与挂靠的区别之一在于，项目部承包情况下对项目进行直接管理的项目主要管理人员为施工企业职工，双方具有隶属关系。而挂靠关系中双方的权利义务仅以挂靠协议来维系。建设部《房屋建筑和市政基础设施工程施工分包管理办法》（2014年修订）第十五条规定："禁止转让、出借企业资质证书或者以其他方式允许他人以本企业名义承揽工程。分包工程发包人没有将其承包的工程进行分包，在施工现场所设项目管理机构的项目负责人、技术负责人、项目核算负责人、质量管理人员、安全管理人员不是工程承包人本单位人员的，视同允许他人以本企业名义承揽工程。"可见，项目主要管理人员非本单位人员时将被认定为挂靠施工。在具体界定是否为施工企业职工时，应当依据劳动人事及社会保险关系。在合法的项目部承包关系中，项目承包人和工程主要管理人员均应为建筑企业的内部员工，与建筑企业建立了劳动人事和社会保险关系。在签订内部承包合同后，还可能会涉及一系列的人事调动和职位任免等。而在挂靠关系中，所谓项目承包人和工程主要管理人员可能只签订了形式上的聘用合同或劳动合同，但与企业并无人事关系和社会保险关系。

至于职工个人能否作为内部承包的主体，原建设部1991年4月3日发布的《关于国营施工企业实行新一轮承包经营责任制的意见》（建施字第218号）第四条规定："搞好工程项目承包，完善企业内部经济责任制……工程项目承包的内容应实行以综合指标考核为主的责任承包。不允许搞个人承包。"但该意见仅为规范性文件，效力等级较低，不足以否定个人内部承包合同的效力。也有学者认为："工程建造涉及复杂的建筑技术，管理要求较高，个人承包显然难以确保工程质量、工程进度和施工安全，故不宜实行职工个人独立承包。"①

2. 从项目资产的产权关系上进行区分。

在合法的项目部承包关系中，用于建设工程项目的许多资产是建筑企业所有

① 黄强光：《建设工程合同纠纷司法前沿问题析解》，法律出版社2010年版，第252页。

或由其提供的，因为项目承包人仅仅是承包了建筑企业的一个或几个项目而已，无须单独购置或租赁大量资产。但如果用于建设工程项目资产的全部或主要部分为项目承包人所有或提供，则存在形式上是内部承包而实质上为挂靠的可能性。在具体了解项目资产产权关系时，一方面，可以审查书面的工程建筑材料买卖合同、设备买卖或租赁合同、建筑材料的收发凭证、施工现场材料管理账目等；另一方面，也可以直接去施工现场，通过对场地内大型设备、建筑材料及其他正在使用资产情况的了解，以获取有关可靠的信息。①

3. 从财务管理上进行区分。

如为合法内部承包，承包人与建筑企业之间通常会建立统一的、自上而下的财务管理体系，这是企业内部财务制度统一性和账目登记完整性的需要。而在挂靠关系中，被挂靠企业不需要对项目实施情况进行管理，挂靠人根据自己的财务管理体系、制度或需要进行项目财务管理。挂靠关系中挂靠人通常会有自己的财务人员，并以各种方式实现操作中的财务自由。在名为项目部承包实为挂靠的情形下，挂靠人也可能同时设立两套财务管理账目或以更为复杂的方式，满足表面的内部承包合同关系和实际的挂靠下的财务管理需要。因此，在这种情况下，二者在公开的财务资料方面区别可能并不明显，此时应结合其他方面进行分析。

4. 从施工企业对工程项目是否进行管理上进行区分。

合法内部承包模式下，施工企业应当对工程项目派出项目管理班子，进行质量、安全、进度等管理，依照与发包人的约定履行合同义务。挂靠关系中，对工程项目的管理则完全由挂靠人组织，施工企业对所承接的工程不派出项目管理班子，不进行质量、安全、进度管理，而是通过相关协议将管理义务完全转嫁给自行施工、自主经营、自负盈亏的挂靠人。此时，即使“承包人”在形式上是企业的“内部”项目部、分支机构或职工，但仍应当认定为挂靠而非内部承包，即形式上的行政隶属关系并非认定内部承包的充分条件，而是必要条件。

在中国联合通信有限公司新疆分公司、中国联合通信有限公司喀什分公司与林源建设工程施工合同纠纷管辖权异议上诉案中，林源虽然与案外人喀什建工（集团）有限公司签订了《内部承包合同》，并与其建立了劳动关系和社会保险关系，但最高人民法院仍否定了该合同内部承包的性质。② 而《浙江省高级人民法院民一庭关于审理建设工程施工合同纠纷案件若干疑难问题的解答》（浙法民一

① 参见周旦平：“内部承包合同下的转包与挂靠”，载《施工企业管理》2009年第12期。

② 在该案中，最高人民法院法官认为，根据《内部承包合同》的约定，喀什建工（集团）有限公司应尽的承建涉案项目、工程质量保修、工程风险等主要合同义务已经转到《内部承包合同》，喀什建工（集团）有限公司只收取管理费，没有履行其与中国联合通信有限公司喀什分公司签订的施工合同约定的承建工程的义务，其行为应当认定为“转包”性质。参见最高人民法院民一庭：《最高人民法院民事案件解析：建设工程》，法律出版社2010年版，第191页。

〔2012〕3号）则认为，建设工程施工合同的承包人将其承包的全部或部分工程承包给其下属分支机构或职工施工，并在资金、技术、设备、人力等方面给予支持的，可认定为企业内部承包合同。《北京市高级人民法院关于审理建设工程施工合同纠纷案件若干疑难问题的解答》第5条规定："建设工程施工合同的承包人将其承包的全部或部分工程交由其下属的分支机构或在册的项目经理等企业职工个人承包施工，承包人对工程施工过程及质量进行管理，对外承担施工合同权利义务的，属于企业内部承包行为；发包人以内部承包人缺乏施工资质为由主张施工合同无效的，不予支持。"

【实务判例】 内部承包合同有效[①]

2007年5月27日，原告某建筑公司与某电器公司签订建设工程施工合同，由其承包电器公司的厂房工程。同年8月，被告蒋某以项目负责人身份与原告签订施工承包协议一份，约定原告将上述工程承包给蒋某。蒋某按最终与建设方审定的结算总价，土建部分上交7%的管理费和税金，钢结构部分上交35万元管理费及税金。2008年底，蒋某离开，不再继续负责上述工程项目部的工作，但项目尚有大量债务未付清。此后，原告与各债务人结算了应付款项。

2010年7月，原告诉至法院，请求被告返还款项230余万元，并支付相应利息。

法院经审理另查明：原告于2007年5月为蒋某办理了社会保险。

法院认为，因被告以项目部负责人身份与原告签订承包协议，同时原告为被告办理了社会保险，原告又对涉案工程的质量与安全、材料设备供应、工程款使用等都进行管理，协议内容符合工程内部承包的特征，该协议不违反我国法律、行政法规的强制性规定，应为有效。因原告是工程承包人，在蒋某离开工程不再支付工程外欠款的情况下，原告根据债权人支付钱款后有权向蒋某追偿。最终法院判决被告向原告偿还204万元及相应利息。

四、关于内部承包模式的思考

（一）内部承包模式的主要形态

有学者认为，以承包模式划分，可以将内部承包模式划分为"完全的内部承包"和"有限的内部承包"。"完全的内部承包"是由承包人就工程项目进行独立

① 参见浙江省宁波市海曙区人民法院（2010）甬海商初字第1780号民事判决书。该判决已经生效。

核算，在上交建筑企业一定比例的管理费（有的也称利润）后自负盈亏。而“有限的内部承包”是建筑企业与承包人约定明确的利润分成，或在承包人交纳固定承包费的前提下，按一定比例进行利润分配与风险分担。[①] 我们这里重点讨论“完全的内部承包”模式。

在“完全的内部承包”模式下，以承包的组织形式又可以划分为项目部内部承包和分公司（工程部）内部承包。在项目部内部承包中，承包人大多是项目经理或以项目经理为代表的几个人的合伙，一般是由项目经理与企业签订内部承包合同。这种内部承包合同以特定的工程项目为对象，管理费按特定工程项目的收入或收款收取。项目部由项目经理等临时组织，项目完成后，项目部解散。对于新的工程项目，则由企业与项目经理另行签订承包合同。而在分公司（工程部）内部承包中，承包人大多是分公司经理、工程部经理或以经理为代表的几个人的合伙，一般由分公司经理或工程部经理与企业签订内部承包合同。这种内部承包合同具有长期性，从而在企业与分公司（工程部）、分公司（工程部）经理之间形成了一种长期的经营机制，管理费按分公司或工程部的整体收入或收款收取。

（二）内部承包模式的现实基础

在我国，以内部承包为经营模式的建筑企业具有一定的规模，尤其是在企业建立和发展的初期，以这种模式作为扩大经营规模的手段，收效较快，甚至一度成为“创新”经验。毋庸讳言，内部承包模式的出现具有以下现实基础：

1. 建筑施工企业的经营活动主要以工程项目为中心，而项目组织的一次性特征决定了工程项目管理与企业的运营之间是相对独立的，尤其是在对外签订建设工程施工合同之后，项目部往往成为一个相对独立运行的组织。建筑企业与项目部之间的权利义务界限比较清晰，这为建筑企业内部承包模式的实施提供了空间。

2. 内部承包模式既能克服“大锅饭”带来的种种弊端，又能对内部承包人产生巨大的激励作用。内部承包所产生的巨大经济利益预期对承包人的诱惑远远超过一般的传统奖励机制。同时，建筑企业的管理者对较固定回报的追求和对项目亏损风险的规避，也使得他们对该机制情有独钟。

3. 我国较为严格的资质管理制度对保障工程质量起到了重要作用，但同时也应该看到，工程建设的实践性使得资质认定标准与工程实际难免有脱节之处。在这种情况下，无法取得资质的施工队、业务承接能力强的个人与具有资质却缺乏任务来源或项目组织能力的建筑企业一拍即合，双方为了各自的利益迅速结盟。这些个人或施工队成员通过与有资质的企业签订劳动合同、建立社会保险关

---

① 王建东、杨国锋：“施工企业内部承包制的演进与出路”，载《法治研究》2012年第8期。

系等形式，摇身一变成为该企业的职工，从而成为工程项目内部承包的主体。

4. 虽然我国的《公司法》对公司承包经营模式的效力语焉不详，但有学者认为，公司承包经营符合等价有偿、互利互惠的公平原则和《公司法》鼓励公司自治的立法理念，具有正当性。[①]

（三）关于内部承包合同有效条件的讨论

关于内部承包合同的效力，一般是在与挂靠、转包等违法行为的对比过程中认定的。目前，司法实践中一般认定内部承包合同有效的条件主要有两个，一个是内部承包人是企业的职工，另一个是企业在资金、技术、设备、人力等方面给予承包人支持或对工程进行质量管理。为增强人们对上述条件的认识，以下就此进行详细讨论。

1. 关于劳动关系的认定

认定内部承包合同的条件之一为承包人是企业的职工，即承包人与企业有劳动关系。与平等主体之间的民事关系相比，劳动关系的本质特征是从属性。一般认为，劳动关系的从属性包括人格从属、经济从属与组织从属三个方面。人格从属性是指在劳动过程中，劳动者处于服从使用者支配的地位，劳动时间、地点、内容等由使用者单方决定。经济从属性是指劳动者的经济社会地位以及签订契约时契约内容的被决定性等，其不过是人格从属性的前提条件，是对人格从属性的具体诠释。组织从属性是指雇员将劳动力处分权委诸雇主，因此被嵌入雇主之经营组织内，在雇主统一指挥下劳动。组织从属性一般被包含在人格从属性之中。[②]有学者认为，人格从属性的具体指标包括：对从事和依赖的工作是否有承诺的自由；工作时间和地点有无约束性；工作内容和方法有无用人单位的指导监督；有无第三者代替工作的可能性；报酬与提供的劳动力有无等价性。经济从属性的具体指标包括：生产材料、生产方式是否由用人单位所有；有无对他人劳动力的利用；是否由用人单位单方决定劳动条件。对上述指标作肯定回答的，其劳动者性质强，反之弱。[③]

对于以特定工程项目为承包对象的内部承包来说，内部承包人人格从属性的强弱取决于其与企业的关系。如果内部承包人就是为了某个特定的工程项目才加入到企业，与企业签订了劳动合同并与企业建立了社会保险关系，一旦项目结束，其就离开企业。则这种社会保险关系往往徒具形式，社会保险及工资也都会由承包人自行承担。在这种情况下，企业与内部承包人之间的关系自始至终均靠

① 刘俊海：《现代公司法》，法律出版社2015年版，第162页。

② 参见李雄、田力："我国劳动关系认定的四个基本问题"，载《河南财经政法大学学报》2015年第3期。

③ 贾秀芬："劳动关系多元化与农民工非典型劳动者的法律保障"，载《法学杂志》2009年第2期。

承包合同维系，企业对于内部承包人几乎没有支配力，内部承包人的人格从属性无从谈起，双方不存在实质上的劳动关系。笔者认为，此类“内部承包”的实质就是“挂靠”。如果内部承包人原来就是企业的职工，因为某种原因与企业达成一致，由其组建项目部承包某项工程，待项目完成后再回到原来的岗位，那么，即使在承包项目期间，内部承包人的工资和社会保险均自行承担，但由于其承包行为是暂时的或短期的，企业对其仍具有支配力。一般来说，在这种情况下可以认为双方之间存在劳动关系。

对于分公司（工程部）内部承包的情形，内部承包成为该分公司（工程部）的一种长期经营模式，内部承包人一般是分公司经理或工程部经理。不管内部承包人是否曾经为企业的职工，在这种长期的内部承包模式下，其与企业之间的关系主要为内部承包经营合同关系。由于内部承包人的工资由分公司或工程部负担，实质上也是由内部承包人自给自足，因此，尽管其与企业之间存在社会保险关系，但这种社保关系也是形式上的。承包人的主要收入并非工资，而是承包收入。而且，由于分公司（工程部）的劳动条件、内部管理制度往往由承包人自行决定，设备、工具等生产资料及资金均由承包人自行筹措，承包人的人格从属性弱化。而从经济从属性上看，经济从属性的特点是“受雇人并非为自己的经营劳动，而是为他人之目的劳动。受雇人既不是用自己的生产工具从事生产劳动，也不能用指挥性、计划性或创造性方法对自己所从事的工作加以影响。”[①] 而内部承包人劳动的目的实质上是为了自己而非企业，因此，其与企业之间所建立的劳动关系往往也是形式上的。

2. 关于企业的支持或管理

笔者认为，企业在资金、设备方面给予内部承包人的支持，并不能成为认定内部承包合同有效的充分条件。因为企业完全可以以借款、出租的方式向内部承包人出借资金、出租设备，并收取资金使用费（利息）和租金。对于承包人来说，其通过贷款、租赁的方式也可以做到。[②]

内部承包合同的效力争议主要源于其是否对资质管理制度产生冲击。根据《建筑业企业资质管理规定》的规定，资质管理的目的是维护公共利益和规范建筑市场秩序，保证建设工程质量安全，促进建筑业的健康发展。因此，实质上判断建筑企业内部承包合同的合法性，应当以能否保证建设工程质量为基石。企业给予内部承包的分公司（工程部）技术和人力支持，可以对内部承包组织的生产方式产生积极影响，有利于保证工程质量，对于强化承包人的人格从属性和经济从属性也是有利的。基于保证工程质量的目的，所谓人力支持应当是指企业总部

---

① 黄越钦：《劳动法新论》，中国政法大学出版社 2003 年版，第 95 页。

② 虽然在资金筹措困难的情况下，企业的资金支持确有作用，但尚不足以作为认定内部承包合同充分条件。

向项目部派驻了得力的技术质量管理人员，并赋予其各分部分项工程质量验收的内部决定权。而技术支持与质量管理的含义并不相同。一般来说，在内部承包模式下，企业在日常质量管理过程中行使的往往是监督检查的权力，而在分公司或工程部内部，内部承包人与普通职工之间存在着管理和被管理的关系，职工在具体工作中听命于承包人而非建筑企业，即便服从也往往是表面上的、形式上的。虽然企业可以监督分公司（工程部）职工的行为，但往往只有通过内部承包人的指令才能真正达到控制、改变职工行为的目的。可见，这种监督检查大多难以起到决定作用，最终的效果还是要取决于分公司（工程部）的负责人即内部承包人的指示。因此，关于企业对内部承包人的技术支持或质量管理，笔者认为应当将其称为技术质量控制更为恰当，如规定技术方案必须经企业批准、各分部分项工程必须经企业总部派驻的技术人员检查验收等。

综上所述，笔者认为，对于完全承包模式下的内部承包合同，其有效要件应当有两个：一是内部承包人与企业建立了劳动关系，实践中主要体现为建立了社会保险关系；二是企业对内部承包人所承包的工程项目进行了有效的技术质量控制。当然，有效的技术质量控制确实需要在经济、财务上采取一定措施予以保障。

五、项目经理的法律地位

如果项目部在运行过程中管理不善，就会直接给建筑施工企业带来经济损失，甚至会受到建设行政主管部门的处罚，影响企业的生存和发展。而一个项目部能否按照相关法律、法规、标准和设计要求，保质保量地完成施工任务并获取合理利润，项目部的领导者——项目经理起着至关重要的作用。一方面，当前许多建筑施工企业对工程项目部都采取了内部承包的经营模式，项目部独立核算、自负盈亏，由企业收取项目部一定比例的费用，剩余利润由项目部自行支配。如果施工企业对工程项目管理不到位，项目的经营活动和收支往往都由项目经理一人掌控；另一方面，由于国家相关法律、法规对建筑施工企业项目经理的职责范围划分并不十分清晰，导致企业和有关部门对项目经理的角色定位也存在模糊认识。因此有必要对项目经理的法律地位进行讨论。

（一）项目经理的定义

对于项目经理的定义存在不同角度，因此对其内涵和外延的认识也有一些差异。这里根据有关资料对项目经理的三类定义进行介绍和分析。

1. 学者定义

戴相龙等在《中华金融辞库》中认为：“项目经理是合同当事人一方的上级

机构或组织委派（有些场合需经合同对方当事人认可，如咨询顾问和承包商的项目经理均要业主认可），按该机构或组织的准则、政策、程序和指示，具体组织当事人完成合同规定任务的个人。”同时，“项目管理的不同组织形式决定项目经理与职能部门经理之间的不同的相互关系，以及不同的各自的权利与责任”①。

2. 文件定义

建设部于1995年1月发布了《建筑施工企业项目经理资质管理办法》（建建〔1995〕第1号文）。该办法第二条对建筑施工企业项目经理进行了定义，认为项目经理是指受企业法定代表人委托，对工程项目施工过程全面负责的项目管理者，是建筑施工企业法定代表人在工程项目上的代表人。

3. 标准定义

2006年12月发布的国家标准《建设工程项目管理规范》GB/T 50326—2006中规定，项目经理应由法定代表人任命，并根据法定代表人授权的范围，期限和内容，履行管理职责，并对项目实施全过程、全面管理。

上述定义从不同角度对项目经理作了解释，三者之间在含义上存在差异。学者定义具有广泛适用性，外延较广；文件定义和标准定义则是针对建筑施工企业的项目经理作了解释。学者定义和标准定义中，并未明确项目经理的权限，而是认为项目经理的职权并非法定，取决于其上级机构或组织的授权。建设部文件则明确规定项目经理是法定代表人在工程项目上的代表人，其权限明显较另外两个定义中的大。因为“代表人”不同于“代理人”，“代理人”需要明确授权，“代表人”无须授权即可被视为享有全权代表法定代表人在项目上负责一切事务的权力。简而言之，可以认为建设部文件采取的是“代表说”，而学者和国家标准则采取的是“代理说”。

（二）项目经理的权限

前面介绍的三种定义方式对项目经理的权力作了不同的诠释。我们这里主要就建设部文件和国家标准所规定的项目经理的具体权力进行分析。

《建筑施工企业项目经理资质管理办法》（建建〔1999〕第1号文）第八条规定了项目经理的权力，即应当按照建筑施工企业与建设单位签订的工程承包合同，与本企业法定代表人签订项目承包合同，并在企业法定代表人授权范围内行使以下管理权力：

1. 组织项目管理班子；

2. 以企业法定代表人的代表身份处理与所承担的工程项目有关的外部关系，受委托签署有关合同；

① 戴相龙、黄达主编：《中华金融辞库》，中国金融出版社1998年版，第96～97页。

3. 指挥工程项目建设的生产经营活动，调配并管理进入工程项目的人力、资金、物资、机械设备等生产要素；

4. 选择施工作业队伍；

5. 进行合理的经济分配；

6. 企业法定代表人授予的其他管理权力。

《建设工程项目管理规范》GB/T 50326—2006 第 6.4.2 项也规定了项目经理的权限，包括：

1. 参与项目招标、投标和合同签订；

2. 参与组建项目经理部；

3. 主持项目经理部工作；

4. 决定授权范围内的项目资金的投入和使用；

5. 制定内部计酬办法；

6. 参与选择并使用具有相应资质的分包人；

7. 参与选择物资供应单位；

8. 在授权范围内协调与项目有关的内外部关系；

9. 法定代表人授予的其他权力。

通过分析可以看出，建设部文件和国家标准对于项目经理的权力范围确认有所不同。建设部文件规定，项目经理在法定代表人的授权范围内就工程项目具有对内管理权和对外代表权。对内管理权主要包括项目部组建权、项目经营指挥权、施工队伍选择权和经济分配权；对外代表权主要是指代表企业协调处理与项目有关的外部关系，包括签订合同等的权力。由此可以看出，文件中项目经理的权力对内具有主导性、决定性，是第一位的；至于对外则具有代表性，根据文件中关于项目经理“是建筑施工企业法定代表人在工程项目上的代表人”的定义，可以认为，文件将项目经理的代表人地位“法”定化了。既然是工程项目上的当然代表人，其在工程项目上的行为会被视为企业法定代表人的行为，对第三人当然发生效力，甚至不必经过法定代表人的具体授权，只要有内部文件或将其姓名写在相应的合同文件上即可。而国家标准中规定的项目经理权限可以概括为对内管理权和对外代理权。对内管理权包括项目部组建参与权、项目部工作主持权、项目资金使用权、内部薪酬分配权、运作单位选择参与权。对外代理权包括参与项目招投标和合同签订的权力和协调项目外部关系的权力。与建设部文件相比，国家标准中所规定的项目经理权力相对受到了一定限制，特别是在项目招投标、合同签订和选择合作单位上仅有参与权而无当然的决定权。从定义上看，其对外应属委托代理人，不是工程项目上当然的代表人。[①]

① 高印立、周宜虎：“项目经理的角色定位与风险防范”，载《建筑经济》2008 年第 7 期。

可见，建设部文件与国家标准对于项目经理的定义和权限的认识存在差异。特别是在对外权力效力上，更是存在理念和价值取向上的不同。那么，我们是否可以从二者的效力位阶上来判断哪个定义更具有权威性呢？《建设工程项目管理规范》GB/T 50326—2006 是国家标准，但其是推荐性标准，并不具有强制性。《建筑施工企业项目经理资质管理办法》（建建〔1995〕第 1 号文）是建设部部门的规范性文件，具有在业内的指导性，在法律上不能直接作为定案的依据，只能作为参考，而且将项目经理当然地定义为“企业法定代表人在工程项目上的代表人”，未考虑到企业与项目经理之间的各种复杂关系，项目经理的权力过大，不利于企业对项目经理的管理。笔者认为，将项目经理定义为企业法定代表人在工程项目上的委托代理人更为合理，项目经理应当在企业的授权范围内进行活动。未经企业授权的项目经理行为属于效力待定的法律行为。属于无权代理但符合表见代理要件的，则应当按照法律关于表见代理的规定认定企业的责任。

第三节　施工合同履行过程中的表见代理问题

一、委托代理的一般理论

代理理论是过去 30 多年里契约理论最重要的发展之一。它是 20 世纪 60 年代末 70 年代初一些经济学家深入研究企业内部信息不对称和激励问题发展起来的。委托代理理论的中心任务是研究在利益相冲突和信息不对称的环境下，委托人如何设计最优契约激励代理人。现代意义的委托代理概念最早是由罗斯提出的。他认为，如果当事人双方，其中代理人一方代表委托人一方的利益行使某些决策权，则代理关系就随之产生。[①] 随着代理理论的发展，代理制度在各国和地区民事立法上得到了广泛的承认，原因在于：

1. 委托代理制度属于私法自治的扩张。“在现代分工的社会，从事交易活动，事必躬亲，殆不可能，假手他人，实有必要。”[②] 就完全民事行为能力的自然人而言，委托代理制度可以扩张当事人自由意思得以处断的社会事项的范围，就法人及其他组织而言，则可以克服其活动地域和自身性质的限制。委托代理制度使民事主体不仅可以利用自己的能力和知识参加民事活动，而且可以利用他人的能力和专门知识进行民事活动，从而扩张了民事主体从事民事活动的范围，有效

① 郭其友：“斯蒂芬·罗斯对金融与经济学的贡献”，载《经济学动态》2003 年第 5 期。

② 参见王泽鉴：《民法总论》（增订版），中国政法大学出版社 2001 年版，第 441 页。

降低了交易成本，为民事主体更好地实现自己的权利、参与社会经济活动提供了极大的便利。

2. 法定代理和指定代理属于私法自治的补充。对于不具备完全民事行为能力的自然人，该制度可以补充其意思能力的缺陷。无民事行为能力人或限制民事行为能力人可以借助代理制度参加各种社会活动，在一定范围内消除了此类民事主体由于意思能力的欠缺可能带来的各种不便。①

代理关系中，代理人以被代理人的名义为民事法律行为，其法律后果由被代理人承担。代理依代理权的来源不同分为委托代理、法定代理和指定代理。委托代理人按照被代理人的委托行使代理权，建设工程施工合同履行过程中的代理一般为委托代理。根据代理人是否有代理权，代理可分为有权代理和无权代理。无权代理情况下订立的合同未经被代理人追认的，对被代理人不发生法律效力。但当无权代理符合表见代理构成要件时，则会发生与有权代理一样的法律效果。

（一）委托代理

委托代理是指代理人的代理权根据被代理人的委托授权而产生。委托代理中，被代理人以意思表示的方法将代理权授予代理人的，又称为“意定代理”和“任意代理”。民事法律行为的委托代理，可以用书面形式，也可以用口头形式。书面委托代理的授权委托书应当载明代理人的姓名或者名称、代理事项、权限和期间，并由委托人签名或者盖章。授权委托书的内容十分关键，直接决定着代理人的权限范围以及被代理人为代理人行为承担责任的范围。因此，授权委托书内容应当具体明确。《民法通则》第六十五条第三款规定：“委托书授权不明的，被代理人应当向第三人承担民事责任，代理人负连带责任。”

就委托代理的法律效果而言，代理行为的法律效果直接归属于被代理人或经间接代理人归属于被代理人，被代理人对代理人的代理行为，承担民事责任。

（二）无权代理

授予代理权的民事行为，大多以代理人和被代理人之间存在有基础关系为前提。该基础关系包括代理人与被代理人之间的委托合同关系、合伙合同关系、承揽合同关系、劳动合同关系或雇佣合同关系等。一旦作为授予代理权民事行为前提的委托合同、合伙合同等不成立、无效、被撤销或终止，丧失代理权的代理人仍以代理人身份与第三人进行代理行为的，为无权代理。

无权代理包括根本未经授权的代理、超越代理权的代理以及代理权终止后的代理。无权代理的法律效果有两种：

---

① 参见王利明主编：《民法》，中国人民大学出版社 2006 年版，第 168 页。

1. 无权代理人的行为对被代理人不发生效力。通过交易相对人行使撤销权或被代理人拒绝行使追认权，无权代理行为对被代理人不发生法律效力。明知行为人为无权代理人仍与之实施民事行为，从而给他人造成损害的，交易相对人和行为人承担连带责任。

2. 发生与有权代理同样的法律效果。通过被代理人明示或默示行使追认权，可使无权代理中所欠缺的代理权得到补足，转化为有权代理；也可以在符合表见代理构成要件情况下发生与有权代理同样的法律效果。表见代理属广义的无权代理。

二、表见代理的基本理论

（一）表见代理的概念

表见代理是指行为人虽没有代理权，但交易相对人有理由相信行为人有代理权的无权代理。此时该无权代理发生与有权代理同样的法律效果。我国《合同法》第四十九条对此作了明确规定："行为人没有代理权、超越代理权或者代理权终止后以被代理人名义订立合同，相对人有理由相信行为人有代理权的，该代理行为有效。"

表见代理制度以牺牲本人（无权代理之"被代理人"）利益为代价，通过侧重保护善意第三人的利益达到保护交易安全的目的。[①] 但表见代理制度在体现保护交易安全理念的同时，也应当兼顾民法的公平正义原则，不能以一味牺牲本人利益为代价，追求绝对的交易安全。在认定表见代理制度时，应当采取严格认定态度，兼顾代理关系中的本人利益。

（二）表见代理的构成要件

关于表见代理的构成要件，理论上存在多种观点：

1. 单一要件说，或称相对人无过失说。该说认为："表见代理的成立，不以被代理人主观上具有过失为必要条件。即使被代理人没有过失，只要客观上有使相对人对于代理权存在与否陷于错误认识的客观情形，即可成立表见代理。"[②] 亦即相对人对无权代理的发生善意无过错是构成表见代理的唯一特别要件，其具体表现有二：一是客观上具有使相对人相信无权代理人具有代理权的情形；二是相对人为善意且无过错。

① 参见尹田："我国新合同法中的表见代理制度评析"，载《现代法学》2000 年第 5 期。

② 章戈："表见代理及其适用"，载《法学研究》1987 年第 6 期。

该观点在《合同法》起草过程中得到很多学者的支持，为《新合同法第一稿（学者建议稿）》所完全采用，其在第三十九条规定：“在无权代理的情况下，如果善意相对人有理由相信以他人名义与之订立合同的人有代理权，其依合同取得的权利，受法律保护。在代理人超越代理权和代理权终止的情况下，善意相对人的保护，适用前款规定。”①

2. 双重要件说，或称被代理人有过错而相对人无过错说。在国内，这一学说首先由尹田教授于1988年提出。② 其基本观点是，表见代理的成立必须同时具备两个特别条件：

（1）须本人因以自己的过失行为使第三人确信代理人有代理权。

本人的过失是指本人应当预见自己的行为会使第三人误信代理人有代理权，但未能预见；或虽已预见，却未采取适当措施加以避免。本人的过失行为可以表现为“疏于通知”，如本人用通知或广告的方式告之特定或不特定的第三人将以某人为其代理人，虽事后并未向代理人授权，或授予代理人的代理权范围有所改变，但未将之以相应的方式通知第三人。又如本人撤回代理权后，未及时收回代理证书并通知第三人等。也可以表现为“沉默”，如本人明知他人以其名义进行无权代理，但不作或不及时向第三人作否认表示的。但如系无权代理人以自己的行为使第三人误信其有代理权且为本人所不知者，不构成表见代理。例如，行为人盗用他人署名的空白委托书及印章，或伪造、篡改介绍信（代理证书）等进行的无权代理，虽第三人为善意，但本人无过失，故不成立表见代理。

（2）第三人不知也不应知代理人无代理权。

第三人须为善意，即有充分理由相信代理人有代理权。如果第三人与代理人为民事行为时，明知代理人的行为是无权代理，或在当时情况下，应对代理人的身份及其代理权限予以必要审查，但由于疏忽大意或过于自信而确信其有代理权，则不构成表见代理。

3. 关联说。持此种观点的主要是王利明教授。他认为：“在确定表见代理构成要件时，应当考虑权利外观的形成是否与本人有一定关系，如果不符合该要件则不应当产生表见代理的效果，本人不应当承担表见代理的责任。”③

4. 可归责说。该说认为表见代理的构成，本人将受到其意思之外的约束，意味着本人不利益的附加，当然需要本人一侧的归责事由的支持。表见代理中的归责性，可以包括过错在内的几乎所有的归责因素。④

---

① 梁慧星：《民商法论丛》（第四卷），法律出版社1996年版。

② 尹田：“论表见代理”，载《政治与法律》1988年第6期。

③ 王利明：《合同法研究》（第一卷），中国人民大学出版社2002年版，第572页。

④ 叶金强：“表见代理构成中的本人归责性要件方法论角度的再思考”，载《西北政法大学学报》，2010年第5期。

从目前法律规定看，我国《合同法》采用的是“单一要件说”。胡康生在《合同法释义》中对此进行了解释：“在本条的立法过程中，对于是否要求以本人的过错作为表见代理合同的构成要件曾有两种不同的意见。一种意见为，应当以本人的过错作为表见代理合同的要件，否则对本人是不公平的；另一种意见为，表见代理最重要的特征就是相对人有正当理由相信行为人有代理权，而不问本人是否有过错。本法基本上是采纳了第二种意见。一般来说，表见代理合同的产生与本人的过错有关，例如，因为本人管理制度的混乱，导致其公章、介绍信被他人借用或者冒用而订立了合同；本人在知道行为人以其名义与第三人订立合同而不作否认表示等。这些都表明本人是有过错的。但是，设立表见代理制度的目的是保护交易的安全性，不至于使没有过失的相对人劳而无获。因此，相对人只要证明自己和无权代理人订立合同时没有过失，至于本人在无权代理人订立合同问题上是否有过失，相对人有时难以证明。故在本条的规定中，对于行为人没有代理权、超越代理权或者代理权终止后仍然以本人名义订立合同的情况下，但只要相对人有理由相信行为人有代理权，合同就有效。”①

也有地方法院在具体适用表见代理审理案件时，采用“双重要件说”。如《江苏省高级人民法院关于适用〈中华人民共和国合同法〉若干问题的讨论纪要》（苏高发审委〔2005〕16号）第十四条中规定：“认定构成表见代理的，应当以被代理人的行为与权利外观的形成具有一定的牵连性即被代理人具有一定的过错为前提，以‘相对人有理由相信行为人有代理权’即相对人善意无过失为条件。”

虽然，现行立法基本采用“单一要件说”，不以本人过错为表见代理的构成要件，但是否应将有牵连关系或可归责性作为考虑因素，我国《合同法》并未规定。本书不对表见代理的构成要件作过多理论探讨，而是基于服务建设工程实践的目的，立足于现行法律规定和有关司法解释，针对施工合同履行过程中的各种可能构成表见代理的行为进行类型化分析。

三、施工合同履行过程中表见代理的类型化分析

（一）关于权利表象

2009年7月7日，最高人民法院印发了《关于当前形势下审理民商事合同纠纷案件若干问题的指导意见》（法发〔2009〕40号）（以下简称指导意见）。该《指导意见》指出：“合同法第四十九条规定的表见代理制度不仅要求代理人的无权代理行为在客观上形成具有代理权的表象，而且要求相对人在主观上善意且无

① 参见胡康生：《中华人民共和国合同法释义》，法律出版社1999年版，第41页。

过失地相信行为人有代理权。合同相对人主张构成表见代理的，应当承担举证责任，不仅应当举证证明代理行为存在诸如合同书、公章、印鉴等有权代理的客观表象形式要素，而且应当证明其善意且无过失地相信行为人具有代理权。”由此可见，该指导意见原则上还是坚持了“单一要件说”的基本观点，要求以客观上形成具有代理权的表象和相对人善意且无过失来认定表见代理行为。这里首先涉及关于权利表象的概念。

“权利表象”的称谓来源于卡尔·拉伦茨在《德国民法通论》中的论述。[①] 简单地说，权利表象是指与真实权利状态不符的虚假权利表征。[②] 权利表象具有以下特征：[③]

1. 权利表象传递的是虚假的权利信息；

2. 权利表象是他人误信权利存在或归属状态的根据，也是其进一步采取行动的基础；

3. 权利表象必须是可以合理信赖的依据，与真实权利之间的不符非显而易见；

4. 对权利表象的形成，真实权利人或源权利人可能有应负责的原因；[④]

5. 权利表象会发生何种效力，取决于法律的规定。

在代理制度中，权利表象发生的法律效力可能是狭义的无权代理，也可能是表见代理。当存在代理权表象，而善意相对人又不确实相信该表象却有所作为时，就必须在本人和善意相对人之间进行利益衡量，来决定究竟是尊重本人的权利，否定相应法律行为的效力因而由第三人承担不利后果，还是肯定该法律行为，由善意相对人获得权利因而由本人最终承担可能的损失。这种比较与其说是一种过失程度与信赖合理性的衡量，还不如说是一种风险分配。这种风险分配并不是严格遵守过失责任的原则，不过是一种司法结果的正当性依据而已。

---

① 卡尔·拉伦茨在《德国民法通论》第 33 章——“权利表见责任是法律行为责任的扩充”中的论述为：“在有些情形下，法律还保护另一种信赖，即对于那种在正常情况下由法律行为而发生的有效地拘束或授权（如意定代理）的发生或存续的信赖，这种信赖的根据并不是或不仅仅是某项可归责的意思表示，其所根据的只是由其他方式产生的、存在某种相应的权利状态的表象。在这种情况下，那个必须承认这个既存的权利状态的表象之存在（并对之负责）的人，通常是以可归责于他自己的方式引发了这一权利表象的人，或者是具有消除这一表象的能力而未去消除这一表象的人。而在受益人（应予保护的人）这方面，他必须是信赖了这一表象的人，而且在通常情况下，他还是尽到了交易上应有的注意之后仍然信赖这一表象的人。结果就是，对于这个应予保护的人，有关的法律后果视为已经发生或者继续存在，因而它就处于与他所认为的情况相符的地位。”见【德】卡尔·拉伦茨著，王晓晔等译：《德国民法通论》（下册），法律出版社 2003 年版，第 886 页。

② 吴国喆：《权利表象及其私法处置规则——以善意取得和表见代理制度为中心考察》，商务印书馆 2007 年版，第 26 页。

③ 参见吴国喆：《权利表象及其私法处置规则——以善意取得和表见代理制度为中心考察》，商务印书馆 2007 年版，第 28～29 页。

④ 所谓源权利人是指授予表见权利的人，如在代理关系中的本人即是。

（二）可能构成表见代理的典型权利表象

结合表见代理的构成要件和我国《合同法》第四十九条的规定，所谓“客观上形成的代理权表象”就是客观上使相对人相信无权代理人具有代理权的根据，是“相对人有理由相信行为人有代理权”的外观依据。在当前参与竞争的各个市场主体以获得自身利益最大化的前提下，市场竞争中的各项规则还不成熟，市场主体的信用体系还远未完善，公民个人的传统价值观念和道德信仰受到挑战。尤其在建筑市场，挂靠、转包、违法分包等不规范经营行为相当普遍，无权代理行为层出不穷。若要分析施工合同履行过程中的各种表见代理行为的构成，有必要对可能构成表见代理的典型代理权表象进行类型化分析。

1. 特定职务或身份的赋予

（1）超越职权的职务行为

建设工程施工合同的履行主要依赖于项目经理等主要管理人员，尤其是项目经理在合同履行过程中起着至关重要的作用。工程项目部是一个一次性组织，项目经理等主要管理人员的职权源于企业的任命、授权或企业内部的规章制度。不同企业对不同的工程项目部管理人员的权限授予是有差别的，而社会上对于项目部管理人员，特别是项目经理的权力的认识与企业赋予的实际权力内容是不同的。社会上相当多的人把项目经理作为企业法定代表人在工程项目上的合法代表人，认为其拥有处理工程项目一切事务的合法权力。在这种情况下，一旦项目经理超越企业对其授权对外从事商事行为，其被赋予的职务就具有了代理权的表象。这种职务行为的外在表现形式主要有任命文件、授权委托书、建设工程施工合同或项目经理部组成中明确的人员职务等。

（2）非隶属关系中特定身份的赋予

在工程项目为挂靠项目、转包或违法分包项目时，建筑企业往往赋予实际施工人以特定的身份，以保证工程项目的实施。在这种情况下，实际施工人与建筑企业之间实质上不存在行政隶属关系，并非履行职务的行为，而是一种借名合作关系或建设工程施工转包、违法分包关系。建筑企业出具的任命文件、授权委托书或在合同中赋予实际施工人以特定的身份，是基于形式上的需要，但确实在客观上形成了具有代理权的表象，是构成表见代理的前提之一。当然，是否构成表见代理，还要看相对人对于无权代理的行为是否善意无过失。这与无权代理人具体的无权代理行为密切相关。这类表见代理行为在理论上属于授权表示型的表见代理。

2. 空白授权委托书、空白介绍信等权利证明文件的持有

实践当中，有的建筑企业为图方便，将印好的盖有真实印章的空白授权委托书、空白介绍信交于自己的分支机构、工程部、工程项目部、实际施工人或其他

人，这属于典型的具有代理权表象的情形，极易形成授权表示型的表见代理。这在理论和实践中的认识是一致的。

然而实践中的法律事实往往较为复杂。建筑企业为了限制空白证明文件持有人的权限，往往对其进行必要的限制，如仅限于工程项目的洽谈、投标等。而持有人为达到自己的目的，可能在空白证明文件的基础上进行删改。笔者认为，此类权利表象是有瑕疵的，不能当然认为具有代理权表象。因为作为商事活动的关键书证，委托人出具的权利证明文件应当是严谨、工整并合乎逻辑的。按交易习惯，对于重要文件的修改一般要在修改处加盖印章以示证明。授权委托书、介绍信等文件上的删改内容对于相对人来说是明示的，其应当尽合理的注意义务。此时要结合删改内容、有瑕疵证明文件持有人的身份、交易环境、相对人是否善意无过失及是否有其他具有代理权表象的客观事实来综合判断表见代理的构成。比如，持有空白授权委托书的具有建筑企业分支机构负责人、经营部经理职务的人员，将委托书中限定的“洽谈、投标”内容擅自修改为“签订合同”。此时有瑕疵的委托书在持有人特定身份的强化下（持有人的上述身份本身就已使人相信其有权签订合同），使善意无过失的相对人易于相信其具有“签订合同”的权限，从而可能构成表见代理。而上述修改内容若为“借款”，恐怕说其具有代理权表象就失之偏颇了。而对于不具有建筑企业其他身份（至少是未公开为相对人所知晓）的持有人，其对授权委托书中限定内容的修改，使该授权委托书有明显瑕疵，在无其他事实佐证或强化其代理权合法性的情况下，不宜认为该委托书具有代理权的表象。

3. 曾经拥有代理权

曾经拥有过代理权，是指代理人原来有代理权，但在行为时，代理权因代理期间届满或被撤销而消失，本人却未尽公示、通知或收回授权证明的义务。曾经拥有代理权可能使无权代理人的行为具有代理权表象，在相对人善意无过失时，构成权限延续型的表见代理。当然，曾经拥有代理权并不意味着其一定具有代理权表象，更不一定会构成表见代理。为便于说明何种情况会形成代理权表象，我们对以下两种情况分别进行讨论：

(1) 基于职务产生的代理权

企业基于特定职务授予某人代理权，在该代理权因届满或被撤销而消灭后，企业未尽公示或通知义务，则曾经拥有代理权是否形成代理权表象与职务本身的性质有关。对于有营业执照的分支机构负责人等身份已公示的职务，虽然因某些原因代理权消灭，但因企业未在工商部门进行变更，亦未通知相对人，无权代理人与不特定相对人交易，原有职务本身则具有代理权的表象。

而对于项目经理等具有一次性特征的职务，在其代理权消灭后，无权代理人与相对人进行与该项目有关的交易，原有职务本身会产生代理权的表象。但当他以该项目的负责人身份与相对人以另外的项目有关事项进行商事行为时，在无其他事实佐证或强化的情况下，其原有职务就不宜认为具有代理权的表象。

(2) 基于明确授权而产生的代理权

对于无权代理人曾经拥有的代理权是由建筑企业以授权委托书等形式明确授予产生的情况，该代理权消灭后，无权代理人在该授权事项范围内与相对人进行商事行为时，原有的授权委托书等授权文件就具有了代理权的表象。如果无权代理人的行为与原有授权事项明显不符，则原有授权文件不能对其行为形成代理权的表象。

【实务判例】 项目经理职务行为的认定①

A集团与案外人B置业公司于2007年11月签订建设工程施工合同，约定由A集团承建B置业公司开发的四季花苑项目。合同签订后，A集团所属四季花苑项目经理部（以下简称项目部）与卢某签订合同，约定由卢某向四季花苑项目提供劳务，且明确了双方的权利与义务，项目部代表陈某在合同书上签字并加盖项目部印章。合同签订后，卢某向该项目部交纳了80万元的保证金，随后进驻现场进行施工。后因故在完成大部分工程之后撤出施工场地。为此，卢某与项目部代表陈某于2012年8月9日签订了工程结算补充协议，协议确定，截至2012年8月9日，共欠卢某工程款100万元以及保证金80万元。在诉讼过程中，A集团表示陈某作为该项目部经理，在2010年11月2日工程停工后，已无权代表公司对该项目进行对外结算，故不同意承担给付责任。

法院认为，综合考虑陈某系A集团项目部代表且代表A集团收取保证金、支付部分款项的事实，卢某有理由相信陈某签署工程结算协议及欠条的行为系履行职务。而且，A集团虽主张工程停工后陈某不再享有代理权，但其未能提供证据证实工程停工的时间，亦未能证实卢某已经知道或者应当知道陈某没有代理权的事实。因此，陈某签署的工程结算补偿协议及欠条亦应认定为履行职务行为。

4. 加盖的印章

众所周知，在我国各市场主体的商事交往中，印章起着不可替代的作用。在我国，从一般理性出发，相对人对加盖印章的合同、文件的信赖程度要高于仅有签字的合同、文件。"盖章合同构成表见代理的概率要高于仅有签字而没盖章的合同，这是显而易见的。"② 因为加盖印章更易于形成代理权的表象，从而为相对人所信赖。

---

① 参见天津市第二中级人民法院（2014）二中民四终字第622号民事判决书。

② 沈德咏、奚晓明：《最高人民法院关于合同法司法解释（二）理解与适用》，人民法院出版社2009年版，第103页。

(1) 真实的印章

① 单位公章、合同章。在无权代理场合，真实的单位公章、合同章往往加盖于空白授权委托书、空白介绍信或空白合同书上，此时应按上述第二种情形分析其是否具有代理权表象。对于出借上述印章的情形，其代理权表象是显而易见的。

② 项目部印章。为项目运行方便，建筑企业为工程项目部刻制或允许项目部刻制的项目部印章，在项目管理人员或实际施工人对外进行与该工程项目有关的商事活动时，该项目部印章应当具有代理权的表象。

值得注意的是，建筑企业为了限制项目部的权力，在项目部印章上刻制注明"不得用于签订合同"或"签订合同无效"字样时，在项目管理人员或实际施工人利用该印章对外签订合同时，该印章是否具有代理权的表象?

笔者认为，建筑企业在项目部印章上的特别声明，实际上是对该印章的使用作出了限制并明示于相对人。从一般理性出发，相对人不应对此产生合理信赖。因此，此类印章在其特别注明的禁止事项内不应具有代理权的表象。

【实务判例】项目部资料专用章不具有代理权的表象①

2013年，A公司与B公司签订《建设工程施工合同》，约定将A公司农副产品交易市场配套办公楼建设工程发包给B公司施工。

2014年1月，杨某作为甲方代表与朱某签订《劳务施工承包协议书》及《工程结算清单》，该协议的甲方为B公司，落款处甲方位置加盖有B公司项目部工程资料章，约定将案涉工程的所有模板工、钢筋工、泥工等内容由朱某施工。杨某在工程结算清单中确认欠朱某工资174.8万元。此后，朱某诉至法院，请求判令B公司支付工程款1748.8万元。法院经审理另查明，杨某原为C工程公司法定代表人，朱某在与杨某签订《劳务施工承包协议书》当日，将75万元履约保证金汇入C工程公司的银行账户。朱某所收取的工程款均由杨某支付，B公司与A公司未直接向朱某支付过工程款。

本案争议焦点为杨某与朱某签订的协议对B公司有无约束力。

法院认为，本案所涉《劳务承包施工协议书》虽以B公司名义签订，但最终签字确认的是杨某个人，B公司并未盖章，也无法定代表人签名。杨某非B公司职工，协议上所盖B公司"项目部工程资料专用章"并不具有代表B公司对外签订合同的权限，且朱某将工程履约保证金汇入杨某所在公司，且工程款也不由B公司直接支付有违常理，故没有证据证明朱某在协议订立时有理由相信杨某具有代理权。而朱某在与杨某订立协议时，既不审查核实

① 参见泰州市中级人民法院（2016）苏12民终3170号民事判决书。

杨某的身份及有无代理权，又不要求B公司在协议上加盖印章，具有过错。综上，杨某的行为不构成表见代理。因此，法院驳回了朱某的诉讼请求。

(2) 私刻的印章

① 私刻的单位公章、合同章。无权代理人利用私刻的单位公章、合同章伪造授权委托书、介绍信或签订合同，上述私刻的印章当然具有代理权的表象，其与本人是否有可归责的原因无关。有观点认为，《最高人民法院关于当前形势下审理民商事合同纠纷案件若干问题的指导意见》(法发〔2009〕40号)中关于表见代理的认定，是"要求代理人的无权代理行为在客观上形成具有代理权的表象"，而伪造的印章只能认为具有了某种被授权的表象，但因建筑单位与这一表象的形成没有任何牵连性，客观上不可能形成具有代理权的表象。[①]

笔者认为，所谓"客观上形成"是指表象是客观存在的，而不是主观臆断的，强调的是权利表象形成的客观性。而且表明其是由无权代理行为客观上形成的，而非由本人行为客观上形成。本人与代理权表象的形成是否具有牵连性，并不是认定代理权表象是否客观形成的条件。因此，不管是否与本人有牵连性，加盖私刻的单位公章、合同章的文件、合同应当认为客观上形成了具有代理权的表象。当然，客观上形成了代理权表象并不一定会构成表见代理。

值得注意的是，现实中存在不少建筑企业持有多枚公章的现象。如果这种情况被证据证明，那么，即使无权代理人所使用的公章与企业的公章不一致，企业也很难以该公章系他人伪造的理由来进行抗辩。

② 私刻的项目部印章。私刻的项目部印章是由项目部管理人员或实际施工人未经建筑企业批准自行刻制的，一般用于与发包人的往来文件，也常常被用于对外签订分包、材料供应等合同。建筑企业大多对此是默许的，或是应当知道的。与私刻的单位公章、合同章一样，私刻的项目部印章也是具有代理权表象的。值得注意的是，此类项目部印章是否"私刻"，要看是否有在第三方具有公信力的机构备案的"真实"项目部印章，在不存在备案的"真实"项目部印章的情况下，项目部印章是否系私刻、伪造也存在难以鉴定的问题。

【实务判例】 私刻印章不必然影响表见代理的构成[②]

2008年3月，A公司与新外滩B酒吧签订《装饰工程施工合同》，由A公司承包施工"新外滩B酒吧"的室内装饰。该合同乙方落款处除了盖有A公司的章之外还签有刘某的名字，刘某系A公司的工程承包人，负责上述"新外滩B酒吧"的室内装饰工程。

---

① 周凯："表见代理制度的司法适用——以涉建设工程商事纠纷为对象的类型化研究"，载《法律适用》2011年第4期。

② 参见上海市第二中级人民法院(2012)沪二中民二(民)终字第275号民事判决书。

2008年5月，陆某与刘某签订《工矿产品购销合同》，约定由陆某提供石材，交货地点为B酒吧。需方落款处除了刘某签名外还盖有A公司的业务专用章。B酒吧装饰工程于2008年10月竣工并经业主验收合格。2008年12月，刘某签字确认尚欠陆某余款82673元。后陆某诉至法院，请求判令A公司支付余款82673元。

在诉讼过程中，A公司举证证明A公司业务专用章系刘某私刻，并申请司法鉴定。经鉴定，该业务专用章与其认可的印章不一致。

法院经审理认为，因A公司与新外滩B酒吧签订的《装饰工程施工合同》落款处有刘某的签字，故当刘某与陆某签订合同，且合同上盖有A公司的业务专用章时，即使刘某不具有对外签约的权限并存在私刻业务专用章的事实，陆某仍有理由相信刘某是代表A公司签约，辨识印章真伪并非陆某的义务及能力所及。故判决A公司支付陆某工程款82673元。

（三）相对人善意且无过失要件的考察

对于相对人善意且无过失的构成要件，《合同法》第四十九条并无明确的表述，该条仅作了“相对人有理由相信”这一相应的规定。但从立法本意和法学原理上看，“有理由相信”应是相对人在主观上善意且无过失地相信行为人有代理权。《最高人民法院关于当前形势下审理民商事合同纠纷案件若干问题的指导意见》（法发〔2009〕40号）第十四条对如何判断相对人主观上是否善意且无过失作了详细规定：“人民法院在判断合同相对人主观上是否属于善意且无过失时，应当结合合同缔结与履行过程中的各种因素综合判断合同相对人是否尽到合理注意义务，此外还要考虑合同的缔结时间、以谁的名义签字、是否盖有相关印章及印章真伪、标的物的交付方式与地点、购买的材料、租赁的器材、所借款项的用途、建筑单位是否知道项目经理的行为、是否参与合同履行等各种因素，作出综合分析判断。”

在认定无权代理的行为客观上形成具有代理权表象时，要求代理权表象应当在客观上具有合理可信赖性。“善意且无过失”则是强调相对人的主观上的合理注意义务，强调相对人不知道或者不应当知道行为人为无权代理，而且相对人不知道不是因疏忽大意造成的。我们从《最高人民法院关于当前形势下审理民商事合同纠纷案件若干问题的指导意见》（法发〔2009〕40号）第十四条的规定出发，结合建设工程领域的实践，从以下几个方面进行讨论。

1. 相对人的合理注意义务

在建设工程施工合同履行过程中，项目管理人员或实际施工人对外进行商事活动时，分包商、供应商等相对人应尽的合理注意义务，是指作为一个理智的、熟悉建设工程交易习惯的市场主体应尽的谨慎审查义务。在判断相对人是否尽了合理的注意义务时，行业交易习惯往往是应当考虑的一个重要因素。下列情形一般可以认为相对人未尽到合理的注意义务：

（1）无权代理人的行为与其身份明显不符

在合同履行过程中，尽管行为人的行为与其身份明显不符，但相对人仍与之进行交易。比如，项目上的质检员、安全员与分包商、供应商签订合同或进行工程洽商、结算的行为，明显超越了其应有的权限。

在有的情况下行为人的行为与其身份是否相符，是否符合交易习惯是存在争议的。比如，项目经理的对外借款行为。有观点认为："借款是一件非常重大的事，涉及公司的重大权益，公司有可能委托项目经理去买材料，但从行业交易习惯上看，一般不可能委托项目经理去借款。"[①] 而在实践中，确有依表见代理判决建筑企业承担项目经理借款后果的案例。[②]

笔者认为，从有关规范性文件的规定来看，项目经理的对外借款行为与其身份并不相符。根据《建筑施工企业项目经理资质管理办法》（建建〔1995〕第1号文）的规定，项目经理的主要权力主要是组织项目班子完成工程项目建设的生产经营活动。其中涉及资金方面的主要权力是调配进入工程项目的资金。《建设工程项目管理规范》GB/T 50326—2006 中的有关权力则是决定授权范围内的项目资金投入和使用。可见，项目经理关于资金方面的权力仅限于工程项目内部资金的使用，借款等对外融资事项涉及公司的重大利益，应经特别授权。即使交易中存在项目部印章等权利表象，也很难说相对人尽了合理的注意义务。何况还有少数项目经理与借款人恶意串通损害建筑企业的利益。如果法院对项目经理表见代理的构成认定过宽，对整个建筑行业发展非常不利。

（2）无权代理人的行为明显超越授权事项

如果建筑企业对具有项目经理等身份的项目管理人员出具了内容明确、具体的授权，对其权力作了必要的限定，而相对人在明知或应知该授权的情况下仍与之交易，则应当认定相对人未尽到合理注意义务。

（3）建筑企业已对代理权消灭的事项尽了合理的明示义务

当项目管理人员发生变化时，若建筑企业通过通知、在现场醒目区域张贴公告等方式尽了合理的明示义务，相对人仍与无权代理人交易的，应认定其未尽到合理的注意义务。

（4）无权代理人的代理证明文件存在重大瑕疵

当行为人向相对人出具授权委托书、介绍信以及与企业经营有关的各种证明文件时，相对人应当负有谨慎审核义务。当各种证明文件之间存在矛盾、文件本

---

① 周月萍、庄云："携手专业律师防范表见代理的法律风险"，载《建筑》2011年第7期。

② 参见湖南格塘建筑工程有限公司与曹亚辉等借款纠纷案，http://xtzy.chinacourt.org/public/detail.php?id=1136.2011年11月9日访问。

身在文字、语句、形式等方面有明显错误或不合常理之处时，相对人仍与之交易的，应当认定其未尽到合理的注意义务。

2. 关于加盖印章的真伪

在表见代理认定过程中，加盖印章的真伪有以下两个方面的意义：

(1) 作为判断相对人是否善意且无过失的考虑因素。这种情况包括以下两个方面的内容：

① 行为人所伪造的印章在外观上有较为明显的瑕疵，相对人应当能够识别而未能识别的。此时相对人是存在过失的。但认定构成这种情形的前提是相对人对本人的有关印章较为熟悉且伪造的印章在外观上与真实印章明显不符。而在当今科技如此发达的时代，伪造的印章往往可以达到以假乱真的地步，大多情况下，不通过技术手段一般人是难以肉眼识别的。因此，这种情况并不具有普遍意义。

② 相对人对行为人加盖印章的合同、文件具有审核义务。相对人除应直接审查行为人提供的合同、文件外，还可采取其他方式，如与所谓的本人联系等方式确定行为人是否有代理权。当然，这种对相对人审核义务的要求在不同情况下是不同的，这与行为人在此次交易前是否已经具有代理权表象有关。下面我们将会具体论述。

(2) 作为本人对行为人的行为是否具有可归责性的考虑因素。对于行为人伪造印章的行为，本人往往是无法控制的。因此，印章真伪可以作为行为人的无权代理行为是否与本人具有牵连性的一个重要因素。理论上也有观点认为，在相对人信赖合理性判断中，可以将本人归责性状况考虑进去。①

关于加盖印章真伪与表见代理构成的问题十分复杂，不同的人有不同的判断。但一般认为，“盖章不是构成表见代理的充分条件，要区分不同情况和结合相关证据，方能判断是否构成表见代理。”② 为便于分析，我们对生活中的复杂问题进行简单化处理，对建设工程领域几种较为典型的无权代理现象进行讨论。

(1) 与本人无关的行为人私刻单位印章对外订立合同的。

实践中，对这种情形有比较一致的认识，即本人不应当对行为人的无权代理行为负责。我们可以从以下几个方面进行分析：

① 虽然我国《合同法》基本采用了单一要件说，未将本人过错作为表见代

---

① 日本法上所谓的综合判断说即认为，正当理由不应限于相对人的善意无过失，本人一侧的事情也应包括在内，正当理由被理解为：通过考虑双方的事情，综合判断是否应当保护相对人、将责任归属于本人的要件。【日】山本敬三：《民法讲义 I：总则》，解亘译，北京大学出版社 2004 年版，第 280 页。转引自叶金强：“表见代理构成中的本人归责性要件方法论角度的再思考”，载《西北政法大学学报》2010 年第 5 期。

② 沈德咏、奚晓明：《最高人民法院关于合同法司法解释（二）理解与适用》，人民法院出版社 2009 年版，第 103 页。

理的构成要件，但从学理上表见代理的三种类型，即授权表示型、权限超越型和权限延续型[1]来看，行为人的无权代理行为均与本人有一定的牵连性，本人对无权代理行为的发生及相对人的相信或多或少都具有一定的原因力。而上述情形下，行为人的行为与本人毫无关系。《最高人民法院关于在审理经济纠纷案件中涉及经济犯罪嫌疑若干问题的规定》（〔1998〕7号）第五条第一款规定："行为人盗窃、盗用单位的公章、业务介绍信、盖有公章的空白合同书，或者私刻单位的公章签订经济合同，骗取财物归个人占有、使用、处分或者进行其他犯罪活动构成犯罪的，单位对行为人该犯罪行为所造成的经济损失不承担民事责任。"该规定虽没有直接回答签订的经济合同是否有效，但从表述中可以判断出，行为人签订的合同对本人是没有法律约束力的。

② 表见代理制度的功能实际上是一种利益的平衡，它在保护善意第三人利益、保护交易安全的同时，也应当顾及本人利益。让本人承担其既无法控制又与其毫无关系的表见代理责任，是有悖公平原则的。

③ 行为人私刻他人印章与相对人交易，本人并未与之接触，相对人应当尽到审核义务。虽然有时行为人伪造的技术足以使第三人无法区分真伪，但相对人也可以采取其他方式，如与所谓的本人联系等方式确定行为人是否有代理权。即相对人有机会防止无权代理行为造成的后果，但本人却没有能够采取措施予以防止。[2] 从这个意义上看，尽管很难说相对人对此一定有过失，但其在与从未交易过的无权代理人交易时，毕竟未完全尽到注意义务，从而未能防止无权代理行为所造成的后果。至少从风险分配上看，相对人应当承担正常的交易风险。

（2）具有本人职工身份人员私刻本人印章对外签订合同，相对人明知或应当知道行为人没有签订该类合同权限的。

行为人虽然是本人的职工，或具有职工的身份，但其私刻本人印章对外签订明显不属于其职责范围的合同，不应当构成表见代理。如后勤管理人员、单位保安或工程项目部的资料员、安全员，利用上述手段签订建设工程合同，相对人明知或应当知道其身份仍与之交易的，相对人主观上即不符合善意且无过失的表见代理构成要件。

（3）具有本人职工身份人员在履行职务或作为代理人履行合同过程中，私刻本人印章对外从事与其身份有关的商事行为的。

该情形最为典型的表现是，承包人与发包人签订建设工程施工合同后，具有项目经理身份的人员（包括项目经理和承包人任命为项目经理的实际施工人）私刻承包人的公章、合同章，以伪造授权委托书的方式对外从事商事行为，或直接

① 张俊浩主编：《民法学原理》，中国政法大学出版社2000年版，第328页。

② 参见王利明：《合同法研究》（第一卷），中国人民法学出版社2002年版，第571页。

利用私刻的印章对外签订各种合同。该情形下案件的处理具有高度的疑难性和复杂性，这里就几种常见的情形进行讨论。[①]

① 具有项目经理身份人员私刻印章对外签订其所负责工程项目项下各种合同的。

按照有关规定和行业交易习惯，项目经理有权签订其所负责工程项目项下的各种合同，包括工程分包合同、劳务分包合同、设备租赁合同以及材料买卖合同等。“项目经理”这一身份已经具有代理权的表象，相对人对行为人行为的相信已经有足够的理由，除非本人能够证明相对人存在过失，应当构成表见代理。此时，只要伪造的印章及行为人加盖印章的行为不具有显而易见的缺陷，其只会强化相对人的信赖。

当然，项目经理签订的合同应当是真实存在的，如果其与相对人签订合同的内容明显不是该项目项下的真实内容，应当认为相对人未尽到合理的注意义务。比如，就一个钢筋混凝土剪力墙结构的高层建筑工程，对外签订并不存在的钢结构安装分包合同就属于这种情况。

② 具有项目经理身份人员私刻印章对外借款的。

工程项目中的借款行为一般有两个方面的原因：一是在工程项目实施过程中，以内部承包模式实施项目的项目经理或被赋予项目经理身份的实际施工人，为筹集工程资金对外借款；二是项目经理或实际施工人以本人名义对外借款，而该借款被其非法占有或用于其负责的以他人名义承接的工程项目。

为使相对人相信自己有权借款，行为人可能会私刻印章伪造授权委托书，或利用私刻的印章与相对人签订借款合同。如前所述，项目经理是不具有对外借款的权限的，建筑企业以授权委托书的形式授权项目经理为工程筹款也不符合建筑业的交易惯例。在行为人的无权代理行为与其身份不符的情况下，其身份难以形成代理权表象。因此，行为人私刻的印章也难以独立形成代理权表象，甚至可能成为相对人质疑的理由。

由此可见，项目经理或实际施工人以项目经理身份对外借款的，认定表见代理应当慎重。值得注意的是，由于涉及借款事项的项目经理往往是实际施工人，其与本人存在着转包、违法分包或挂靠关系。而因实际施工人的项目资金完全靠自己筹措，建筑企业可能会对实际施工人的借款行为不闻不问。从这个意义上讲，作为建筑企业的本人也往往存在过错。虽然通说认为表见代理的构成不以本人过错为构成要件，但由于工程案件的复杂性，无权借款行为是否构成表见代理还需结合具体案情进行认定。

当然，如果本人确已履行合同义务，如按约定归还借款或支付利息的，可以

---

① 高印立：“项目经理表见代理之构成的类型化分析”，载《建筑经济》2011年第11期。

认为是本人对行为人借款行为的追认；如果该借款已经用于工程或该借款进入了本人的账户，则本人也应当承担还款责任。

③ 具有项目经理身份人员伪造授权委托书，私自向发包人收取工程款的。

项目经理或实际施工人利用私刻的印章伪造授权委托书，以本人名义授权自己或与自己有关的单位向发包人收取工程款。其目的或是非法将工程款占为己有，或是逃避管理费。在建筑行业交易习惯中，除非特别声明，项目经理一般是有权向发包人催收工程款的，这甚至还是其主要职责之一。不过，按照合同约定，发包人应当将工程款支付给承包人。那么，发包人可否按照项目经理的指示改变付款方式呢?

对于项目经理或实际施工人伪造授权委托书，授权自己个人收取工程款，而发包人直接按其指示向行为人支付大额现金的情形，笔者认为，将大额现金交付给个人不符合财经制度，发包人作为市场交易主体对此应当是明知的，此时很难说发包人是善意且无过失的。

对于项目经理或实际施工人伪造授权委托书，授权与自己有关的其他单位收取工程款的情形，笔者认为，由于委托他人收款在建筑行业中是一个比较常见的行为，而项目经理作为承包人在工程项目上的代理人，其向发包人传达承包人改变付款方式的信息是符合常理的。除非承包人对项目经理的权限对此有明确限制，可以认为发包人已经尽到了合理的注意义务。

值得注意的是，相对人对无权代理人伪造的授权委托书有审核义务，若其所伪造的授权委托书在文字、语句、形式和逻辑等方面存在明显瑕疵，相对人就应当负有进一步核实的义务。比如，笔者曾见到此类伪造的授权委托书，其文如下：

委托书

感谢青岛××有限公司对我公司的信任。为尽快完成贵公司提出设备按（应为“安”[①]）装周期前的施工任务，减少工程款的周转时间。

特委托我公司在青岛的直属企业青岛××商贸有限公司的法人（应为“法定代表人”）李××同志全权负责，请贵公司请（应为“将”）首付工程（此处漏掉“款”字）打入该公司账户，如发生资金挪用，延误工期工程质量等问题，我公司将承担一切责任。

中国××建筑公司（伪造的公章）

该授权委托书在行文、语句和逻辑上的瑕疵是显而易见的。

3. 关于标的物的用途

《最高人民法院关于当前形势下审理民商事合同纠纷案件若干问题的指导意见》（法发〔2009〕40号）第十四条将“购买的材料、租赁的器材、所借款项的

---

① 委托书中括号内的内容均为笔者加注。

用途”作为考察相对人善意且无过失的因素之一。也有学者认为，标的物如何交付、使用，是交易达成后行为人处置标的物的行为，与相对人是否善意无过失及交易主体的确定问题没有本质和必然关系。① 标的物的用途在表见代理认定中具有以下意义：

（1）证明交易的真实性。如果合同标的物用于该工程，至少说明行为人的目的仍然是为组织施工，交易发生真实，由建筑单位承担责任存在现实基础。②

（2）交易的真实性可以在一定程度上强化相对人的善意无过失。相对人在与行为人交易时的主观状态我们是难以确切知晓的，只能依一般理性和交易习惯予以推定。尽管相对人交易时的主观状态与交易后标的物的用途并无必然联系，但在事后我们对这一交易行为进行分析判断时，仍可将标的物的用途作为辅助考察因素。真实发生的交易至少说明相对人没有被行为人骗取财物，不涉及诈骗犯罪。同时，也降低了双方串通的可能性。因此，一定程度上会对认定相对人善意无过失起到强化作用。

（3）标的物的用途对相对人善意且无过失判断的影响是间接的。如果依据法律规定认定行为人的行为是否构成表见代理存在重大争议，难以作出抉择，标的物的用途可以作为一个用来帮助解决争议的辅助因素。③

合同标的物是否用于工程，可以通过标的物是否交付至项目部有关人员和工地来判断。实践中由相对人提供的由项目部有关人员签收的进货单、材料进场证明、标明相对人名称的材料检验报告、交付本人的款项转账记录以及施工过程中的各种相关中间过程记录均可以作为标的物已用于工程的证据。相对人将借贷资金直接交付于行为人，相对人仅以欠条、借条等债权凭证不能证明所借资金用于工程项目。④

还有一种情况，就是当行为人的行为依法律规定不能构成表见代理，但合同标的物确已用于工程项目，如何处理？比如，行为人以刻有“不得签订合同”或“签订合同无效”字样的项目部印章与相对人签订合同或办理工程结算，合同标的物已经用于工程的情形。

笔者认为，在这种情形下，由于相对人主观上不符合善意且无过失的构成要件，行为人的无权代理行为不构成表见代理。行为人与相对人签订的合同或结算

---

① 参见周凯：“表见代理制度的司法适用——以涉建设工程商事纠纷为对象的类型化研究”，载《法律适用》2011年第4期。

② 参见周凯：“表见代理制度的司法适用——以涉建设工程商事纠纷为对象的类型化研究”，载《法律适用》2011年第4期。

③ 参见周凯：“表见代理制度的司法适用——以涉建设工程商事纠纷为对象的类型化研究”，载《法律适用》2011年第4期。

④ 参见周凯：“表见代理制度的司法适用——以涉建设工程商事纠纷为对象的类型化研究”，载《法律适用》2011年第4期。

文件对本人不生效，而合同标的物已用于工程项目的事实证明相对人已经履行了主要义务，而本人又予以接受。根据《合同法》第三十六条的规定，在本人与相对人之间成立新的事实合同（注意：此时本人并非履行无权代理人与相对人的“合同”，故不构成追认）。此时，本人应当基于这一事实合同支付对价。对于无权代理人办理的结算文件不生效的情形，本人应与相对人重新按工程实际情况办理结算，或由造价鉴定机构进行鉴定。当然，对于本人在相对人交付标的物后向其支付价款的行为应当认定其开始履行合同义务，视为其对合同的追认，合同有效。这种处理办法符合法律规定，有利于平衡本人和相对人的利益，是比较公平合理的。

关于本人对无权代理人所从事无权代理行为的追认，《民法通则》第六十六条和《合同法》第四十八条的规定不同[①]，学界对此也有不同的观点。[②]

【实务判例 1】 法院认定，项目负责人以项目部名义的借款行为构成表见代理[③]

2014 年 2 月，A 能源与被告 B 公司签订《建设工程施工备案合同》，由被告承建燃料调和基地及燃料加注站工程。同年 7 月 28 日，经被告授权，彭某负责被告与 A 能源签订的 100 座加注站合同履行事宜，被告于 7 月 31 日将此事函告 A 能源。

同年 11 月 3 日，彭某以被告的黔南项目部名义与原告魏某签订了《建设工程施工合同》及《补充协议》，合同约定由原告承建加注站 10 座。合同签订当日，原告向被告的黔南项目部缴纳合同保证金 30 万元。同年 11 月 29 日，彭某与原告签订《借款协议》，向原告借款 50 万元，约定于同年 12 月 6 日前安排原告进场施工，正常施工后该借款直接转为定金。《借款协议》借款人处加盖有被告的黔南项目部印章。

同年 12 月 26 日，原告进场施工。后原、被告成讼。关于彭某的行为是否构成表见代理成为争议焦点。

法院认为，彭某持被告与 A 能源签订的《建设工程施工备案合同》、被告授权委托书，以被告的黔南项目部名义与原告签订的《建设工程施工合同》及《补充协议》，原告基于善意的合理信赖而认为彭某拥有代理权。根据《合同法》第

---

① 《民法通则》第六十六条第一款规定：“本人知道他人以本人名义实施民事行为而不作否认表示的，视为同意。”《合同法》第四十八条第二款规定：“被代理人未作表示的，视为拒绝追认。”

② 关于《民法通则》第六十六条的规定理论上有不同观点，有表见代理说、拟制追认说、追认权限制说等。见张谷：“略论合同行为的效力——兼评《合同法》第三章”，载《中外法学》2000 年第 2 期。其他参考文献还有：纪海龙：“论无权代理中被代理人的追认权”，载《清华大学学报（哲学社会科学版）》2002 年第 3 期；韩世远：《合同法总论》，法律出版社 2004 年，第 247 页；王利明：《合同法研究》（第一卷），中国人民大学出版社 2002 年版，第 582～583 页。

③ 参见黔南布依族苗族自治州中级人民法院（2016）黔 27 民终 1880 号民事判决书。

四十九条的规定，彭某的行为构成表见代理，其签订合同、收取定金、向原告借款的行为应视为职务行为，由此产生的权利义务应由被告承担。

上述判例中，原告与被告签订《建设工程施工合同》及《补充协议》的当日，原告向被告的黔南项目部缴纳合同保证金300000元。同时，《借款协议》约定，正常施工后被告的出借款项直接转为定金。上述事实及约定强化了原告对于彭某行为信赖的合理性。

【实务判例2】 关于借款行为是否构成表见代理的认定[①]

2011年4月，案外人陈某以A公司滨河花园项目部（以下简称滨河花园项目部）名义与B公司签订一份建设工程施工合同，约定滨河花园项目部将其承包的滨河花园工程中的2号、4号、5号楼转包给浩某公司承建。陈某在上述施工合同发包人代表处签字，注明"严格按照项目部施工要求，受倪某委托，陈某（代办）"，并加盖"A公司滨河花园项目部"印章。李B在承包人代表处签字，并加盖B公司印章。

倪某为滨河花园项目负责人，陈某为滨河花园项目部办公室主任。B公司承认李某经其授权与滨河花园项目部订立上述合同。

2012年6月，浩某公司提起诉讼，请求判令A公司返还借款，并提供了相关借条。借条上加盖有滨河花园项目部印章，数额共计500余万元。李某在庭审中陈述，其将有关借款汇入了陈某指定的个人账号。

另查明，2012年5月，倪某因涉嫌犯罪被采取强制措施。倪某供述，因其做工程缺钱，李某曾分多次借钱给他，加上利息有500多万元。此后，其和陈某与李某签订协议，把滨河花园工程承包给李某。

法院认为，A公司在施工滨河花园项目期间，因倪某向李某借款不能如期偿还，倪某遂决定将项目中的2号、4号、5号楼转包给李某施工。虽然借条上加盖了滨河花园项目部印章，且有建设工程施工合同相关约定予以印证，使得倪某及陈某的行为具备代理权的表象，但李某将有关借款汇入了陈某指定的账号，且为个人账号。由此可见，B公司对倪某及滨河花园项目部代表A公司借款行为的审查不谨慎、不理性，并非出于善意无过失，故对其关于A公司应对倪某及滨河花园项目部的借款行为承担责任的主张不予支持。

（四）表见代理与犯罪

在无权代理人与相对人为商事行为时，其往往提供虚假的合同、文件等来证明其代理行为的有效。在此过程中，无权代理人的行为可能涉嫌经济犯罪。从上

① 参见江苏省高级人民法院（2013）苏民终字第0181号民事判决书。

述分析可知，行为涉嫌犯罪，不一定影响表见代理的构成，但是否构成表见代理与涉嫌犯罪的定性是有关系的。

1. 伪造公司、企业印章罪。行为人在无权代理过程中私刻本人单位印章，但尚未构成其他犯罪的，涉嫌构成伪造公司、企业印章罪。此类犯罪中伪造印章是一种手段，其与表见代理是否构成没有必然、本质的联系。项目经理在履行合同过程中为图方便伪造本人印章，但无非法占有目的的，即属此种情形。实际施工人为逃避管理费，伪造印章私自收取工程款的，因其主体不符合职务犯罪要件，其与本人之间宜按经济纠纷处理。在没有其他犯罪事实的情况下，也仅是涉嫌伪造公司、企业印章罪。

2. 合同诈骗罪。行为人以伪造本人印章为手段，虚构事实，以非法占有为目的，骗取相对人财物的，当其行为不构成表见代理时，应成立合同诈骗罪。合同诈骗罪是行为人非法占有相对人的财物，而当行为人的行为构成表见代理时，其占有的是本人的财物，相对人没有任何损失。也就是说，对于相对人来说，只是一个平常的合同交易而已。[①] 因此，表见代理与合同诈骗罪是不相容的。至于《最高人民法院关于在审理经济纠纷案件中涉及经济犯罪嫌疑若干问题的规定》（法释〔1998〕7号）第五条、第六条所规定的“单位应承担赔偿责任”[②]，不是基于表见代理的构成，而是基于本人的过错。因为构成表见代理的本人应当承担的是履行合同的义务而非赔偿责任。

3. 职务犯罪。本人的职工在履行职务过程中，以非法占有为目的，将受害人财务占有、使用、处分、收益，构成表见代理的，受害人为本人。因此，行为人侵犯的是本单位的财产权。如果本人的性质属于国有，那么应该认定为贪污罪；如果本人的性质属于非国有，在无权代理人属于国有性质的单位委派到非国有性质的单位从事公务的人员的情形，构成贪污罪。其他情形构成职务侵占罪。

由此可见，当无权代理人的行为明显符合表见代理构成要件，或其涉嫌犯罪的行为对表见代理的构成无影响时，可直接作出认定，不必按照“先刑后民”的规则中止审理。而当无权代理的行为涉嫌合同诈骗犯罪，或涉嫌犯罪的性质存在重大争议，且对表见代理认定可能产生较大影响时，在法院审理中宜坚持“先刑后民”的规则，通过刑事侦查手段使法律事实更加接近客观真实，还以事实真相，以便为民事审判中认定行为人的主观意图和相对人是否善意且无过失提供依据。

---

① 参见郭立锋：“表见代理与合同诈骗罪”，载《中国刑事法杂志》2004年第5期。

② 该司法解释第五条第二款规定：“行为人私刻单位公章或者擅自使用单位公章、业务介绍信、盖有公章的空白合同书以签订经济合同的方法进行的犯罪行为，单位有明显过错，且该过错行为与被害人的经济损失之间具有因果关系的，单位对该犯罪行为所造成的经济损失，依法应当承担赔偿责任。”第六条第二款规定：“单位聘用的人员被解聘后，或者受单位委托保管公章的人员被解除委托后，单位未及时收回其公章，行为人擅自利用保留的原单位公章签订经济合同，骗取财物占为己有构成犯罪，如给被害人造成经济损失的，单位应当承担赔偿责任。”

第四节 实际施工人及相关法律问题分析

一、实际施工人的界定

（一）“实际施工人”一词的来源

建设工程领域，挂靠、转包、违法分包屡见不鲜，在这种情况下，与建设方（发包人）签订建设工程施工合同的承包人并未亲自履行合同义务，实际履行义务人为其他民事主体，由此产生了实际施工人的概念。实际施工人一词源于最高人民法院颁布的《施工合同司法解释》，该司法解释第一条、第四条、第二十五条和第二十六条使用了“实际施工人”的概念。① 但该解释并未对实际施工人进行专门界定。

（二）实际施工人的界定

理论和实务界对实际施工人的界定有不同的观点。有观点认为，实际施工人，是指接受施工任务并组织施工作业的组织或者个人，而不是指具体进行施工作业的组织内的工作人员或受雇于施工人的雇工。一般情况下，实际施工人是承包他人工程进行实际施工的承揽人，包括自然人与法人。② 也有观点认为，实际施工人是指无效建设工程合同的承包人，包括转承包人、违法分包合同的承包人、借用资质的承包人、挂靠施工人，不包括承包人的履行辅助人、合法专业分包工程承包人、劳务作业承包人，农民工个人不能以实际施工人身份、以发包人为被告提起追讨工资的诉讼。③ 还有观点认为，实际施工人指转承包人和违法分

---

① 该司法解释第一条规定：“建设工程施工合同具有下列情形之一的，应当根据合同法第五十二条第五项的规定，认定无效：（一）承包人未取得建筑施工企业资质或者超越资质等级的；（二）没有资质的实际施工人借用有资质的建筑施工企业名义的；（三）建设工程必须进行招标而未招标或者中标无效的。”第四条规定：“承包人非法转包、违法分包建设工程或者没有资质的实际施工人借用有资质的建筑施工企业名义与他人签订建设工程施工合同的行为无效。人民法院可以根据民法通则第一百三十四条规定，收缴当事人已经取得的非法所得。”第二十五条规定：“因建设工程质量发生争议的，发包人可以以总承包人、分包人和实际施工人为共同被告提起诉讼。”第二十六条规定：“实际施工人以转包人、违法分包人为被告起诉的，人民法院应当依法受理。实际施工人以发包人为被告主张权利的，人民法院可以追加转包人或者违法分包人为本案当事人。发包人只在欠付工程价款范围内对实际施工人承担责任。”

② 林镥海：《〈建设工程施工合同司法解释〉操作指南》，法律出版社2005年版，第87页。

③ 史琦：“如何正确理解建设工程案件中‘实际施工人’”，载《人民法院报》2009年12月8日。

包的承包人。[①]

我们可以从以下几个方面来理解实际施工人的内涵：

1. 实际施工人特指转承包人、违法分包合同的承包人及借用资质签订施工合同的承包人。

实际施工人这一概念与《合同法》中的“施工人”概念是相对应的。《合同法》第二百八十一条规定：“因施工人的原因致使建设工程质量不符合约定的，发包人有权要求施工人在合理期限内无偿修理或者返工、改建。经过修理或者返工、改建后，造成逾期交付的，施工人应当承担违约责任。”这里的“施工人”是指“有效建设工程合同主体，不应包括转包、违法分包合同的施工人。”[②] 综合《施工合同司法解释》四个关于实际施工人条文的规定，实际施工人均指无效合同的承包人，包括转承包人、违法分包合同的承包人、借用资质签订施工合同的承包人。当然，并非无效建设工程施工合同的承包人均为实际施工人，实际施工人特指上述无主体资格导致施工合同无效的承包人。

2. 包工头可以成为实际施工人。

由上述司法解释中的实际施工人概念可知，实际施工人可以是法人、非法人团体、个人合伙，也可以是自然人。[③] 实际施工人为自然人的情形即无资质的包工头，更确切地说，是“没有资质也没有企业建制，只是包工头带领一帮民工干活，临时组织的施工队伍”[④]。该施工队伍未经法定程序设立、没有相对独立的财产和经费，没有固定的办公场所，不是合格的民事主体，无独立承担民事责任的能力。而实践中，作为自然人的包工头尽管个人不能独立完成工程施工工作，但其作为实际的工程承包人，按其与转包人、违法分包人或资质出借人的约定，享有所承包工程的收益。因此，可以认为这类施工队伍是由作为自然人的包工头和与其具有劳务合同关系的农民工共同组成的。那么，作为享有所承包工程收益的包工头，可以作为对外承担施工责任的主体。从这个意义上看，包工头作为自然人可以成为实际施工人的主体。

3. 实际施工人不包括农民工个人。

虽然自然人可以成为实际施工人，但实际施工人并不包括农民工。理由如下：

(1) 二者概念不同。从立法本意上看，“承包人与发包人订立建设工程施工合同后，往往又将建设工程转包或违法分包给第三人，第三人就是实际施工

① 潘福仁主编：《建设工程合同纠纷》，法律出版社 2007 年版，第 36 页。

② 最高人民法院民事审判第一庭：《最高人民法院建设工程施工合同司法解释的理解与适用》，人民法院出版社 2004 年版，第 218 页。

③ 参见冯小光：“中国建设工程施工合同纠纷若干问题谈”，载《中国建设工程法律评论》（第一辑），法律出版社 2010 年版，第 137 页。

④ 最高人民法院民事审判第一庭：《最高人民法院建设工程施工合同司法解释的理解与适用》，人民法院出版社 2004 年版，第 224 页。

人……实际施工人不能得到工程款则直接影响到农民工工资的发放”①。“本条赋予实际施工人向发包人追索工程欠款的诉讼权利，其目的在于保护农民工的利益。”② 可见，实际施工人与农民工这两个词语是分别使用的，实际施工人与提供劳务的农民工个人是不同的两个概念。③

(2) 二者主体地位不同。作为建设工程的实际承揽者，实际施工人是发包人与承包人之间建设工程施工合同的实际履行主体。《施工合同司法解释》第二十五条关于发包人可以就工程质量以实际施工人为被告提起诉讼的规定和第二十六条关于“欠付工程款”的规定就证明了这一点。而作为提供劳务的农民工与实际施工人之间形成劳务关系，由于其仅提供劳务，故不是建设工程施工合同的履行主体，其与转包人、违法分包人、资质出借人及发包人之间也不存在直接关系。

二、实际施工人享有的特殊诉权

《施工合同司法解释》第二十六条规定：“实际施工人以转包人、违法分包人为被告起诉的，人民法院应当依法受理。实际施工人以发包人为被告主张权利的，人民法院可以追加转包人或者违法分包人为本案当事人。发包人只在欠付工程价款范围内对实际施工人承担责任。”该条在一定条件下突破了债的相对性原则，赋予实际施工人突破合同相对性向第三人（发包人）主张权利的特殊诉权。

(一) 合同相对性的一般理论

合同相对性理论是合同法最基本的理论，合同关系的相对性是指合同主要在特定的当事人之间发生，只有合同当事人一方能基于合同向与其有合同关系的另一方提出请求或提起诉讼，而不能向与其无合同关系的第三人提出合同上的请求，也不能擅自为第三人设定合同上的义务。④ 合同相对性主要包括如下三个方面的内容：

1. 合同主体的相对性

合同主体的相对性，是指合同关系只能发生在特定的主体之间，只有合同当

---

① 黄松有就《关于审理建设工程施工合同纠纷案件适用法律问题的解释》答记者问，http://www.dffy.com/fazhixinwen/lifa/200810/20081023192419-3.htm。2011 年 10 月 20 日访问。

② 最高人民法院民事审判第一庭：《最高人民法院建设工程施工合同司法解释的理解与适用》，人民法院出版社 2004 年版，第 225 页。

③ 姚建军：“实际施工人司法保护若干问题探析”，载《人民法院报》2010 年 10 月 20 日。

④ 王利明、房绍坤、王轶著：《合同法》，中国人民大学出版社 2002 年版，第 15 页。

事人一方能够向合同的另一方当事人基于合同提出请求或提起诉讼，与合同关系当事人没有发生合同上的权利义务关系的第三人，不能依据合同向合同当事人提出请求或提起诉讼，合同当事人也不能向与之没有合同关系的第三人提出合同上的请求或提起诉讼。

2. 合同内容的相对性

合同内容的相对性，是指除法律、合同另有规定外，只有合同当事人才能享有某个合同所规定的权利，并承担该合同规定的义务，除合同当事人以外的任何第三人都不能主张合同上的权利。[①] 其主要体现为：①合同规定由当事人享有的权利和承担的义务，原则上并不及于第三人；②合同当事人无权为他人设定合同上的义务；③合同权利与义务主要对合同当事人产生约束力。

3. 合同责任的相对性

合同责任的相对性，是指合同责任只能在合同关系的当事人之间发生，合同关系以外的人不负违约责任，合同当事人也不对其承担违约责任。主要体现为：①违约当事人应对因自己过错造成的违约后果承担违约责任，而不能将责任推卸给其他人；②在因第三人行为造成债务不能履行的情况下，债务人仍应向债权人承担违约责任；③债务人只能向债权人承担违约责任，而不应向国家或第三人承担违约责任。

合同相对性并非绝对，为适应现实需要，实现实质公平和正义，在某种特殊情况下，“合同相对性”有突破的必要。这种突破称为“合同相对性的突破”。其主要体现在：债权的物权化、债权让与债务承担以及债权保全等。如《合同法》第七十三条、第二百二十九条的规定均为合同相对性突破的法律依据。[②] 在我国，出于保护农民工这一特殊群体利益的需要，《施工合同司法解释》第二十六条要求发包人可能要为转包人、违法分包人与实际施工人之间的合同承担责任，就是对建设工程施工合同相对性的突破。

（二）享有特殊诉权的主体范围[③]

根据实际施工人的内涵，其范围既包括转承包人、违法分包合同的承包人，也包括借用他人资质承包工程的借用人，即挂靠人。那么，这一特殊诉权是否适用所有实际施工人呢？笔者认为，作为实际施工人的挂靠人不应享有这一特殊权

① 王利明、房绍坤、王轶著：《合同法》，中国人民大学出版社 2002 年版，第 16 页。

② 《合同法》第七十三条规定：“因债务人怠于行使到期债权，对债权人造成损害的，债权人可以向人民法院请求以自己名义代位行使债务人的债权，但该债权专属于债务人自身的除外。”第二百二十九条规定：“租赁物在租赁期间发生所有权变动的，不影响租赁合同的效力。”

③ 高印立、黄丽芳：“实际施工人都享有特殊诉权吗?”，载《建筑时报》2011 年 4 月 4 日；高印立：“论实际施工人的特殊诉权”，载《北京仲裁》2012 年第 2 辑。

利。我们从以下三个方面进行分析：

1. 从文义解释的角度看，根据《施工合同司法解释》第二十六条的规定，享有特殊诉权的主体为转承包人和违法分包合同的承包人，并未包括借用资质承包工程的挂靠人。依此规定，作为挂靠人的实际施工人不能直接向发包人主张权利；

2. 从法律关系上看，在转包、违法分包的情况下，尽管合同无效，但双方之间的法律关系仍为施工合同关系。而挂靠人与被挂靠人之间形成的不是建设工程施工合同关系，而是双方为借用名义而发生的合作关系。在这种关系中，尽管在形式上与发包人直接发生关系的是被挂靠人，但实际控制人则是挂靠人，被挂靠人仅是出具相应的文件和手续而已。《施工合同司法解释》第二十六条赋予实际施工人特殊诉权的一个重要理由即为“避免转包人、违法分包人在发包人欠付工程款时不积极主张权利，而使实际施工人投诉无门，从而切实保护农民工利益”。[①] 而在挂靠与被挂靠关系中，均是挂靠人以被挂靠人的名义向发包人催收工程款，因此不会出现被挂靠人怠于请求发包人支付工程款的情形。

3. 从诉讼程序上看，根据《施工合同司法解释》第二十六条的规定，在实际施工人行使特殊诉权时，转包人、违法分包人和发包人为共同诉讼的当事人。根据我国《民事诉讼法》的规定，共同诉讼是指当事人一方或双方为两人以上的诉讼，分为普通共同诉讼和必要共同诉讼，共同诉讼构成的前提条件是具有同一的或者同类的诉讼标的。挂靠人诉被挂靠人并非建设工程施工合同之诉，而被挂靠人与发包人之间则是建设工程施工合同关系。若允许挂靠人按照《施工合同司法解释》第二十六条的规定，同时起诉被挂靠人和发包人，因两个诉的性质不同，有违《民事诉讼法》关于共同诉讼的基本法理。

2017 年，最高人民法院在“天津建邦地基基础工程有限公司与中冶建工集团有限公司等建设工程施工合同纠纷案”再审判决中明确认定，《施工合同司法解释》第二十六条适用于建设工程非法转包和违法分包情况，不适用于挂靠情形。判决书的相应内容为：“在挂靠施工情形中，存在两个不同性质、不同内容的法律关系，一为建设工程法律关系，一为挂靠法律关系，根据合同相对性原则，各方的权利义务关系应当根据相关合同分别处理。二审判决根据上述建邦地基公司认可的事实，认定建设工程法律关系的合同当事人为中冶集团公司和博川岩土公司，并无不当。建邦地基公司并未提供证据证明其与中冶集团公司形成了事实上的建设工程施工合同关系，因此，即便认定建邦地基公司为案涉工程的实

① 参见最高人民法院民事审判第一庭：《最高人民法院建设工程施工合同司法解释的理解与适用》，人民法院出版社 2004 年版，第 230 页。

际施工人，其亦无权突破合同相对性，直接向非合同相对方中冶集团公司主张建设工程合同权利。至于建邦地基公司与博川岩土公司之间的内部权利义务关系，双方仍可另寻法律途径解决。《施工合同司法解释》第二十六条适用于建设工程非法转包和违法分包情况，不适用于挂靠情形，二审判决适用法律虽有错误，但判决结果并无不当。该解释第二条赋予主张工程款的权利主体为承包人而非实际施工人，建邦地基公司主张挂靠情形下实际施工人可越过被挂靠单位直接向合同相对方主张工程款，依据不足。”①

（三）特殊诉权的行使

1. 行使条件

从法理上讲，债权合同的基础就是合同相对性。准许原告突破合同相对性向不具有合同关系的当事人主张权利，从法理和法律规定上讲是有缺陷的。为弥补突破合同相对性带来的法理上的缺陷，《施工合同司法解释》所规定的实际施工人行使特殊诉权是受严格条件限制的。司法解释主要起草人冯小光法官认为：②

（1）原则上不准许实际施工人提起以不具备合同关系的发包人、总承包人为被告的诉讼。只有在实际施工人的合同相对方破产、下落不明等实际施工人不提起以发包人或总承包人为被告的诉讼就难以保障权利实现的情形下，才准许实际施工人行使《施工合同司法解释》第二十六条第二款赋予的特殊权利。

（2）适用《施工合同司法解释》第二十六条第二款时，原则上第一手总承包合同与下手的所有转包、违法分包合同均应当无效，这样才符合债权合同相对性弱化的原理。如果合同有效，合同当事人就应当全面履行合同义务，并且只对合同相对人负有履行义务，对合同之外的人不负担履行义务。

（3）不准许借用实际施工人的名义，以适用《施工合同司法解释》第二十六条第二款为名，提起以发包人或总承包为被告的诉讼，恶意损害他们的合法权益。原告为索要超出合同约定的高额不法利益，与其有合同关系的相对人恶意串通，虚构事实，伪造证据，向发包人或总承包敲诈勒索，恶意提起诉讼，索取不当利益。这种情况不能适用《施工合同司法解释》第二十六条第二款的规定。

笔者非常赞成上述维护合同相对性原则的理念，但从司法解释内容来

---

① 该案中，建邦地基公司为挂靠人，博川岩土公司为被挂靠人，中冶集团公司为与博川岩土公司签订分包合同的总承包人。参见最高人民法院（2017）最高法民申 3613 号民事判决书。

② 参见冯小光：“中国建设工程施工合同纠纷若干问题解读”，《中国建设工程法律评论》（第一辑），法律出版社 2010 年版，第 135～136 页。

看，《施工合同司法解释》第二十六条第二款并未设立“合同相对人破产、下落不明”等适用条件，各级法院在适用该条款时，不一定会以合同相对方破产或下落不明，原告投诉无门为前提条件。同时，《施工合同司法解释》第二十六条第二款也未将发包人与总承包人之间的合同无效作为该款的适用条件。

因此，笔者认为，在最高人民法院作出明确规定之前，根据《施工合同司法解释》第二十六条第二款的规定，该特殊诉权至少应当满足以下两个条件：

(1) 权利行使的主体限于实际施工人中的转承包人和违法分包合同的承包人。借用他人资质承包工程的挂靠人不在行使特殊诉权的主体范围内。

(2) 既然特殊诉权的行使主体是转承包人或违法分包合同的承包人，那么原告与其合同相对人所签订的合同一定是无效合同。而《施工合同司法解释》第二十六条对发包人与转包人、违法分包人（即承包人）未作特殊要求，其可以具有相应的主体资格，合同也可以是合法有效的。这说明，对于仅有一个转包或违法分包合同的简单情形，作为原告的实际施工人可以起诉发包人的条件之一是其与相对人（即承包人）的合同因转包或违法分包而无效。那么，可以推定，在存在多个转包、违法分包合同时，原告可起诉发包人的条件是第一手总承包合同（不含）以下所有转包、违法分包合同无效。

至于是否将原告的合同相对人破产、下落不明作为这一特殊诉权行使的前提条件，恐怕只能由法官自由裁量了。《浙江省高级人民法院民一庭关于审理建设工程施工合同纠纷案件若干疑难问题的解答》（浙法民一〔2012〕3号）第二十三条即将“实际施工人的合同相对人破产、下落不明或资信状况严重恶化”作为其向发包人提起诉讼的条件之一。①

然而，根据各级人民法院对实际施工人这一特殊权利行使的处理来看，在行使主体方面，许多案件并未对行使主体进行充分分析和查证，从而将挂靠人排除在外，而是认为只要是实际施工人就可以适用《施工合同司法解释》第二十六条第二款的规定，允许其突破合同相对性向与自己没有合同关系的发包人主张权利。在行使条件方面，许多案件也未将实际施工人的合同相对人破产、下落不明作为前提条件。

值得注意的是，2015年12月24日，最高人民法院民事审判第一庭庭长程新文在《最高人民法院关于当前民事审判工作中的若干具体问题》中着重指出，“对于《建设工程司法解释》第二十六条规定，目前实践中执行得比较混乱，我特别强调一下，要根据该条第一款规定严守合同相对性原则，不能随意扩大该条

① 该解答第二十三条规定：“实际施工人的合同相对人破产、下落不明或资信状况严重恶化，或实际施工人至承包人（总承包人）之间的合同均为无效的，可以依照《最高人民法院关于审理建设工程施工合同纠纷案件适用法律问题的解释》第二十六条第二款的规定，提起包括发包人在内为被告的诉讼。”

第二款规定的适用范围，只有在欠付劳务分包工程款导致无法支付劳务分包关系中农民工工资时，才可以要求发包人在欠付工程价款范围内对实际施工人承担责任，不能随意扩大发包人责任范围。”可见，最高法院已经要求限缩《施工合同司法解释》第二十六条的适用条件，由此可以推断，《施工合同司法解释二》中对实际施工人特殊诉讼的行使条件进行限缩的可能性较大。

2. 发包人的责任承担

对于存在多个转包、违法分包合同时如何确定民事责任，有关司法解释并未规定。从理论上看，笔者认为，所有转包、违法分包合同的转包人、违法分包人和自下往上第一个有效合同的发包人均应在其欠付合同相对人的工程款范围内对实际施工人承担责任。分析如下：

(1) 从文义上看，《施工合同司法解释》第二十六条第二款所规定的发包人并非特指业主。

根据《施工合同司法解释》第二十六条第二款的文义，其所称发包人并未特指业主，发包人这一概念是相对的。具体来说，对于由以业主、总承包人、实际施工人为主体形成的系列合同来说，业主即为发包人，总承包人同时也是转包人或违法分包人；对于以业主、总承包人、专业承包人、实际施工人为主体形成的系列合同来说，业主是发包人，而总承包人在其与业主的合同中是承包人，在其与专业承包人的合同中又是发包人。在此情况下，实际施工人可以起诉至总承包人，即转包人或违法分包人（专业承包人）的发包人；当存在多个转包或违法分包合同时，对于起诉的实际施工人来说，其上手所有转包或违法分包合同的转包人或违法分包人，以及自下往上第一个有效合同的发包人都是《施工合同司法解释》第二十六条第二款所定义的发包人。

(2) 仅界定发包人为业主有违公平原则。

赋予实际施工人突破合同相对性请求发包人支付工程欠款的权利，其原理之一在于无效合同的相对性弱化。那么，对于以业主、总承包人、专业承包人、实际施工人为主体形成的系列合同来说，如果将发包人仅界定为业主，又允许实际施工人越过其上手两个有效合同向业主主张权利，不符合合同法的基本原理。如果不允许其向业主主张权利，实际施工人也无法根据《施工合同司法解释》第二十六条第二款的规定向总承包人主张权利，保护农民工利益的立法目的也就无法实现。同时，在存在多个转包或违法分包合同时，仅界定业主为发包人还可能会导致存在过错的其他转包人或违法分包人不承担责任，而作为发包人的业主却承担责任。这是不公平的。

(3) 由各发包人在其欠付合同相对人工程款的范围内承担责任，既有利于保护农民工的利益，又符合民法的公平原则。

首先，既然自起诉的实际施工人自下往上第一个有效施工合同的发包人都依法律规定承担了责任，那么离原告更直接的上手各转包人、违法分包人更应当承担责任；其次，对于原告上手的各转包人或违法分包人来说，其过错均大于有效合同的发包人，其应当承担的责任不应轻于有效合同发包人的责任，则应当或是连带责任，或是在欠付工程款范围内承担责任。但一般来讲，连带责任的承担要有法律明确规定或当事人约定。因此，在欠付工程款范围内承担责任比较妥当。

综上，根据“自己行为，自己责任”的基本法律理念，笔者认为，应当由原告的合同相对人承担偿付责任，而由其上手合同的各转包人或违法分包人以及自下往上第一个有效合同的发包人，在其欠付合同相对人工程款的范围内承担责任。这样既有利于作为实际施工人的原告的债权实现，从而保护农民工的利益，又不会加重上述各转包人或违法分包人的责任，符合民法的公平原则。当然，原告合同相对人的行为对其转包人或违法分包人构成表见代理的，则应当按照表见代理的有关规定认定该转包人或违法分包人的责任。

而从司法实践中看，法院对实际施工人之特殊诉权的行使对象——发包人的界定存在分歧。在“衡阳公路桥梁建设有限公司与龙际石、林文、会同县公路建设有限责任公司建设工程施工合同纠纷案”中，法院认为：“会同公路公司是滑坡治理工程的发包人，项目经理部作为滑坡治理工程的第一承包人就是第二承包人林文的发包人”；而在“余贤明与姚卫军、浙江中南建设集团有限公司建设工程施工合同纠纷案”中，一审法院认为，浙江中南建设集团有限公司作为总承包人，在余贤明向姚卫军主张执行所欠工程款而未能清偿情况下，中南公司应对不能清偿部分承担补充赔偿责任，二审法院在分析该案时则认为：“本案中，余贤明的合同相对方是姚卫军，发包人是浙江恒诚房地产开发有限公司，中南公司并非本案发包人，而是总承包人。”《广东省高级人民法院关于审理建设工程合同纠纷案件疑难问题的解答》（粤高法〔2017〕151号）第25条规定：“对于工程项目多次分包或转包的，实际施工人起诉合同相对方、发包人支付工程款的，为查明发包人欠付工程款的数额，应追加总承包人作为第三人。其余违法分包人、转包人如未参与实际施工，不影响案件事实查明的，可以不追加为案件诉讼主体。”由该规定可以看出，广东高院仅将发包人界定为与总承包人签订合同的“发包人”，不包括总承包人及其余转包人、违法分包人。笔者认为，《施工合同司法解释》第二十六条突破了合同的相对性原则，在实践中存在许多难以解决的突出问题，如将所有转包人、违法分包人及总承包人纳入实际施工人可以起诉的“发包人”范围，确实可能会使案件的解决更加复杂。因此，对“发包人”界定的限制在某种程度上适应了司法实践的要求。当然，根本的问题来自《施工合同司法解释》第二十六条的规定，最终的解决办法还需要对该规定进行改造或彻底将其废除。

【实务判例1】实际施工人不向合同相对人主张权利的，发包人亦不承担责任[①]

2005年9月，十七局二公司与林某签订协议书，约定：十七局二公司将某段路基土石方工程交林某施工。2005年11月10日，林某与A公司签订《工程合作协议书》，主要内容为：路基挖方约12万方，填方8万方，并约定A公司负责工程的经营、管理、工程款的收取，林某收取工程造价6%的管理费等。其他合同条款与十七局二公司中标合同条款一致。

合同签订后，A公司对路基工程进行了施工。后因故不再由A公司继续施工。2006年5月，A公司与十七局二公司签字确认了《工程数量确认纪要》，载明了施工内容及数量。嗣后，A公司向十七局二公司追要工程款，十七局二公司认为工程款与A公司无关，且其已超付林某工程款。2007年1月A公司向法院提起诉讼，请求判令十七局二公司支付工程欠款。法院在审理期间依法追加林某为被告参加诉讼。

法院经审理最终认为，林某与十七局二公司签订协议书后，又与A公司签订《工程合作协议》，A公司与林某之间实际上名为工程合作，实为转包关系，A公司为实际施工人，十七局二公司与林某是发、承包关系。依据法律的规定，十七局二公司对A公司承担责任的前提条件是A公司应当向林某主张工程款，且十七局二公司欠付林某的工程款。由于原告A公司坚持认为林某与本案无关，不向林某主张权利，故判决驳回A公司的诉讼请求。

【实务判例2】多重转包情形下，法院判决总承包人在其欠付工程款范围内对实际施工人承担责任[②]

2006年9月，A公司与六建公司签订《建设工程施工合同》，约定A公司将某工程的B17-18、21-22栋土建及水电安装工程发包给六建公司进行施工。此后，施工项目部人员朱某将上述工程中的水电安装工程转包给陶某施工。工程竣工验收合格后，陶某将朱某、六建公司及A公司诉至法院，请求判令朱某支付工程欠款，六建公司及A公司在朱某欠付工程款范围内承担连带给付责任。

法院经审理认定陶某、朱某均为涉案工程的实际施工人，A公司已将涉案工程的全部工程款支付给了六建公司。

法院认为，因朱某未到庭参加诉讼，视为其放弃抗辩的权利，而六建公司未能提供相反的证据予以反驳，故对陶某关于朱某应支付工程余款的主张予以支持，六建公司对朱某欠付的该款项承担连带责任。因A公司已将涉案工程的全

---

① 参见安徽省高级人民法院（2011）皖民四终字第00172号民事判决书。

② 参见南京市中级人民法院（2015）宁民终字第6378号民事判决书。

部工程款支付给了六建公司，故A公司不承担责任。

(四) 挂靠人工程款请求权的实现

通常情况下，挂靠人取得工程款的途径为，被挂靠人在收到发包人支付的工程款基础上扣减管理费，然后转付给挂靠人。当被挂靠人收到工程款却不向挂靠人转付时，挂靠人有权依据挂靠协议向被挂靠人主张权利；当被挂靠人怠于向发包人主张工程款债权时，挂靠人可基于代位权以自己的名义起诉要求发包人支付工程款。问题是，若发包人出现破产、下落不明或无力支付工程款的情况，挂靠人能否直接向被挂靠人主张发包人欠付的工程款呢？

1. 如前所述，享有特殊诉权的主体中不包含挂靠人，则挂靠人无法以《施工合同司法解释》第二十六条的规定为依据向发包人主张权利，也不能根据该条第一款“实际施工人以转包人、违法分包人为被告起诉的，人民法院应当依法受理”的规定向被挂靠人主张工程款债权。

2. 挂靠人与被挂靠人之间的挂靠行为是一种借名行为。有学者认为，基于不同的借名行为类型，其法律效果有所不同。若第三人不知道或不应知道借名人乃假借他人名义，且只愿意与出名人实施法律行为，由于出名人事先同意借名人使用其名义应当类推适用《合同法》第四十九条，由出名人作为借名人实施法律行为的主体；若第三人知道借名人乃假借他人名义，则其不受信赖原则的保护，两者的行为依据意思表示来决定，若第三人与借名人均具有受其意思表示拘束的意思具有相应的效果意思，对意思表示进行解释，则该行为在第三人与借名人之间成立。[①] 可见，在上述两种情形下，挂靠人均不能直接向被挂靠人主张工程款债权，但在发包人订立合同时明知挂靠人借用资质的，则在挂靠人和发包人之间成立事实合同关系。《广东省高级人民法院关于审理建设工程合同纠纷案件疑难问题的解答》（粤高法〔2017〕151号）第二十三条规定：“因发包人欠付工程款，挂靠人主张被挂靠人和发包人承担欠付工程款的连带责任的，不予支持，但挂靠人和被挂靠人之间的合同明确约定被挂靠人承担支付工程款义务的除外。挂靠人主张被挂靠人支付已收取但尚未转付工程款的，应予支持。”

3. 在挂靠人与被挂靠人的关系中，被挂靠人并非真正的施工主体，其合同义务为同意挂靠人使用其名义并在收到工程款后及时转付给挂靠人。而且，被挂靠人的转付行为并非是支付施工合同项下的工程款，而是基于挂靠协议的约定，其前提是发包人向被挂靠人支付了工程款。

综上所述，笔者认为，若发包人无力支付工程款时，挂靠人不能直接向被挂

① 冉克平：“论借名实施法律行为的效果”，载《法学》2014年第2期。

靠人主张发包人欠付的工程款。

【实务判例】 挂靠人与发包人形成事实上的权利义务关系，被挂靠人不对发包人欠款承担责任[①]

2008年9月17日，被挂靠人A公司（甲方）与挂靠人聂某（乙方）就某给水排水工程签订《协议书》，约定：以甲方出具企业资质、乙方挂靠到甲方企业的形式完成该工程项目，签订合同时乙方一次性向甲方上缴管理费15万元。合同签订当日，聂某按照《协议书》约定向A公司缴纳15万元管理费。

9月25日，A公司经招投标后作为承包人与发包人B公司签订《建设工程施工合同》，工程名称、地点、内容等与《协议书》一致。

项目施工过程中，B公司将工程款支付至A公司开设的、聂某为负责人的项目部临时账户，项目部被撤销后，B公司将工程款直接拨付到聂某开办的广告公司账户。

后发包人欠付工程款，挂靠人聂某起诉要求发包人B公司、被挂靠人A公司给付尚欠工程款。

一审法院认为，涉案工程施工义务是由聂某履行，工程款也由B公司直接拨付聂某承包的项目部及其个人开办的广告公司，故该工程合同权利义务指向的对象是聂某。聂某与B公司已经全面履行了发包人与承包人之间的合同，形成了事实上的权利义务关系，故聂某是涉案工程的实际承包人，聂某的合法权益依法应予保护。工程的发包人对经竣工验收合格工程的实际施工人聂某应当按照合同约定给付尚欠工程款。聂某主张其挂靠单位A公司承担尚欠工程款的给付义务，没有法律依据，不予支持。

最高人民法院经审理判决驳回上诉，维持原判。

三、实际施工人对外商事行为的责任承担

（一）实践中的主要处理方式

工程因挂靠、转包或违法分包后，实际施工人因工程施工所产生的对外商事行为的责任承担，实践中一般有以下四种处理方式：

1. 依据表见代理判决施工企业承担责任；

2. 由实际施工人承担责任，理由是挂靠、转包或违法分包关系中的实际施

---

① 参见最高人民法院（2013）民一终字第100号民事判决书。

工人是事实上的施工者，是最终的责任者；

3. 根据《最高人民法院关于适用〈中华人民共和国民事诉讼法〉的解释》第五十四条的规定，判决由实际施工人和施工企业承担连带责任；

4. 判决由实际施工人承担主要责任，施工企业承担补充责任。

江苏省南通市中级人民法院倾向于第一种观点。[①] 而北京市高级人民法院则认为，当合同相对人不明知挂靠事实时，应采取第三种处理方式；而当合同相对人明知挂靠事实时，应采取第四种处理方式。[②]

（二）本书观点

笔者认为，实际施工人对外商事行为的责任认定，应当区分不同情形分别进行判断。对于符合表见代理构成要件的行为，应当依法由施工企业承担责任，其承担责任后可以根据《最高人民法院关于适用〈中华人民共和国合同法〉若干问题的解释（二）》第十三条的规定向实际施工人追偿。[③] 关于表见代理的认定详见本章第三节的有关内容。而对于实际施工人以自己名义对外交易的行为以及以施工企业名义但不能构成表见代理的行为，应当由实际施工人自己承担责任。现分析如下：

1. 按是否构成表见代理认定责任符合我国现行法律规定。

表见代理是《合同法》第四十九条明确规定的法律制度，其价值在于维护市场的交易秩序和交易安全。实际施工人这一特殊主体正是由于施工企业的违法行为而产生的，在实际施工人的行为构成表见代理的情况下，施工企业往往对其代理行为的发生也是有过错的，至少是有可归责性的。因此，在实际施工人的行为构成表见代理的情况下，让施工企业承担责任既符合法律规定，又符合法律的公平原则。

2. 认定由实际施工人和施工企业承担连带责任法律依据不充分。

实践中认为应由实际施工人和施工企业承担连带责任的主要依据，源于《最

---

① 江苏省南通市中级人民法院《关于建设工程实际施工人对外从事商事行为引发纠纷责任认定问题的指导意见（试行）》第十二条规定："相对人不知道存在挂靠、转包、违法分包的事实，实际施工人以建筑单位名义与相对人进行买卖、租赁、借贷等商事交易，构成表见代理的，其行为后果由建筑单位承担。"见奚晓明主编：《商事法律文件解读》2010 年第 7 辑，人民法院出版社 2010 年版，第 64 页。

② 《北京市高级人民法院审理民商事案件若干问题的解答之五》第四十七条在解答挂靠者以被挂靠者的名义从事对外经济活动如何承担民事责任时，认为："合同相对人同时起诉挂靠者和被挂靠者的，如果合同相对人对于挂靠事实不明知，由挂靠者与被挂靠者承担连带民事责任；如果合同相对人对于挂靠事实明知，首先由挂靠者承担责任，被挂靠者承担补充的民事责任。"见最高人民法院民二庭编：《民商事审判指导》2008 年第 3 辑，人民法院出版社 2008 年版，第 56 页。

③ 《最高人民法院关于适用〈中华人民共和国合同法〉若干问题的解释（二）》第十三条规定："被代理人依照合同法第四十九条的规定承担有效代理行为所产生的责任后，可以向无权代理人追偿因代理行为而遭受的损失。"

高人民法院关于适用〈中华人民共和国民事诉讼法〉的解释》第五十四条的规定。该条规定："以挂靠形式从事民事活动，当事人请求由挂靠人和被挂靠人依法承担民事责任的，该挂靠人和被挂靠人为共同诉讼人。"此外，《最高人民法院关于在审理经济合同纠纷案件中具体适用〈经济合同法〉的若干问题的解答》（法（经）发〔1987〕20号）第二条、《民法总则》第一百六十七条的规定也可能是一个理由。[①] 笔者认为，上述理由并不成立，原因如下：

（1）《最高人民法院关于适用〈中华人民共和国民事诉讼法〉的解释》第五十四条规定的是诉讼程序问题，而不是实体问题。承担连带责任的主体是必要的共同诉讼人，但共同诉讼人并不一定要承担连带责任。《民事诉讼法》设立共同诉讼人制度，不是要共同诉讼人共同承担责任，而是"使必须共同参加诉讼的人都参加到诉讼中来，以有利于人民法院查明案件的全部事实，正确、彻底解决当事人间的纠纷，避免对同一问题作出互相矛盾的判决；可以节省人力、物力，符合诉讼经济原则"[②]。

（2）连带责任的承担必须依据法律的规定或当事人的约定。《民法通则》第八十七条对此作了规定："债权人或者债务人一方人数为二人以上的，依照法律的规定或者当事人的约定，享有连带权利的每个债权人，都有权要求债务人履行义务；负有连带义务的每个债务人，都负有清偿全部债务的义务，履行了义务的人，有权要求其他负有连带义务的人偿付他应当承担的份额。"而《最高人民法院关于审理经济合同纠纷案件中具体适用〈经济合同法〉若干问题的解答》（法（经）发〔1987〕20号）已经失效。

（3）我国《建筑法》第六十六条、第六十七条规定的连带责任，是由实际施工人和施工企业对工程不符合规定的质量标准造成的损失承担连带责任。[③] 而这一规定是明确的，并不适用于实际施工人对外从事商事活动的责任承担。而且，挂靠人

---

① 《最高人民法院关于在审理经济合同纠纷案件中具体适用〈经济合同法〉的若干问题的解答》（法（经）发〔1987〕20号）第二条规定："单位的业务介绍信、合同专用章和合同书是单位对外进行活动的重要凭证，不得借用，更不得借此非法牟利。对借用其他单位的业务介绍信、合同专用章或者盖有公章的空白合同书签订的经济合同，应当确认为无效合同。出借单位与借用人对无效合同的法律后果负连带责任。出借单位收取的'手续费'、'管理费'，应作为非法所得予以追缴，上交国库。借用人与出借单位有隶属关系或者承包关系，且借用人签订合同是进行正当的经营活动，则可不作为无效合同对待。但出借单位应当与借用人对合同的不履行或不完全履行负连带赔偿责任。"《民法总则》第一百六十七条规定："代理人知道或者应当知道代理事项违法仍然实施代理行为，或者被代理人知道或者应当知道代理人的代理行为违法未作反对表示的，被代理人和代理人应当承担连带责任。"

② 常怡主编：《民事诉讼法学》，中国政法大学出版社2002年版，第162页。

③ 《建筑法》第六十六条规定："建筑施工企业转让、出借资质证书或者以其他方式允许他人以本企业的名义承揽工程的，责令改正，……对因该项承揽工程不符合规定的质量标准造成的损失，建筑施工企业与使用本企业名义的单位或者个人承担连带赔偿责任。"第六十七条规定："承包单位将承包的工程转包的，或者违反本法规定进行分包的，责令改正，……对因转包工程或者违法分包的工程不符合规定的质量标准造成的损失，与接受转包或者分包的单位承担连带赔偿责任。"

借用被挂靠人资质的目的在于承接工程，但对其他商事主体来说，挂靠人并无借名的必要，未必均掩盖其挂靠行为，被挂靠人也不一定存在基于共同欺诈的协助行为。因此，对于第三方明知其挂靠人身份仍愿意与其从事交易的，由被挂靠人承担连带责任不但加重了被挂靠人的责任，对第三方商事主体来说也有过度保护之嫌。

(4)《民法通则》第六十七条的规定适用于代理行为本身违法的情形。而对于实际施工人来说，虽然其与施工企业之间关于挂靠、转包或违法分包的合同违反法律规定，但实际施工人以施工企业名义的对外商事行为，如与相对人订立买卖合同等并不违法，除非其所订立合同本身在内容上具有违法性。也就是说，实际施工人的代理行为并不会因其与施工企业之间的基础关系违反法律规定而具有违法性。因此，不能以《民法通则》第六十七条的规定作为实际施工人和施工企业承担连带责任的依据。

3. 由实际施工人承担主要责任，施工企业承担补充责任的处理方式法律依据不足。

笔者认为，这种处理方式在强调由主要最终受益者——实际施工人承担主要责任的同时，又让施工企业为其违法行为付出代价，表面看来既保护了相对人的利益也兼顾了施工企业的利益。但是，由于相对人明知实际施工人的挂靠身份，仍与其从事交易，这说明相对人愿意承担相应的风险，法律帮助其进行救济有“越俎代庖”之嫌。同时，其法律上的依据也不够充分，且易与现行立法中的表见代理制度产生冲突。

第五节 合作开发房地产各方的债务承担

一、合作开发房地产的类型

在我国合作开发房地产具有多种形式。根据合作各方是否选择组建独立的经济实体和法律实体，其可以分为项目公司型和合同合作型。项目公司型是指合作各方作为股东以出让的国有土地使用权、资金等出资入股，就特定项目的开发组建具有独立法人地位的项目公司，并以项目公司名义取得房地产开发资质（一般为暂定资质）和以项目公司名义从事实际的开发经营活动的合作类型。合同合作型是指合作各方通过签订合同的方式，约定以出让的国有土地使用权、资金等作为共同出资，共享利润、共担风险的合作类型。①

① 王洪平：“论合作开发房地产中物权认定与债务承担”，载《山东社会科学》2012年第6期。

就合同合作型而言，根据合作方合作关系的密切程度的不同，又可以分为合伙联营型和协作联营型两类。[①] 合伙联营型是指合作各方通过签订合同的方式，约定以出让的国有土地使用权、资金等作为共同出资、共享利润、共担风险的合作类型。《民法通则》第五十二条规定："企业之间或者企业、事业单位之间联营，共同经营、不具备法人条件的，由联营各方按照出资比例或者协议的约定，以各自所有的或者经营管理的财产承担民事责任。依照法律的规定或者协议的约定负连带责任的，承担连带责任。"[②] 而协作联营型是指合作各方通过签订合同的方式进行联营，但约定各自独立经营的合作类型。《民法通则》第五十三条规定："企业之间或者企业、事业单位之间联营，按照合同的约定各自独立经营的，它的权利和义务由合同约定，各自承担民事责任。"可见，在协作联营型中，参加联营的各方对自己在经营活动中产生的责任，各自独立承担，相互之间不承担连带责任。此外，根据合作各方是否以共同名义从事房地产开发和经营，还可以分为共同开发经营型和单方开发经营型。"严格意义上的共同开发经营，是指合作各方以共同的名义办理项目报建审批、拿地（或通过合作一方转让的方式将单方用地变为双方共有用地）、规划审批、施工许可、工程招投标、预售许可、房产销售等。"[③]

二、合作开发房地产合同

合作开发房地产合同是当事人在合同合作型房地产开发模式下签订的一种合同。根据《国有土地使用权司法解释》第十四条的规定，合作开发房地产合同是指当事人订立的以提供出让土地使用权、资金等作为共同投资，共享利润、共担风险合作开发房地产为基本内容的协议。笔者认为，该定义是对合作开发房地产合同的狭义解释。而广义的合作开发房地产合同性质有承揽合同说、互易合同说、附和说、承揽合同与买卖合同的混合合同说、承揽合同与互易合同的混合合同说、合伙合同说等观点。认定合作开发房地产合同的性质，应当探求合同当事人的意思表示及目的，就不同类型的合同分别认定。如果合同重在双方约定出资，即一方出土地使用权，另一方出资金，双方在项目完成后，共同出售，共同分享利益，则此类项目合作开发合同就是合伙合同；如果合同重在建筑方为供地方完成一定的建筑工作，且进行建筑物与土地使用权的交换，则此类房地产项目合作开发合同就是承揽与互易的混合合同。[④]

---

① 王洪平："论合作开发房地产中物权认定与债务承担"，载《山东社会科学》2012 年第 6 期。

② 《民法总则》对此未作规定。

③ 王洪平："论合作开发房地产中物权认定与债务承担"，载《山东社会科学》2012 年第 6 期。

④ 参见符启林、邵挺杰主编：《房地产合同实务》，法律出版社 2002 年版，第 460～461 页。转引自最高人民法院民事审判第一庭：《最高人民法院国有土地使用权合同纠纷司法解释的理解与适用》，人民法院出版社 2015 年版，第 163 页。

由上述《国有土地使用权司法解释》的规定可知，符合该解释定义的合作开发房地产形式属于合同合作型中的合伙联营型。值得注意的是，上述定义中并未将“共同经营”设定为成立合作开发房地产合同的必要条件，因为“现代社会的分工日益精细和明确，房地产的经营管理早已成为一门独立的科学。因此，要求双方共同经营，不符合当前房地产发展的客观实践。”①

三、合作开发房地产各方的债务承担

不同的合作开发房地产类型会产生不同的法律后果。对于项目公司型合作开发房地产的债务承担，直接确定为由项目公司承担即可。而对于合伙联营型合作开发房地产合同各方的责任承担，则存在两种截然不同的观点。一种观点认为，基于合同的相对性原则，建设工程施工合同的债务应当由签订施工合同的发包人独立承担，而合作开发房地产的其他当事人不应承担责任；另一种观点则认为，合作开发房地产合同的各方当事人应当对建设工程施工合同债务承担连带责任。持连带责任观点的理由主要有两个：一是基于《物权法》第一百零二条的规定，因共有的不动产而产生的债务，共有人原则上应当按照连带债务处理，② 而合作开发房地产工程的合作各方可视为该工程的共有人，因此，基于该工程产生的债务应当由合作开发的各方承担连带清偿责任；③ 二是由于合作开发房地产合同当事人之间存在共同投资、共享利润、共担风险的关系，符合合伙合同的特征。既然各方是合伙关系，在对外债务关系上，无论是否签订合同，均应承担连带责任。

对于上述关于承担连带责任的观点，分析如下：

1. 关于《物权法》第一百零二条的理由能否成立。

有学者认为，建设工程在建设过程中的形态并不确定，一直处于变动之中，因此其“动产”抑或“不动产”的性质并不明确，将其视为双方“共有物”存疑。同时，将工程款视为建设工程产生的债务理由并不充分，工程款随工程的进行逐渐积累，但是建设工程形态的不确定性使得不能将该款项简单视为“共有物产生的债务”。④

---

① 最高人民法院民事审判第一庭：《最高人民法院国有土地使用权合同纠纷司法解释的理解与适用》，人民法院出版社 2015 年版，第 160～161 页。

② 《物权法》第一百零二条规定：“因共有的不动产或者动产产生的债权债务，在对外关系上，共有人享有连带债权、承担连带债务，但法律另有规定或者第三人知道共有人不具有连带债权债务关系的除外；在共有人内部关系上，除共有人另有约定外，按份共有人按照份额享有债权、承担债务，共同共有人共同享有债权、承担债务。偿还债务超过自己应当承担份额的按份共有人，有权向其他共有人追偿。”

③ 曹美璇：“合作开发房地产工程款债务谁来偿?”，http://www.civillaw.com.cn/bo/zlwz/? id=33386，2018 年 1 月 11 日访问。

④ 曹美璇：“合作开发房地产工程款债务谁来偿?”，http://www.civillaw.com.cn/bo/zlwz/? id=33386，2018 年 1 月 11 日访问。

也有学者认为，在合作各方以共同的建设单位名义获得项目土地规划许可文件和建设工程规划许可文件的情况下，建设工程可作为土地的添附，则建设工程施工合同的发包人债务属于因房屋共有产生的债务。[①] 笔者认为，所谓添附，是指“不同所有人的物结合在一起而形成不可分离的物或具有新物性质的物。”[②] 其需具备两个要件：一是添附之物与主物已结合形成不可分离的财产；二是添附之物与主物不发生共有关系。[③] 可见，以“添附”来解释建设工程为合作开发各方的共有物似乎并不妥当。

关于建设工程是否为合作开发各方的共有物，笔者认为，在签订合作开发房地产合同时建设工程尚未完成，其不具备完整的房屋形态，合作开发各方此时也无法办理建设工程的所有权手续，似无法得出合作开发各方共有建设工程的结论。但是，由于我国《城市房地产管理法》规定了商品房预售制度，在符合《城市房地产管理法》第四十五条规定的预售条件下，[④] 预售商品房是在法律上被拟制为具有所有权形态的所有物，并被赋予了独立财产的地位。其虽然尚未符合全部法定手续，但有足够证据能证明有关各方承认的相关交易的效力，不是法定产权但却属有效产权。[⑤] 从这个意义上讲，在预售商品房之前，预售商品房的建设单位可以被认为拥有预售房屋的所有权。而对于合作各方以共同名义登记为土地使用权人，又以共同名义取得建设用地规划许可证、建设工程规划许可证及预售许可证的情形，可以认为成立合作开发各方对建设工程的共有。

那么，在上述情形下，建设工程施工合同债务是否为《物权法》第一百零二条所规定的因共有的不动产而产生的债务呢？

一般认为，因共有财产所生的共同债务，必须符合两个要件：其一，必须是因为共有财产所产生的债务。此种债务可能直接是由共有财产造成损害而发生的，也可能是因为利用共有财产发生的债务；其二，损害的发生必须与共有物存在因果联系。[⑥] 王泽鉴先生认为，因共有物而产生的债务，主要有：共有物之修

---

① 参见曹文衔：“房地产合作开发、房地产共有与建设工程合同发包人债务清偿”，2018 年 1 月 10 日发表于无讼阅读微信公众号，2018 年 1 月 11 日访问。

② 王利明：“添附制度若干问题探讨”，载《法学评论》2006 年第 1 期。

③ 邹瑜、顾明、高扬瑜、郑杨：《法学大辞典》，中国政法大学出版社 1991 年版，第 1490 页。

④ 《城市房地产管理法》第四十五条规定：“商品房预售，应当符合下列条件：（一）已交付全部土地使用权出让金，取得土地使用权证书；（二）持有建设工程规划许可证；（三）按提供预售的商品房计算，投入开发建设的资金达到工程建设总投资的百分之二十五以上，并已经确定施工进度和竣工交付日期；（四）向县级以上人民政府房产管理部门办理预售登记，取得商品房预售许可证明。商品房预售人应当按照国家有关规定将预售合同报县级以上人民政府房产管理部门和土地管理部门登记备案。商品房预售所得款项，必须用于有关的工程建设。”

⑤ 参见宁教铭，郑翔，张礼慧：“预售商品房能否成为房地产按揭担保的标的”，载《河北法学》2001 年第 4 期；宁教铭，张礼慧：“按揭与抵押”，载《河北法学》2001 年第 2 期。

⑥ 参见王利明：《物权法研究》（上卷），中国人民大学出版社 2016 年版，第 715 页。

缮费；对共有物为无因管理而支出之费用；拾得遗失物之报酬；因共有物而生之损害赔偿责任；出卖共有物之给付义务等。债务性质为可分者（如修缮费、以金钱为损害赔偿），各共有人按其应有部分，对第三人负责；债务性质不可分者（如损害赔偿恢复原状、物之交付），则由各分别共有人对第三人负连带责任。[①]由上述观点可知，所谓因共有物而生的债务，一定是共有物是因，所生债务是果，这也符合文义上的解释。然而，建筑工程与建设工程施工合同债务之间并非因和果的关系。在实践中，建设工程施工合同（包括事实合同）成立并生效后，在建设工程尚不存在的情况下，发包人对于承包人的债务可能就已经产生。比如，合同约定合同签订后7日内，发包人向承包人支付预付款，而在发包人未按约支付预付款时，便产生了发包人对承包人的债务。但此时建设工程尚不存在。可见，建设工程施工合同债务产生于合同的履行，而非建设工程，即建设工程是合同的履行结果，而非债务的产生原因。因此，笔者认为，在成立合作开发各方对建设工程共有的情况下，发包人对承包人所负的债务，不是因共有的不动产而产生的债务，而是因合同履行所产生的债务，故不适用《物权法》第一百零二条的规定。

此外，在以一方名义实施的单方开发经营型合作中，即使合作各方约定共同投资、共享利润和共担风险，但由于合作各方并不能成立对土地使用权和建设工程的共有关系，故《物权法》第一百零二条当然不能作为该类型下合作各方承担连带责任的理由。

综上所述，笔者认为，《物权法》第一百零二条的规定并不能成为合作开发房地产各方对建设工程施工合同债务承担连带责任的理由。

2. 关于合伙合同的理由能否成立。

如前所述，合作开发房地产合同各方之间的关系为合伙型联营。《民法通则》第五十二条对合伙型联营作了规定："企业之间或者企业、事业单位之间联营，共同经营、不具备法人条件的，由联营各方按照出资比例或者协议的约定，以各自所有的或者经营管理的财产承担民事责任。依照法律的规定或者协议的约定负连带责任的，承担连带责任。"由该规定可知，参加合伙的联营各方必须以自己所有的或经营管理的全部财产和全部出资的财产共同承担债务，而不仅仅限于出资份额的范围之内。同时，在法律规定或者协议约定的前提下，联营各方还应当承担连带责任。值得注意的是，合伙型联营与个人合伙有所不同。根据《民法通则》第三十五条的规定，个人合伙的连带责任更具有普遍性，只有法律有特别规定的情况下才除外。[②] 而合伙型联营的各成员须以法律规定或协议约定为前提承

---

① 参见王泽鉴：《民法物权论》，北京大学出版社2010年版，第239～240页。

②《民法通则》第三十五条规定："合伙的债务，由合伙人按照出资比例或者协议的约定，以各自的财产承担清偿责任。合伙人对合伙的债务承担连带责任，法律另有规定的除外。偿还合伙债务超过自己应当承担数额的合伙人，有权向其他合伙人追偿。"

担连带责任，在没有法律规定或协议约定的情况下，各方可以不负连带责任。

笔者认为，合作开发房地产的合作各方以合作开发房地产合同为基础，除项目公司型合作方式外，一般并不会在各方之间形成一个组织体，与个人合伙“具有合伙协议和合伙组织体的双重属性”相比，[1] 其合作各方之间的关系相对松散。由此，在对外关系上，各合作方不会以一个不可分割的统一体出现，客观上难以以联营组织整体同第三人发生债务关系。在不存在合伙组织体的情况下，任一合作方也难以以联营组织的名义对外从事商事活动从而形成与第三人的债务关系。因此，根据《民法通则》第五十二条的规定，在没有法律规定或协议约定的情况下，合作开发各方不对建设工程施工合同的债务承担连带责任。

在“大连渤海建筑工程总公司与大连金世纪房屋开发有限公司、大连宝玉房地产开发有限公司、大连宝玉集团有限公司建设工程施工合同纠纷案”中，最高人民法院也认为，“即使金世纪公司与宝玉集团、宝玉公司之间合作开发合同属于《民法通则》第五十二条规定的情形，联营各方也应当按照法律规定或者协议约定承担连带责任。金世纪公司与宝玉集团、宝玉公司之间合作开发合同，既不属于个人合伙，也没有成立合伙企业，不应当适用《民法通则》或《合伙企业法》有关个人合伙和普通合伙人承担连带责任的规定。”[2]

当然，由于工商行政管理部门对房地产合作开发的营业登记不做强制性要求，房地产合作开发往往处于隐蔽状态，这使得此类房地产合作开发完全不具有公示性，从而给第三人行使或实现债权造成潜在风险。[3] 在出资较少且资金实力较弱的一方作为建设工程施工合同发包人时，承包人的工程款债权会存在较大的风险。但笔者认为，承包人作为有经验的商事主体，应当具备对交易对手资信情况进行调查、判断的能力，也应当为自己的行为承担市场风险。故在法律没有规定，当事人亦无约定的情况下，裁判者以保护承包人利益之名，认定合作开发各方对建设工程施工合同债务承担连带责任并无充分的法律依据。

此外，如果认定合作开发各方承担连带责任，还会带来一些新的问题。首先是案件管辖问题。由于对合同相对性的突破，会给争议解决在程序上带来不便。比如，在建设工程施工合同当事人之间存在仲裁协议的情况下，其他合作开发者就难以加入到仲裁当中，连带责任的实现也存在障碍。其次是合作开发各方的退出影响。根据合伙的一般理论和《合伙企业法》第五十三条的规定，退伙人对基于其退伙前的原因发生的合伙企业债务，承担无限连带责任。而建设工程施工合同的履行是不断变化的，发包人对承包人的债务数额也是动态的，那么，在有合作开发者中途退出合作的情形发生时，如何确定退出者承担连带债务的数额将变

① 王利明：“论合伙协议与合伙组织体的相互关系”，载《当代法学》2013年第4期。

② 参见最高人民法院（2007）民一终字第39号民事判决书。

③ 参见祝传颂：“不登记的房地产合作开发的法律分析”，载《房地产与法律》2004年第12期。

得十分复杂，这会给本来就比较复杂的建设工程案件审理带来更大的困难。

综上，笔者认为，在法律没有规定，当事人亦无约定的情况下，不宜认定合作开发房地产各方对建设工程施工合同债务承担连带责任。值得注意的是，有的地方法院已经就此作出了指导意见，明确了合作开发房地产各方的连带责任。[①]笔者认为，在法律作出明确规定之前，地方法院的此类指导意见似缺乏上位法的支撑。司法实践中，各地法院对于合作开发房地产各方是否对建设工程施工合同债务承担连带责任的认识并不相同，承担连带责任与不承担连带责任的判例并存。

此外，对于《国有土地使用权司法解释》第二十四条至二十七条所规定的有“合作开发”之名却无“合作开发”之实的情形及广义合作开发房地产合同中的其他情形，合作开发各方当然无连带责任之虞。[②]

【实务判例 1】合作开发房地产的当事人对施工合同债务承担连带责任[③]

2009 年 11 月，A 公司取得某居住小区项目的建设工程规划许可证。A 公司与 B 公司签订《房地产合作开发合同》，约定以 A 公司提供项目用地，B 公司提供资金的形式合作开发房地产，B 公司负责组织实施全部工程施工，由 B 公司或指定有资质公司进行施工，所建楼宇按比例分配，B 公司的房产由 B 公司以 A 公司名义对外销售等。

2010 年 4 月，C 公司与 B 公司签订《桩基础工程合同书》，约定由 C 公司对 B 公司某居住小区项目的桩基工程进行施工。工程完成后，经结算，B 公司尚欠 C 公司工程款 2503531.5 元。后 C 公司因工程款欠款纠纷将 B 公司及 A 公司诉至法院，请求判令二被告对工程欠款承担连带责任。

---

① 《北京市高级人民法院关于审理建设工程施工合同纠纷案件若干疑难问题的解答》（京高法发〔2012〕245 号）第三十九条规定：“两个以上的法人、其他组织或个人合作开发房地产项目，其中合作一方以自己名义与承包人签订建设工程施工合同，承包人要求其他合作方对欠付工程款承担连带责任的，应予支持。”《广东省高级人民法院关于审理建设工程施工合同纠纷案件若干问题的指导意见》（粤高法发〔2011〕37 号）第十二条规定：“合作开发房地产合同一方当事人作为发包人与承包人签订建设工程施工合同，承包人请求合作开发房地产合同的其他当事人之间对施工合同债务承担连带责任的，应予支持。”《江苏省高级人民法院关于审理建设工程施工合同纠纷案件若干问题的意见》第二十四条规定：“合作开发房地产合同中的一方当事人作为发包人与承包人签订建设工程施工合同，承包人要求合作各方当事人对欠付的工程款承担连带责任的，人民法院应予支持。”

② 《国有土地使用权司法解释》第二十四条规定：“合作开发房地产合同约定提供土地使用权的当事人不承担经营风险，只收取固定利益的，应当认定为土地使用权转让合同。”第二十五条规定：“合作开发房地产合同约定提供资金的当事人不承担经营风险，只分配固定数量房屋的，应当认定为房屋买卖合同。”第二十六条规定：“合作开发房地产合同约定提供资金的当事人不承担经营风险，只收取固定数额货币的，应当认定为借款合同。”第二十七条规定：“合作开发房地产合同约定提供资金的当事人不承担经营风险，只以租赁或者其他形式使用房屋的，应当认定为房屋租赁合同。”

③ 参见广东省广州市中级人民法院（2017）粤 01 民终 14499 号民事判决书。

一审法院认为，根据《房地产合作开发合同》，A公司提供项目土地，B公司提供资金，双方合作开发涉案项目，并对收益分成进行了约定。故A公司是涉案工程的受益人，A公司与B公司就涉案项目的工程款对外应承担连带责任，至于其内部责任如何分担的问题，应由A公司与B公司另行解决。

二审法院认为，A公司是涉案工程的受益人，A公司应就C公司已施工工程的工程款承担连带责任，至于其内部责任如何分担、是否解除合作关系、是否支付补偿款的问题，应由A公司与B公司另行解决。A公司主张其并非合同相对方、其不应承担连带责任，理据不足，本院不予支持。因此，驳回上诉，维持原判。

【实务判例2】与施工方无合同关系的房地产合作开发方不承担责任①

2011年11月，地产公司与A农场之间签订一份合作合同，约定由A农场提供土地，地产公司提供建设资金，合作开发某项目（以下简称涉案工程），项目建成后双方按照比例分配实物房产。双方还约定，在发包工程以及选择施工单位方面，地产公司须与A农场协商确定。

2011年12月，建设集团与地产公司签订施工合同，约定地产公司将涉案工程发包给建设集团总承包施工，后建设集团与地产公司因停、窝工损失问题产生纠纷，建设集团将地产公司及A农场诉至法院，请求二被告共同支付工程款及停、窝工损失。地产公司与A农场是否承担连带责任成为争议焦点之一。

一审法院认为，根据A农场与地产公司签订的合作合同的约定，双方分别提供土地使用权和项目资金作为出资，共同确定项目运作的相关事宜并按比例分配项目利益，双方共同经营、共负盈亏，符合合伙联营的性质，双方构成合伙关系，作为利益共同体的双方应对合伙事务共同承担责任。

二审法院认为，A农场与建设集团并无直接合同关系，不承担合同责任。即使依据A农场与地产公司之间的合作合同，工程施工所需资金亦由地产公司负担。而且，在实际施工过程中，并无证据证明A农场实际参与了共同选定施工队伍、参与施工管理、支付工程款等行为。故一审法院判决A农场承担共同偿还责任不当，故予以纠正，即A农场不承担责任。

最高人民法院在再审裁定书中认为，从合作合同之约定及实际履行情况看，因A农场并非施工合同当事人，且建设集团申请再审亦未就A农场实际承担或参与具体施工行为提供充分证据证明，故建设集团依据民法通则第五

① 参见海南省高级人民法院（2016）琼民终281号民事判决书、最高人民法院（2017）最高法民申1556号民事裁定书。

十二条的规定，要求A农场与地产公司共同向建设集团承担连带责任，法律依据不足。二审法院未判令A农场承担连带责任适用法律亦无不当。

本章小结

1. 实践中的多数内部承包模式为以内部承包之名行挂靠、转包之实，施工企业对工程项目进行的质量、安全管理往往徒具形式。其原因在于，在完全内部承包模式下，内部承包人与施工企业之间的"劳动关系"徒具社会保险交纳形式，而失去了劳动关系从属性的实质。施工企业的管理仅能停留在监督检查的表面，对工程项目起决定作用的往往还是内部承包人。因此，内部承包合同的有效要件应具备两个：一是内部承包人与企业建立了劳动关系，实践中主要体现为建立了社会保险关系；二是企业对内部承包人所承包的工程项目进行了有效的技术质量控制。

在中国联合通信有限公司新疆分公司、中国联合通信有限公司喀什分公司与林源建设工程施工合同纠纷管辖权异议上诉案中，林源虽然与案外人喀什建工（集团）有限公司签订了《内部承包合同》，并与其建立了劳动关系和社会保险关系，但因施工企业未履行管理义务，最高人民法院仍否定了该合同内部承包的性质。

2. 在建设工程施工合同履行过程中，对有关人员的无权代理行为是否构成表见代理的认定，应从权利表象是否客观形成和相对人是否善意且无过失两个方面进行考察。由于建设工程实践的复杂性，很难对项目经理等有关人员的表见代理行为进行概括讨论，因此，从可能构成表见代理的权利表象和相对人善意且无过失两个方面，针对实践中有关人员的无权代理行为进行类型化分析就具有现实意义。

笔者认为，特定职务或身份的赋予、空白授权委托书和空白介绍信等权利证明文件的持有、曾经拥有的代理权、加盖的公章或项目部印章（无论真伪）均可能形成行为人有代理权的表象。当然，项目部印章上注明"不得用于签订合同"或"签订合同无效"字样时，该印章在其特别注明的禁止事项内不应具有代理权的表象。而相对人的善意且无过失的考察，应主要结合其对外公知身份与其行为的符合性、权利证明文件的严谨程度、交易习惯及标的物的用途等进行综合判断。

3. 对于项目经理或实际施工人擅自对外借款、直接收取大额现金等行为，鉴于工程案件的复杂性，应结合借款的用途、流向及其他证据综合判断表见代理的构成。对于项目经理或实际施工人伪造授权委托书，授权与自己有关的其他单位收取工程款的情形，除非建筑企业对项目经理的权限对此有明确限制，可以认为发包人已经尽到了合理的注意义务。

4. 在建设工程施工合同履行过程中，无权代理人私刻印章、伪造权利证明文件等涉嫌构成犯罪的，不一定影响表见代理的构成。此时应当结合其涉嫌犯罪的性质进行判断。当无权代理人的行为明显符合表见代理构成要件，或其涉嫌犯罪的行为对表见代理的构成无影响时，可直接作出认定，不必按照“先刑后民”的规则中止审理。而当无权代理的行为涉嫌合同诈骗犯罪，或涉嫌犯罪的性质存在重大争议，且对表见代理认定可能产生较大影响时，在法院审理中宜坚持“先刑后民”的规则，通过刑事侦查手段是法律事实更加接近客观真实，还以事实真相，以便为民事审判中认定行为人的主观意图和相对人是否善意且无过失提供依据。

5. 实际施工人是《施工合同司法解释》创设的专门概念，其可以是法人、非法人团体、个人合伙和自然人（包工头），但并不包括农民工个人。依据《施工合同司法解释》第二十六条的规定，转包、违法分包的实际施工人享有向发包人主张权利的特殊诉权。但是，借用资质的挂靠人不享有该项特殊诉权，因为挂靠人为工程项目的实际控制人，不会发生承包人怠于行使权利的可能，且其与被挂靠人之间非建设工程合同关系，若允许其突破合同相对性向发包人主张权利，有违民事诉讼法的基本原理。

6. 享有特殊诉权的实际施工人向发包人行使权利的条件，应为其至该发包人的合同相对人之间的合同均因转包或违法分包而无效。至于实际施工人特殊诉权的行使是否以其合同相对人破产、下落不明为条件，笔者虽持赞成态度，但有关司法解释却并未明确。

实际施工人对外商事行为的责任承担，应当根据《合同法》第四十九条的规定进行认定。依法构成表见代理的，应当由本人（承包人）承担责任，否则由实际施工人自己承担责任。因法无明文规定，一概认定实际施工人和本人（承包人）承担连带责任并不妥当。

7. 挂靠人与被挂靠人之间的挂靠行为是一种借名行为。在挂靠人与被挂靠人的关系中，被挂靠人并非真正的施工主体，其义务为在收到工程款后及时转付给挂靠人。而且，被挂靠人的转付行为并非是支付施工合同项下的工程款，而是基于挂靠协议的约定。其前提是发包人向被挂靠人支付了工程款。因此，当发包人无力支付工程款时，挂靠人不能直接向被挂靠人主张发包人欠付的工程款。

8. 由于对法律及《施工合同司法解释》的不同理解，实践中对实际施工人特殊诉权及其对外商事行为责任承担的处理并不完全统一，甚至对于同一类案件，不同法院的认定会大相径庭。如许多法院在处理实际施工人突破合同相对性起诉发包人的案件时，并未将挂靠人排除在外，也未要求实际施工人的合同相对人无履行能力，而《浙江省高级人民法院民一庭关于审理建设工程施工合同纠纷案件若干疑难问题的解答》（浙法民一〔2012〕3号）第二十三条则将“实际施工人的合同相对人破产、下落不明或资信状况严重恶化”作为其向发包人提起诉讼的条件之一。

还有，各地法院对《施工合同司法解释》第二十六条第二款所规定的“发包人”在理解上也有分歧。如本章第四节有判例认为，总承包人应当在其欠付工程款范围内对实际施工人承担责任；而在“余贤明与姚卫军、浙江中南建设集团有限公司建设工程施工合同纠纷案”中，浙江省衢州市中级人民法院的法官在分析该案时认为：“本案中，余贤明的合同相对方是姚卫军，发包人是浙江恒诚房地产开发有限公司，中南公司并非本案发包人，而是总承包人。”此外，实践中对于实际施工人对外商事行为的责任承担也有四种不同的处理方式。

由此可见，笔者关于表见代理的类型化分析、实际施工人特殊诉权行使的处理以及其对外商事行为责任承担的讨论，仅为一家之言。由于不同的人对法律和司法解释的理解不同，再加上实践中工程案件的复杂性，笔者的观点未必均与实践中法院的认定相合，这需要结合具体案情具体分析。

9. 关于合作开发房地产各方的债务承担，实践中存在较大争议。笔者认为，在成立合作开发各方对建设工程共有的情况下，发包人对承包人所负的债务，不是因共有的不动产而产生的债务，而是因合同履行所产生的债务，故不适用《物权法》第一百零二条关于共有人承担连带债务的规定。同时，合作开发房地产合同各方之间的关系为合伙型联营，与个人合伙“具有合伙协议和合伙组织体的双重属性”相比，其合作各方之间的关系相对松散。在对外关系上各合作方不会以一个不可分割的统一体出现，客观上难以形成以联营组织整体同第三人发生债务关系。在不存在合伙组织体的情况下，任一合作方也难以以联营组织的名义对外从事商事活动从而形成与第三人的债务关系。因此，根据《民法通则》第五十二条的规定，在没有法律规定或协议约定的情况下，合作开发各方不对建设工程施工合同的债务承担连带责任。

值得注意的是，目前司法实践中，承担连带责任与不承担连带责任两种判例并存。

第四章　建设工程施工合同履行障碍

第一节　概　　述

合同是当事人意思表示一致的产物。当事人缔结合同意在通过合同的正常履行，实现合同目的。如果合同没有正常履行，不论表现为不能履行、迟延履行或者是不完全履行，也不论当事人对此是否有过错，均可以认为合同履行出现了障碍。所谓“履行障碍”就是妨碍合同正常履行的情形，其内容包括：合同义务不履行（违约）、缔约过失、不可抗力、情势变更等。①

建设工程施工合同的内容复杂、标的额度大、周期长、易受外界多种因素的影响，因此，与即时清结和短期合同相比，除违约这一常见的履行障碍外，建设工程施工合同更容易受到不可抗力、情势变更等履行障碍的影响。比如，2008年“5·12”汶川地震发生后，许多建筑物倒塌并造成人员伤亡，受灾地区大部分在施工程停工，一些在建工程出现了不同程度的损坏。由于地震的影响，很多地方的建筑材料出现短缺性涨价，因地震引发的“农民工荒”也使得农民工工资大幅上涨。这对建设工程施工合同的正常履行都会产生障碍，如何处理履行障碍影响下合同当事人之间的权利义务分配，最大限度地平衡当事人的利益是一个不容忽视的问题。

对于合同的履行障碍，合同当事人有救济的权利，同时，采取一定措施防止损失进一步扩大也是当事人应尽的义务。具体到建设工程施工合同来说，对于因合同一方当事人造成的履行障碍，如未按约付款、工程延误等违约行为，合同的另一方当事人有权就此行使合同的履行抗辩权进行救济；对于预期违约或根本违约行为，对方当事人可以行使解除合同的权利；对于非可归责于合同当事人的客观障碍，如地震、洪水等不可抗力事件以及钢材、水泥等建筑材料大幅上涨以至动摇合同基础的情势变更，法律赋予合同当事人请求解除合同、变更合同的权利，并部分或全部免除当事人的合同责任；而对于因不可抗力造成当事人自身财产损失的，如在建工程毁损、机械设备损失及人员伤亡等，则按照风险负担的一

---

① 参见韩世远：《履行障碍法的体系》，法律出版社2006年版，第6页。

般原则来分配。

本章利用民法的一般原理，结合建设工程施工合同的具体实践，对不可抗力、情势变更对建设工程施工合同履行的影响，以及建设工程施工合同当事人的履行抗辩权和合同解除权进行分析。

第二节 不可抗力

一、不可抗力的概念

（一）不可抗力的定义

不可抗力源于罗马法。罗马法规定，不是由于债务人故意或过失，而是由于某种不可预见或不可预防的事件造成的损失，债务人可以免除责任。大陆法系的各国民法继承了罗马法的这项免责规定。我国也不例外。

关于不可抗力的判断标准，理论和实践中主要有以下三种观点：

1. 主观说。该说主张以当事人的预见力为标准，凡属当事人虽尽最大努力仍不能防止其发生者，为不可抗力。

2. 客观说。该说主张以实践的性质及外部特征为标准，凡属一般人无法抵御的重大的外来力量，为不可抗力。

3. 折中说。该说兼采主客观标准，凡属基于外来因素而发生，当事人以最大谨慎和最大努力仍不能防止的事件为不可抗力。[①]

我国《民法通则》第一百五十三条规定："本法所称的'不可抗力'，是指不能预见、不能避免并不能克服的客观情况。"从我国的法律规定来看，应当采用的是折中说的观点。所谓"不能预见"是指以一般人的判断能力无法预见某种事件的发生；"不能避免"是指当事人已经尽到了最大的努力，仍然不能避免某种事件的发生；"不能克服"是指当事人在某种事件发生后已尽到最大努力仍不能克服事件所造成的后果。[②] 值得注意的是，在判断"不能预见"这一要件时，"一般人"是指正常的、理性的人。如果当事人是专业机构或人员，应当按照专业人员的标准判断。对于建设工程施工合同来说，是否"不能预见"要以一个有经验的建设工程施工项目承包人的标准来进行判断，而不是"一般人"的标准。而且

① 王军："论不可抗力"，载《法律适用》2001 年第 12 期。

② 参见王利明：《合同法研究》（第二卷），中国人民大学出版社 2003 年版，第 467 页。

“不能预见”时点应为签订合同之时，而不是签约之后。

国内建设工程领域使用的《建设工程施工合同（示范文本）》（GF-2017-0201）及2007年发布的《房屋建筑和市政工程标准施工招标文件》中关于不可抗力的定义与我国法律的规定完全一致。而国际工程中常用的《FIDIC施工合同条件》将不可抗力定义为如下所述的异常事件或情况：[①]

（1）一方无法控制的；

（2）该方在签订合同前，无法进行合理准备的；

（3）情况发生时，该方无法合理回避或克服的；

（4）主要不是由于另一方造成的。

从该定义可以看出，其采用的是学理上的客观说。

（二）不可抗力的范围

我国《民法通则》和《合同法》对不可抗力进行了定义，但并未就其种类进行列举。倒是《海商法》第五十一条规定了海上货物运输合同承运人的免责事由，其中一些可以认为是对不可抗力范围的列举，包括：（一）火灾，但是由于承运人本人的过失所造成的除外；（二）天灾，海上或者其他可航水域的危险或者意外事故；（三）战争或者武装冲突；（四）政府或者主管部门的行为、检疫限制或者司法扣押；（五）罢工、停工或者劳动受到限制。一般认为，不可抗力有以下几种类型：

1. 自然灾害。

通常，洪水、地震、台风、泥石流等自然灾害可以构成不可抗力，前提是其须同时符合“不能预见、不能避免、不能克服”三个要件。自然灾害虽然不可避免，但依靠现代科技手段可以作出一定程度的预测，不过有关部门的预报与法律所规定的“不可预见”并不同。法律意义上的“预见”应当是在订立合同时当事人应有的预见性，而且，目前的科技手段还难以达到对自然灾害的发生时间、地点、严重程度准确预报的水平。因此，如果有关部门的预报是合同签订后作出的，不能推定当事人在签约时可以预见；如果有关部门的预报是在合同签订前作出的，能否推定当事人应当预见到灾害的发生要视不同情况而定。对于发生较为频繁并有一定当地预报经验的暴风雨、山区泥石流等自然灾害，根据有关部门的预报，可以认定当事人应当具有合理预见性，从而对履行期限作出调整，并采取措施防止损失的扩大；而对于地震等偶发性较强且较难预测的自然灾害，在当地应对此类灾害经验较少的情况下，如果仅根据有关部门的预报就推定当事人应当

---

① 国际咨询工程师联合会，中国工程咨询协会编译：《菲迪克（FIDIC）合同指南》，机械工业出版社2003年版，第593～594页。

具有预见性，而否定其成为不可抗力的可能性，这对当事人来说过于苛刻。

此外，对自然灾害“不可预见”性的考虑，还要考虑合同履行地点的差异。比如在西北干旱地区，暴风雨属偶发事件，而在南方沿海地区，暴风雨则有一定的周期性。作为合同当事人，特别是对有经验的承包人来说，对当地一定程度的暴风雨应当具有合理的预见性。

2. 政府行为。

这里是指当事人在订立合同以后，政府或主管部门颁布新的法律、法规政策和行政措施而导致合同不能履行。当然，并非所有政府行为都会构成不可抗力，它必须符合不可抗力的构成要件，实践中对此的认定也比较复杂，观点也不尽相同。①

3. 社会异常事件。

主要指阻碍合同履行的偶发社会事件，如战争或武装冲突、内乱、骚乱、罢工等。我国建设行政主管部门发布的《建设工程施工合同（示范文本）》GF-2017-0201、《标准施工招标文件》（2007 年版）及国际上通行的《FIDIC 施工合同条件》在合同文本中均将社会异常事件列为不可抗力。

《建设工程施工合同（示范文本）》GF-2017-0201 通用合同条款第 17.1 款规定：“不可抗力是指合同当事人在签订合同时不可预见，在合同履行过程中不可避免且不能克服的自然灾害和社会性突发事件，如地震、海啸、瘟疫、骚乱、戒严、暴动、战争和专用合同条款中约定的其他情形。”《标准施工招标文件》（2007 年版）通用条款第 21.1.1 项规定：“不可抗力是指承包人和发包人在订立合同时不可预见，在工程施工过程中不可避免发生并不能克服的自然灾害和社会性突发事件，如地震、海啸、瘟疫、水灾、骚乱、暴动、战争和专用合同条款约定的其他情形。”《FIDIC 施工合同条件》（1999 年版）第 391 条规定：“只要满足上述条件，不可抗力可包括（但不限于）下列各种特殊事件或情况：①战争、敌对行动（不论宣战与否）、入侵、外敌行动；②叛乱、恐怖活动、革命、暴动、军事政变或篡夺政权，或内战；③承包商人员和承包商及其分包商的其他雇员以外的人员的骚乱、混乱、罢工或停工；④战争军火，爆炸物资，离子辐射或放射性污染，但因承包商使用此类军火，炸药，辐射或放射性的情况除外；⑤自然灾害，如地震、飓风、台风或火山活动。”

值得注意的是，《建设工程施工合同（示范文本）》GF-2017-0201 及《FIDIC 施

① 可参考以下有关文献：刘凯湘，张海峡：“论不可抗力”，载《法学研究》2000 年第 6 期；张析云，陶铮：“政府行政命令当属‘不可抗力’”，载《长春日报》2006 年 6 月 17 日；谭松平，汪圣明：“政府调整规划的行为不构成不可抗力”，载《人民法院报》2005 年 12 月 6 日；万静：“站牌冠名引纠纷‘政府行为’是否属于不可抗力”，载《法制日报》2006 年 10 月 17 日；李虎：“导致合同不能履行的政府抽象行政行为可视为不可抗力”，载《人民司法》2009 年第 20 期。

工合同条件》都属于合同的示范文本，仅在当事人将其作为双方认可的合同文本或在合同中引用时才对双方具有约束力。因此，当事人使用或引用的上述示范文本、《FIDIC施工合同条件》中关于不可抗力的内容，以及当事人在专有条款中特殊约定的不可抗力内容，均为不可抗力条款。当当事人约定符合法律关于不可抗力的要件时，可认为其是对不可抗力免责事由的补充，应当与不可抗力具有同等效力。而当事人约定的不可抗力条款与法律规定不一致时，此类不可抗力条款性质上与约定的免责条款极其相似，在其有效的前提下，仅发生免除合同责任的效果。

实际上，不可抗力的种类是无法涵盖齐全的，凡是符合三个“不能”的客观情况均可能成为导致合同不能履行的不可抗力。在建设工程施工过程中遇到的地下障碍物、埋藏物在一定条件下会成为影响合同履行的不可抗力。比如，地下埋藏国家文物可以成为不可抗力，这在建设工程施工合同履行中是比较容易遇到的情况。实践中也有在地基施工过程中发现地下有日本侵华战争时期埋设的炸弹，从而导致工期顺延的情形。[①] 这也符合不可抗力的构成要件。

当然，不可抗力的构成须与合同履行的具体情形相结合。“某一事故在此情况下可能是不可抗力，在彼情况下却未必如此。一般性地称某种事故为不可抗力并不可取。”[②] 比如，在建筑物遭受地震、台风、强降雪等自然灾害时，还要考虑建筑物的抗震等级、抵抗风荷载、雪荷载的能力等设计参数。如果自然灾害的强度未超过建筑物的设计要求，却造成建筑物的损坏，那么可以认为该自然灾害与损害结果并不具有必然的因果关系，损害结果的发生是质量不合格造成的。换句话说，在工程质量合格的情况下，损害结果是可以避免的，因此，这种情况下的自然灾害并不构成不可抗力。

二、不可抗力对建设工程施工合同的效力

（一）不可抗力规则

不可抗力规则是指因不可预见、不能避免、不能克服的客观情况导致合同履行不能，从而免除当事人责任的一种制度。这种责任的免除是法定的，我国《合同法》第一百一十七条对此作了规定：“因不可抗力不能履行合同的，根据不可抗力的影响，部分或者全部免除责任，但法律另有规定的除外。当事人迟延履行后发生不可抗力的，不能免除责任。”这里所谓的合同履行不能，包括完全不履

---

① 具体案例详见杨文娟：“论不可抗力的适用范围”，载《山西财经大学学报》2005年5月增刊。

② 韩世远：《履行障碍法的体系》，法律出版社2006年版，第37页。

行、部分不履行和迟延履行。当事人被免除的责任包括继续履行责任、违约责任。当合同仍能继续履行时，当事人可协商对原合同进行变更。当因不可抗力致使不能实现合同目的时，当事人可以解除合同。我国《合同法》第九十四条对此作了规定。[①]

值得注意的是，不可抗力规则的适用不仅要有不可抗力发生这一客观情形存在，还要求不可抗力与合同履行受阻之间存在因果关系。有学者指出："不可抗力必须是债务履行受阻的最近的、唯一和关键原因，不能存在阻断因果关系的事由，否则，就不能引起不可抗力规则预定的法律效果。"[②]

（二）不可抗力对施工合同的效力

由不可抗力规则可知，不可抗力对建设工程施工合同的履行会产生以下几个方面的效力：

1. 当事人部分或全部免除责任。对于承包人来说，由于不可抗力导致合同履行不能的包括以下两种情况：

（1）合同不能继续履行，承包人免除继续履行的义务和相应的违约责任。如由于地震造成在建工程毁损严重以致无法修复的，或因灾后重建重新规划致使原有建筑规划发生变化，原有的工程合同无法继续实施，只能解除。承包人此时免除履行合同的义务和相应的违约责任。

（2）不可抗力并未造成合同不能全部履行，只是暂时阻碍合同的履行，从而推迟合同的履行。此时，工期应当顺延，承包人不承担工期延误的违约责任。

2. 合同变更或解除。当不可抗力事由导致合同目的无法实现，合同无法继续履行的，承包人可以解除合同。当不可抗力事由致使暂时阻碍合同的履行，承包人可以要求工期顺延，承包人不承担迟延履行的违约责任。这实际上是将合同条款进行了变更。

（三）不可抗力发生后承包人的通知和证明义务

不可抗力发生后，不能履行合同的当事人应当尽及时通知对方当事人的义务，并在合理期限内提供证明。我国《合同法》第一百一十八条对此作出了规定。[③] 这种通知义务属附随义务的一种，其目的在于让对方当事人及时采取措施

① 《合同法》第九十四条规定："有下列情形之一的，当事人可以解除合同：（一）因不可抗力致使不能实现合同目的；（二）在履行期限届满之前，当事人一方明确表示或者以自己的行为表明不履行主要债务；（三）当事人一方迟延履行主要债务，经催告后在合理期限内仍未履行；（四）当事人一方迟延履行债务或者有其他违约行为致使不能实现合同目的；（五）法律规定的其他情形。"

② 叶林："论不可抗力制度"，载《北方法学》2007年第5期。

③ 《合同法》第一百一十八条规定："当事人一方因不可抗力不能履行合同的，应当及时通知对方，以减轻可能给对方造成的损失，并应当在合理期限内提供证明。"

减少因合同无法按约履行而造成的损失，防止损失进一步扩大。具体到建设工程施工合同而言，《建设工程施工合同（示范文本）》GF-2017-0201、《标准施工招标文件》（2007年版）中均规定了不可抗力发生后承包人的及时通知义务。[①]

由我国法律规定和有关格式文本的规定来看，其并未明确承包人未尽及时通知义务的责任。但从民法原理上分析，通知作为一种附随义务，是对当事人应尽诚实信用义务的要求，若当事人违反诚实信用原则，应当就其行为导致的损失承担赔偿责任。因此，承包人未尽及时通知义务的，应当对由此给发包人造成的损失承担赔偿责任。1994年5月的《国际商事合同通则》第7.1.7项规定，不能履行合同的一方应当将不可抗力及对其履行力的影响通知对方。如果一方没有能在获悉或应当获悉不可抗力的合理时间内通知另一方，对因未收到通知而导致的损失承担责任。[②]

至于当事人未及时通知或未在一定期限内提供证明是否会导致其丧失请求免责的权利，法律并未作出规定。笔者认为，不可抗力是法定的免责事由，除当事人特别约定外，当事人附随义务的不履行和程序上的瑕疵并不必然导致其法定权利的丧失。因此，如果合同中未作出明确规定，承包人即使未在一定期限内通知对方当事人并提供证明的，其在实体上仍有法定的请求免责的权利，但可能会因证据证明力的丧失或超过诉讼时效而不能得到法律上的支持。如有法院在处理具体案例时认为："在施工过程中原告虽然遇到了雨雪天气和极端气温天气，属不可抗力，并且增加了工程量和面积，且施工场地狭窄、道路不畅，必然造成工期的延长，但原告未让被告和监理单位签字确认，对工期的延误负有一定的责任。……同时，施工当年的气候异常（商丘气象台出具的证明显示，2003年7月1日至2004年6月30日施工期间，商丘市的雨雪天气达120天），上述原因造成了施工量、施工条件及施工环境发生变化，给正常施工造成了困难，从而延长了工期。广宇公司对因客观原因造成的工期延误，未按照合同约定履行由发包方正道公司及监理单位签字确认等相关延期手续，对纠纷的发生负有一定责任。根据本案具体情况，以承担工期保证金100351.38元中30%的违约责任即33450.46元为宜。"[③] 可见，通知、证明义务的不履行并不直接导致请求免责权利的全部丧失。

---

① 《建设工程施工合同（示范文本）》（GF-2017-0201）通用合同条款第17.2条规定："合同一方当事人遇到不可抗力事件，使其履行合同义务受到阻碍时，应立即通知合同另一方当事人和监理人，书面说明不可抗力和受阻碍的详细情况，并提供必要的证明。不可抗力持续发生的，合同一方当事人应及时向合同另一方当事人和监理人提交中间报告，说明不可抗力和履行合同受阻的情况，并于不可抗力事件结束后28天内提交最终报告及有关资料。"《标准施工招标文件》（2007年版）第21.2.1及21.2.2条规定："合同一方当事人遇到不可抗力事件，使其履行合同义务受到阻碍时，应立即通知合同另一方当事人和监理人，书面说明不可抗力和受阻碍的详细情况，并提供必要的证明。如不可抗力持续发生，合同一方当事人应及时向合同另一方当事人和监理人提交中间报告，说明不可抗力和履行合同受阻的情况，并于不可抗力事件结束后28天内提交最终报告及有关资料。"

② 参见梁三利："浅析不可抗力的通知义务"，载《兰州学刊》2005年第3期。

③ 参见河南省商丘市中级人民法院民事判决书（2010）商民终字第559号。

当然，从诚实守信和风险防范的角度出发，承包人还是应当履行及时通知的义务。

《FIDIC施工合同条件》（1999年版）对不可抗力索赔通知的效力作了规定。该合同条件第19.4款规定，如果承包商已根据第19.2款“不可抗力的通知”的规定发出通知，[①] 则因该不可抗力妨碍其履行合同规定的任何义务，使其遭受工期延误和（或）招致费用增加的，承包商应有权根据第20.1款“承包商的索赔”的规定要求，按不可抗力延误竣工的程度获得延长期，并得到人为事件不可抗力造成费用的补偿。同时，该合同条件第20.1款规定，承包商应在28天内发出索赔通知，否则竣工时间不得延长，承包商无权获得追加付款。[②] 这在一定程度上强化了承包人的责任。

三、不可抗力影响下承发包双方的风险负担

（一）风险负担的规则

合同法所规定的不可抗力的效力是部分或全部免除当事人继续履行、迟延履行的义务和因此引起的违约责任。实际上，不可抗力除会造成上述法律后果以外，还会造成合同当事人各自财产的损失，这属于风险负担问题。

合同法上的风险是指合同标的物因不可归责于合同双方当事人的事由而毁损灭失的不利状态。不可抗力当然属于合同法上的风险，而风险负担即是发生风险后损失由谁承担，其功能在于合理分配不幸之损害。[③] 对于风险负担的规则，从世界各国立法来看大多规定在典型合同当中，而较少抽象出一般的、具有广泛适用性的规则。就各国立法情况来看，一般认为有债权人主义、债务人主义、交付主义、所有人主义等多种立法例。若将各国的物权变动模式与之相联系，将其归纳为债务人主义、交付主义和所有人主义似更合理。[④]

我国立法也未规定风险负担的一般规则，学理上有所有人主义和交付主义两种观点。我国《合同法》第一百四十二条对买卖合同标的物的风险负担作了规定：“标的物毁损、灭失的风险，在标的物交付之前由出卖人承担，交付之后由

---

① 《FIDIC施工合同条件》（1999年版）第19.2条规定：“如果一方因不可抗力使其履行合同规定的任何义务已或将受到阻碍，应向他方发出关于构成不可抗力的事件或情况的通知，并应明确说明履行已或将受到阻碍的各项义务。此项通知应在该方察觉或应已察觉到构成不可抗力的有关事件或情况后14天内发出。发出通知后，该方应在不可抗力阻碍其履行义务期间，免除履行该义务。”国际咨询工程师联合会、中国工程咨询协会编译：《菲迪克（FIDIC）合同指南》，机械工业出版社2000年版。

② 参见国际咨询工程师联合会，中国工程咨询协会编译：《菲迪克（FIDIC）合同指南》，机械工业出版社2000年版，第597～611页。

③ 参见易军，宁红丽：《合同法分则制度研究》，人民法院出版社2003年版，第29页。

④ 参见易军，宁红丽：《合同法分则制度研究》，人民法院出版社2003年版，第38～41页。

买受人承担，但法律另有规定或者当事人另有约定的除外。”显然，我国立法对买卖合同采用的是交付主义，即以交付作为风险转移的时点。至于建设工程施工合同在履行过程中因不可抗力而造成的在建工程、现场的机械设备、材料的毁损灭失如何负担，我国法律并未规定。

然而在我国，虽然建设工程合同是一个独立的合同类型，但其性质上仍属于一种特殊的承揽合同。许多国家和地区并未将建设工程合同作为独立的合同类型，而是直接将其作为承揽合同的一种加以规定。有的国家和地区对承揽合同的风险负担作了规定。《德国民法典》第644条规定：“（1）工作验收之前，由承揽人承担风险。定作人迟延验收的，风险移转于定作人；对定作人提供的材料意外灭失或者意外毁损，承揽人不负责任；（2）经定作人要求，承揽人将工作成果送至履行地以外的其他地点时，准用第477条关于买卖的规定。”《法国民法典》第1789条规定：“在承揽人仅提供了劳务，材料灭失时，承揽人仅对于其本身的过失负担赔偿责任。”我国台湾地区所谓“民法”第508条规定：“工作毁损、灭失之危险，于定作人受领前，由承揽人承担，如定作人受领迟延者，其危险由定作人承担。定作人所供给之材料，因不可抗力而毁损、灭失者，承揽人不负责任。”此外，《瑞士债务法》第376条、《意大利民法典》第167条均有类似规定。

可见，上述国家和地区对承揽合同的风险负担原则为：对工作成果采交付主义，对材料采所有人主义。我国也有学者持同样观点。[①]《合同法》在立法过程中对此的态度多次发生变化，《合同法试拟稿》第二百九十八条第二款规定：“定作人提供的材料，因不可抗力而毁损灭失的，承揽人不负责任”《合同法征求意见稿》第一百四十一条第二款规定：“承揽人完成的工作成果交付定作人前毁损或者灭失的，应当由承揽人承担责任，但毁损灭失发生在定作人受领迟延后，应当由定作人承担责任。”《合同法草案》第二百六十二条规定：“定作人提供的材料在承揽人占有期间毁损、灭失的风险，由承揽人承担，但不可抗力的除外。承揽人完成的工作成果在交付定作人之前毁损、灭失的风险，由承揽人承担，但毁损、灭失发生在定作人受领迟延后的，由定作人承担。”最终《合同法》出台时就此未作规定。

（二）我国实践中不可抗力风险的负担

从我国建设工程实践和国际上通行的《FIDIC施工合同条件》来看，均是将不可抗力作为业主风险。目前虽已被住建部发布的新版示范文本替代，但实践当中仍有使用的《建设工程施工合同（示范文本）》（GF-1999-0201）第39.3款规定：“因不可抗力事件导致的费用及延误的工期由双方按以下方法分

---

① 参见易军，宁红丽：《合同法分则制度研究》，人民法院出版社2003年版，第75页。

别承担：(1) 工程本身的损害、因工程损害导致第三人人员伤亡和财产损失以及运至施工场地用于施工的材料和待安装的设备的损害，由发包人承担；(2) 发包人、承包人人员伤亡由其所在单位负责，并承担相应费用；(3) 承包人机械设备损坏及停工损失，由承包人承担；(4) 停工期间，承包人应工程师要求留在施工场地的必要的管理人员及保卫人员的费用由发包人承担；(5) 工程所需清理、修复费用，由发包人承担；(6) 延误的工期相应顺延。”

《建设工程施工合同（示范文本）》(GF-2017-0201) 第 17.3.2 项规定：“不可抗力导致的人员伤亡、财产损失、费用增加和（或）工期延误等后果，由合同当事人按以下原则承担：(1) 永久工程、已运至施工现场的材料和工程设备的损坏，以及因工程损坏造成的第三人人员伤亡和财产损失由发包人承担；(2) 承包人施工设备的损坏由承包人承担；(3) 发包人和承包人承担各自人员伤亡和财产的损失；(4) 因不可抗力影响承包人履行合同约定的义务，已经引起或将引起工期延误的，应当顺延工期，由此导致承包人停工的费用损失由发包人和承包人合理分担，停工期间必须支付的工人工资由发包人承担；(5) 因不可抗力引起或将引起工期延误，发包人要求赶工的，由此增加的赶工费用由发包人承担；(6) 承包人在停工期间按照发包人要求照管、清理和修复工程的费用由发包人承担。”

《标准施工招标文件》(2007 年版) 第 21.3.1 项规定：“除专用合同条款另有约定外，不可抗力导致的人员伤亡、财产损失、费用增加和（或）工期延误等后果，由合同双方按以下原则承担：(1) 永久工程，包括已运至施工场地的材料和工程设备的损害，以及因工程损害造成的第三者人员伤亡和财产损失由发包人承担；(2) 承包人设备的损坏由承包人承担；(3) 发包人和承包人各自承担其人员伤亡和其他财产损失及其相关费用；(4) 承包人的停工损失由承包人承担，但停工期间应监理人要求照管工程和清理、修复工程的金额由发包人承担；(5) 不能按期竣工的，应合理延长工期，承包人不需支付逾期竣工违约金。发包人要求赶工的，承包人应采取赶工措施，赶工费用由发包人承担。”

《FIDIC 施工合同条件》(1999 年版) 第 17.3 款规定了业主的风险，包括：

(1) 战争、敌对行动（不论宣战与否）、入侵、外敌行动；

(2) 工程所在国内的叛乱、恐怖主义、革命、暴动、军事政变或篡夺政权、内战；

(3) 由承包商人员以及承包商和分包商的其他雇员以外的人员，在工程所在国内造成的骚动、喧闹或混乱；

(4) 工程所在国内的战争军火、爆炸物资、电离辐射或放射性引起的污染，但可能由承包商使用此类军火、炸药、辐射或放射性引起的除外；

(5) 由音速或超音速飞行的飞机或飞行装置所产生的压力波；

(6) 除合同规定以外雇主适用或占有的永久工程的任何部分；

(7) 由雇主人员或雇主对其负责的其他人员所做的工程任何部分的设计；以及

(8) 不可预见的或不能合理预期一个有经验的承包商应已采取适当预防措施的任何自然力的作用。

《FIDIC 施工合同条件》规定，对于上述事件的所有后果，业主不是全部负责，只是承包商有对修正由这些业主风险造成的损失或损害获得补偿的权利。这些风险如果构成不可抗力事件，那么在满足合同约定的范围内（主要是在工程所在国境内发生的社会异常事件），承包商可以向业主索赔由此发生的任何费用。此外，工程所在国政府的某些活动有可能构成不可抗力事件，但并未列入业主的风险。①

由此可见，建设工程施工合同履行中的风险分配在惯例上采用的是所有人主义，即由所有人承担其人员财产的损失。虽然这从我国法律规定上无法找到切实的依据，但却反映出建设工程领域在这个问题上的倾向性观点。值得注意的是，《建设工程施工合同（示范文本）》GF-1999-0201、《建设工程施工合同（示范文本）》GF-2017-0201 以及《标准施工招标文件》（2007 年版）中将已运至施工现场的材料和工程设备看成永久工程的一部分，从而由发包人承担风险似有值得商榷之处。一方面，施工材料和工程设备运至现场，往往是由承包人买卖合同的相对人交付给承包人，并办理相应的交付手续，承包人应当对上述材料和工程设备拥有所有权。如果买卖合同中约定了所有权保留条款，在承包人付清价款前出卖人还保留标的物的所有权。另一方面，这些材料和工程设备尚未与在建工程结合在一起，还没有成为永久工程的一部分。因此，发包人对这些材料和工程设备没有所有权。当然，当事人约定由发包人提供的材料和工程设备的属于例外情形。可见，运至现场的材料和工程设备的损害风险由发包人承担，这在法理上似缺少充分的依据。

第三节 情势变更

一、情势变更的概念

（一）情势变更的定义

我国法律并未明确规定何为情势变更。李永军认为，“情事变更”中的所谓

---

① 参见国际咨询工程师联合会，中国工程咨询协会编译：《菲迪克（FIDIC）合同指南》，机械工业出版社 2000 年版，第 559 页。

"情事"，是指合同赖以成立的各种客观情况。所谓"变更"，指合同赖以成立的各种客观情况发生了异常的变化，以至引起了双方权利义务的严重失衡，不利一方可以请求法院变更或者解除合同的情形。[①] 1993 年 5 月 6 日最高人民法院在《全国经济审判工作座谈会纪要》中对情势变更规则进行了明确："由于不可归责于当事人双方的原因，作为合同基础的客观情况发生非当事人所能预见的根本性变化，以致使合同履行显失公平的，可以根据当事人的申请，按情势变更原则变更或解除合同。"《合同法司法解释（二）》第二十六条规定："合同成立以后客观情况发生了当事人在订立合同时无法预见的、非不可抗力造成的不属于商业风险的重大变化，继续履行合同对于一方当事人明显不公平或者不能实现合同目的，当事人请求人民法院变更或者解除合同的，人民法院应当根据公平原则，并结合案件的实际情况确定是否变更或者解除。"基于此，笔者认为，情势变更是指当事人在订立合同时不能预见的、不可归责于当事人的，且继续履行合同显失公平的重大变化。

根据情势变更的定义，一般认为情势变更的主要情形包括：

1. 物价飞涨。情势变更问题得到重视正是由于第一次世界大战期间德国的物价飞涨。此后，大陆法系和英美法系国家的学者借鉴历史上的"情事不变条款"，提出有关情势变更原则的各种学说，并经法院采纳成判决理由，最终成为现代合同法的重要原则之一。[②] 自此，物价飞涨便成为情势变更的典型情形之一，但物价涨幅必须达到一定的严重程度时，方可构成情势变更，否则只能认定为正常的商业风险；

2. 合同基础丧失。合同基础丧失是指合同订立后出现的某种无法归因于当事人的情势改变，使其订立合同时的预期目的无法达到，或订立合同基础已不复存在，可不履行合同所规定的义务而终止合同。最典型表现为合同标的物灭失；

3. 汇率大幅度变化。与物价飞涨相类似，汇率大幅度变化构成情势变更的关键在于汇率变化的幅度，只有当汇率变动超出商业风险的范畴时，方可构成情势变更；

4. 国家经济贸易政策变化。国家为应对社会经济形势的剧变，如金融危机、严重通货膨胀等出台的经济贸易政策。这些政策的变化与社会经济形势的异常一样，往往是当事人在订立合同时无法预见和无法避免的，且这些政策往往导致合同无法继续履行或者履行显失公平。因此，应当允许在国家经济贸易政策变化达到一定程度时，构成情势变更。

---

① 李永军：《合同法》，法律出版社 2005 年版，第 541 页。

② 参见刘敏青："论情势变更原则"，http://www.66law.cn/lawarticle/2253.aspx。

（二）情势变更与相关概念的区别

1．情势变更与不可抗力

从一般认识意义上来说，情势变更与不可抗力虽都构成履行障碍，但程度不同，情势变更不需要满足“不可克服”的要件。不可抗力已构成履行不能，而情势变更并未达到履行不能的程度，仍属于可能履行，只是其履行极为困难并导致显失公平；不可抗力属于法定免责事由，当事人只要举证证明因不可抗力导致合同履行不能，即可获得免责，法庭或仲裁庭对于是否免责无裁量余地；情势变更不是法定免责事由，其本质是使当事人享有请求变更或者解除合同的请求权，而同时授予法庭或仲裁庭公平裁量权。①

在处理情势变更与不可抗力是否存在竞合的问题上，《合同法司法解释（二）》采取了二者对立的观点，该解释第二十六条明确规定情势变更必须满足“非不可抗力造成的不属于商业风险的重大变化”的要件。

笔者认为，情势变更与不可抗力存在竞合，分析如下：

（1）从二者的特征上看，不可抗力的主要特征为主观上的不可预见性和客观上的不能避免、不能克服性。而情势变更具有主观上的不可预见性和客观上动摇合同基础的特征。可见，作为一种客观事实，不可抗力与情势变更是两个外延交叉的概念。比如，地震、洪水等自然灾害既可以构成不可抗力，也可以成为动摇合同基础的“情势”。各个国家和地区在不可抗力和情势变更的概念界定上也并未将二者截然分开；

（2）从对合同履行的影响上看，不可抗力的影响有直接影响和间接影响。不可抗力的间接影响可能与情势变更存在竞合。所谓直接影响，是指因不可抗力直接导致合同全部或部分不能履行或迟延履行，即不可抗力与其对合同履行的影响之间是直接因果关系。所谓间接影响，是指不可抗力消失后间接引发的各种因素对合同履行的影响，即不可抗力与其对合同履行的影响是间接因果关系。② 如地震后引发的农民工工资和建筑材料的大幅涨价即是不可抗力间接引发的不利因素。当这种不利因素严重到一定程度时就可能会动摇原有合同成立的基础，致使维持原有合同效力显失公平。此时可适用情势变更规则允许当事人请求变更或解除合同；

（3）不能混淆情势变更与情势变更规则、不可抗力与不可抗力规则，二者规则上的差异并不代表二者不存在竞合的可能。不可抗力规则是指因不可预见、不能避免或克服的客观情况导致合同履行不能，从而免除当事人责任的一种制度。

---

① 参见梁慧星：“合同法上的情势变更问题”，载《法学研究》1988 年第 6 期。

② 毕秀丽：“情势变更与不可抗力比较分析”，载《政法论丛》1999 年第 3 期。

这种责任的免除是法定的，不履行合同无须承担责任。我国《合同法》第一百一十七条对此作了明确规定。[①] 在界定不可抗力概念时，法国民法通过最高法院民事庭于 1915 年 8 月 4 日作出阐述，即不可抗力情况是指致使债务“不可能履行”的各种事件，而不是指“仅仅使债务履行需要更大的代价”的事件。[②] 这明确说明了不可抗力规则的适用条件。

而情势变更规则是指因发生了当事人在订立合同时不能预见的重大变化，致使合同的基础动摇或丧失，继续履行合同显失公平时，可以根据当事人的申请，变更或解除合同的一种制度。情势变更规则与不可抗力规则的主要区别在于，情势变更规则适用于“合同的履行艰难或不必要”[③]，而非履行不能。其结果是，在继续履行合同对一方当事人明显不公平时，通过情势变更规则允许当事人请求变更或解除合同，以使当事人双方共担相应的风险。

可见，尽管不可抗力与情势变更二者在概念的外延上存在交叉，但不可抗力规则与情势变更规则由于是两种分别针对履行不能和履行艰难情形的制度，二者并不相互交叉，也不可能相互替代。

(4) 关于《合同法司法解释（二）》第二十六条规定的理解。《合同法司法解释（二）》第二十六条的规定，从立法本意上看，司法解释起草者认为，不可抗力与情势变更的区别主要体现在权利性质、启动程序、适用范围、法律后果和法律责任等几个方面，并指出“金钱之债一般不适用不可抗力，却可以适用情势变更”，“因遭受不可预见、不可避免、不可克服的事实致使合同无法履行的，适用不可抗力；因不可预见、不可归责的事变，使得维持合同原有效力将导致双方利益关系严重失衡的，适用情势变更制度”[④]。由此可见，司法解释强调情势变更的非不可抗力性，旨在区分不可抗力规则和情势变更规则的适用条件，只是其在客观事实和法律规则两个层面上使用了同一个术语，容易使人在理解上产生偏差。

综上所述，笔者认为，《合同法司法解释（二）》第二十六条中所突出的情势变更的非不可抗力性，是指情势变更规则不适用于不可抗力直接导致合同履行不能的情形，该情形应适用不可抗力规则。此时，司法解释中所规定的“非不可抗力造成……”应作限缩解释，仅排除不可抗力直接导致的客观情况变化。否则，由于不可抗力影响引发的合同履行艰难（包括履行艰难的金钱之债）则无相对应

---

① 我国《合同法》第一百一十七条规定：“因不可抗力不能履行合同的，根据不可抗力的影响，部分或者全部免除责任。但法律另有规定的除外。”

② 罗结珍译：《法国民法典》（下册），法律出版社 2005 年版，第 873 页。

③ 曹守晔：“最高人民法院《关于适用〈合同法〉若干问题的解释（二）》之情势变更问题的理解与适用”，载《法律适用》2009 年第 8 期。

④ 曹守晔：“最高人民法院《关于适用〈合同法〉若干问题的解释（二）》之情势变更问题的理解与适用”，载《法律适用》2009 年第 8 期。

的法律制度加以解决，由此将产生法律漏洞。①

2. 情势变更与商业风险

如何区别情势变更与商业风险，一直是司法实践中有争议的问题。有学者对二者的区别从以下四个方面进行了总结：②

(1) 认识因素。情势变更的发生，当事人签约时无法预见，而且根据实际能力和当时的具体条件，根本不可能预见，即情势的变更超出了正常的范围，使合同当事人在当时情况下无以推测其可能发生。而商业风险则在当事人的预料范围之内，即能够预见或应当预见客观情况的变化可能发生。

当事人的预见能力如何判断，应坚持客观标准，即合同当事人在订立合同时所处的客观环境下，作为一个普通的从事经营活动的人员应当具有的认识能力和所发生事件的性质。从商业风险的性质看，有人遵循价值规律，看准商机，在经营中连连赚钱赢利；也有人反其道而行，在经营中不断赔钱亏本，甚至破产，这均属正常现象，均为经营者可以或者应当预见的。因此，商业风险是一种正常风险，决定于商品交换的价值规律，而情势变更是由无法预料的经济情势引发，这些经济情势又往往由社会的重大变故引起，因此，情势变更是不可预见的，它不决定于经济规律，而决定于变幻莫测、纷繁复杂的社会经济因素。

(2) 过错。情势变更由于不具有可预见性，因而不存在过错问题，是在双方均无过错的情况下，因不可归责于双方当事人的重大变故所引起的，即使当事人尽了最大注意义务仍不可避免。情势的变更如果可归责于一方当事人，则该当事人应当承担因此而发生的损失，不适用情势变更规则；商业风险由于具有可预见性，故此可以说当事人对此存有过失，当事人能够或者应当预见到将会发生商业风险，但甘愿冒风险或抱有侥幸心理，希望不会发生这种客观情况的变化，或是愿以此作为谋利的代价去从事经营活动。故商业风险有可归责于一方当事人的主观认识错误，如不遵循经济规律的要求、不了解市场行情、不充分掌握市场经济信息、一味投机冒险等。

(3) 客观情况的变化程度。情势变更的发生，在客观上会使合同基础和预期的目的发生根本性的变化，其变化是特别异常的。如果继续维持合同原有效力，则显然有失公平；而商业风险中的客观情况发生变化不具有根本性，即没有达到异常的程度，不会造成履行艰难及显失公平的后果，稍加调整就可以实现合同预期的目的。

(4) 价值目标。情势变更的发生使合同赖以存在的社会环境发生了异常剧烈的变动。例如，货币大幅骤然贬值、物价在短期内数倍增长、国家经济政策的重大调整等，使得合同目的无法或难以实现，合同双方的对价关系被破坏，若仍坚

① 高印立，黄丽芳，张绍发："不可抗力影响下情势变更规则的适用"，载《山西省政法管理干部学院学报》2011年第4期。

② 参见张建军："情势变更与商业风险的比较探讨"，载《甘肃政法学院学报》2004年第4期。

持“契约严守”，在结果上对一方当事人将显失公平，而另一方当事人可能不恰当地获取超常利益，从而有悖诚信原则。因此，情势变更规则的法律宗旨，在于排除非属商业风险所引起的交易上显失公平的结果，是一种损益平衡机制；而商业风险自负规则的宗旨，是以一定风险换取收益。因此，无论出现何种情况，凡属商业风险范畴，当事人就不能免责。

《最高人民法院关于当前形势下审理民商事合同纠纷案件若干问题的指导意见》（法发〔2009〕40 号）第一条第 3 款对如何区分情势变更与商业风险作了规定：“人民法院要合理区分情势变更与商业风险。商业风险属于从事商业活动的固有风险，诸如尚未达到异常变动程度的供求关系变化、价格涨跌等。情势变更是当事人在缔约时无法预见的非市场系统固有的风险。人民法院在判断某种重大客观变化是否属于情势变更时，应当注意衡量风险类型是否属于社会一般观念上的事先无法预见、风险程度是否远远超出正常人的合理预期、风险是否可以防范和控制、交易性质是否属于通常的‘高风险高收益’范围等因素，并结合市场的具体情况，在个案中识别情势变更和商业风险。”

由该指导意见可得出以下结论：

（1）商业风险属固有风险，所谓固有风险即是客观存在的，应当为当事人所预见。对于“高风险高收益”的交易，因其大幅涨跌符合经济规律，故即使变化较大也应认为当事人对其有预见性。而情势变更为非市场固有风险，其不具有可预见性。

（2）尚未达到异常变动程度的供求关系变化、价格涨跌为商业风险，达到异常变动程度的才可能构成情势变更。

（3）非市场系统固有的风险意味着此风险的发生需由市场系统以外的外力干预或影响而致。在山东盛隆置业集团有限公司诉刘作波供暖合同纠纷案中，法院认为：商业风险不能与情势变更单从价格的涨落程度进行量化而予以界定，其实质的判断标准应当以引起价格涨落的原因予以判断，即正常的价值规律的运行是否受外力因素的破坏，需要判断是否存在异常的社会巨变，若没有异常的巨变就是正常的商业风险。[①] 法院的这一认定具有合理性。

二、情势变更规则及其适用条件、效力和程序

（一）情势变更的适用条件

一般认为，情势变更规则的适用有以下几项条件：[②]

① 参见山东省莱阳市人民法院民事判决书（2006）莱阳民一初字第 76 号。

② 参见沈德咏，奚晓明主编：《最高人民法院关于合同法司法解释（二）理解与适用》，人民法院出版社 2009 年版，第 191～192 页。

1. 情势变更的事实。也就是合同赖以存在的客观情况确实发生变化。

2. 情势变更须为当事人所不能预见。如果当事人在订立合同时能够预见到相关的情势变更，即表明其知道相关情势变更所产生的风险，并甘愿承担，在这种情况下情势变更规则并不适用。

3. 情势变更必须不可归责于双方当事人。如果可归责于当事人，则应当由其承担风险或违约责任，而不适用情势变更规则。

4. 情势变更的事实发生于合同成立之后，履行完毕之前。这是一个重要的时间要件。如果在订立合同时就已经发生情势变更，就表明相关当事人已经认识到合同的基础发生了变化，且对这个变化自愿承担风险。

5. 情势变更发生后，如继续维持合同效力，则会对当事人显失公平。

（二）情势变更规则的效力

1. 变更合同。由于情势变更的发生导致原有合同显失公平，变更合同可以使合同双方的权利义务重新达致平衡，使合同的履行变得公平合理。当事人双方可以对合同的主要条款进行变更，如合同标的数额的增减、标的物的变更、履行方式变更、履行期限变更等。

2. 解除合同。根据合同的具体情况及情势变更对合同履行的影响，如果变更合同尚不能消除双方显失公平的结果，就可以解除合同。解除合同的场合通常包括：在合同目的因情势变更而不能实现场合，或者合同履行因情势变更而成为不可期待的场合，或者合同履行因情势变更而丧失意义的场合，在这类场合下，一般就可以解除或终止合同。①

变更合同与解除合同的效力层次不同，遵循合同应当严守的原则，在发生情势变更事由时，如果变更合同可达到消除显示公平的结果，则先考虑变更合同，只有“继续履行合同对于一方当事人明显不公平或者不能实现合同目的”，方考虑通过直接解除合同实现公平原则。

（三）情势变更规则的适用程序

《最高人民法院关于正确适用〈中华人民共和国合同法若干问题的解释（二）〉服务党和国家的工作大局的通知》第二条规定：“为了因应经济形势的发展变化，使审判工作达到法律效果与社会效果的统一，根据民法通则、合同法规定的原则和精神，解释第二十六条规定：合同成立以后客观情况发生了当事人在订立合同时无法预见的、非不可抗力造成的不属于商业风险的重大变化，继续履行合同对于一方当事人明显不公平或者不能实现合同目的，当事人请求人民法院

① 韩世远：《合同法总论》，法律出版社2008年版，第343页。

变更或者解除合同的，人民法院应当根据公平原则，并结合案件的实际情况确定是否变更或者解除。对于上述解释条文，各级人民法院务必正确理解、慎重适用。如果根据案件的特殊情况，确需在个案中适用的，应当由高级人民法院审核。必要时应提请最高人民法院审核。”

根据此通知，情势变更条款的适用必须经过审核程序，原则上以高级人民法院审核为主，高级人民法院认为必要时报请最高人民法院审核。这样的目的在于“及时总结经验，指导类似案件的审理，尽可能达到司法的统一、协调与公正，使审判工作达到法律效果与社会效果的统一”①。

三、情势变更规则在建设工程施工合同中的适用

（一）情势变更规则与工程价款确定方式

1. 固定价格合同下情势变更规则的适用

固定价格合同是指双方在合同专用条款内约定合同价款内包含的风险范围和风险费用的计算方法，在约定的风险范围内合同价款不再调整，风险范围以外的合同价款调整方法，则在专用条款内约定。固定价格合同包括固定总价合同和固定单价合同。固定总价合同一般适用工程量和工程范围比较明确、工期较短的工程，总价确定后一般不得变动。固定单价合同是双方约定综合单价内包含的风险范围和风险费用的计算方法，在约定的风险范围内单价不再调整。

有观点认为，固定总价合同的特点决定了它不应适用情势变更制度，原因在于：

（1）固定总价合同只适用于工程合同总价较低、工期较短并且技术成熟的工程，这样的工程风险相对较低，不可预见的因素相对较少，合同双方当事人尤其是工程承包人，更易于并且有能力和可能性对于风险进行有效控制；

（2）固定总价合同的核心在于“固定”风险，排除未来的工程风险。在现行工程招标投标中，招标文件对投标报价往往设定“风险包干”费用或“风险系数”作为固定总价合同中对不确定因素的一种补偿，遇到风险后应自行负责。②

笔者认为，无论是固定总价合同还是固定单价合同，也无论当事人是否约定了风险范围，当事人所能预见的风险仅是商业风险。对于商业风险，当事人固然

---

① 沈德咏，奚晓明主编：《最高人民法院关于合同法司法解释（二）理解与适用》，人民法院出版社2009年版，第203页。

② 参见王如廷：“情势变更制度在建设工程施工合同中的适用考察”，山东大学硕士学位论文，2006年3月。

要对自己的行为负责，承担未来可预计风险的不利后果。但情势变更并非市场系统的固有风险，是当事人不能预见的，而其后果是将导致当事人丧失合同基础，双方利益失衡，显失公平。既然情势变更不可预见，当事人也不可能将不可预见之情势在合同中约定，既然情势变更已经动摇了合同基础，当事人的约定当然也应当进行变更。而且，“建筑施工行业是传统的微利行业，与房地产开发、金融投资等行业本身具有高风险、高收益的特点有着本质区别，把材料价格异动的风险和损失全部由施工企业承担显然有违合同法公平、诚信的原则”①。《山东省高级人民法院关于印发全省民事审判工作会议纪要的通知》（2011 年 12 月 2 日 鲁高法〔2011〕297 号）对于固定价格合同在履行中能否适用情势变更原则的问题中作出规定：“建设工程施工合同约定工程价款实行固定价格结算，在合同履行中，发生建筑材料价格或者人工费用过快上涨，当事人能否请求适用情势变更原则变更合同价款或者解除合同。如果建筑材料价格或者人工费用的上涨没有超出固定价格合同约定的风险范围，当事人请求适用情势变更原则调整合同价款的，不予支持；如果建筑材料价格或者人工费用的上涨超出了固定价格合同约定的风险范围，发生异常变动的情形，如继续履行固定价格合同将导致当事人双方权利义务严重失衡或者显失公平的，则属于发生了当事人双方签约时无法预见的客观情况，当事人请求适用情势变更原则调整合同价款或者解除合同的，可以依照《最高人民法院关于适用〈中华人民共和国合同法〉若干问题的解释（二）》第二十六条和《最高人民法院关于当前形势下审理民商事合同纠纷案件若干问题的指导意见》的相关规定，予以支持。”

2. 可调价合同下情势变更规则的适用

《建设工程施工合同（示范文本）》（GF-1999-0201）曾规定，可调价合同是指合同价款可根据双方的约定而调整，双方在专用条款内约定合同价款的调整方法。“可调价格合同中合同价款的调整因素包括：（1）法律、行政法规和国家有关政策变化影响合同价款；（2）工程造价管理部门公布的价格调整；（3）一周内非承包人原因停水、停电、停气造成停工累计超过 8 小时；（4）双方约定的其他因素。”在这种工程价款确定方式下，虽然双方对价格变动调整已有约定，但仍有适用情势变更规则的可能。当出现双方约定范围以外的符合情势变更构成要件的情形，当事人仍可依法请求适用情势变更规则来调整价款，但根据《最高人民法院关于正确适用〈中华人民共和国合同法〉若干问题的解释（二）服务党和国家工作大局的通知》（法〔2009〕165 号）中规定：对于合同法司法解释（二）第二十六条，各级人民法院务必正确理解、慎重适用，如果根据案件的特殊情况，确需在个案中适用的，应当由高级人民法院审核，必要时应报请最高

---

① 冯晓磊：“情势变更原则在建设工程施工合同中的适用”，载《人民法院报》2009 年 9 月 24 日。

人民法院审核。可见，司法实践中，简单地以出现“情势变更”为由通过诉讼主张变更价格或解除合同的难度非常大。

2017版《建设工程施工合同（示范文本）》（GF-2017-0201）则去掉了对可调价合同的直接定义，在价格调整部分对市场价格波动引起的调整、法律变化引起的调整分别进行规定，并允许双方在专用合同条款中进行特别约定，非常详细地规定了人工、材料、工程设备和机械台班价格调整的具体方式，较1999年版示范文本更加细致具体。

3. 成本加酬金合同下情势变更规则的适用

成本加酬金合同，是由发包人向承包人支付工程项目的实际成本，并按事先约定的某一种方式支付酬金的合同类型。合同价款由建设产品的生产成本加上承包人的利润构成。这种方式已考虑了价格涨落等现行计价依据，因此对由于涨价引起的纠纷较少。[①] 由于发包人承担工程成本，承包人获得以工程成本乘以竞争费率所得的酬金，原则上并无因原材料及人工费用异常上涨而适用情势变更的必要。这种情形下可能存在适用情势变更的情形，多为因意外事件的发生导致工期延长的问题。

【实务判例】 情势变更的适用应以不可预见和显失公平为要件[②]

2002年11月，武汉某公路建设指挥部对该公路一期工程进行公开招标，招标文件的投标须知资料表和修改表中载明：“本合同在施工工期内不进行价格调整，投标人在报价时应将此因素考虑在内。”2003年1月，某集团二公司以1.092亿元总价中标该工程15标段，并在2003年4月4日签订的合同专用条款70.1款约定：“本合同在施工期间不进行价格调整。承包人应在投标时考虑这一因素。”

期间，湖北省交通厅于2004年7月15日下发鄂交基（2004）314号《关于对在建高速公路项目主要材料涨价实施价格补贴的意见》，该意见针对2002年末以来全国建材价格持续大幅度上涨的情况，要求各有关单位根据风险共担、合理补偿的原则，对2002年10月至2003年12月在建的高速公路土建主体工程主要材料涨价幅度大于5%的实施补贴，由建设单位和施工单位根据项目实际情况，确定各自分担比例。

后因双方当事人结算纠纷而成讼。二公司请求判令指挥部支付涨幅大于5%的主要材料差价。一审法院经委托鉴定，案涉工程涨幅大于5%的材料差价为1037.08万元。

---

① 路美芳：“情势变更原则在建设工程合同中的适用”，载《房地产前沿》2007年第1辑。

② 参见最高人民法院（2007）民一终字第81号民事判决书。

最高人民法院二审认为，本案当事人在合同中明确排除了因材料上涨而调整合同价款的可能。而经鉴定，二公司因材料价格上涨导致的差价损失幅度尚难达到情势变更原则所要消除的当事人之间权利义务显失平衡的严重程度。同时，本案合同签订于2003年4月4日，从鄂交基（2004）314号文中的建材涨价时间来看，本案也不适用情势变更原则的时间要件。

（二）情势变更规则与地方调价文件

情势变更与商业风险的区别在理论上可以界定，而在实践中的判断则有相当大的难度。特别是如何认定价格涨跌达到了显失公平的程度，并没有一个普适的标准。在建设工程领域，针对建筑材料和人工费的涨跌，许多地方都会出台相关规范性文件加以规范和指导，那么在规范性文件中由建设行政管理部门确定的建筑材料、人工费价格调整的涨跌幅度标准，能否作为显失公平且适用情势变更规则的标准值得探讨。有学者以2003年建筑材料大幅上涨时江苏省建设厅出台的《关于妥善处理建筑材料价格上涨确保工程质量和安全的意见》为例，认为该意见中关于“材料价格上涨幅度超过10%时，其超出部分的价差由发包人承担”的规定，是将10%作为显失公平即适用情势变更规则的一个参照标准，并认为“在具体认定情势变更时，可以适当参照当地出台的一些适时反映本地区情况的地方法规、政策和意见，综合考虑”。[①] 也有学者认为，地方建设行政主管部门的指导性文件显然不能作为裁判案件的依据。[②]

我们以2008年受国际金融危机影响国内建筑材料和劳务用工价格持续上涨的情况下，各地出台的关于价格调整的指导意见为例进行讨论。这里主要选取了上海、浙江、江苏、山东、湖南、河南、甘肃等地的价格指导文件从以下几个方面进行分析：[③]

1. 从文件对当事人合同约定的态度来看，可以分为以下三类：

（1）第一类：强调尊重合同当事人的约定和意思自治，只是建议承发包方双方可采用文件中规定的调整办法进行调整。上海、浙江、江苏等地的价格调整文件属于此种类型。

上海市《关于建设工程要素价格波动风险条款约定、工程合同价款调整等事宜的指导意见》（沪建市管〔2008〕12号）第四条规定：“已签订工程施工合同但尚未结算的工程项目，如在合同中没有约定或约定不明的，发承包双方可结合

---

① 沈德咏，奚晓明：《最高人民法院关于合同法司法解释（二）理解与适用》，人民法院出版社2009年版，第201页。

② 宋宗宇，王热：“情势变更的类型化分析”，载《“情势变更制度在建设工程施工合同中的运用”学术研讨会论文集》，第86页。

③ 高印立：“地方调价文件能作为认定情势变更的依据吗?”，载《建筑时报》2011年11月7日。

工程实际情况，协商订立补充合同协议，建议可采用投标价或以合同约定的价格月份对应造价管理部门发布的价格为基准，与施工期造价管理部门每月发布的价格相比（加权平均法或算术平均法），人工价格的变化幅度原则上大于±3%（含3%下同），钢材价格的变化幅度原则上大于±5%，除人工、钢材外上述条款所涉及其他材料价格的变化幅度原则上大于±8%应调整其超过幅度部分要素价格。”

浙江省《关于加强建设工程人工、材料要素价格风险控制的指导意见》（建建发〔2008〕163号）第一条规定：“凡施工合同对建设工程要素价格的风险范围、幅度有明确约定的从其约定。未约定的，发承包双方可本着实事求是、风险合理分担的原则，按以下办法签订补充协议，协商解决。”

江苏省《关于加强建筑材料价格风险控制的指导意见》（苏建价〔2008〕67号）第三条规定：“本意见发布前已经签订固定价格施工合同（包括固定总价与固定单价合同），尚未完成工程竣工结算的招投标工程，如果合同中未约定材料价格风险控制条款的，经发承包双方协商一致，可按下述原则签订补充协议，到工程所在地建设行政主管部门备案后调整工程造价。”

（2）第二类：强调按合同已经约定的风险系数进行调整，对于未约定或约定不具体的，要求按文件规定的调整办法调整。山东省的价格调整文件属于此种类型。山东省《关于加强工程建设材料价格风险控制的意见》（鲁建标字〔2008〕27号）第二条规定：“发承包双方签订固定价格合同，且合同中未对材料价格风险幅度以及调整办法进行约定或约定不具体的，发承包双方应按照以下原则进行协商、调整，并签订补充条款或补充合同……”

（3）第三类：强调有具体约定的按约定处理，无具体约定的或约定不明确的，包括价格包干和约定承包人承担所有风险在内的工程均应当按文件进行调整。湖南、河南、甘肃等地的价格调整文件属于此种类型。

湖南省的《关于工程主要材料价格调整的通知》（湘建价〔2008〕2号）第二条规定：“凡在施工承包合同中没有具体明确风险范围和调整幅度的，不论是采用固定综合单价（含平方米造价包干）或固定总价合同包干的工程，均应列入此次调整范围。”

河南省的《关于建设工程材料价格风险处理办法的通知》（豫建设标〔2008〕11号）规定，双方签订的《建设工程施工合同》中未约定材料价格风险范围和幅度或约定不具体的，施工期间材料价格与《建设工程施工合同》确定的价格发生变化的应允许调整。招标人在招标文件中仅以所有风险或类似的语句规定投标人应承担的风险，没有具体约定的，可视为其风险范围和幅度约定不明。

甘肃省的《关于对主要建筑材料价格进行调整的通知》（甘建价〔2008〕302号）第一条中规定：“1.……合同中未约定风险费用额度以及风险范围以外单价

调整的，材料价差由发包人承担。2. 施工合同采用固定价格的工程，发包人在招标文件中仅以所有风险或类似语句规定承包人自行测算并承担风险，没有具体约定的，可视为其风险范围和幅度约定不明，其价差由发包人承担。”

可见，各地建设行政主管部门出具的价格调整文件对待合同当事人已约定内容的态度不尽相同。一部分文件强调尊重当事人的意思自治，坚持当事人要严守合同约定，并不认为原有合同的基础已经发生根本性动摇，也无重新分配当事人权利义务的意图。这与情势变更规则的适用条件不符；另一部分文件则在坚持遵守已有的风险承担约定的同时，要求对于“承包人承担所有风险”的约定进行变更，并按调价文件规定进行调整。此类文件原则上还是坚持了“契约严守”的理念，仅对特殊情形要求强行调整。这实际上是否认了“承包人承担所有风险”或“材料价格上涨不得调整”条款的效力。从法律上讲，如果认定此类条款本身显失公平，则其属于可撤销的内容。承包人应当在法律规定的期间内行使撤销权，这种约定与情势变更的适用无关。[①]

而且，文件所规定的调整标准的适用是十分有限的，也会与其他合同中已约定的调整办法不一致。如，未作约定的合同，按文件要求的调整标准为价格上涨10%；而当事人在合同中具体约定调整标准为5%的，则将5%作为调整标准。因此，即使是在一个特定的行政区域，这种适用有限的调整标准也不宜作为适用情势变更规则的普遍性标准。

2. 从合同当事人的主观认识上看，情势变更规则的适用要求合同当事人在订立合同时对客观变化的“情势”具有不可预见性，而各地方价格调整文件对其文件在时间上的适用均采用了一刀切的办法，虽然简单易操作，但很显然，这种处理办法却难以保证合同当事人在订立合同时对价格变化是不可预见的。

我们以河南省的价格调整文件中的有关规定为例进行分析。河南省的《关于建设工程材料价格风险处理办法的通知》（豫建设标〔2008〕11号）规定：“自去年[②]10月份以来，我国钢材、水泥等主要建筑材料上涨所发生的价差，工程发承包双方应本着实事求是、共担风险的原则协商解决。……现结合我省情况，决定对引起工程造价变化较大的材料价格上涨问题提出以下解决办法。”“2007年10月1日以后完成的工程量，因钢材、水泥等主要建筑材料上涨所发生的价差，工程承发包方应本着实事求是、共担风险的原则协商解决。凡双方签订的《建设工程施工合同》中未约定材料价格风险范围和幅度约定不具体的，施工期间材料价格与《建设工程施工合同》确定的价格发生变化的应允许调整。调整的范围及

---

① 最高人民法院的冯小光法官持此观点。参见孙贤程：“关注‘情势变更’五大适用问题”，载《建筑时报》，2009年6月8日。

② 指2007年，笔者注。

方法由发承包双方协商确定，协商不成的按照以下原则进行。”

从上述文件中的规定可以看出，该文件的发文时间为2008年2月14日，其确定价格调整的范围为2007年10月1日以后完成的工程量。在2007年10月1日之前，合同当事人在订立合同时还有可能对这种价格上涨缺乏预见性，但在2007年10月份以后订立合同的当事人应当对经济形势变化所导致的价格上涨有所预见，因为主要建筑材料价格上涨已经出现。正如最高人民法院在（法发〔2009〕40号）《指导意见》中所指出的，“全球性金融危机和国内宏观经济形势变化并非完全是一个令所有市场主体猝不及防的突变过程，而是一个逐步演变的过程。在演变过程中，市场主体应当对于市场风险存在一定程度的预见和判断”。而且，该价格调整文件还适用于2008年2月14日以后订立的合同。此时，价格调整文件已经发布，“主要建筑材料价格上涨异常”的警示已经发出，合同当事人已经没有任何理由辩称自己对建筑材料价格的上涨没有预见性了。因此，对当事人来说，这完全是商业风险，应当由其承担不利后果。

3. 从客观情况的变化程度来看，情势变更是当事人在缔约时无法预见的非市场系统固有风险，其风险程度超出正常人的合理预期，应当达到异常的程度。从各地价格调整文件规定的调整标准来看，上海的《关于建设工程要素价格波动风险条款约定、工程合同价款调整等事宜的指导意见》（沪建市管〔2008〕12号）规定，人工价格的变化幅度原则上大于±3%、钢材价格的变化幅度原则上大于±5%、其他材料价格变化原则上大于±8%时，应调整超过幅度部分的要素价格。湖南省的《关于工程主要材料价格调整的通知》（湘建价〔2008〕2号）规定的调整标准是，土建及市政工程主要材料为±3%，装饰及安装工程主要材料为±5%。江苏省的《关于加强建筑材料价格风险控制的指导意见》（苏建价〔2008〕67号）则规定第一类主要建筑材料为±10%，第二类主要建筑材料为±5%。[①]

我们以上海市的钢筋混凝土用钢筋价格变化为例进行分析。[②] 在发生2008年国际金融危机之前的2006年4至5月，上海地区上述钢筋价格为2983元/吨，而两个月后的6至7月份，钢筋价格上涨至3294元/吨，上涨幅度为10%；2007年1至2月份，上述钢筋价格为3097元/吨，两个月后的3至4月份上涨为3298元/吨，上涨幅度为6.2%；金融危机过后的2010年8至9月份，上述钢筋价格为4013元/吨，两个月后的2010年10至11月份，上涨为4485元/吨，上涨幅

① 根据该文件的定义，材料费占单位工程量2%以上、10%以内的各类材料为第一类主要建筑材料；材料费占单位工程量10%以上的各类材料为第一类主要建筑材料；材料费占单位工程量2%以下的各类材料为非主要建筑材料。

② 该价格数据来源于上海建筑建材业网站：http://www.ciac.sh.cn/ztzl_bzde.aspx。2011年10月7日。

度达 11.8%。

可见，此类钢材价格的正常浮动非常容易超过 5%的幅度，甚至达到 10%以上。但毋庸置疑，上述价格变化应当属于正常的市场变化范畴。因此，仅以建设行政主管部门发布的规范性文件中所确定的调价标准来作为认定情势变更规则适用的程度标准是不合适的。

4. 从各地建设行政主管部门发布的价格调整文件的效力来看，其属于规范性文件，不具有强制执行的效力，仅具有指导作用。在不构成情势变更的情况下，当事人应当首先遵守合同的约定。《广东省高级人民法院全省民事审判工作会议纪要》（粤高法〔2012〕240 号）第二十六条有类似规定："当事人在合同中对建筑材料价格变动的风险有约定的，按约定处理。没有约定的，约定工期内的建筑材料价格变动的风险由承包人承担；逾期竣工的，延误工期期间的建筑材料价格变动的风险，由对工期延误有过错的一方承担；双方均有过错的，按过错大小分担损失。建筑材料价格大幅变动，当事人以情势变更为由请求调整工程价款的，应从严把握。"

综上所述，各地建设行政主管部门发布的价格调整文件所规定的价格变动标准，不能直接作为认定是否构成情势变更的依据，一般来说相关文件的规定仅能作为合同当事人之间依合同自由原则进行合同变更和协商的参考依据。法院在认定具体案件是否适用情势变更规则时，应当结合具体案件情况，严格认定情势变更规则适用的条件，遵循公平正义原则作出裁判。

2017 年 8 月 18 日，环境保护部、国家发展和改革委员会、工业和信息化部等印发了《京津冀及周边地区 2017—2018 年秋冬季大气污染综合治理攻坚行动方案》（环大气〔2017〕110 号）。该方案规定，北京、天津及河北、山东、山西各省的有关城市钢铁生产实行错峰限停产措施，石家庄、唐山、邯郸、安阳等重点城市，采暖季钢铁产能限产 50%，建材行业全面实施错峰生产，采暖季全部实施停产。由此导致建材市场供需关系变化，建筑主材价格出现大幅上涨。吉林省、济南市有关部门对此也发布了有针对性的价格调整指导意见，其调整原则与前述各价格调整文件基本一致。笔者认为，对于此次各地方出台的价格调整文件，前述关于地方调价文件与情势变更之间的关系依然适用。不同的是，此次建材价格上涨的原因与国家的政策变化有关，在变化幅度超过正常的商业风险范围时，有被认定构成情势变更的可能。

【实务判例】 建设行政主管部门颁发的调价文件对施工合同当事人没有直接的约束力[①]

2007 年 8 月 27 日，A 实业公司与 B 工程公司签订建设工程施工合同，

① 参见浙江省宁波市中级人民法院（2012）浙甬民二终字第 407 号民事判决书。

合同约定由B工程公司承建实业公司的厂房、宿舍及办公楼工程，合同价款1658万元。合同价款采用固定价方式确定，合同价款中包括风险范围为“市场价格波动及政策性调价，”后又将该内容删除。风险费用的计算方法、风险范围以外合同价款方式为“无”。此外，合同还约定了付款方式。B工程公司承接该工程后，将工程中的土建部分分包给金某某，约定金某某按分包工程结算价的8%上交的税管费，其他事宜参照B工程公司与A实业公司的建设工程施工合同执行。

后金某某在施工期间离开工地，致工程停工。B工程公司委托案外人完成了后续工程并通过了竣工验收。B工程公司因与金某某产生结算纠纷而将其诉至法院。其中关于材料及人工差价问题，被告金某某认为，根据浙江省建设厅《关于加强建设工程人工、材料要素价格风险控制的指导意见》（建建发〔2008〕163号）的规定，原告应对建筑材料、人工价格上涨部分予以补偿。

法院经审理认为，原告B工程公司将土建工程分包给不具备施工资质的金某某施工，违反了法律的禁止性规定，该分包合同无效。现该工程经验收合格，故可参照合同约定结算工程价款。根据合同约定，合同价采用固定价，合同专用条款中关于风险范围的约定被删除，且对风险费用、风险范围以外合同价款方式的约定为“无”，故应视为双方对固定价风险范围未作约定。而浙江省建设厅建建发〔2008〕163号文件规定的是“有约定按约定，无约定按合理分担原则协商解决”，且该文件作为建设行政部门颁发的指导性文件，合同当事人可根据该文件精神处理工程要素价格风险的负担问题，在当事人未约定的情况下，该文件对施工合同当事人没有直接约束力。故被告以该文件的规定要求原告补偿材料、人工价差的理由不成立。

第四节 建设工程施工合同履行中的抗辩权

一、履行抗辩权的一般理论

抗辩权，是指对抗请求权或否认对方权利主张的权利。抗辩权的重要功能在于通过行使这种权利而使对方的请求权消灭，或使其效力延期发生。履行抗辩权是指在双务合同的履行过程中，当符合法定条件时，当事人一方对抗对方当事人的履行请求，暂时拒绝履行其债务的权利。它包括同时履行抗辩权、后履行抗辩权和不安抗辩权。这三种抗辩权属于延缓的抗辩权，即仅能使对方的请求权在一定期限内不能行使，所以又称一时的抗辩权。

同时履行抗辩权，是指双务合同的当事人在无先后履行顺序时，一方在对方未为对待给付以前，可以拒绝履行自己债务的权利。我国《合同法》第六十六条对此作了规定。[①] 同时履行抗辩权的行使须具备以下三个条件：

1. 须由同一双务合同互负债务。

2. 须双方当事人同时履行，包括合同约定同时履行和没有约定先后履行顺序的，应当同时履行。

3. 一方当事人有证据证明同时履行的对方当事人不能履行合同或不能适当履行合同。如我国社会生活中，“一手交钱，一手交货”的交易原则，保证了双方当事人都不因首先履行而蒙受损失。

后履行抗辩权，是指当事人互负债务，有先后履行顺序，先履行一方未履行的，后履行一方有权拒绝其履行要求，先履行一方履行债务不符合约定的，后履行一方有权拒绝其相应的履行要求。先履行一方履行债务不符合约定的，后履行一方有权拒绝其相应的履行要求。《合同法》第六十七条对此作了规定。[②] 后履行抗辩权的适用有以下情形：

1. 应当先履行的当事人不履行义务，已到履行期的应当后履行的对方当事人享有不履行合同的权利。例如，承揽合同里如果约定定作方付款后，承揽方交付定作物。如果定作方届时不付款，则承揽方有权拒绝交付定作物。

2. 应当先履行的当事人不适当履行合同造成根本违约，对方当事人享有不履行的权利。例如供货方交付假冒商品，购买方有权不付货款。

3. 应当先履行的当事人不适当履行构成部分履行，对方当事人有权就未履行部分拒绝给付，只对其相应给付。例如，1 万吨大米的买卖合同，卖方只交付了 6000 吨，则买方有权只支付 6000 吨大米的货款。

4. 应当先履行的当事人不适当履行构成迟延履行，对方当事人有权拒绝履行自己的债务。

不安抗辩权是指双务合同成立后，应当先履行的当事人有证据证明对方不能履行合同义务，或有不能履行合同义务的可能时，在对方没有履行或者提供担保之前，有权中止履行合同义务。在双务合同中，应当先履行的当事人没有后履行抗辩权，故法律设立不安抗辩权，使其在对方无力履行的情况下享有拒绝履行合

---

① 《合同法》第六十六条规定：“当事人互负债务，没有先后履行顺序的，应当同时履行。一方在对方履行之前有权拒绝其履行要求。一方在对方履行债务不符合约定时，有权拒绝其相应的履行要求。”

② 《合同法》第六十七条规定：“当事人互负债务，有先后履行顺序，先履行一方未履行的，后履行一方有权拒绝其履行要求，先履行一方履行债务不符合约定的，后履行一方有权拒绝其相应的履行要求。”

同义务的权利。《合同法》第六十八条对此作了规定。①

当事人依照不安抗辩权的规定中止履行的，应当及时通知对方。对方提供适当担保时，应当恢复履行。中止履行后，对方在合理期限内未恢复履行能力并且未提供适当担保的，中止履行的一方可以解除合同。

合同履行过程中的抗辩权，是合同效力的表现。它的行使，只是在一定期限内中止履行债务，并不消灭债的履行效力。产生抗辩权的原因消失后，债务人仍应履行其债务。同时，合同履行中的抗辩权，是对抗辩权人的一种保护手段，免去自己履行却得不到对方履行的风险，使对方当事人产生及时履行、提供担保等压力，所以履行抗辩权是债权保障的法律制度，以防患于未然。

建设工程施工合同履行中的抗辩权既可由承包人行使，也可由发包人行使。实践中承包人行使抗辩权的表现形式主要有工程停工、拒交工程、拒交工程资料等，发包人行使抗辩权的表现形式主要是拒付价款。但停工、拒交工程、拒交工程资料以及拒付价款等表现形式是否构成履行抗辩权，则需要根据当事人的约定、法律规定及对方当事人的履行情况综合判断后认定。

二、承包人抗辩权的行使

在建设工程施工合同履行过程中，承包人抗辩权的行使方式主要有工程停工、拒交工程以及拒交资料等。但并非所有的工程停工、拒交工程以及拒交资料都能够形成抗辩权，承包人在进行抗辩时，必须符合抗辩权的法定条件，并严格按照行使程序维护自己的合法权益。

(一) 工程停工

在建设工程施工合同履行过程中，导致工程停工的原因可能是发包人的原因，也可能是承包人甚至业主的原因。通常工程停工的几种主要情形有：①发包人未按照合同约定的时间提供原材料、设备、场地，导致工程停工；②发包人未按照约定的时间支付工程预付款、进度款，导致工程停工；③发包人未按合同约定提供图纸、技术资料，导致工程无法进行的停工；④发包人未及时检查隐蔽工程、未及时进行中间验收导致下步工程无法施工，从而导致工程停工；⑤发现地下障碍物、水流或文物造成工程停工；⑥非正常突发事件或不可抗力导致工程停工；⑦因发包人提出已施工部分工程质量存在严重缺陷而引起的停工等。

---

① 《合同法》第六十八条规定："应当先履行债务的当事人，有确切证据证明对方有下列情形之一的，可以中止履行：(一) 经营状况严重恶化；(二) 转移财产、抽逃资金，以逃避债务；(三) 丧失商业信誉；(四) 有丧失或者可能丧失履行债务能力的其他情形。当事人没有确切证据中止履行的，应当承担违约责任。"

当上述事件导致工程停工后，可能的结果有两种：一种是双方根据停工事件发生的诱因协商妥善解决，然后工程复工；另一种是工程继续停工直至承包人退场，合同终止，双方就已施工部分工程进行结算。通常而言，由于发包人未及时提供原材料、设备、场地、技术资料，或者因为发生突发事件而导致的工程临时停工，一般不至于达到双方终止合同的地步。实践当中，较常见的是工程款支付严重逾期，或者发包方认为施工部分工程存在严重质量缺陷且不同意承包人自行修复的情形，才会导致双方终止合同。

实践中，承包人行使停工抗辩的理由主要是发包人不按合同约定支付工程价款，主要包括以下两个方面：

1. 发包人不按合同约定支付工程预付款时，承包人可以工程停工的方式行使后履行抗辩权。《建设工程施工合同（示范文本）》GF-2017-0201 通用合同条款第 12.2.1 项规定："预付款的支付按照专用合同条款约定执行，但至迟应在开工通知载明的开工日期 7 天前支付。预付款应当用于材料、工程设备、施工设备的采购及修建临时工程、组织施工队伍进场等。除专用合同条款另有约定外，预付款在进度付款中同比例扣回。在颁发工程接收证书前，提前解除合同的，尚未扣完的预付款应与合同价款一并结算。发包人逾期支付预付款超过 7 天的，承包人有权向发包人发出要求预付的催告通知，发包人收到通知后 7 天内仍未支付的，承包人有权暂停施工，并按第 16.1.1 项〔发包人违约的情形〕执行。"可见，承包人在此情形下行使停工抗辩时，事先应履行通知义务。

2. 发包人不按合同约定支付工程进度款时，承包人可以以工程停工的方式行使后履行抗辩权。《建设工程施工合同（示范文本）》GF-2017-0201 通用合同条款第 16.1.1 项规定，因发包人原因未按合同约定支付合同价款的，"承包人可向发包人发出通知，要求发包人采取有效措施纠正违约行为。发包人收到承包人通知后 28 天内仍不纠正违约行为的，承包人有权暂停相应部位工程施工，并通知监理人。"但承包人也应当积极采取措施，如做好人员调整和机械设备的撤离等安排，不能放任停工损失的扩大。

值得注意的是，停工等后履行抗辩权的行使条件之一是要求双方当事人因同一双务合同互负债务，在履行上存在关联性，形成对价关系。[①] 那么以下两种情形就值得讨论：

1. 发包人部分履行付款义务的情形。

在该情形下，需要看发包人尚欠工程款的情况，如发包人已支付绝大部分工程款，仅欠付少量数额（如应付工程款 1000 万元，已支付 990 万元，尚欠 10 万元），这属于轻微违约。大陆法系认为，如果一方的违约在性质上和后果上是轻

---

① 胡康生主编：《中华人民共和国合同法释义》，法律出版社 2009 年版，第 116 页。

微的，则另一方在此种情况下援用履行抗辩权，拒绝履行自己的义务，将根本违背诚实信用原则。[①] 而且，工程停工属于激烈的抗辩行为，其与发包人轻微的违约行为不具有对价关系。

2. 发包人未履行主债务或主给付义务以外的其他义务的情形。

实践中，有承包人因发包人未按约定返还履约保证金而停工的案例。所谓对价关系，是指双方当事人所应履行的义务在价值上大致相当。一般认为，除其履行不当影响合同目的实现之外，从债务与主债务之间不应具有牵连性和对价关系。主给付义务和从给付义务、附随义务之间也是如此。因此，一般情况下，发包人仅违反支付工程款以外的其他履行义务，除直接影响合同目的实现和导致合同履行不能的情形外，承包人不得行使停工抗辩。

【实务判例】 承包人停工抗辩的，应采取适当措施防止损失的扩大[②]

1998 年 6 月，理工学院与六建公司通过招投标方式签订《建设工程施工合同》，理工学院将其成教楼、住宅楼发包给六建公司，六建公司次日与 A 公司签订《分包合同》将上述工程分包给 A 公司。A 公司以六建公司洛大项目部名义施工。

1994 年 4 月，发现成教楼西半部浇板出现裂缝。同月 16 日，监理单位向洛大项目部下发停工整改通知书。同月 20 日，六建公司向洛大项目部下发停工通知书。至此，成教楼工程全部停工。

为了查明成教楼出现裂缝的原因，理工学院和六建公司多次委托不同的第三方机构进行了鉴定。其中国家建筑工程质量监督检验中心的鉴定结论为："裂缝是由于两轴间基础的不均匀沉降引起的。"经河南省建筑工程质量检验测试中心鉴定，该工程抽检部分桩和楼板混凝土强度低于设计强度。另查，该工程勘察报告由理工学院和 B 勘察公司共同作出，理工学院无勘察资质。

1995 年 5 月 25 日，六建公司要求 A 公司"全部人员停工、撤场"，A 公司同意但未执行。1999 年 8 月 2 日，六建公司要求 A 公司于 8 月中旬复工，A 公司同意，但 8 月中旬并未复工。2001 年 3 月 20 日经法院调解（另案）明确："A 公司撤出现场。"

2001 年 3 月 10 日，A 公司诉至法院，要求六建公司、理工学院赔偿损失 303.5 万元。

一审法院判决，A 公司从 1999 年 4 月 16 日停工至起诉前 2001 年 3 月 6

① 参见王泽鉴：《民法学说与判例研究》（第六册），中国政法大学出版社 2005 年版，第 151 页。转引自王利明：《合同法研究》（第二卷），中国人民大学出版社 2003 年版，第 94 页。

② 参见奚晓明主编：《民事审判指导与参考》总第 50 辑，人民法院出版社 2012 年版。

日止，共计691天的损失共计2118559.73元，其中理工学院承担50%，六建公司承担20%，其余损失由A公司承担。

最高人民法院再审认为，涉案工程停工后，A公司与六建公司就停工撤场还是复工问题一直存在争议。对此，各方当事人应本着诚实信用的原则加以协商处理，暂时难以达成一致的，发包人对于停工、撤场应有明确的意见，并应承担合理的停工损失；承包方、分包方也不应盲目等待而放任停工损失的扩大，而应当采取适当措施如及时将有关停工事宜告知有关各方、自行做好人员和机械撤离，以减少自身的损失。本案中，虽然涉案工程实际处于停工状态近两年，但对于计算停工损失的停工时间则应综合案件事实加以合理确定。将A公司的停工时间计算为从1999年4月20日起的6个月较为合理。同时，判决理工学院承担停工损失的70%，六建公司承担20%，A公司承担10%。

（二）拒交工程

发包人拖欠工程款往往是在工程后期，特别是工程竣工之后。此时，有的承包人为维护自己的权益会拒绝向发包人移交工程。实践中有人将之称为“工程留置”。然而，根据我国《物权法》第二百三十条和《担保法》第八十二条的规定，留置权仅适用于动产。[①] 根据《合同法》第二百六十九条的规定，建设工程合同是承包人进行工程建设，发包人支付价款的合同，则承包人按照合同约定完成工程建设并交付工作成果是其应尽的义务。如果发包人在承包人交付工程之前负有付款义务，则承包人因发包人未按约付款而不移交工程的行为是一种后履行抗辩权；如果承包人不但不移交工程，还将工程依法拍卖并就拍卖的价款优先受偿，那么其行使的则是《合同法》第二百八十六条赋予承包人的优先受偿权。该优先受偿权与留置权在功能上是一致的，留置权与履行抗辩权也是有渊源的。[②] 但履行抗辩权与优先受偿权性质不同，优先受偿权是担保物权，而履行抗辩权不具有物权性质。

同样，承包人拒交工程这一抗辩权的行使也应当与发包人的工程欠款行为具有对等性，即不交付的工程价值应与工程欠款基本相当。如果发包人拖欠的工程

① 我国《物权法》第二百三十条规定：“债务人不履行到期债务，债权人可以留置已经合法占有的债务人的动产，并有权就该动产优先受偿。”《担保法》第八十二条规定：“本法所称留置，是指依照本法第八十四条的规定，债权人按照合同约定占有债务人的动产，债务人不按照合同约定的期限履行债务的，债权人有权依照本法规定留置该财产，以该财产折价或者以拍卖、变卖该财产的价款优先受偿。”

② 日本的近江幸治教授曾指出：“拒绝履行制度来自于罗马法的恶意抗辩。这种恶意抗辩以后发展成两个方向：一是双务合同关系中的同时履行抗辩权；还有一个是作为债权保全制度的留置权。”［日］近江幸治著：祝娅等译：《担保物权法》，法律出版社2000年版，第17页。

款与不交付的建设工程价值差距较大或部分不交付影响整个工程使用的，承包人应承担赔偿责任。《深圳市中级人民法院关于建设工程合同若干问题的指导意见》规定："工程施工完毕且已竣工验收的，发包人拖欠工程款或结算已到期工程尚未交工的，承包人可以行使抗辩权为由不交付建设工程，但不交付的工程价值应与工程欠款基本相当。如果发包人拖欠的工程款与不交付的建设工程价值差距较大或部分不交付影响整个工程使用的，承包人应承担赔偿责任。"

对于承包人拒交工程这一抗辩权的行使，实践中也存在不同意见。《北京市高级人民法院关于审理建设工程施工合同纠纷案件若干疑难问题的解答》第 38 条规定："工程竣工验收合格后，承包人以发包人拖延结算或欠付工程款为由拒绝交付工程的，一般不予支持，但施工合同另有明确约定的除外。承包人依据合同约定拒绝交付工程，但其拒绝交付工程的价值明显超出发包人欠付的工程款，或者欠付工程款的数额不大，而部分工程不交付会严重影响整个工程使用的，对发包人因此所受的实际损失，应由当事人根据过错程度予以分担。"

鉴于实践中承包人拒交工程的程度较难把握，且影响工程的交付使用，不利于建筑物价值功能的及早发挥，故不建议动辄使用。

【实务判例】发包人欠付工程款，法院认定承包人拒绝交工不构成违约[①]

2004 年，天宁公司与电缆厂签订《建设工程施工合同》，约定电缆厂某工程由天宁公司承建。2005 年 7 月，双方为工程款发生纠纷诉至法院，法院判决电缆厂支付拖欠的工程款，后天宁公司向法院申请强制执行，并以电缆厂未履行生效判决确定的义务为由，继续看管建造的房屋，并委派少数员工居住于电缆厂厂区里为施工而搭建的临时活动房内。电缆厂诉至法院，要求天宁公司人员退场，交付占有的房屋。另查明，双方签订的《建设工程施工合同》第 33.2 款约定，承包人收到竣工结算价款后 14 天内将竣工工程交付发包人。

法院认为：涉案地上建筑物之权利虽为电缆厂所有，但天宁公司系该工程项目的施工单位，双方的工程施工合同中约定，"承包人收到竣工结算价款后 14 天内将竣工工程交付发包人"，由此可见，承包人享有后履行抗辩权，如发包人未付清工程结算价款，承包人有权拒绝交付工程。电缆厂在工程竣工后未履行其应尽的支付工程款的义务，天宁公司有权根据合同约定拒绝交付工程，即便天宁公司已就电缆厂拖欠工程款之案件向法院申请执行，也不影响天宁公司行使后履行抗辩权。

---

① 参见上海市第一中级人民法院（2009）沪一中民二（民）终字第 1324 号民事判决书。

（三）拒交工程资料

承包人向发包人提交的工程资料有两类，一类为工程竣工资料，另一类为工程档案资料。工程竣工资料为承包人在工程竣工验收之前向发包人提交的资料，是工程竣工验收的条件之一。《房屋建筑和市政基础设施工程竣工验收规定》（建质〔2013〕171号）第五条规定，有完整的技术档案和施工管理资料是工程进行竣工验收的条件。而工程档案资料是指工程竣工验收合格后，施工单位应当向建设单位移交的施工资料。根据《建筑工程资料管理规程》JGJ/T 185—2009第4.1.4条规定，施工资料分为施工管理资料、施工技术资料、施工进度及造价资料、施工物资资料、施工记录、施工试验记录及检测报告、施工质量验收记录、竣工验收资料八类。

实践中承包人有时会以工程竣工资料的提交或工程档案资料的移交作为催讨工程款的筹码。根据后履行抗辩权的规定，如果发包人未依约支付工程款，承包人可以以拒交工程资料的方式进行抗辩。

（四）拒绝配合竣工验收

工程实践中，承包人有时会基于发包人未按约支付工程款而拒绝配合进行竣工验收。《房屋建筑和市政基础设施工程竣工验收规定》（建质〔2013〕171号）第五条也将“建设单位已按合同约定支付工程款”作为工程进行竣工验收的条件。笔者认为，该条件的目的在于督促建设单位在工程竣工验收前履行付款义务，避免工程款拖欠。上述文件所规定的“已按合同约定支付工程款”是指截至工程竣工验收前，建设单位已按合同约定足额支付了相应的工程款，该工程款是一个总量的概念，并非要求之前各个预付款、进度款的支付时间、数额必须完全符合合同约定，否则一旦建设单位在某个节点未按合同约定付款，则工程永远无法符合竣工验收条件。同时，“已按合同约定支付工程款”也并非是支付了全部工程价款，而是按照合同约定足额支付即可。

值得注意的是，在建设工程施工合同履行过程中，承包人应当及时行使履行抗辩的权利。若在合同履行过程中不履行抗辩权而继续正常履行合同，则会导致履行抗辩权的丧失。因为双方债务之间的对立和牵连状态已经消失，行使履行抗辩权的前提已不存在。在这种情况下，若承包人未按合同约定完成合同义务，极有可能导致自身违约。如，在合同履行过程中，发包人未按合同约定支付工程款，承包人未行使履行抗辩权，也未取得发包人顺延工期的签证认可，从而导致竣工逾期，则法院可能会认定双方均构成违约并各自承担相应的违约责任。

三、发包人抗辩权的行使

建设工程施工合同履行过程中，发包人常以工程质量瑕疵、承包人未交工程资料以及承包人工程逾期为由，以拒绝履行付款义务的方式对承包人行使抗辩权。

（一）工程质量瑕疵

实践中最常见的，是发包人在工程竣工验收合格后以工程质量存在瑕疵为由拒绝工程结算款的支付。笔者认为，工程竣工验收合格后出现质量瑕疵的，承包人应首先承担的是保修责任，其应当按照合同约定和法律规定承担保修义务。发包人不能直接以拒付工程结算款的方式行使抗辩权。只有在承包人拒绝履行保修义务的情况下，发包人才可以自行维修，并从承包人的质量保证金中扣减相应款项，质量保证金不足以支付维修款的，才可以要求从承包人的工程结算款中扣减。主要理由如下：

1.《合同法》第二百七十九条规定："建设工程竣工后，发包人应当根据施工图纸及说明书、国家颁发的施工验收规范和质量检验标准及时进行验收。验收合格的，发包人应当按照约定支付价款，并接收该建设工程。"可见，竣工验收合格后发包人就应当支付价款，除当事人另有约定外，发包人不能以工程存在瑕疵为由拒绝支付工程款；

2.《合同法》第二百八十一条规定："因施工人的原因致使建设工程质量不符合约定的，发包人有权要求施工人在合理期限内无偿修理或者返工、改建。经过修理或者返工、改建后，造成逾期交付的，施工人应当承担违约责任。"《施工合同司法解释》第三条第二款规定："修复后的建设工程经竣工验收不合格，承包人请求支付工程价款的，不予支持。"《房屋建筑工程质量保修办法》（建设部令第 80 号）第九条规定："房屋建筑工程在保修期限内出现质量缺陷，建设单位或者房屋建筑所有人应当向施工单位发出保修通知。"第十二条规定："施工单位不按工程质量保修书约定保修的，建设单位可以另行委托其他单位保修，由原施工单位承担相应责任。"可见，在出现工程质量瑕疵时，发包人应当首先通知由承包人进行修复，只有在其拒绝保修的情况下，发包人才可以自行维修或委托第三方维修。

当然，虽然发包人已在相关文件上签字确认验收合格，但有证据证明确因承包人原因导致地基基础工程、工程主体结构质量不合格的，可按工程不合格处理。此时，发包人有权要求承包人进行修复，承包人拒绝修复或修复后仍不合格的，发包人可以拒绝支付全部工程价款，已经支付的部分可以要求返还。

【实务判例】发生保修事项但发包人未尽通知义务的，对其扣除质保金的主张不予支持[①]

2005 年 12 月，发包人 A 公司与承包人 B 公司签订《建设工程施工合同书》，合同约定：A 公司将其开发的“风雅钱塘”二期工程 e 标段 12 号、13 号、14 号、b3 地下室车库的土建及安装工程发包给 B 公司施工。合同附件《房屋建筑工程质量保修书》第三条第一项约定：“属于保修范围和内容的项目，承包人应在接到通知之日后 7 天内派人修理。承包人不在约定的期限内派人修理，发包人可委托其他人员修理，保修费用从质量保修金内扣除。”第四条、第五条规定：“本工程约定的质量保修金为工程结算价款的 5%”“保修金的 80%在竣工验收合格 1 年后 7 日内退还，其余 20%在 5 年后 7 日内无息退还（如无扣款）”。

2009 年 3 月，涉案工程交付。在合同约定的质保期内，B 公司与建工、长城、大华等四位承包人所建设施工的地下室车库出现变形缝漏水等质量问题。为解决这一问题，A 公司委托第三方 C 公司进行修复施工，修复工程款为 860808 元。

2010 年 5 月 24 日，A 公司未到期质保金为 671098 元。

B 公司于 2013 年 5 月 2 日诉至法院，请求 A 公司支付质量保修金 671098 元。

一审法院审理认定，建设方在工程质保期内发现工程出现质量问题，在未能得到施工方适当维修的情况下，可以依据合同约定扣减质保金作为损失补偿。本案中，B 公司在接到通知后未能在合理期限内适当履行保修义务，A 公司主张将因 B 公司承建范围内地下车库漏水而产生的维修费用从质保金中抵扣，属于质量保修书中约定的权利，无须通过反诉或另案起诉的方式另行主张。根据 A 公司的申请，一审法院委托鉴定单位对涉案工程地下室变形缝堵漏防水工程的修复工程量及工程价款进行了鉴定，并认定 B 公司需承担 190677 元，则 B 公司可获得质保金数额为 480421 元（671098 元－190677 元）。故判决 A 公司支付 B 公司工程质量保证金人民币 480421 元。

二审法院认为，根据《房屋建筑工程质量保修书》第三条第 1 项的约定，A 公司主张其自行委托他人修理而支出的保修费用应从质保金中扣除的前提条件是，A 公司已通知 B 公司履行保修义务而 B 公司在合同约定的 7 日内未派人修理。因 A 公司未提供证据证明其已通知 B 公司履行保修义务而 B 公司未在合同约定的时间内派人修理，即使案涉工程存在保修范围内的质量问题，浙江 A 公司也不能主张委托他人维修产生的费用在质保金中扣除。故撤销一

① 参见杭州市中级人民法院（2014）浙杭民终字第 1221 号民事判决书。

审法院民事判决，判决A公司返还B公司工程质量保证金671098元。

（二）承包人未交工程资料

承包人向发包人提交的工程资料有工程竣工资料和工程档案资料两类。承包人提交工程资料的义务属于从给付义务。如前所述，从给付义务与主给付义务不具有对价关系，一般情况下不能以主给付义务的不履行来行使对从给付义务不履行的抗辩。但如果从给付义务的履行与合同目的的实现具有密切关系，应认为其与对方的主给付义务之间具有对价关系。《北京市高级人民法院关于审理买卖合同纠纷案件若干问题的指导意见（试行）》（京高法发［2009］43号）第十三条规定："出卖人未履行合同法第136条规定义务，[①] 导致买受人难以或者不能实现合同目的，买受人适当行使合同履行抗辩权，法院应予支持。"

对于工程竣工资料来说，其是工程竣工验收的前提条件，对发包人来说意义重大，这与发包人合同目的的实现密切相关。因此，合同约定工程竣工验收合格后支付工程款的，若承包人无正当理由不提交工程竣工资料导致工程无法验收，发包人则可以行使后履行抗辩权而不支付工程款。但若工程未经竣工验收，发包人已经使用的，则不能以此作为行使后履行抗辩权的理由。

工程档案资料包括工程准备阶段文件、施工资料、监理资料、工程竣工文件、竣工图等。其中，施工资料应由施工单位负责收集、整理与组卷，并在工程竣工验收后向建设单位移交。可见，工程档案资料中的施工资料移交对工程竣工验收没有影响。建设单位在汇总施工资料、监理资料和自己整理的工程准备阶段文件和竣工文件资料后，向档案管理部门移交工程档案资料。《建设工程质量管理条例》第十七条对此作了规定："建设单位应当严格按照国家有关档案管理的规定，及时收集、整理建设项目各环节的文件资料，建立、健全建设项目档案，并在建设工程竣工验收后，及时向建设行政主管部门或者其他有关部门移交建设项目档案。"

施工承包人未向建设单位移交施工资料是否影响房屋所有权的初始登记？根据《房屋登记办法》（建设部令第168号）第三十条规定，房屋所有权初始登记的，应当提交房屋已竣工的证明，即工程竣工验收备案的证明。房屋所有权初始登记并未将建设单位向档案管理部门移交工程档案资料作为前提条件。需要注意的是，工程竣工验收备案一般需要提交《建设工程档案预验收意见书》，该预验收意见书往往也是工程竣工验收的条件，其与工程竣工验收后的工程档案移交书不同。可见，施工承包人未向建设单位移交施工资料并不影响房屋所有权的初始登记。

---

① 《合同法》第一百三十六条规定："出卖人应当按照约定或者交易习惯向买受人交付提取标的物单证以外的有关单证和资料。"

因此，笔者认为，由于施工承包人移交工程资料的义务属于从给付义务，除合同有明确约定外，发包人不能基于此而拒绝向承包人支付工程款。《北京市高级人民法院关于审理建设工程施工合同纠纷案件若干疑难问题的解答》第23条规定："发包人以承包人未移交工程竣工资料为由拒绝支付工程款的，不予支持，但合同另有约定的除外。"

【实务判例】承包人未交付验收资料不构成发包人拒付工程款的理由[①]

2010年8月，深圳某公司与宁波某公司签订建设工程施工合同一份，约定将深圳某公司的门店室内外装饰、水电安装工程承包给宁波某公司施工。合同订立后，宁波某公司按照合同的约定进行施工，并于2010年9月28日完成工程。2010年9月30日，深圳某公司开始使用该工程。2010年10月，双方经结算确认工程最终价款为1139097元。2010年11月8日，深圳某公司出具证明一份，载明：施工工程于2010年9月28日完工，总造价1139097元，已付1085478元，尚欠53619元。2011年3月28日，合同约定的保修期届满后，深圳某公司未履行付款义务。

2011年7月，宁波某公司作为原告诉至法院，请求判令被告深圳某公司支付工程款53619元。深圳某公司认为，原告未按合同约定提交竣工图纸和竣工验收报告，在原告履行上述义务之前，被告有权拒付部分工程款。

法院经审理认为，被告深圳某公司支付工程款的前提是涉案工程竣工验收合格，被告所称的原告未提交竣工图和竣工验收报告并不构成其享有先履行抗辩权的理由，当事人可另行处理。故判决深圳某公司支付宁波某公司工程款53619元。

（三）承包人工程逾期

承包人工程逾期主要有两种情形：一种是在合同履行过程中，承包人未完成合同约定的工程节点；另一种则是工程未按合同约定完工。以下分这两种情形分别进行讨论。

1. 对于合同履行过程中承包人未按合同约定完成工程进度的，发包人有权行使后履行抗辩权，不支付相应的工程进度款。

2. 对于承包人造成工程逾期完工的，发包人有权追究承包人的违约责任。那么，发包人是否有权行使履行抗辩权不按合同约定支付竣工完成后应支付的工程款呢？

---

① 参见浙江省宁波市中级人民法院（2011）浙甬民二终字第728号民事判决书。

笔者认为，履行抗辩权属于延缓的抗辩权，其功能在于一方拒绝履行可迫使对方履行其债务，以促进双方履行合同。若对方的对待履行已不可能，则不发生履行抗辩权。在上述情形下，承包人的主要义务已经完成，其工程逾期完工已成为事实并不可改变。此时不发生履行抗辩的问题，发包人应当直接追究承包人的违约责任，并可以请求以承包人给自己造成的损失抵销部分工程款的支付。如果发包人直接不按合同约定支付工程款，则可能导致双方违约。

第五节 建设工程施工合同的解除

一、合同解除的一般理论

合同解除是合同权利义务终止的一种形式，我国《合同法》第九十一条对此作了规定。[①] 唯应注意的是，除合同解除外，合同终止并不发生溯及既往的效力。而合同解除是否发生溯及既往的效力要视合同性质和履行情况而定，《合同法》第九十七条对此作了规定。[②] 合同的解除包括约定解除、协议解除和法定解除三种方式。

（一）约定解除

约定解除，是指当事人在合同中约定，当出现某种情形时，当事人一方或双方有权作出意思表示而使合同关系消灭。我国《合同法》第九十三条第二款对此作了规定。[③] 值得注意的是，约定解除与附解除条件的合同是两个不同的概念。附解除条件的合同在所附条件成就后，合同自动终止，无须当事人作出意思表示，且不具有溯及既往的效力。而约定解除的条件出现时，只有当事人作出解除合同的意思表示，合同才能解除，[④] 判断一项约定是附解除条件的合同条款还是约定解除条款，主要看约定的表达方式。前者如："因承包人原因导致工期延误超过 30 天的，合同解除。"后者如："因承包人原因导致工期延误超过 30 天的，发包人有权解除合同。"

---

① 《合同法》第九十一条规定："有下列情形之一的，合同的权利义务终止：（一）债务已经按照约定履行；（二）合同解除；（三）债务相互抵销；（四）债务人依法将标的物提存；（五）债权人免除债务；（六）债权债务同归于一人；（七）法律规定或者当事人约定终止的其他情形。"

② 《合同法》第九十七条规定："合同解除后，尚未履行的，终止履行；已经履行的，根据履行情况和合同性质，当事人可以要求恢复原状、采取其他补救措施，并有权要求赔偿损失。"

③ 《合同法》第九十三条第二款规定："当事人可以约定一方解除合同的条件。解除合同的条件成就时，解除权人可以解除合同。"

④ 参见潘福仁主编：《建设工程合同纠纷》，法律出版社 2007 年版，第 85～86 页。

（二）协议解除

协议解除，是指合同成立以后当事人经协商一致而使合同关系消灭。虽然协议解除与约定解除均是通过当事人协商一致来解除合同，但协议解除实质上是在原合同成立后，重新达成了一个同意解除原合同的新合同。协议解除是以签订协议方式使合同解除，只要该协议生效，原合同即告解除。

（三）法定解除

法定解除是指当事人依照法律规定作出意思表示，使合同关系消灭。根据《合同法》第九十四条的规定，法定解除的条件有以下几种：

1. 因不可抗力或情事变更致使不能实现合同目的

我国《合同法》第九十四条第（一）项规定，因不可抗力致使不能实现合同目的的，当事人可以解除合同。不可抗力是指不能预见、不能避免、不能克服的客观情况。关于不可抗力的范围和判定标准，本章第二节作了具体阐述。不可抗力对合同履行的影响有大有小，只有达到不能实现合同目的的程度，当事人才有权解除合同。

关于情势变更，《合同法》并无相应规定，而是反映在《合同法司法解释(二)》中，该解释第二十六条规定："合同成立以后客观情况发生了当事人在订立合同时无法预见的、非不可抗力造成的不属于商业风险的重大变化，继续履行合同对于一方当事人明显不公平或不能实现合同目的，当事人请求人民法院变更或解除合同的，人民法院应当根据公平原则，并结合案件的实际情况确定是否变更或者解除。"可见，当发生情势变更致使不能实现合同目的时，当事人可请求解除合同。但是否允许解除合同应当由人民法院决定。这与其他情形下的合同解除不同。其他情况下，只要满足法定的合同解除条件，且当事人作出解除合同的意思表示合同即告解除，无须由法院决定。

2. 预期违约

预期违约包括明示悔约和默示毁约，是指当事人在合同履行期限届满之前不履行合同主要债务的行为。我国《合同法》第九十四条第（二）项规定，在履行期限届满之前，当事人一方明确表示或者以自己的行为表明不履行主要债务的，当事人可以解除合同。所谓主要债务，并非仅指主给付义务，[①] 从给付义务、附随义务等只要影响合同目的实现，即应为主要债务。

3. 迟延履行

根据《合同法》第九十四条第（三）项的规定，当事人一方迟延履行主要

---

① 主给付义务是指合同关系所固有、必备，并用以决定合同类型的基本义务。引自崔建远主编：《合同法》，法律出版社 2010 年版，第 85 页。

债务，经催告后在合理期限内仍未履行的，当事人可以解除合同。此处的主要债务仍应根据是否影响合同目的的实现来判断，并非仅限于主给付义务。“比如，购买机械设备，债务人交付了所有的设备，但迟迟不交付合同约定的有关设备的安装使用技术资料，使债权人不能利用该设备，也应认为是迟延履行主要债务。”①

债务人迟延履行主要债务的，除非致使不能实现合同目的，债权人应当给予对方合理的宽限期，并履行催告义务。否则不能行使合同解除权。

4. 根本违约

根据《合同法》第九十四条第（四）项的规定，当事人一方迟延履行债务或者有其他违约行为致使不能实现合同目的的，当事人可以解除合同。不管当事人的违约行为是迟延履行、拒绝履行，还是不适当履行，只要造成合同目的不能实现，对方当事人即可解除合同，这是根本违约的本质特征。

5. 法律规定的其他情形

《合同法》规定的其他合同解除的情形，除总则中不安抗辩权行使中的合同解除权之外，主要是分则中对不同类型合同规定的合同解除权，如《合同法》第一百六十七条规定的分期付款买卖合同的解除、第一百六十八条规定的承揽合同的解除等。②

当事人行使合同解除权应当履行通知义务，合同自通知到达对方时解除。对方有异议的，应当在约定的期限内提出，并请求法院或者仲裁机构确认合同解除的效力。未约定异议期间，在解除合同通知到达之日起三个月后才向法院起诉的，法院不予支持。

合同解除后，根据合同性质和履行情况，有溯及力的，当事人可以请求恢复原状；无溯及力的，当事人可以要求采取其他补救措施，一般是折价补偿。除因不可抗力、情势变更导致的合同解除及当事人有其他免责事由的情形外，当事人可以请求违约方承担违约责任，包括支付违约金、赔偿损失等。

二、建设工程施工合同的解除

建设工程施工合同作为建设工程合同的一种，其解除的条件、后果当然适

① 胡康生主编：《中华人民共和国合同法释义》，法律出版社 2009 年版，第 158 页。

② 《合同法》第六十九条规定：“当事人依照本法第六十八条的规定中止履行的，应当及时通知对方。对方提供适当担保时，应当恢复履行。中止履行后，对方在合理期限内未恢复履行能力并且未提供适当担保的，中止履行的一方可以解除合同。”第一百六十七条规定：“分期付款的买受人未支付到期价款的金额达到全部价款的五分之一的，出卖人可以要求买受人支付全部价款或者解除合同。出卖人解除合同的，可以向买受人要求支付该标的物的使用费。”第二百六十八条规定：“定作人可以随时解除承揽合同，造成承揽人损失的，应当赔偿损失。”

用合同法关于合同解除的一般规定。同时，由于其性质上属于传统的承揽合同，因此建设工程合同分则中未作规定的，适用承揽合同的有关规定。然而，建设工程施工合同毕竟有其特殊性，特别是合同解除事关重大，可能会给当事人双方造成重大损失。因此，为了严格适用合同解除条件，《施工合同司法解释》第八条、第九条对承、发包双方的法定合同解除权进行了细化，以下分述之。

（一）发包人的法定解除权

1. 承包人明确表示或者以行为表明不履行合同主要义务的

该规定属于合同法定解除中的预期违约情形，是《合同法》第九十四条第二款规定在建设工程施工合同中的应用。实践中，承包人预期违约的主要表现为无正当理由拒绝进场施工或擅自停工，即以行为表明不履行合同主要义务，而明确表示悔约的情况较为少见。

何为承包人的主要义务？承包人按照合同约定的质量、工期和工程范围完成工程建设当然是主要义务，与此相关的其他义务是否构成承包人的主要义务要看其是否影响合同目的的实现。

2. 承包人在合同约定的期限内没有完工，且在发包人催告的合理期限内仍未完工的。

该规定属于合同法定解除条件中的迟延履行情形，是《合同法》第九十四条第三款规定在建设工程施工合同中的应用。承包人无工期顺延的正当理由而在约定工期内未完工，发包人在履行催告程序并给予其合理的宽限期后仍未完工的，发包人有权解除合同。当工程工期直接影响合同目的实现时，将构成根本违约，承包人可不经催告直接解除合同。如发包人建设学校教学楼要求在9月1日开学前完工并投入使用，如承包人未能如约完工，可认为其已经构成根本违约，发包人有权直接解除合同。

3. 承包人已经完成的建设工程质量不合格，并拒绝修复的

该规定属于合同法定解除条件中的根本违约情形，是《合同法》第九十四条第四项规定在建设工程施工合同中的应用。在建设工程施工合同中，承包人交付质量合格的建筑产品是其主要义务，也是发包人订立合同的目的。当承包人完成的工程质量不合格并拒绝修复时，发包人订立合同的目的就无法实现。因此，发包人有权解除合同。当然，对于工程质量不合格而无法修复的，也符合根本违约的条件。

这里的工程质量通常指的是工程部分完工的情形，如地基基础等分项工程验收不合格的情形，“因为如果工程全部完工，即使工程质量不合格且承包人拒绝修复，发包人也不会通过行使合同的解除权来保护自己，解除合同的请求已无实

际意义”[①]。

4. 承包人将承包的建设工程转包、违法分包的

该规定直接源于《合同法》第二百五十三条的规定。《合同法》第二百五十三条第二款规定：“承揽人将其承揽的主要工作交由第三人完成的，应当就该第三人完成的工作成果向定作人负责；未经定作人同意的，定作人也可以解除合同。”根据《合同法》第二百八十七条的规定，建设工程合同一章没有规定的，适用承揽合同的有关规定。该规定将承揽合同相关规定的立法精神移植过来，从而完善了发包人合同解除权的内容。[②] 同时，承包人将工程转包、违法分包，既为法律所禁止，又有违发包人订立合同的初衷，导致合同目的不能实现，因此，发包人有权解除合同。

实践中，对于承包人的违约行为，判断发包人能否行使合同解除权，主要看承包人所违反的是否为合同的主要义务，即该义务是否影响合同目的的实现，以及是否会导致合同目的的落空。下面针对承包人常见的几种违约行为是否符合合同法定解除条件进行讨论：

(1) 承包人的项目经理不到场

在建设工程施工合同履行过程中，合同约定的承包人项目经理有时并不能到施工现场履行项目经理职责。很显然，这是一种违约行为，但发包人能否以承包人不履行主要义务为由解除合同？

笔者认为，虽然项目经理在建设工程施工合同履行中起着重要作用，但合同约定的项目经理与现场项目负责人不一致并不一定会影响合同目的的实现。实践中，为满足工程项目招标时对项目经理业绩和资格的要求，承包人投标时往往选用业绩比较好的项目经理。由于这些项目经理数量有限，从而导致派驻施工现场的实际项目负责人与合同约定的项目经理不一致，有的甚至不具备注册建造师的资格。但事实是，许多施工项目是在这些实际项目负责人的指挥和协调下圆满完成的。因此，在这种情况下，发包人可以追究承包人的违约责任，却不能当然地解除合同，除非双方对此有特别约定。至于因现场实际项目负责人管理不当造成工程质量不合格或工期延误，从而导致合同解除的情形，与合同约定的项目经理不到场并无必然的因果关系，因为施工合同的履行与人、机、料和资金等多种因素有关，即使合同约定的项目经理到场履职也未必能改变合同的履行状况。

(2) 承包人被降低资质等级或吊销资质的

承包人具备承建工程所需要的资质条件是法律的强制性要求。如果承包人在履行

---

① 最高人民法院民事审判第一庭：《最高人民法院建设工程施工合同司法解释的理解与适用》，人民法院出版社 2004 年版，第 96 页。

② 最高人民法院民事审判第一庭：《最高人民法院建设工程施工合同司法解释的理解与适用》，人民法院出版社 2004 年版，第 96 页。

合同过程中被降低了资质等级或吊销了施工资质，不能满足承建工程所需的条件，则其不得继续履行合同，否则将违反《建筑法》的强制性规定。这将会导致合同无法继续履行，从而不能实现合同目的，因此，在这种情况下，发包人有权解除合同。

(3) 承包人不遵守安全生产的管理规定

在建设工程施工合同履行过程中，遵守国家安全生产的法律、法规、标准以及相关规定是承包人的义务，当其不遵守有关规定时，发包人可以要求其改正，当发现存在重大安全隐患时可以要求其暂停施工。可见，虽然遵守安全生产管理规定是承包人的法定义务，但在承包人不履行该义务时，发包人仍然可以通过要求其排除安全隐患，甚至暂停施工等多种手段予以补救，从而继续履行合同，实现合同目的。因此，在这种情况下，发包人以承包人不履行合同主要义务为由径直解除合同是不合适的。当然，在发包人采取要求改正、暂停施工等措施后，承包人拒不改正的，发包人应当可以解除合同。

(4) 因承包人原因发生安全生产事故

当因承包人原因发生安全生产事故时，发包人是否享有合同解除权要看安全生产事故这一事件对合同履行的影响。对于不影响合同履行的一般安全生产事故，当然没有解除合同的必要。对于造成工程停工的安全生产事故，则要看停工时间对合同目的实现的影响。对于下列情形，发包人有权解除合同：①因安全生产事故导致工程未在约定期限内完工，且在发包人催告的合理期限内仍未完工的；②因安全生产事故导致工程未在约定期限内完工，从而不能实现合同特定目的的；③因安全生产事故导致在建工程毁损、灭失，不能实现合同目的；④因发生重大事故致使承包人被降低资质等级或吊销资质，导致合同无法继续履行的。

(二) 承包人的法定解除权

1. 发包人未按约定支付工程价款，致使承包人无法施工，且在催告的合理期限内仍未履行相应义务的

该规定属于合同法定解除条件中的迟延履行情形，是《合同法》第九十四条第三项规定在建设工程施工合同中的应用。在建设工程施工合同中，支付工程价款是发包人的主要义务。因此，当发包人不按约支付工程价款时，经承包人催告并在合理期限内仍未支付的，承包人有权解除合同。由于建设工程施工合同具有分期付款的特点，发包人未按约付款是否影响合同目的的实现，与其未付款的数额、比例有关，但“单纯地将导致合同解除的因素中未付工程款的数额进行量化，虽然处理起来比较简单，但不一定符合案件的具体情况”①，因此，司法解释

① 最高人民法院民事审判第一庭：《最高人民法院建设工程施工合同司法解释的理解与适用》，人民法院出版社 2004 年版，第 99 页。

设置了“致使承包人无法施工”的定性标准。

2. 发包人提供的主要建筑材料、建筑构配件和设备不符合强制性标准，致使承包人无法施工，且在催告的合理期限内仍未履行相应义务的

在建设工程施工合同中，承发包双方可以约定由发包人采购建筑材料、建筑构配件和设备。如果发包人提供的上述产品不符合国家强制性标准，承包人不得在工程中使用，由此势必对合同履行产生障碍，甚至导致承包人无法施工。此时，承包人应催告发包人在合理期限内提供合格产品，若发包人仍不履行相应义务，则将导致合同无法继续履行，合同目的无法实现，承包人可以行使合同解除权。

3. 发包人不履行合同约定的协助义务，致使承包人无法施工，且在催告的合理期限内仍未履行相应义务的

该规定源于《合同法》第二百五十九条关于承揽合同的有关规定。[①] 发包人的协助义务一般包括提供满足“三通一平”要求的施工现场，提供施工图纸，按合同约定提供建筑材料、设备以及办理施工所需的相关手续等。实践中，发包人未办理施工许可证的情形即符合该项规定。

《施工合同司法解释》关于承、发包人法定合同解除权的规定是对《合同法》第九十四条的细化，并未也无法涵盖所有当事人享有合同解除权的情形。针对实践中的具体情况，应当根据对合同目的实现的影响来判断是否构成根本违约或合同主要义务的不履行，从而认定当事人是否享有合同解除权。

三、建设工程施工合同解除的法律后果

根据我国《合同法》第九十七条的规定，合同解除的效力根据合同性质和履行情况分为有溯及力和无溯及力两种情况。对于建设工程施工合同来说，其为继续性合同且标的额大并以形成不动产为目的，性质上不适宜恢复原状，否则会造成社会财富的极大浪费。因此，建设工程施工合同的解除不具有溯及既往的效力，其法律后果包括以下两个方面：

（一）折价补偿

建设工程施工合同解除后，对于已完成的合格工程，发包人应当按照合同约定支付相应的工程价款；对于工程经验收或鉴定为不合格的，发包人可以要求承包人进行修复，经修复后合格的，发包人应当按照合同约定支付相应的工程价

① 《合同法》第二百五十九条第二款规定：“定作人不履行协助义务致使承揽工作不能完成的，承揽人可以催告定作人在合理期限内履行义务，并可以顺延履行期限；定作人逾期不履行的，承揽人可以解除合同。”

款，但承包人应当承担修复费用；对于修复后仍不合格的，发包人有权不支付工程款，已经支付的，有权要求承包人返还。对于按照合同约定难以确定工程价款的，可以委托有造价鉴定资质的机构进行工程造价鉴定。

（二）承担违约责任

因当事人一方违约而导致建设工程施工合同解除的，违约方应当承担违约责任，包括支付违约金、赔偿经济损失等。如果当事人在合同中约定了违约金，守约方可以要求违约方支付违约金。违约金不足以弥补守约方经济损失的，守约方还可以要求对方赔偿违约金与损失之间的差额部分；违约金超过造成损失的30%的，违约方可以请求人民法院或仲裁机构适当减少。

至于合同解除后守约方要求赔偿损失的范围是否包括可得利益，最高人民法院持肯定观点，学术界尚有不同见解。[①] 不过，实践中可得利益损失的确定存在较大困难。

本章小结

1. 对于合同的履行障碍，当事人有救济的权利，也有防止损失进一步扩大的义务。对于一方当事人的违约行为，对方当事人有权行使履行抗辩权进行救济；对于符合约定或法定解除条件的行为，对方当事人可以行使解除合同的权利；对于因不可抗力造成当事人自身财产损失的，如在建工程毁损、机械设备损失及人员伤亡等，则按照风险负担的一般原则来分配。

2. 不可抗力、情势变更均构成合同履行的障碍，《合同法司法解释（二）》第二十六条中所突出的情势变更的非不可抗力性，旨在区分不可抗力规则和情势变更规则的适用条件，意指情势变更规则不适用于不可抗力直接导致合同履行不能的情形。而对于不可抗力消失后间接引发的动摇合同基础的情势，当事人仍可适用情势变更规则允许当事人请求变更或解除合同。

3. 无论是固定总价合同还是固定单价合同，均可以适用情势变更规则。尽管当事人在合同中约定了风险范围，但该风险仅为商业风险。而情势变更是市场系统的固有风险，是当事人不能预见的。既然情势变更不可预见，当事人也不可能将不可预见的情势在合同中约定，既然情势变更已经动摇了合同基础，当事人的约定当然也应当进行变更。

4. 各地建设行政主管部门发布的价格调整文件所规定的价格变动标准，仅

① “肯定观点”参见最高人民法院民事审判第一庭：《最高人民法院建设工程施工合同司法解释的理解与适用》，人民法院出版社2004年版，第110页；“否定观点”参见王利明：《合同法研究》，中国人民法学出版社2003年版，第307页。

能作为合同当事人之间依合同自由原则进行合同变更和协商的参考依据，不能直接作为认定适用情势变更规则的标准。法院在认定具体案件是否适用情势变更规则时，不应当机械适用调价文件的规定，而应当结合具体案件情况，严格认定情势变更规则适用的条件，遵循公平正义原则作出裁判。最高人民法院在审理武汉绕城公路建设指挥部与中铁十八局集团第二工程有限公司建设工程施工合同纠纷案时也持同样观点。

5. 履行抗辩权的行使条件之一是要求双方当事人因同一双务合同互负债务，在履行上存在关联性，形成对价关系。所谓对价关系，是指双方当事人所应履行的义务在价值上大致相当。一般认为，除其履行不当影响合同目的实现之外，从债务与主债务、主给付义务和从给付义务、附随义务之间不应具有牵连性和对价关系。因此，一般情况下，发包人仅违反支付工程款以外的其他履行义务，除直接影响合同目的实现和导致合同履行不能的情形外，承包人不得行使停工抗辩。

此外，在建设工程施工合同履行过程中，承包人应当及时行使履行抗辩的权利。若在合同履行过程中不履行抗辩权而继续正常履行合同，则会导致履行抗辩权的丧失。

6. 工程竣工验收合格后，承包人能否以发包人欠付工程款为由拒绝交付工程，实践中存在不同意见。承包人拒交工程构成履行抗辩的应当准许，只是其行使应当与发包人的工程欠款行为对等，若发包人拖欠的工程款与不交付的建设工程价值差距较大或部分不交付影响整个工程使用，承包人则应承担赔偿责任。由于实践中拒交工程的程度较难把握，且影响工程的交付使用，不利于建筑物价值功能的及早发挥，故不建议动辄使用。

7. “建设单位已按合同约定支付工程款”是工程进行竣工验收的条件，该条件是指截至工程竣工验收前，建设单位已按合同约定足额支付了相应的工程款，该工程款是一个总量的概念，并非要求之前各个预付款、进度款的支付时间、数额必须完全符合合同约定，否则一旦建设单位在某个节点未按合同约定付款，则工程永远无法符合竣工验收条件。

8. 实践中，对于合同一方当事人的违约行为，判断对方当事人能否行使合同解除权，主要看其所违反的是否为合同的主要义务，即该义务是否影响合同目的的实现，以及是否会导致合同目的的落空。对于项目经理不到场、不遵守安全生产的管理规定或发生安全生产事故等承包人的违约行为，发包人不应有当然的合同解除权，而是要结合违约行为对合同目的实现的影响来具体判断。

第五章 工程竣工验收与价款结算

第一节 概 述

建设工程的竣工验收是指建设单位收到施工单位的工程竣工验收申请后，根据建设工程质量管理法律制度和建设工程竣工验收技术标准，以及建设工程合同（勘察设计合同、施工合同、监理合同等）的约定，组织设计、施工、工程监理等有关单位对建设工程查验接收的行为。① 它是建设过程中最后一个施工工序，是建设工程由建设转入使用的重要标志，是检验施工质量的关键环节。工程竣工验收是否合格将会产生不同的法律后果，其将直接影响工程交付使用、工程结算和付款等各个方面。

基于建设工程的性质，其质量缺陷往往具有隐蔽性，有的缺陷只有在项目运行一段时间后才能被发现。可见，竣工验收合格并不能完全保证建设工程在交付后能够持续满足正常使用的要求。为此，我国法律、法规及有关规范性文件规定了保修制度和质量保证金制度，以保障发包人的利益和建筑物在其合理使用年限内的正常使用。

建设工程的特点决定了当事人在合同中约定的工程价款很难不发生改变，即使固定价格合同也不例外。特别是在我国，边设计、边施工的现状必然导致大量设计变更、工程洽商的出现，这就使得工程价款结算成为绝大多数建设工程施工合同履行过程中的一个必经环节。在我国建设工程领域，普遍存在着工程结算难的情况。由于当事人在合同条款中的约定不够明确、在合同履行过程中的签认制度不够完善，往往使得承、发包双方在工程量变更的确认、工程签证的效力以及工程价款的确定等方面产生分歧，导致其在相当长的时间内不能就工程竣工结算价款达成一致，甚至不得不利用法律手段来解决争议。而法院或仲裁机构对于工程价款纠纷经常采用的处理方法，就是委托造价鉴定机构对工程造价进行造价鉴定。还有的发包人利用其优势地位对承包人提交的竣工结算文件久拖不复，工程结算审核时间往往在半年以上，甚至长达2～3年。拖延工程结算时间已成为发

① 参见王鉴非："建筑工程竣工验收备案的法律性质"，载《建筑》2007年第2期。

包人拖延支付工程款的一种重要手段，严重损害了承包人的利益。

可见，建设工程价款结算是否成功对承包人来说意义重大。它是承包人获取合同实际利润、实现合同最终目的的重要手段，已经成为承包人订立施工合同以外的第二次经营活动，在建设工程施工合同履行过程中占有重要地位。正由于此，在工程价款结算中存在的一系列问题就更值得我们以法律的视角去审视。

第二节 工程竣工验收

一、工程竣工验收的法律意义

我国《合同法》第二百七十九条规定："建设工程竣工后，发包人应当根据施工图纸及说明书、国家颁发的施工验收规范和质量检验标准及时进行验收。验收合格的，发包人应当按照约定支付价款，并接收该建设工程。建设工程竣工经验收合格后，方可交付使用；未经验收或者验收不合格的，不得交付使用。"《建设工程质量管理条例》（国务院令第 279 号）第十六条规定："建设单位在收到建设工程竣工报告后，应当组织设计、施工、工程监理等有关单位对工程质量进行竣工验收。建设工程竣工验收应当具备下列条件：（一）完成建设工程设计和合同约定的各项内容；（二）有完整的技术档案和施工管理资料；（三）有工程使用的主要建筑材料、建筑构配件和设备的进场试验报告；（四）有勘察、设计、施工、工程监理等单位分别签署的质量合格文件；（五）有施工单位签署的工程保修书。建设工程经验收合格的，方可交付使用。"

工程竣工验收是我国法律、行政法规为保证建筑安全而作出的强制性规定，对建设工程合同的承、发包双方具有重要法律意义。

工程竣工验收的法律意义主要体现在以下几个方面：

（一）是建设工程质量合格与否的判定依据

交付质量合格的建筑产品是承包人必须履行的合同义务，也是法定义务。通过工程竣工验收则表明工程施工质量达到了合同约定的质量标准，承包人至此已完成了建设工程施工合同的主要内容。反之，则表明工程质量不合格，承包人需对建设工程进行返修，对于返修产生的费用由责任方承担。根据《建设工程质量管理条例》和《施工合同司法解释》第十一条、十二条的规定，因承包人的原因导致工程竣工验收不合格的，承包人负责返修并承担因返修增加的费用；因发包人的原因导致工程验收不合格的，发包人承担过错责任，承包人可就返工增加的费用按过错责任向发包人予以主张。值得注意的是，工程竣工验收是一个由多方主体的意思表示形成的法律行为，不能对抗与其发生矛盾的客观事实。因此，虽然工程竣工验收合格，但工程确实存在明显的质量问题的，承包人仍应当承担质量责任。在“江苏南通二建集团有限公司与吴江恒森房地产开发有限公司建设工程施工合同纠纷案”中，法院认为：“屋面广泛性渗漏属客观存在并已经法院确认的事实，竣工验收合格证明及其他任何书面证明均不能对该客观事实形成有效对抗”，最终法院判决由施工单位承担质量责任。①

实践中，建设工程未经验收，发包人擅自使用，从而导致工程质量纠纷的情况常常发生。《施工合同司法解释》第十三条规定：“建设工程未经竣工验收，发包人擅自使用后，又以使用部分质量不符合约定为由主张权利的，不予支持；但是承包人应当在建设工程的合理使用寿命内对地基基础工程和主体结构质量承担民事责任。”从该规定可以看出，发包人擅自使用未经验收的建设工程，即可视为其对所使用部分的质量是认可的，或虽然质量不合格但其自愿承担质量责任。随着发包人的提前使用，工程质量责任风险也随之由承包人转移给了发包人。②值得注意的是，在这种情况下，发包人仍然对工程承担保修义务。而且，发包人擅自使用工程后，发包人再行组织验收的，承包人仍然有配合发包人进行验收和交付工程资料的义务，否则应承担民事责任。《施工合同司法解释》第十三条的规定是一个一般的规则，适用于使用过程中出现的一般质量瑕疵，对于质量缺陷在交付时就已经存在的情况则存在例外的可能，前述“江苏南通二建集团有限公司与吴江恒森房地产开发有限公司建设工程施工合同纠纷案”中，法院关于竣工验收合格证明不能有效对抗质量缺陷之客观事实的观点值得肯定。这涉及承包人对建设工程质量的瑕疵担保责任问题，详见本章第三节的内容。

那么，何为“擅自使用”？所谓“擅自”是指对不在自己的职权范围以内的事情自作主张。③《建筑法》第六十一条、《合同法》第二百七十九条均规定，建设工程未经验收或验收不合格的，不得交付使用。可见，建设工程在未经验收的情况下使用即违反了法律的强制性规定，从而构成擅自使用，至于未验收的原因则不是判断是否“擅自”使用的标准，至多是判断当事人过错程度的因素。而所谓“使用”是指发包人利用建筑物的功能。但在工程已经交付给发包人，发包人对工程实际占有并控制的情况下，不能苛责承包人对发包人使用建筑物的具体情况掌握充分的证据，只要能够证明工程已经交付或虽无移交手续但发包人已实际控制，承包人就完成了举证责任。发包人认为没有实际使用或仅部分使用的，应

---

① 参见江苏省高级人民法院（2012）苏民终字第0238号民事判决书。

② 参见最高人民法院民事审判第一庭：《最高人民法院建设工程施工合同司法解释的理解与适用》，人民法院出版社2004年版，第131页。

③ 中国社会科学院语言研究所词典编辑室编：《现代汉语词典》，商务印书馆1983年版，第999页。

当承担举证责任。对于发包人仅是使用了部分楼层，但部分楼层的使用是以承包人所完成的全部工程的功能发挥为前提的（如智能化工程），仍应认定为全部使用。对于工程仍由承包人实际控制，发包人只是在工程现场进行了宣传活动，则不宜认定为使用。

关于“地基基础工程”和“主体结构”的概念，最高人民法院民一庭认为：“所谓建筑物的地基，是指支承由基础传递的上部结构荷载的土体或岩体，为保证建筑工程的安全和正常使用，首先要求地基在荷载作用下不致产生破坏，其次组成地基的地层因某些原因产生的变形不能过大，否则将会使建筑物遭到破坏，无法满足使用要求。”“所谓建筑物的主体结构是指在建筑中，由若干构件连接而成的能承受作用的平面或空间体系。”实践中具体认定时可以参考《建筑工程施工质量验收统一标准》（GB 50300—2013）附录中的分部工程划分。不过，需要注意的是，作为临时施工措施的基坑支护（永久支护工程除外）、地下水控制、土方和边坡等子分部工程不应纳入到该条款规定的地基基础工程中，因为地基基础工程完成后上述临时措施即不再发挥作用。至于地下防水，因地下工程渗漏会对钢筋混凝土的性能产生不利影响，影响基础及主体结构安全，因此，也应将其列入该条款规定的地基基础工程范围内。实践中，对于建筑物的围护结构是否为主体结构存在争议。围护结构是用以分隔建筑物室内和室外空间的结构，包括屋盖、楼面、地面、外墙、外门和外窗等。围护结构有保温隔热、挡风、避雨、遮阳和隔声等功能，有时还需要满足防火、防爆泄压和承重要求。屋面要承受积雪和积灰的荷载，上人的屋面还要支承各种使用荷载。外墙结构分承重墙和非承重墙。承重墙除支承自身重量外，还要承受从屋盖和楼盖传来的荷载，有时还要与结构骨架共同承担风和地震的作用。非承重墙一般指单层厂房排架结构的外墙、框架中的填充墙和贴附在骨架外的墙板或玻璃幕墙等。①实际上，在围护结构中，门窗、建筑地面、轻质隔墙和玻璃幕墙均属于装饰装修工程，屋盖属于屋面工程，它们都不是主体结构。但围护结构中的承重外墙因承受从屋盖和楼盖传来的荷载，有时还要与结构骨架共同承担风和地震的作用，且发包人使用通常亦不会对其质量产生影响。因此，将其作为该条款规定的主体结构的一部分较为妥当。同样，对于钢结构工程来说，作为围护结构的压型钢板及檩条虽不承受钢结构自重，但却往往要承担风荷载、雪荷载的作用，故也应纳入主体结构的范围。同时，这种认定也有利于树立以工程质量为核心的正确理念，有利于建设行业的健康发展。

（二）是建设工程竣工日期的重要判定依据

工程竣工日期是指承包人完成工程并通过竣工验收的日期。工程竣工日期的

---

① 参见陈雨波、朱伯龙主编：《中国土木建筑百科辞典·建筑结构》，北京：中国建筑工业出版社1999年版，第310页。

约定往往与确定工期是否符合合同约定联系在一起。在确定工程竣工日期以后，排除其他顺延工期等原因，也就确定了工程是否按约完成。因此，工程竣工验收通过之日是判定工程实际竣工日期的重要依据，同时也是判定工期是否延误的重要依据。

承包人与发包人对实际竣工日期有争议的，应按《施工合同司法解释》第十四条的规定处理："（一）建设工程经竣工验收合格的，以竣工验收合格之日为竣工日期；（二）承包人已经提交竣工验收报告，发包人拖延验收的，以承包人提交验收报告之日为竣工日期；（三）建设工程未经竣工验收，发包人擅自使用的，以转移占有建设工程之日为竣工日期。"而《建设工程施工合同示范文本》（GF-2017-0201）通用合同条款第 13.2.3 项规定："工程经竣工验收合格的，以承包人提交竣工验收申请报告之日为实际竣工日期，并在工程接收证书中载明。"笔者认为，示范文本的规定更为合理，但与竣工验收合格之日相比，提交竣工验收申请报告的日期较难证明，司法解释规定的可操作性更强。

关于发包人"拖延验收"的认定，承、发包双方在建设工程施工合同中有约定的，应按照约定处理。如《建设工程施工合同示范文本》（GF-2017-0201）通用合同条款第 13.2.2 项中规定："监理人审查后认为已具备竣工验收条件的，应将竣工验收申请报告提交发包人，发包人应在收到经监理人审核的竣工验收申请报告后 28 天内审批完毕并组织监理人、承包人、设计人等相关单位完成竣工验收。""除专用合同条款另有约定外，发包人不按照本项约定组织竣工验收、颁发工程接收证书的，每逾期一天，应以签约合同价为基数，按照中国人民银行发布的同期同类贷款基准利率支付违约金。"第 13.2.3 项规定："因发包人原因，未在监理人收到承包人提交的竣工验收申请报告 42 天内完成竣工验收，或完成竣工验收不予签发工程接收证书的，以提交竣工验收申请报告的日期为实际竣工日期。"

上述关于 42 天的约定就是认定发包人是否"拖延验收"的依据，其未在监理人收到承包人提交的竣工验收申请报告 42 天内完成竣工验收的，即可按该约定认定其同意承包人提交的竣工验收申请报告，工程的竣工日期即为承包人提交竣工验收申请报告之日。若承、发包双方在合同中没有约定，且事后未能达成补充协议的，承包人应积极履行通知义务，发函（文）催促发包人在合理时间内（如 28 天）组织验收，发包人在合理期限内仍不组织验收的，应认定其符合"拖延验收"的情形。

（三）是支付工程价款的前提条件

在建设工程施工合同中，承包人向发包人交付合格的建筑产品是其合同的主要义务。若建设工程验收不合格，发包人就无法实现自己的合同目的，承包人将构成根本违约。对此，发包人当然有权拒付工程价款，只有工程验收合格或经修复后验收合格，发包人才有义务支付工程价款。对于经修复仍验收不合格的，发包人不但可以拒绝继续支付工程款，而且还可以要求承包人返还已支付的工程款并承担违约责任。

（四）是确定建设工程保修期的起点

《建设工程质量管理条例》（国务院令第279号）第四十条规定："建设工程的保修期，自竣工验收合格之日起计算。"《房屋建筑工程质量保修办法》（建设部令第80号）第八条规定："房屋建筑工程保修期从工程竣工验收合格之日起计算。"可见，建设工程保修期的计算是以工程竣工验收合格之日为起点的。

实践中，工程未经竣工验收，发包人擅自使用的，如何确认工程保修期的起点？根据《施工合同司法解释》第十四条第三款的规定，建设工程未经竣工验收，发包人擅自使用的，以转移占有建设工程之日为竣工日期。因此，在建设工程未经竣工验收，发包人擅自使用的情况下，工程保修期应以建设工程"转移占有"之日为起点进行起算。

（五）是建设工程价款优先受偿权行使期限的起算点

《合同法》第二百八十六条规定："发包人未按照约定支付价款的，承包人可以催告发包人在合理期限内支付价款。发包人逾期不支付的，除按照建设工程的性质不宜折价、拍卖的以外，承包人可以与发包人协议将该工程折价，也可以申请人民法院将该工程依法拍卖。建设工程的价款就该工程折价或者拍卖的价款优先受偿"。《最高人民法院关于建设工程价款优先受偿权问题的批复》第四条规定："建设工程承包人行使优先权的期限为六个月，自建设工程竣工之日或者建设工程合同约定的竣工之日起计算。"

一般情况下，会将工程竣工验收合格之日确定为工程竣工之日。因此，工程竣工验收合格之日往往是建设工程价款优先受偿权行使期限的起算点。至于《施工合同司法解释》第十四条就发包人拖延验收或未经验收而擅自使用情形所规定的竣工日期，有观点认为其不能作为优先受偿权行使期间的起算点。[①] 这对于承包人的保护是有利的。

【实务判例】 工程未经验收发包人擅自使用的，承包人仍不免除保修义务[②]

2012年10月，昆仑某钢铁公司与戴某双方签订《施工合同》，合同约定：戴永刚承包昆仑某钢铁公司厂区给水、排水及检查井施工工程；承包方式为包工

---

① 参见奚晓明主编：《民事审判指导与参考》2011年第2辑（总第46辑）. 北京：人民法院出版社2011年版，第244页。

② 参见新疆生产建设兵团第六师中级人民法院（2016）兵06民终293号民事判决书。

包辅料；工程暂定总价为100万元。戴某依约完成工程，并交付昆仑某钢铁公司使用，但工程未经验收。

此后，因工程排水管道出现质量问题，昆仑某钢铁公司向戴某主张维修未果，故昆仑某钢铁公司向法院起诉，请求判决戴某支付工程维修费用。

一审法院认为，戴某作为个人承包涉案工程，并无相应资质，因该行为违反法律、行政法规的强制性规定，故昆仑某钢铁公司与戴永刚之间签订的《施工合同》无效。因工程保修责任本身就是在工程竣工交付使用后承包人仍应承担的责任，因而工程保修责任是否存在与发包人是否擅自使用工程无关，因此在建筑工程未经竣工验收的情况下，发包人擅自使用的，不能免除承包人承担工程保修责任。因本案双方签订的《施工合同》无效，故该合同中约定的保修期限不能约束双方当事人。根据《建设工程质量管理条例》第四十条的规定，给水排水管道的保修期限为2年，昆仑某钢铁公司提出涉案工程质量不合格需要维修，未超过最低保修期2年，故戴某应当承担质量保修责任。因此，对昆仑某钢铁公司主张戴永刚承担工程维修费用的请求，予以支持。

二审法院认为，戴某与昆仑某钢铁公司签订的《施工合同》无效，昆仑某钢铁公司作为发包方，擅自将工程发包给没有任何建筑资质的个人戴永刚，对涉案工程造成一定的质量问题，昆仑某钢铁公司也有明显过错。综合本案的具体情况，认定昆仑某钢铁公司与戴某对修复费用的承担，双方分别按30%、70%的比例承担较为妥当。

二、工程竣工验收备案的法律性质

（一）我国工程竣工验收管理机制的演进

自2000年《建设工程质量管理条例》（国务院令第279号）颁布实施后，我国政府对建设工程质量的监督管理方式发生了根本性的转变，由过去的政府“评定制”改为政府“备案制”。在政府评定机制下，政府建设主管部门或其委托机构参与工程竣工验收并起着决定性的作用，因此政府往往成为工程质量的直接责任主体。而在备案制下，则是建设单位对工程质量全面负责，工程建设参与各方按照各自分工范围分别承担质量责任，政府建设主管部门予以行政监督。政府在仍然行使相应权力的同时，避免成为直接责任人，从而实现了“趋利避害”的目的，这是工程竣工验收管理机制演变的重要原因之一。

建设工程的竣工验收备案是指建设单位自工程竣工验收合格后，在法定期限内向建筑工程所在地的县级以上地方人民政府建设行政主管部门提交建筑工程的竣工验收资料，建设行政主管部门验证文件齐全后，予以收讫，备份在案，以供查考的行为。[①]《建设工程质量管理条例》(国务院令第 279 号) 第四十九条规定:“建设单位应当自建设工程竣工验收合格之日起 15 日内,将建设工程竣工验收报告和规划、公安消防、环保等部门出具的认可文件或者准许使用文件报建设行政主管部门或者其他有关部门备案。”《房屋建筑和市政基础设施工程竣工验收备案管理办法》(2009 年修正) 第四条规定:“建设单位应当自工程竣工验收合格之日起 15 日内,依照本办法规定,向工程所在地的县级以上地方人民政府建设主管部门备案。”上述法规和部门规章确立了我国建设工程竣工验收备案的法律制度。

(二) 工程竣工验收备案的法律性质

建设工程竣工验收备案是一种行政行为,但建设行政主管部门不是进行竣工验收的主体,其仅要求当事人在工程竣工验收合格后提交必要的有关资料和文件,并对所提交资料、文件的完整性进行审查。虽然根据《房屋建筑和市政基础设施工程竣工验收备案管理办法》第八条规定,[②] 备案机关发现当事人在竣工验收过程中存在违法行为时,可以责令其停止使用,重新组织竣工验收,但这与工程竣工验收备案行为无关。可见,工程竣工验收备案行为不会对工程竣工验收合格这一事实产生任何影响,不具有直接影响当事人权利义务的效力,不符合行政法律行为“意思表示”和“直接法律效果”的构成要件。当然,其更不具有行政许可的作用。对此,国务院《关于取消第一批行政审批项目的决定》(国发〔2002〕第 24 号) 第 323 项列明,“房地产开发项目竣工验收”的行政审批事项属于取消项目,这一规定使得竣工验收在法律意义上已经丧失了行政许可的属性,不再属于行政许可的事项。[③]

那么,建设工程竣工验收备案是不是行政事实行为呢?由本书第二章第三节的分析可知,行政事实行为主观上既无“意思表示”,客观上也不会产生创设或影响行政相对人权利义务的法律效果,而仅产生事实上的结果。而建设工程竣工验收备案并非不对当事人的权利义务产生任何影响。原建设部《关于加强住宅工程质量管理的若干意见》(建质〔2004〕18号) 第 3 条第四项规定:“各地建设行政主管部门要加强对住宅工程竣工验收备案工作的管理,将竣工验收备案情况及时向社会公布。单体住宅工程未经竣工验收备案的,不得进行住宅小区的综合验收。住宅工程经竣工验收备案后,方可办理产权证。”可见,当事人未办理工程竣工验收备案,虽然不会导致工程竣工验收不合格而直接影响当事人的权利义

---

① 王鉴非:“建筑工程竣工验收备案的法律性质”,载《建筑》2007 年第 2 期。

② 该办法第八条规定:“备案机关发现建设单位在竣工验收过程中有违反国家有关建设工程质量管理规定行为的,应当在收讫竣工验收备案文件 15 日内,责令停止使用,重新组织竣工验收。”

③ 参见王鉴非:“建筑工程竣工验收备案的法律性质”,载《建筑》2007 年第 2 期。

务，但却通过建设行政主管部门有关规范性文件的规定，影响到当事人房屋产权的办理。因此，其不属于行政事实行为。

笔者认为，竣工验收备案是一种准行政法律行为，符合其“观念表示”和“间接法律效果”两大要素。理由如下：

1. 竣工验收备案具有“观念表示”的行为特征

竣工验收备案是建设行政主管部门对建设单位组织的竣工验收合格这一事实状态所作出的确认，具有信息披露功能，目的是方便行政机关的管理、监督和服务。其不为当事人设定任何权利义务，不会直接引起当事人权利义务的产生、变更和消灭。因此，竣工验收备案具有“观念表示”的行为特征。

2. 竣工验收备案会产生“间接的法律效果”

竣工验收备案这一行为并不与建设工程质量合格这一事实有直接的必然联系。其法律效果不具有必然性、确定性和即刻性，只有借助于《关于加强住宅工程质量管理的若干意见》（建质〔2004〕18号）等规定才能发生，对当事人产生的是“间接的法律效果”。

（三）竣工验收备案的可诉性

建设工程竣工验收备案是一种行政行为，其是否可诉主要取决于以下几个条件：第一、主体是否是具有国家行政管理职权的机关、组织或个人；第二、内容是否与行使国家职权有关；第三、该行为是否对当事人的权利义务产生实际影响。

由前述竣工验收备案的性质分析来看，判断其是否可诉的关键要看其是否会对行政相对人的权利义务产生实际影响。对于性质上属于准行政法律行为的竣工验收备案来说，尽管其不能直接影响相对人的权利义务，但一旦行政主体作出不予备案的决定，将使相对人无法取得相应的备案表，以至于无法办理建设工程的产权登记，这将对相对人的权利义务产生重大影响。因此，笔者认为赋予相对人对行政主体不予备案决定的诉讼权利，有利于限制行政权力的滥用，有利于维护当事人的合法权益。

【实务判例】 建设工程竣工验收备案行为可诉[①]

2011年2月，在叶某诉某开发公司迟延交付商品房一案中，认为县住建局在未经消防、环保等部门验收合格的情况下提前对工程进行的竣工验收备案行为违法，遂向法院提起行政诉讼。

---

① 参见张跃：“购房者对建筑工程竣工验收备案行为可以提起行政诉讼”，载《人民司法》2012年第10期。

法院经审理认为，竣工验收备案是建设行政机关对建筑工程实施监督和管理的行政行为，该行为的内容就是特定的建筑工程的建设单位向建设行政机关报告工程完成验收情况，行政机关予以登记的备案，以供行政机关检查和监督。法律设立此项制度的目的即是加强对房屋建筑质量的监督。如果建设行政机关不依法进行竣工验收备案，无疑会对房屋建筑质量的监管留下隐患，进而侵害购房者的权利。故叶某作为商品房购买人有权就住建局的竣工验收备案行为提起行政诉讼。法院最终判决县住建局的竣工验收备案行为违法。

第三节 工程交付后的质量责任及有关期间①

在建设工程施工合同中，保证建设工程质量是承包人的主要义务。在建设工程施工过程中，发包人、监理人及承包人通过原材料进场检验、见证检测、隐蔽工程验收、抽样检测及分部分项工程质量验收等过程控制手段来控制工程质量。工程竣工验收是对建设工程质量的一次全面核查和检验。工程交付后，承包人仍对工程质量承担责任，包括瑕疵担保责任、保修责任、侵权责任。而与质量责任相关又存在着缺陷责任期、质量保修期、质量保证期、合理使用年限、设计使用年限等多种称谓不同的期间，上述期间的经过与否，将会直接影响发包人和施工人的权利和义务关系。因此，明晰这些期间之间的关系及其对质量责任的影响，不仅有助于当事人在合同中进行清晰的约定，也能够督促发包人及时行使权利，以避免期间经过对其造成不利后果。

一、缺陷责任期、质量保修期与合理使用年限

（一）基本概念

1. 缺陷责任期

国内缺陷责任期这一概念借鉴于 FIDIC 合同条件，1987 年版的《FIDIC 施工合同条件》第 49.1 款规定了缺陷责任期，而 1999 年版的《FIDIC 施工合同条件》则将缺陷责任期修改为缺陷通知期。缺陷责任期容易使人误解为只有在缺陷责任期内，施工人才承担修复缺陷的义务。而实际上，在 FIDIC 合同条件下，施工人的修复缺陷义务并不仅仅存在于缺陷责任期内，在履约证书颁发之前的任何

① 高印立，赵怡红："中国法下与建设工程质量相关的期间和责任概念辨析"，载《北京仲裁》2018 年第 2 辑。

阶段，施工人均负有这一义务。因此，缺陷通知期的概念比缺陷责任期更为准确。

缺陷通知期是指自工程接收证书中注明的竣工日期算起，至通知工程存在缺陷的期限。在 FIDIC 合同条件下，这里的"缺陷"一般指工程或材料与合同要求不一致。主要工程及设备的缺陷通知期大多为一年，当事人可以对此进行约定。如果因为某项缺陷达到使工程或主要生产设备不能按原定目的使用的程度，业主有权提出延长缺陷通知期，但所延长的时间不得超过两年。缺陷通知期的目的是为了考核工程在动态运行条件下是否达到了合同要求，从而在出现缺陷时通过修复缺陷以完成施工人的合同义务，满足合同要求。在 FIDIC 合同条件下，竣工验收并不意味着施工人合同义务的完成，也不意味着业主对工程的接受。根据《FIDIC 施工合同条件》(1999 年版) 第 11.9 款的规定，直到工程师向施工人颁发履约证书，注明施工人完成其各项义务的日期后，才认为施工人的义务已经完成，即只有履约证书才被视为构成对工程的接受。这与我国法律、法规的规定有所不同。

在我国，并未规定颁发履约证书这一环节，工程竣工验收合格就意味着承包人的主要合同义务已经完成。《标准施工招标文件》(2007 年版) 及《建设工程施工合同示范文本》(GF-2017-0201) 均引入了缺陷责任期的概念。《建设工程质量保证金管理办法》(建质〔2017〕138 号) 则以规范性文件的形式对缺陷责任期作了规定。根据该办法的规定，缺陷责任期从工程通过竣工验收之日起计算，一般为 1 年，最长不超过 2 年，由发、承包双方在合同中约定。在缺陷责任期内，由承包人原因造成的缺陷，承包人应负责维修，并承担鉴定及维修费用。缺陷责任期届满，发包人应当返还质量保证金。

2. 质量保修期

质量保修期的概念源于《建筑法》的规定。《建筑法》第六十二条规定，建筑工程实行质量保修制度，保修的期限应当按照保证建筑物合理寿命年限内正常使用，维护使用者合法权益的原则确定，具体的保修范围和最低保修期限由国务院规定。在《建筑法》规定的基础上，《建设工程质量管理条例》第四十条对正常使用条件下主要工程的最低保修期限作了规定：基础设施工程、房屋建筑的地基基础工程和主体结构工程，为设计文件规定的该工程的合理使用年限；屋面防水工程、有防水要求的卫生间、房间和外墙面的防渗漏，为 5 年；供热与供冷系统，为 2 个采暖期、供冷期；电气管线、给水排水管道、设备安装和装修工程，为 2 年。建设工程的质量保修期，自竣工验收合格之日起计算。建设工程在保修范围和保修期限内发生质量问题的，承包人应当履行保修义务，并对因其原因造成的损失承担赔偿责任。

3. 合理使用年限

如前所述，保修的期限应当按照保证建筑物合理寿命年限内正常使用，维护使用者合法权益的原则确定。在正常使用条件下，基础设施工程、房屋建筑的地基基础工程和主体结构工程的最低保修期限为设计文件规定的该工程的合理使用年限。在这里，“合理使用年限”与“合理寿命年限”的含义是相同的。“《中华人民共和国建筑法》第六十二条关于建筑工程实行质量保修制度时有‘建筑物合理寿命年限’的提法，《中华人民共和国合同法》第二百八十二条中称‘工程合理使用期限’，其他有关规定也有称‘工程寿命期限’的，本条中‘工程合理使用年限’与上述提法是一致的。”①

关于合理使用年限的确定，《民用建筑设计通则》GB 50352—2005 使用的是“设计使用年限”的概念。按照该规范的规定，各类建筑的设计使用年限分别为：临时性建筑为 5 年；易于替换结构构件的建筑为 25 年；普通建筑和构筑物为 50 年；纪念性建筑和特别重要的建筑为 100 年。根据《民用建筑设计通则》GB 50352—2005 的条文说明，该合理使用年限主要指建筑主体结构设计使用年限，而该年限是根据《建筑结构可靠度设计统一标准》GB 50068—2001 确定的。因此，“设计使用年限”是指结构的设计使用年限。我们常说的建筑物的合理使用年限为 50 年，指的就是建筑物结构的设计使用年限为 50 年，而并非防水、装修等工程的合理使用年限。

关于建筑结构以外其他工程的合理使用年限，散见于相关的技术规范，但有规定的比较少。《外墙外保温工程技术规程》JGJ 144—2004 第 3.0.10 项规定，在正确使用和正常维护的条件下，外墙外保温工程的使用年限不应少于 25 年。这里的使用年限即为合理使用年限。

合同使用年限的意义在于，即使保修期已过，承包人仍应对因工程质量缺陷给他人造成的损害承担赔偿责任。《建筑法》第八十条规定：“在建筑物的合理使用寿命内，因建筑工程质量不合格受到损害的，有权向责任者要求赔偿。”该条的立法原意也是，对于地基基础工程和主体结构以外的其他建筑部分，其承担质量责任的责任期间，应当与该部分的合理使用寿命相同。② 这里的责任指的是侵权责任。《侵权责任法》第八十五条规定：“建筑物、构筑物或者其他设施及其搁置物、悬挂物发生脱落、坠落造成他人损害，所有人、管理人或者使用人不能证明自己没有过错的，应当承担侵权责任。所有人、管理人或者使用人赔偿后，有其他责任人的，有权向其他责任人追偿。”第八十六条规定：“建筑物、构筑物或者其他设施倒塌造成他人损害的，由建设单位与施工单位承担连带责任。建设单位、施工单位赔偿后，有其他责任人的，有权向其他责任人追偿。因其他责任人

① 国务院法制办、建设部编著：《建设工程质量管理条例释义》. 北京：中国城市出版社 2000 年版，第 70 页。

② 参见卞耀武、安建编著：《中华人民共和国建筑法释义》. 北京：法律出版社 1998 年版，第 200～201 页。

的原因，建筑物、构筑物或者其他设施倒塌造成他人损害的，由其他责任人承担侵权责任。”

（二）相关概念的辨析

1. 质量保修期与缺陷责任期

由于 FIDIC 合同条件与我国法律法规规定的差异，使得人们对质量保修期与缺陷责任期的关系在理解上容易出现偏差。我们可以从以下几个方面讨论它们的异同：

（1）法律依据不同。质量保修期的依据是《合同法》《建筑法》和《建设工程质量管理条例》等法律、行政法规。而缺陷责任期的依据是《建设工程质量保证金管理办法》，该办法是规范性文件。

（2）期间性质不同。质量保修期有法定的最低期限要求，且不同工程部位的质量保修期不同。由于建设工程质量事关社会公共利益，当事人对于质量保修期的约定低于法定最低保修期限的，则会因违反行政法规的效力性强制性规定而无效。而缺陷责任期可以由承发包双方当事人约定，一般为 1 年，最长不超过 2 年。由于《建设工程质量保证金管理办法》为规范性文件，当事人约定缺陷责任期超过 2 年的，并不会因违反该办法而无效。

（3）功能不同。在国内建设工程实践中，缺陷责任期与质量保修期在时间跨度上有所重合。二者的起算时间均为工程竣工验收合格之日。根据《建设工程质量保证金管理办法》的规定，缺陷责任期最长不超过 2 年，而《建设工程质量管理条例》第四十条规定的最低保修期限中，电气管线、给水排水管道、设备安装和装修工程的最低保修期限最短，也为 2 年。从上述规定来看，缺陷责任期一般应当在质量最低保修期限之内。因此，在质量保修期和缺陷责任期内，承包人均应承担质量保修责任。缺陷责任期的特别功能在于，在该期限内，承包人以被预留的质量保证金作为对工程所出现缺陷进行维修的担保。在缺陷责任期届满后，发包人应当向承包人返还质量保证金。而质量保修期的功能在于赋予承包人对建设工程的质量维修义务，以解决合同履行完毕后一定期限内发现的工程质量问题。该期间经过，承包人不再承担保修责任。

（4）责任承担方式相同。《建设工程质量保证金管理办法》第九条规定，缺陷责任期内，由承包人原因造成的缺陷，承包人应负责维修，并承担鉴定及维修费用。同时，该条还规定，承包人维修并承担相应费用后不免除对工程的损失赔偿责任。可见，在缺陷责任期内，承包人承担责任的方式是维修及损失赔偿，与保修期内的责任承担方式相同。

2. 质量保修期与质量保证期

《合同法》第二百七十五条规定：“施工合同的内容包括工程范围、建设工期、中间交工工程的开工和竣工时间、工程质量、工程造价、技术资料交付时间、材料和设备供应责任、拨款和结算、竣工验收、质量保修范围和质量保证期、双方相互协作等条款。"这里提到了"质量保证期"的概念，那么，质量保证期是否等同于质量保修期呢？对此，存在不同认识。有观点认为，"保修期是指厂商向消费者出售商品时承诺的对该商品因质量问题而出现故障时提供免费维修及保养的时间段"，而"质量保证期是指厂商承诺的产品在正常使用情况下不会危及人身或财产安全的时间段"。[①]"商品房的质量保证期，是指开发商对其销售的商品房于最终用户在合理使用范围内承担质量担保责任的最长期限。在该期限内，只要用户是在正常使用的情况下，因商品房的质量缺陷而造成了人身及财产的损失后，开发商就应承担损害赔偿责任；超过此期限，开发商即不需要承担责任。"而"质量保修期，是指建筑企业保障其交付的房屋符合国家、行业标准或者符合开发商交付的房屋质量保证书等材料中所承诺的质量标准的期限；若在该期限内出现质量问题，建筑企业负责免费维修"。[②] 也有学者认为，质量保证期与质量保修期并不存在本质上的不同。既然质量保修期的适用范围是以修理、损害赔偿为具体救济方式的违约性救济权，那么质量保证期的适用范围当然也应当为瑕疵违约救济权。[③]

笔者认为，建设工程的质量保修期是承包人对建设工程质量缺陷承担保修义务的期间。在这一期间内，若质量缺陷系承包人造成，则应当由其免费保修；若质量缺陷系非承包人造成，则其也有保修义务，但费用应当由责任人承担。关于质量保证期，有关文献在对《合同法》第二百七十五条进行释义时称："质量保证期是指工程各部分正常使用的期限，在实践中也称质量保修期。质量保证期应当与工程的性质相适应，当事人应当按照保证工程合理寿命年限内的正常使用，维护使用者合法权益的原则确定质量保证期，但不得低于国家规定的最低保证期限。"[④] 可见，质量保证期是指工程各部分正常使用的期限，该期限即是工程各部位的合理使用年限。但该释义认为质量保证期在实践中也称质量保修期，则是混淆了质量保修期与质量保证期的概念。《建筑结构可靠度设计统一标准》GB 50068—2001 第 1.0.5 条的条文说明对设计使用年限即合理使用年限进行了解释：在设计使用年限内，只需进行正常的维护而不需进行大修就能按预期目的使用，完成预定的功能，即房屋建筑在正常设计、正常施工、正常使用和维护下所应达到的使用年限，如达不到这个年限则意味着在设计、施工、使用与维护的某

---

① 蔡恒，骆电："检验期、保修期、质保期的关系及其适用——兼评合同法第一百五十八条的规定"，载《人民司法》2013 年第 11 期。

② 陈建晖，罗立军："浅析商品房的质量保证期和质量保修期"，载《井冈山学院学报（哲学社会科学版）》2008 年第 3 期。

③ 秦静云："论质量保证期"，载《私法》2017 年第 1 期。

④ 胡康生主编：《中华人民共和国合同法释义》. 北京：法律出版社 2009 年版，第 419～420 页。

一环节上出现了非正常情况，应查找原因。所谓“正常维护”包括必要的检测、防护和维修。从该条文说明可以得出，在正常维护条件下，承包人有义务在建筑物的合理使用年限内保证建设工程正常的使用功能，即保证建设工程质量符合合同约定、有关法律规定及技术标准的要求。这个合理使用年限实质上就是质量保证期的概念。在质量保证期内，承包人不仅应当保证建设工程质量符合法定和约定的要求，也应当保证其不因质量缺陷给使用人或其他人的人身、财产安全造成损害。因此，在质量保证期内，有关当事人既享有瑕疵违约请求权，也享有瑕疵侵权请求权。否则，若认为质量保证期等同于质量保修期，仅适用于瑕疵违约救济权，那么，当使用人在质量保修期经过后的合理使用年限内发现工程存在可导致他人人身或财产损害的质量缺陷时，其却无法行使瑕疵违约救济的权利，只能待侵权行为发生造成损害后才能主张侵权救济，必然会造成危险机会的增加和损失的扩大，这不但在逻辑上难以解释，在实践中也是有害的。

由于建设工程质量的好坏关乎人们的生命和财产安全，因此，非常有必要对建设工程各个部位的质量保证期作出强制性规定，以保护人们的生命和财产安全。但由于缺少实验数据的支撑，《民用建筑设计通则》GB 50352—2005 仅对建筑结构构件的合理使用年限即质量保证期作了规定，而对于其他非地基基础和主体结构部位的质量保证期规定较少。《屋面工程技术规范》GB 50345—2004 第 3.0.1 条规定，Ⅰ级、Ⅱ级、Ⅲ级和Ⅳ级屋面防水的合理使用年限分别为 25 年、10 年和 5 年。现行《屋面工程技术规范》GB 50345—2012 未对屋面防水的合理使用年限进行规定，其原因在于缺乏相关的实验数据。[①] 而根据《建设工程质量管理条例》的规定，屋面防水的最低保修期限为 5 年。同样，《外墙外保温工程技术规程》(JGJ 144—2004) 规定，外墙外保温工程的使用年限不应少于 25 年，而根据《民用建筑节能条例》第二十三条的规定，在正常使用条件下，保温工程的最低保修期限为 5 年。由此也可以看出，房屋建筑中除地基基础和主体结构之外，装修、保温、防水等工程的最低保修期与正常使用年限即质量保证期是不同的。

值得注意的是，工程实践中当事人经常使用“质保期”“质量保证期”的概念，此时要结合具体语境来解释其含义。作为返还质量保证金期限的“质保期”“质量保证期”实际上指的是缺陷责任期，而非实质上的质量保证期。

---

① 《屋面工程技术规范》GB 50345—2012 的条文说明对此进行了解释：“本规范征求意见稿和送审稿中，都曾明确将屋面防水等级分为Ⅰ级和Ⅱ级，防水层的合理使用年限分别为 20 年和 10 年”，“考虑到近年来……对于屋面的防水功能，不仅要看防水材料本身的材性，还要看不同防水材料组合后的整体防水效果，这一点从历次的工程调研报告中已得到了证实。由于对防水层的合理使用年限的确定，目前尚缺乏相关的实验数据，根据本规范审查专家建议，取消对防水层合理使用年限的规定”。

二、瑕疵担保责任与质量保修责任

所谓瑕疵担保，是指有偿合同中的债务人，对其提出的给付应担保其权利完整和物的质量合格。如果债务人违反此种义务，则应负瑕疵担保责任。有观点认为，施工单位承担的保修责任实际上是对建设工程质量的瑕疵担保责任。① 但笔者认为，建设工程的质量保修责任与物的瑕疵担保责任还存在以下差别：

1. 归责原则不同

一般认为，瑕疵担保责任为无过错责任。而在质量保修期内有关经济责任承担的原则是：施工单位未按国家有关规范、标准和设计要求施工，造成的质量缺陷，由施工单位负责返修并承担经济责任；由于设计方面的原因造成的质量缺陷，由设计单位承担经济责任，可由施工单位负责维修，其费用按有关规定通过建设单位向设计单位索赔，不足部分由建设单位负责；因使用单位使用不当造成的损坏问题，由使用单位自行负责；因地震、洪水、台风等不可抗拒原因造成的损坏问题，施工单位、设计单位不承担经济责任。② 可见，施工单位对于保修期内的经济责任属于过错责任。

2. 相应质量缺陷发生的时间不同

买卖合同中，物的瑕疵担保责任的构成要件之一即为标的物的瑕疵须于风险转于买受人时也已存在。③ 同样，对于建设工程施工合同来说，工程质量瑕疵在工程交付时存在也是工程质量瑕疵担保责任的构成要件之一。而质量保修期是对建筑产品在使用过程中出现质量缺陷承诺予以维修的期间，该质量缺陷既可能在工程交付时就已经存在，也可能在使用过程中产生。对于在使用过程中产生的质量缺陷，承包人应当承担保修责任，而对于交付时就已经存在的质量缺陷，发包人既有权要求承包人承担保修责任，也有权要求其承担瑕疵担保责任。在“科迪食品集团股份有限公司与商丘市大成建筑安装工程有限公司、商丘市中原建筑有限公司及龚德敬建设工程施工合同纠纷案”中，法院认为：“施工单位未按工程设计图纸施工，该工程质量在工程交付之前即已存在，施工单位应承担瑕疵担保责任。该瑕疵担保责任并不受保修期限的影响。”④ 在“北京日月房地产开发有限公司与深圳中航幕墙工程有限公司建设工程施工合同纠纷案”中，法院也认为：

---

① 最高人民法院民事审判第一庭编著：《最高人民法院建设工程施工合同司法解释理解与适用》，人民法院出版社 2015 年版，第 190 页。

② 国务院法制局，建设部编著：《〈中华人民共和国建筑法〉释义》. 北京：中国建筑工业出版社 1997 年版，第 130 页。

③ 参见崔建远主编：《合同法》. 北京：法律出版社 2010 年版，第 389 页。

④ 参见商丘市中级人民法院（2014）商民二终字第 300 号民事判决书。

“对于合同履行中已经存在的质量问题，并不因超过保修期免除施工方的相关责任。本案中，虽然涉案工程已经过保修期，但不能免除中航公司的瑕疵担保责任。”①

3. 责任承担方式存在差异

《合同法》第一百一十一条的规定表明，瑕疵担保责任即为违约责任之一种。② 瑕疵担保责任的承担方式包括维修、返工、减少价款、解除合同等，发包人对上述责任承担方式具有选择权。③ 而质量保修责任的承担方式是维修及损失赔偿，不包括减少价款。在“江苏南通二建集团有限公司与吴江恒森房地产开发有限公司建设工程施工合同纠纷案”中，法院认为：“屋面渗漏的质量问题不在于原设计而在于南通二建偷工减料，未按设计要求施工，故应按全面设计方案修复。”④ 笔者认为，法院判决施工单位承担的责任即为对工程质量的瑕疵担保责任，而非仅仅承担保修责任。可见，同为维修，二者的承担方式也存在差异。

值得注意的是，《合同法》第一百八十一条规定：“因施工人的原因致使建设工程质量不符合约定的，发包人有权要求施工人在合理期限内无偿修理或者返工、改建。经过修理或者返工、改建后，造成逾期交付的，施工人应当承担违约责任。”施工人无偿修理或者返工、改建是一种违约责任中的实际履行责任。⑤ 如果施工人在合理期限内修理、返工或改建之后，未造成逾期交付，发包人不应再要求施工人承担违约责任。⑥ 由此可以看出，该条规定的施工承包人无偿修理或者返工、改建义务应当发生在工程交付之时或交付之前，并不能完全涵盖瑕疵担保责任期间。因此，不能根据《合同法》第一百八十一条的规定，否认建设工程合同中存在减少价款这一瑕疵担保责任的承担方式。在工程质量不能满足当事人的合同约定，但能够满足有关标准规范的强制性要求时，发包人可以以减少价款的方式要求承包人承担瑕疵责任。

4. 受限制的期间不同

承包人的保修责任受质量保修期的限制，超过质量保修期的，承包人不再承担保修义务；而瑕疵担保责任受质量异议期的限制，超过质量异议期的，承包人

---

① 参见北京市第二中级人民法院（2017）京02民终9329号民事判决书。

② 《合同法》第一百一十一条规定：“质量不符合约定的，应当按照当事人的约定承担违约责任。对违约责任没有约定或者约定不明确，依照本法第六十一条的规定仍不能确定的，受损害方根据标的的性质以及损失的大小，可以合理选择要求对方承担修理、更换、重作、退货、减少价款或者报酬等违约责任。”

③ 也有学者对承揽合同中修理、重做、减少报酬、赔偿损失等违约责任承担的顺位进行了研究，实务判例中有法院指出了《合同法》第二百六十二条规定的违约责任形式之间的顺位关系，也有法院并未注意到修理与其他责任形式在适用上的先后顺序。见宁红丽：“论承揽人瑕疵责任的形式及其顺位”，载《法商研究》2013年第6期。

④ 参见江苏省高级人民法院（2012）苏民终字第0238号民事判决书。

⑤ 崔建远主编：《合同法》. 北京：法律出版社2010年版，第463页。

⑥ 王利明：《合同法研究》（第三卷）. 北京：中国人民大学出版社2012年版，第503～504页。

不再承担瑕疵担保责任。

三、建设工程合同中的质量异议期

瑕疵担保责任虽然是违约责任的一种，但其存在特殊性，其与一般违约责任的差异之一就在于“瑕疵担保责任的产生受到质量异议期间的限制”。[①] 在买卖合同中，为敦促买受人及时提出质量异议，以便出卖人尽早采取救济措施解决质量问题，防止时日久远证据灭失，纠纷持续，社会关系长期处于不稳定状态，法律特定有质量异议期以限制买受人质量异议权的行使。[②]《合同法》第一百五十八条对买卖合同的质量异议期作了规定。[③] 有观点认为，建设工程施工合同中的竣工验收合格相当于买卖合同中的货物检验合格，缺陷责任期则相当于买卖合同中的检验期间，缺陷责任期已过，则产生瑕疵担保责任免除的法律效果。

我国《合同法》并无建设工程合同质量异议期的规定，但有学者认为，在承揽合同中，定作人欲使承揽人承担瑕疵责任，应当践行在一定期间通知定作人的义务。[④] 实务中，也有法院认为，承揽人承担瑕疵担保责任应具备承揽人交付的工作成果不符合质量要求和定作人在合理的期限内提出质量异议两个条件。[⑤] 最高人民法院民一庭《民事审判指导与参考》研究组认为，应区分瑕疵的性质以决定定作人提出异议的期间。对于显性瑕疵，定作人验收时应当发现，应及时通知承揽人，原则上应当场提出；如承揽人不在场，定作人应立即通知承揽人。如没有通知，则视为工作成果符合要求。对只能在使用中发现的质量瑕疵，定作人应在合理期限内及时通知承揽人。在承揽合同无特别约定的情况下，定作人应在合理期限内及时通知承揽人。在承揽合同无特别约定的情况下，定作人提出质量异议的最长时限以 2 年为宜，即在 2 年内无论定作人是否发现定作物质量瑕疵，只要未向承揽人提出异议的，即视为认可质量合格。[⑥]

---

① 崔建远：“物的瑕疵担保责任的定性与定位”，载《中国法学》2006 年第 6 期。

② 最高人民法院民事审判第二庭编著：《最高人民法院关于买卖合同司法解释理解与适用》，人民法院出版社 2012 年版，第 370 页。

③《合同法》第一百五十八条规定：“当事人约定检验期间的，买受人应当在检验期间内将标的物的数量或者质量不符合约定的情形通知出卖人。买受人怠于通知的，视为标的物的数量或者质量符合约定。当事人没有约定检验期间的，买受人应当在发现或者应当发现标的物的数量或者质量不符合约定的合理期间内通知出卖人。买受人在合理期间内未通知或者自标的物收到之日起两年内未通知出卖人的，视为标的物的数量或者质量符合约定，但对标的物有质量保证期的，适用质量保证期，不适用该两年的规定。出卖人知道或者应当知道提供的标的物不符合约定的，买受人不受前两款规定的通知时间的限制。”

④ 参见宁红丽：“论承揽人瑕疵责任的构成”，载《法学》2013 年第 9 期。

⑤ 参见上海市第一中级人民法院（2005）沪一中民四（商）终字第 1042 号民事判决书。

⑥ 参见吴宝庆主编：《最高人民法院专家法官阐释民商裁判疑难问题》增订版，中国法制出版社 2011 年版，第 82-83 页。转引自宁红丽：“论承揽人瑕疵责任的构成”，载《法学》2013 年第 9 期。

笔者认为，买卖合同、承揽合同与建设工程合同在性质上存在差异，更重要的是标的物的重要性显著不同。建设工程的质量安全事关社会公共利益，其质量缺陷的类型多样，成因复杂，又具有较强的隐蔽性，往往需要借助于专业知识和工具、设备检验才能发现。因此，不能简单地将一般最多为两年的缺陷责任期作为建设工程合同的质量异议期。我国台湾地区所谓“民法”第四百九十八、四百九十九条即根据承揽合同的标的物不同，将瑕疵发现期间分为“一般期间”与“特别期间”。其中，一般期间系针对一般工作或通常工作（即非建筑物或土地上工作物之承揽），其瑕疵发现期间为自工作交付或工作完成（针对工作依性质无须交付的承揽）之日起一年内；特别期间系针对建筑物或其他土地上之工作物之承揽，其瑕疵发现期间为自工作交付或工作完成之日起五年之内。①

关于建设工程施工合同中质量异议期的期限，笔者认为原则上可以参照《合同法》第一百五十八条的规定，将质量保证期即合理使用年限作为工程的质量异议期，但为了防止社会关系长期处于不稳定状态，建议应当结合建筑物不同部位的性质和质量缺陷的类型来考虑。对于较易判断的显性质量缺陷或容易发现质量问题的隐蔽缺陷，其质量异议期可适当缩短。由于质量保修期是“按照保证建筑物合理寿命年限内正常使用，维护使用者合法权益的原则确定”，一般如果在保修期内不出现质量问题，质量就会趋于稳定，② 因此，可以参考分部分项工程的最低质量保修期来确定该工程部位的质量异议期。而对于严重影响公共安全的重大质量缺陷或难以发现质量问题的隐蔽缺陷，则应当将分部分项工程的质量保证期即合理使用年限作为该工程部位的质量异议期。比如，对于地基基础和主体结构来说，其合理使用年限即为质量异议期；对于外墙外保温工程中的保温层脱落缺陷，可以考虑将 5 年的质量保修期作为质量异议期；而对于外墙外保温工程中的保温材料燃烧性能不符合要求的缺陷，25 年的合理使用年限（质量保证期）即为质量异议期。当然，对于大多非地基基础和主体结构的分部分项工程而言，我国的相关技术标准并未规定其质量保证期，这也是当前确定质量异议期的一个重要障碍。

建设工程施工合同质量纠纷往往涉及质量缺陷产生的时间和原因、工程是否经过验收、质量保修期是否经过等多个方面的问题，现实中的具体情形也是千差万别，十分复杂。违约责任和瑕疵担保责任的关系在理论上存有争议，我国《合同法》的建设工程合同一章也没有关于质量异议期的规定。因此，本书对于许多问题的讨论还是初步的，旨在提供一个解决问题的基本思路，抛砖引玉，供方家参考。在具体的建设工程质量纠纷案件中，还需依据现有法律法规的规定，并结合具体案情作出裁判。同时，也建议工程界加强对各分部分项工程合理使用年限

① 参见宁红丽：“论承揽人瑕疵责任的构成”，载《法学》2013 年第 9 期。

② 参见国务院法制办，建设部编著：《建设工程质量管理条例释义》，中国城市出版社 2000 年版，第 101～102 页。

的研究工作，以为司法实践提供更为可靠的依据。

第四节 工程价款结算

一、工程价款结算的概念及特点

所谓工程价款结算是指承、发包双方依据建设工程施工合同的约定及国家或地方有关工程计价办法的规定，对工程价款进行最后确认的活动。工程价款结算的一般程序是：承包人在竣工验收合格后一定期限内，向发包人提交竣工结算报告和完整的结算文件，发包人在收到上述竣工结算文件后一定期限内给予确认或提出修改意见，最后双方达成一致。如不能达成一致，则可共同商请有关造价鉴定机关进行鉴定，或向有管辖权的人民法院或仲裁机构提起诉讼或仲裁。

由此可见，工程价款结算过程就是一个要约—反要约—承诺的过程，简单地说，就是一个订立合同的过程。但与一般合同相比，其又有自己的特点：

1. 以施工合同为基础

经双方签署的工程价款结算文件主要以建设工程施工合同为依据。同时，双方可在合同中约定工程价款结算办理的答复期限，即承诺期限。基于诚实信用原则，双方均对工程价款结算负有协助义务。特别是发包人，应负有在合理期限内给予答复的义务。

2. 内容具有相对补充性

工程价款结算以建设工程施工合同为基础，又通过在合同履行过程中双方协商一致的结果对合同进行了补充。因此，其内容与工程合同相比具有补充性。

3. 结果具有相对独立性

承发包双方一旦就工程结算达成一致，即产生独立的意思表示一致的法律效果。只要结算行为本身不存在无效、被撤销的情形，工程价款结算文件即作为最终付款的依据。结算文件中的最终工程价款应当考虑到工程量、质量标准、工期、施工条件等因素的变化及违约责任的承担。在这种情况下，若双方当事人间发生纠纷，经双方认可的合法、有效的工程价款结算文件可直接作为定案的依据，法院或仲裁机构原则上一般可不再支持诸如工期拖延之类的抗辩。当然，承包人仍对工程承担质量责任。①

关于施工合同无效是否会导致结算协议无效，一般认为，施工合同无效并不影响结算协议的效力。《北京市高级人民法院关于审理建设工程施工合同纠纷案

---

① 高印立："对工程竣工结算文件不予答复问题的探讨"，载《建筑经济》2006年第7期。

件若干疑难问题的解答》（京高法发〔2012〕245 号）第 7 条规定：“建设工程施工合同无效，但工程经竣工验收合格，当事人一方以施工合同无效为由要求确认结算协议无效的，不予支持。”

不过，笔者认为，《合同法》第九十八条关于合同中结算和清理条款效力的规定适用于合同权利义务终止的情形，而合同权利义务终止的前提是合同有效。若合同无效，则无合同权利义务终止的问题，故该条款并不适用于合同无效的情形。因此，施工合同无效不影响结算协议的效力，与其说是源于结算协议的相对独立性，不如说是基于《施工合同司法解释》第二条关于“无效施工合同参照合同约定支付工程价款”的规定。倘若司法解释规定无效施工合同按照成本价来结算工程价款，则当事人按照无效合同的约定结算的工程款数额恐怕就不能作为发包人支付工程结算款的依据了。

【实务判例】 合同无效，但结算协议仍有效①

2011 年 4 月 8 日，A 公司与 B 公司签订《建设工程施工合同》，约定 A 公司将其厂房、宿舍楼发包给 B 公司施工，巫某在合同的承包人处签名。2011 年 4 月 29 日，巫某与吴某签订《钢结构工程施工合同》，约定由吴某负责对 A 公司的厂房结构屋面进行施工。合同签订后，吴某组织工程队完成了三栋厂房的施工，并经巫某确认符合合同要求、设计要求及质量验收标准。2012 年 6 月 28 日，吴某与巫某订立《钢结构厂房屋面工程期中验收结算清单》，该结算清单载明：三栋厂房总价款 87.9 万元，已支进度款 66.5 万元，工程余款 21.4 万元。在案件审理过程中，B 公司确认其将 A 公司的厂房、宿舍楼委托巫某负责施工。

一审法院认为，巫某与吴某签订的《钢结构工程施工合同》，违反了《合同法》第二百七十二条的规定，属于无效合同，但吴某与巫某订立的《钢结构厂房屋面工程期中验收结算清单》，根据《施工合同司法解释》第十六条的规定应予确认。

巫某不服一审判决，上诉称，因《钢结构工程施工合同》无效，故双方签订的该工程验收结算清单也无效。

二审法院认为，吴某与巫某签订的《钢结构工程施工合同》虽依法无效，但双方签订的结算清单是双方真实的意思表示，内容不违反法律、行政法规的强制性规定，应当认定为合法有效，巫某应当按照该结算清单的约定向吴某支付工程款。

二、工程价款的确定方式

（一）工程价款的计价方式

工程价款的计价方式主要有两种，分别为工料单价法和综合单价法。在工料

① 参见广东省河源市中级人民法院（2014）河中法民二终字第 96 号民事判决书。

单价法的计价方式中，分部分项工程量的单价为直接费，即成本。直接费包括直接工程费和措施费，以人工、材料、机械的消耗量及其相应价格确定。间接费(规费及企业管理费)、利润、税金按有关规定另行计算。直接费汇总后与间接费、利润、税金合计生成分部分项工程造价。因此，工料单价法计价方式中的单价是不完全单价；在综合单价法计价方式中，分部分项工程量的单价为全费用单价，全费用单价综合计算工程所发生的直接费、间接费和利润，因此是完全单价。全费用单价乘以分部分项工程量生成分部分项工程造价。

采用工料单价法进行工程计价时，离不开预算定额。首先需要按照预算定额规定的分部分项子目逐项计算工程量，其次要套用预算定额单价确定直接工程费，然后才能逐项计算措施费、间接费、利润和税金。采用综合单价法进行工程计价时，工程量的计算方式采用工程量清单项目的设置和计量规则来计算，综合单价则往往是按照市场价来确定的。

（二）工程定额与工程量清单

工程定额计价和工程量清单计价是我国现行工程建设领域采用的两种不同的计价模式。工程定额是指在工程建设中单位产品上人工、材料、机械、资金消耗的规定额度，具有统一性、稳定性、时效性、权威性和一定的科学性。它是国家对经济发展有计划宏观调控职能的体现。但由于工程定额是建设行政主管部门根据本地建筑市场建安成本的平均水平确定的，故不能反映特定企业的施工、技术和管理水平。

随着我国市场经济的发展和建筑产品价格的市场化，定额计价方法也从具有一定的国家强制性慢慢发展到与工程量清单计价方法并用的任意性计价方法。但不可忽视的是，定额计价制度从产生到完善的数十年中，对中国内地的工程造价管理发挥了巨大作用，为政府进行工程项目的投资控制提供了很好的工具。[①]

与工程定额的国家计划经济性和宏观调控性不同，工程量清单计价模式是与市场经济相适应，与国际惯例相容的产物，是市场自主定价的体现。工程量清单计价是在统一的工程量清单项目设置和工程量清单计量规则的基础上，由招标人根据具体工程的施工图纸等资料计算出各个清单项目的工程量，投标人根据自身掌握的信息、资料并结合企业定额自主报价，最终形成合同价格的方法。这种计价模式是市场经济定价体系的具体表现形式。工程量清单由分部分项工程量清单、措施项目清单、其他项目清单、规费项目清单、税金项目清单组成。分部分项工程量清单根据项目编码、项目特征、计量单位和工程量计算规则进行编制。

---

① 参见戚碧姬："浅谈建设工程定额计价与工程量清单计价的区别"，载《商品与质量》2010年第12期。

工程量清单计价使各个投标人能够在同一起点上开展竞争，即在相同的清单项目和相同的清单项目工程量的基础上，自主报价。同时，这种模式避免了定额计价模式下招标人与投标人之间在工程量计算上的重复工作，有利于提高工程计价效率，促进了各投标人企业定额的完善。[①]

工程量清单是工程量清单计价的基础，它是招标文件的组成部分，是编制招标控制价和投标报价的依据之一。同时，工程量清单也是工程量调整、工程结算及索赔的依据之一，主要表现在：

1. 工程量清单漏项或由于设计变更引起新的工程量清单项目，其相应综合单价由承包人提出，经发包人确认后作为结算的依据；

2. 由于设计变更引起的工程量增减部分，属合同约定幅度以内的，应执行原有的综合单价；属合同约定幅度以外的，其综合单价由承包人提出，经发包人确认后作为结算的依据；

3. 由于工程量的变更，且实际发生了规定以外的费用损失，承包人可提出索赔要求，与发包人协商确认后，给予补偿。

值得注意的是，在由定额计价模式向工程量清单计价模式转变过程中，我国目前实行的清单计价还带有许多定额计价的痕迹。工程量清单中的工程量计算规则仍然沿用了地方或行业定额的规定。虽然在材料消耗、用工消耗、机械使用、管理费用构成等各项指标上，企业可根据自身特点和实际情况自主报价，但由于国内大部分施工企业还未编制企业定额，“大部分投标人把工程量清单所提供的分部分项工程与定额子目相对照，参考定额中的人工费、材料费和机械费，再考虑一定比例的管理费来确定一个综合单价，这实质上仍是沿用了过去的定额计价模式”[②]。

【实务判例】鉴定机构分别按定额价和市场价作出鉴定结论的，一般以市场价确定工程价款[③]

A公司使用虚假公章、冒用虚假资质与B公司针对同一工程签订了三份钢结构厂房工程施工合同，三份合同约定的工程价款差额巨大，但合同记载的签订时间却是同一日期，由相同的委托代理人签订，依据合同不能确认合同当事人对合同价款约定的真实意思表示。因此，法院委托鉴定机构对该工程造价进行鉴定。鉴定机构分别按定额价和市场价出具了鉴定结论。

最高人民法院经再审认为，建设工程定额标准是政府指导价范畴，属于任

---

① 参见周和生，尹贻林主编：《建设工程工程量清单计价规范（GB 50500—2008）应用与发展研究》，天津大学出版社 2010 年版，第 19 页。

② 周和生，尹贻林主编：《建设工程工程量清单计价规范（GB 50500—2008）应用与发展研究》，天津大学出版社 2010 年版，第 310 页。

③ 参见奚晓明主编：《民事审判指导与参考》总第 50 辑，人民法院出版社 2012 年版。

意规范并非强制性规范。在当事人之间没有作出定额作为工程价款的约定时，一般不宜以定额价确定工程价款。同时，定额标准没有考虑企业的技术专长、劳动生产力水平、材料采购渠道和管理能力，不能反映企业的施工、技术和管理水平。而建设行政主管部门发布的市场价格信息，更贴近市场价格，更接近建设工程的实际造价成本。根据《合同法》第六十二条第二项规定，以市场价格作为合同履行的依据，不仅更符合法律规定，而且对双方当事人更公平。

（三）工程量清单计价规范强制性条文的法律效力[①]

《建设工程工程量清单计价规范》是住房和城乡建设部在2003年发布的国家标准，又先后于2008年、2013年进行了修订。上述工程量清单计价规范均包含有强制性条文。实践当中，承发包双方可能在建设工程施工合同中作出违反《建设工程工程量清单计价规范》强制性条文的约定，由此引发争议。关于违反《建设工程工程量清单计价规范》强制性条文的法律效果，当前主要有以下两种观点：

（1）无效说。该观点认为，违反该强制性条文的约定无效。主要理由为：第一，《建设工程工程量清单计价规范》是国家强制性标准，其中的强制性条文必须严格执行。第二，《建筑法》第十八条规定："建筑工程造价应按照国家有关规定，由发包单位与承包单位在合同中约定。"《建设工程工程量清单计价规范》作为国家标准，就是该条中的"国家有关规定"。因此，《建筑法》赋予了《清单计价规范》强制性的约束力。第三，建设工程标准化体系赋予《清单计价规范》强制性条文的效力，违反该规范的强制性条文等同于违反建设工程标准化体系的有关规定，视为无效。第四，违反《建设工程工程量清单计价规范》的强制性条文要求就意味着违反了该规范的立法宗旨，可能会导致质量、工期等一系列问题，进而损害国家、集体利益。[②]

（2）有效说。该观点认为，该强制性条文不属于违反法律、行政法规的强制性规定，合同依然有效。原因在于，《建设工程工程量清单计价规范》由国家住房和城乡建设部会同国家质量监督检验检疫总局联合发布，属于国务院部委颁布的规范，是部门规章，而非法律、行政法规。根据我国《合同法》第五十二条第五款的规定，违反法律、行政法规强制性规定的合同无效。可见，合同必须且只能是违反法律、行政法规的效力性强制性规定才能导致合同无效，违反

---

① 高印立，黄丽芳："《建设工程工程量清单计价规范》强制性条文效力的类型化分析"，载《北京仲裁》2016年第2辑。

② 参见张晓丽，尹贻林，李彪："《建设工程工程量清单计价规范》强制性条文的效力研究"，载《项目管理技术》2012年第5期。

其他强制性规定，如地方法规、部门规章、地方政府规章等，均不会导致合同无效。①

笔者认为，《建设工程工程量清单计价规范》各个强制性条文的属性不同，所涉及的内容也各不相同，不能简单地非此即彼。而是应当在认清《清单计价规范》法律性质的基础上，对该规范的强制性条文进行分类分析，才能得出更为确切的结论。

1.《建设工程工程量清单计价规范》的法律性质

(1)《建设工程工程量清单计价规范》不是部门规章。

根据《立法法》的规定，部门规章的制定主体是国务院部、委、中国人民银行、审计署和具有行政管理职能的直属机构，规定的事项应当属于执行法律或者国务院的行政法规、决定、命令的事项。部门规章应当经部务会议或者委员会会议决定，由部门首长签署命令予以公布。《建设工程工程量清单计价规范》虽由住房和城乡建设部发布，但其内容和形式均为国家标准，并按照一般技术标准的程序制定，且非以"部长令"的方式发布。因此，《建设工程工程量清单计价规范》不应被认定为部门规章。

(2)《建设工程工程量清单计价规范》是带有规范性文件性质的国家标准。

有学者认为，标准的规范效力不同于法律的规范效力，法律的规范效力来自于法律自身。而标准文本中"必须""不得"等行为模式用语，只具有科学和技术层面的意义，而不具有法律上的意义。其后果也只表明违反标准的行为不能获得技术上的合理效果，而不具有法律上否定性评价的效果。因此，标准中的条文本身并不能直接产生规范效力。标准的规范效力只能来源于法律，是法律赋予的。② 一般技术标准确实如此，但《建设工程工程量清单计价规范》却有其特殊性。以2013年版《建设工程工程量清单计价规范》为例，有的条款仅表达一种技术层面的要求，比如，第4.2.2条规定："分部分项工程量清单应根据相关工程现行国家计量规范规定的项目编码、项目名称、项目特征、计量单位和工程量计算规则进行编制。"这反映出技术标准的特性；而有的条款则带有法律判断，比如，第3.1.5条规定："措施项目中的安全文明施工费必须按国家或省级、行业建设主管部门的规定计算，不得作为竞争性费用。"这又表现出法律规范的特征。因此，笔者认为，《建设工程工程量清单计价规范》是带有规范性文件性质的国家标准。

(3)《建设工程工程量清单计价规范》的强制性条文不全部属于强制性标准。

① 参见魏飞，代群："浅谈新清单计价规范的强制条文及默认条款效力"，载《中国装饰装修》2013年第11期。

② 参见柳经纬："标准的规范性与规范效力——基于标准著作权保护问题的视角"，载《法学》2014第8期。

2017年新修订的《标准化法》第十条规定："对保障人身健康和生命财产安全、国家安全、生态环境安全以及满足经济社会管理基本需要的技术要求，应当制定强制性国家标准。"《标准化法实施条例》第十八条将强制性标准分为八类，包括药品标准，食品卫生标准，兽药标准；产品及产品生产、储运和使用中的安全、卫生标准，劳动安全、卫生标准，运输安全标准；工程建设的质量、安全、卫生标准及国家需要控制的其他工程建设标准；环境保护的污染物排放标准和环境质量标准；重要的通用技术术语、符号、代号和制图方法；通用的试验、检验方法标准；互换配合标准；国家需要控制的重要产品质量标准。《实施工程建设强制性标准监督规定》（建设部81号令）中则把工程建设强制性标准定义为"直接涉及工程质量、安全、卫生及环境保护等方面的工程建设标准强制性条文"。就《建设工程工程量清单计价规范》来说，其中的强制性条文并不都属于强制性标准，更不全部符合工程建设强制性标准的定义。如2013版《建设工程工程量清单计价规范》的第11.1.1条规定："工程完工后，发承包双方必须在合同约定时间内办理工程竣工结算。"第8.2.1条规定："工程量必须以承包人完成合同承包工程应予计量的工程量确定。"第4.1.2条规定："招标工程量清单必须作为招标文件的组成部分，其准确性和完整性应由招标人负责。"可见，这些条款内容没有技术标准的特性，不属于强制性标准所应当指向的技术性标准范畴，不涉及工程建设的质量、安全、卫生和环境保护，也不属于满足经济社会管理基本需要的技术要求，不符合工程建设强制性标准的定义。

2. 2013年版《建设工程工程量清单计价规范》中强制性条文效力的类型化分析

如前所述，2013年版《建设工程工程量清单计价规范》的强制性条文中既有技术规范又有法律规范，各个强制性条文的特点也各不相同。因此，有必要对其进行类型化分析。

首先，我们以是否属于强制性标准对该规范的强制性条文进行考察。该规范共有强制性条文15条，内容主要涉及规范适用、工程量清单编制、竞争性费用的限制等，并不全部直接涉及工程质量、安全、卫生及环境保护内容。属于《标准化法实施条例》所规定的强制性标准的，只有第3.1.5条。其他强制性条文均不直接涉及工程质量、安全、卫生及环境保护。

其次，我们还可以以条文本身是否产生规范效力将强制性条文分为两类：第一类旨在规范技术合理性，其效力由《标准化法》等法律赋予；第二类则自身具有规范效力。2013年版《建设工程工程量清单计价规范》强制性条文的分类及特点见表5-1所列。

由表5-1可以看出，除第3.1.5条、第3.1.6条、第6.1.3条外，其他12条强制性条文有以下共同特点：第一，条文所规定的内容均无相应上位法的规定，

《建设工程工程量清单计价规范》的法律性质决定了这些强制性条文的效力等级较低，不属于法律、行政法规的范畴；第二，条文内容不属于《标准化法》及《标准化法实施条例》规定的强制性标准，不关乎国家利益和社会公共利益。因此，对这12条强制性条文的违反不会导致合同无效。

2013年版《建设工程工程量清单计价规范》强制性条文的分类　　表5-1

条文	主要特点		
	自身效力	强制性标准定义	上位法规定
4.2.1、4.2.2、4.3.1、6.1.4、8.1.1、8.2.1	自身不产生规范效力	不符合《标准化法》及其实施条例中强制性标准的定义	规范效力源于《标准化法》及其实施条例的规定
3.1.5	自身产生规范效力	符合《标准化法》及其实施条例中强制性标准的定义	《安全生产法》第二十条、《企业安全生产费用提取和使用管理办法》（财企〔2012〕16号）第七条
3.1.6		不符合《标准化法》及其实施条例中强制性标准的定义	税法、《社会保险法》第二条、《建筑法》第四十八条、《住房公积金管理条例》第十八条、《水污染防治法》等
6.1.3			《招标投标法》第三十三条
3.1.1、3.1.4、3.4.1、4.1.2、11.1.1、5.1.1			无上位法规定，效力等级低

下面我们分别对第3.1.5条、第3.1.6条、第6.1.3条的效力进行分析。

第3.1.5条是我国法定的强制性标准。《安全生产法》第二十条也对安全生产费用作了规定："……有关生产经营单位应当按照规定提取和使用安全生产费用，专门用于改善安全生产条件。安全生产费用在成本中据实列支。安全生产费用提取、使用和监督管理的具体办法由国务院财政部门会同国务院安全生产监督管理部门征求国务院有关部门意见后制定。"据此，财政部、国家安全生产监督管理总局制定了《企业安全生产费用提取和使用管理办法》（财企〔2012〕16号），其中第七条规定："建设工程施工企业提取的安全费用列入工程造价，在竞标时，不得删减，列入标外管理。"安全生产资金投入，是生产经营单位安全生产的重要保障，如果允许安全生产费用随意删减，极有可能导致生产经营单位一味追求经济利益，千方百计减少安全生产资金投入，致使安全措施不到位、造成安全隐患，甚至直接导致安全事故的发生。建设工程行业作为安全事故多发行业，从源头保证安全生产资金投入十分必要。可见，该条规定事关社会公共利益，是《安全生产法》和《标准化法》的强制性要求，属于效力性强制性规范。特别是在当前安全生产形势不容乐观的情况下，对此作出否定性评价十分必要。因此，当事人的约定违反该条规定的，约定无效。

第 3.1.6 条规定了规费和税金不得作为竞争性费用。虽然该规定不直接涉及质量、安全，但若当事人的约定违反了该项规定，是否会因规费、税金的法定性而无效呢？

笔者认为，规费、税金的法定性是指义务人应当按照国家规定缴纳规费和税金，行政机关亦不得违反法律、行政法规的规定多收或少收相应款项，其约束的对象是行政法律关系中的行政机关和行政管理相对人。由于规费、税金构成工程价款的一部分，当事人就工程项目规费、税金的约定，实质上是对工程价款计算方法的约定。而且，尽管当事人的约定与国家规定不同，但其约束的对象是民事法律关系中的当事人，不影响行政法律关系中义务人和行政机关的权利义务，不违反社会公共利益。因此，即使当事人关于规费、税金的约定违反了第 3.1.6 条的规定，不会导致民事合同的无效，其对于双方当事人仍具有约束力。

第 6.1.3 条规定："投标报价不得低于工程成本。"《招标投标法》第三十三条对此作了规定："投标人不得以低于成本的报价竞标，也不得以他人名义投标或者以其他方式弄虚作假，骗取中标。"成本是构成价格的主要部分，是投标商估算投标价格的依据和最低的经济界限。如果投标价格低于成本，必然导致承包商或供应商在合同执行工程中，偷工减料，以次充好。投标商以低于成本的报价进行竞争不仅对自身是一种自杀行为，而且还破坏了市场经济的秩序，这是于建立社会主义市场经济的目标相背离的，也是不符合招标投标法的公平公正竞争原则的。[①] 因此，笔者认为，投标人以低于成本的报价竞标并中标的，根据《招标投标法》的规定，中标应当无效。中标无效的，合同亦应无效。因此，违反第 6.1.3 条签订的建设工程施工合同应当无效。《江苏省高级人民法院关于审理建设工程施工合同纠纷案件若干问题的意见》（2008 年 12 月 17 日通过，苏高法审委〔2008〕26 号）第三条也规定，中标合同约定的工程价款低于成本价的，建设工程施工合同无效。当然，在实务中如何判断报价低于成本价是一个十分困难的问题。

3. 约定安全文明施工费低于法定要求的法律后果

由上述分析可知，违反 2013 年版《建设工程工程量清单计价规范》第 3.1.5 条、第 6.1.3 条规定的约定无效。笔者重点讨论违反第 3.1.5 条规定的法律后果，我们区分以下不同情形分别进行讨论。

（1）工程未完工

① 继续履行。工程尚未完工，承发包双方一致同意继续履行合同，但对合同中安全文明施工费用的删减条款有争议，承包人要求增加安全文明施工费的，

---

① 国家计委政策法规司，国务院法制办财政金融法制司：《中华人民共和国招标投标法释义》，中国计划出版社 1999 年版，第 69～70 页。

笔者认为，应当按照国家有关规定，对后续工程的安全文明施工费进行调整。原因在于，《建设工程工程量清单计价规范》适用于建设工程发承包及实施阶段的计价活动，其既约束承包人，也约束发包人。而更为重要的是，安全文明施工费事关安全生产和人民生命财产安全，只有保证安全生产费用的投入，国家关于安全生产的具体要求才能落到实处，才能减少安全隐患、降低安全风险。如果发包人不能足额提供安全文明施工费，施工单位极有可能为了保证工程合理利润，减少安全文明施工费用的支出，导致安全隐患。因此，在合同继续履行时，应当按照国家有关规定对未完部分工程的安全文明施工费进行调整。这是后续工程安全生产、文明施工顺利进行的重要保障。

② 解除合同。工程尚未完工，承发包双方同意或法院、仲裁机构依法判定解除合同的，在进行工程款结算时，安全文明施工费用不应当重新进行调整。首先，安全文明施工费用是措施费，不构成工程实体的一部分，不影响工程质量。其次，安全文明施工费的目的和作用在于将其应用于安全文明生产。在合同已解除的情况下，承包人的安全文明施工费如何结算并不会再对未完工程的安全生产产生影响。如果在结算时另行增加，增加的部分只会变成承包人的利润。这意味着，在事先违法删减安全文明施工费的情况下，承包人最终反而可将删减的这部分费用转化成利润。因违法而获利，有违公平原则。最后，合同中同意删减安全文明施工费，是承包人的真实意思表示。发包人未依法足额支付安全文明施工费，并不能免除承包人足额进行安全投入的义务。即使承包人因同意删减合同项下的安全文明施工费导致利润降低甚至是亏损，其也应当依法及时、足额支出该笔费用，做到专款专用。在合同解除后，再对已经完成的工程追加安全文明施工费，无异于追加利润，有违诚实信用原则。

(2) 工程已完工

工程完工后重新核算、增加的安全文明施工费，并不能再用于工程的安全文明生产。这部分增加的费用将会转化为承包人的利润，这有鼓励承包人违法之嫌，有违公平正义原则。因此，在工程已经完工的情况下，应当参照合同约定计算安全文明施工费。

《江苏省高级人民法院关于审理建设工程施工合同纠纷案件若干问题的意见》(苏高法审委〔2008〕26 号) 第七条规定："经过招投标订立的建设工程施工合同，工程虽经验收合格，但因合同约定的工程价款低于成本价而导致合同无效，发包人要求参照合同约定的价款结算的，人民法院应当支持。"安全文明施工费也是承包人的工程成本，在工程完工后，江苏省高级人民法院对低于成本价签订的施工合同的这种结算处理方式值得借鉴。

综上，笔者认为，国家标准《建设工程工程量清单计价规范》中的强制性条文，并非都符合我国关于工程建设强制性标准的定义。2013 年版《建设工程工程量清单计价规范》中只有第 3.1.5 条和第 6.1.3 条属于效力性强制性规范，违反该条规定的约定无效，违反其他强制性条文规定的，则不产生无效的法律效果。

在合同中的安全文明施工费用计取条款被认定为无效后，基于安全文明施工费的设立目的、作用和应当“专款专用”等方面的考虑，应当区分工程状态决定是否按照国家有关规定重新计取安全文明施工费。对于合同已经解除或工程已完工的，重新计取安全文明施工费用，对工程实际的安全文明管理已无任何意义，参照合同约定进行结算更符合公平和诚实信用原则；对于未完工程，在合同继续履行的情况下，为保证后续工程施工过程中的安全文明施工，应当就未完工程部分重新计取安全文明施工费。

(四) 模拟工程量清单

所谓模拟工程量清单，是指根据方案设计、初步设计图纸或不完备的施工图纸编制的工程量清单，其主要目的在于满足建设单位缩短工期的要求。由于工期要求紧，建设单位急于开工建设，在施工图设计尚未完成的情况下即进行招标，因此，模拟工程量清单应运而生。

一般来说，工程量清单的编制是在施工图完成之后，而模拟工程量清单的编制则一般在初步设计完成之后，以便满足提前招标的要求。可见，工程量清单与模拟工程量清单的最大区别就在于所依据的图纸深度不同。对建筑工程而言，初步设计与施工图设计深度的差异见表 5-2 所列。

建筑工程初步设计与施工图设计深度比较 表 5-2

专业	初步设计	施工图设计
建筑	主要结构和构造部件剖面；根据需要绘制节点详图；简述外立面，层面及内部装修材料	主要结构和构造部件位置、尺寸和做法；构造、节点详图；各处材料及做法、室内装修做法、门窗性能表
结构	基础及主要构件截面尺寸；主要结构材料说明	基础及构件详图、配筋图
给水排水	平面图、系统原理图；干管管径尺寸；设备及主要材料、器材表	平面图、剖面图、系统图；排水管道位置、管径尺寸；工艺设备布置、细部尺寸；设备及主要材料、器材表
暖通空调	平面图、系统流程图；主要风道和水管干管管径尺寸；设备表	平面图、剖面图、详图、系统图；管道和风道尺寸及走向；设备表及详细的技术数据
热能动力	平面布置图、系统原理图；主要管道管径尺寸；主要设备表	平面布置图、剖面图、系统图、节点详图、室外管网图；各种管道管径尺寸、安装详图；设备及主要材料表
电气	变压器、开关柜、发电机的平面布置和尺寸；主要电气设备表	变压器、母线、配电箱、发电机、开关柜的型号、规格；主要电气设备表

由于初步设计图纸和施工图设计图纸的差异，模拟工程量清单存在不完整、不准确的问题，容易导致工程造价失控，也给日后的工程造价纠纷埋下了隐患。因此，采用模拟工程量清单招标应当符合两个条件：一是要有类似项目的工程内容与技术指标；二是编制所依据的图纸与最终的施工图设计图纸差异不宜太大。

模拟工程量清单的风险主要源于其偏差和漏项。模拟工程量清单偏差对综合单价、措施项目费均会产生影响，也会加大投标人不平衡报价所带来的风险。因此，利用模拟工程量清单招标时，招标人最好在招标文件中规定：当工程量增加一定幅度时，增加部分综合单价调低；当工程量减少一定幅度时，减少后剩余部分综合单价调高。对于漏项，可按《建设工程工程量清单计价规范》GB 50500—2013 第 9.3.1 条的规定，根据工程造价管理机构发布的信息价格和承包人的报价浮动率来计算。最后，还要规定模拟工程量清单的替换机制，即根据已完成的施工图文件重新编制工程量清单，并用其代替原来的模拟工程量清单。这种替换机制基于施工图纸的变化，应当不存在“黑白合同”问题。

(五) 工程价款的确定方式

建设工程施工合同工程价款的确定方式主要有固定价格、可调价格和成本加酬金三种方式，现分述如下。

1. 固定价格合同

固定价格合同是指承发包双方约定风险范围内的价款不再调整的合同。固定价格合同包括固定总价合同和固定单价合同。

(1) 固定总价合同

固定总价合同是指承发包双方在合同中约定一个固定的总价，在合同约定的风险范围内约定的总价不再调整。合同约定的工程量、工程范围是该固定总价的基础，实践中一般是按施工图预算包干，除合同约定及不可抗力、情势变更外，合同价格风险主要由承包人承担，图纸错漏的风险由发包人承担。固定总价合同有如下特点：

① 易于结算。由于总价固定，因此只要发包人不改变承包内容，合同约定的价款就是承发包双方最终的结算价款，这可以节省大量的工程结算时间。

② 风险主要由承包人承担。首先，承包人要承担价格上涨风险。对于建设工程施工项目，在实施过程中往往面临人工费、材料价格和设备租赁价格上涨的风险，一旦承包人与发包人签订了固定总价合同，则意味着承包人将承担全部的价格上涨风险。虽然各种资源的价格具有波动性，但实际状况是价格上涨的时间段和上涨幅度要远远大于价格下降的时间段和幅度。因此，虽然签订固定总价合同对承包人来说有获得额外收益的可能，但更大的可能是要承担利润减少甚至是亏损的风险。其次，承包人还要承担工程量风险。在固定总价合同中，发包人往

往只提供施工图纸，承包人在报价时要自己计算工程量，再根据自行确定的各要素单价，计算得出合同总价。因此，承包人要对工程量计算的准确性负责并承担相应的风险。

鉴于固定总价合同的上述特点，其主要适用于具有如下特点的工程项目：

① 工程范围清楚明确。招标文件和合同中规定的工程范围明确，工程设计比较详细，图纸完整、详细、清楚，承包人能够依据设计图纸进行具体的工程量计算。

② 工程量小、工期短，在工程实施过程中各种资源价格因素波动较小。

③ 工程结构、技术简单，一般很少或不采用新技术、新工艺，技术风险小，报价估算方便。

④ 合同签订前期时间相对宽裕，承包人可以详细调查现场情况，有足够的时间复核工程量，分析招标文件，拟订各种材料需求计划。

（2）固定单价合同

固定单价合同是指合同范围内的分部分项工程单价是固定的，而工程量则根据施工图纸及相应的工程量计算规则确定，并可以根据施工过程中的实际情况进行调整。固定单价合同的合同总额是暂定额，仅作为发包人向承包人支付工程预付款或进度款的计算依据。在合同双方进行工程竣工结算时，主要工作是确认最终的实际工程量，除合同约定及不可抗力、情势变更外，项目单价不作调整。

对于固定单价合同，采用的单价一般情况下为综合单价，即一般是采用工程量清单计价。综合单价中包含了分部分项工程量清单项目和措施清单项目所需的人工费、材料费、施工机械使用费、间接费和利润，以及一定范围内的风险费用。按清单计价的固定单价合同以工程量清单为基础，清单项目之外的项目、数量可据实调整，清单项目漏项、数量偏差、项目特征不准等风险由发包人承担。

对于承包人来说，固定单价合同免除了固定总价合同中其承担的工程量计算风险，降低了风险程度。对于发包人而言，由于被固定的综合单价是承包人综合考虑各种市场因素和自身条件填报的，反映了市场竞争的效果，这对发包人也具有积极的意义。同时，根据施工图纸和相应的工程量计算规则确定的工程量，一般在招投标阶段由招标人提供给所有的投标人，为参与项目投标的所有投标人创造了一个公平合理的竞争平台，更有利于发包人确定有实力的项目承包人。因此，固定单价合同在建筑市场推行工程量清单计价模式之后被普遍采用。

实践中，有的发包人为了转嫁合同的价格风险，尽管采用了工程量清单的计价方式，但仍采用固定总价合同。在有招标图纸的情况下，此时工程价款的确定一般仍应当以图纸为基础，图纸范围内的工程量变化风险由承包人承担，清单中的综合单价仅作为工程变更时变更部分工程价款的计算依据。如果招标图纸不是经审批的施工图，而是初步设计阶段的图纸，此时也不能否定固定总价的约定，只是招标图纸与实际施工图纸的差异未包含在固定总价范围内。需要注意的是，如果合同为固定总价合同，此后当事人又就人工、材料及机械价格按市场价进行调整达成了一致，不能认为合同价格的确定方式发生了变化，工程造价应在固定总价的基础上对人工、材料和机械价格做相应调整。有地方造价文件规定，调整差价仅计取税金。

实践中，也有承包人以初步设计图纸为依据、采用概算定额进行报价，并与发包人签订固定总价合同，同时在合同中约定，无论实际施工的工程量发生怎样的变化，上述固定总价不变。那么，若实际工程量发生变化（实际上一般都会发生变化），当事人是否有权要求对方调整工程价款？

笔者认为：第一，上述约定实际上是一种对工程价款的风险分担，不违反法律、行政法规的效力性强制性规定，是有效的，当事人应当遵守。第二，作为建设工程合同的主体，其对于初步设计阶段和施工设计图阶段的图纸深度不同应当是了解的，其对于因该约定而使己方可能承担的风险也是能够预见的，故当事人应当承担因设计深度不同所导致的价款风险。第三，概算定额是在预算定额基础上编制完成的，其是预算定额的综合与扩大，是控制施工图预算和建设工程投资的依据。一般来说，概算定额水平高出预算定额水平幅度在5%以内，以概算定额为依据的报价一般也会高于施工图预算。可见，以概算定额为依据的固定总价合同具有合理性。因此，在上述约定的情况下，对于因设计深度不同所导致的工程量增减，当事人均无权要求对方予以调整。但需要注意的是，如果实际工程量的变化是由于发包人在初步设计图纸的基础上增加、减少或变更了设计内容，则其属于设计变更范畴，不属于风险范围，此类工程量变化不应包含在固定总价范围内。

对于固定价格合同，根据《施工合同司法解释》第二十二条的规定，当事人请求对工程造价进行鉴定并按照鉴定的价格进行结算的，法院不予支持。当然，因发包人设计变更等原因导致工程款数额发生增减变化的，应按照合同约定的结算方法和结算标准计算增减部分的工程价款，按照合同无法确定且当事人请求对该部分价款进行造价鉴定的，法院应予支持。

2. 可调价格合同

可调价格合同是指承发包双方可根据约定对工程价款进行调整的合同。《建设工程施工合同（示范文本）》（GF-2017-0201））没有单独对可调价格合同进行规定，但在通用合同条款第11条规定了合同价格调整部分，包括：①市场价格波动引起的调整；②法律变化引起的调整。特别是市场价格波动引起的调整，示范文本列举了采用价格指数进行价格调整、采用造价信息进行价格调整以及在专用条款中约定其他方式进行调整等多种方式，供合同双方进行选择。当事人可以在专用合同条款中约定具体的价格形式及更为详细的价格调整因素。

3. 成本加酬金合同

成本加酬金合同是指由发包人向承包人支付工程项目的实际成本，并按事先约定的某一种方式支付酬金的合同。这类合同中，发包人承担项目实际发生的一切费用，也承担了项目的全部风险。成本加酬金合同在工程实践中应用较少。

在上述三种合同价款确定方式中，对于发包人来说，固定总价合同风险最小，固定单价合同居中，成本加酬金合同风险最大，对于承包人来说则完全相反。

【实务判例】无图纸依据的固定总价约定未获支持[①]

2006 年 12 月，A 电厂作为甲方与乙方 B 二建签订《某厂（B 厂）三期扩建工程 2×300 兆瓦循环流化床机组土建工程施工合同》，该合同约定：工程采用总价承包，合同总价为人民币 20495 万元；除合同外项目、10 万元以上设计变更及现场签证外，合同价款不得调整；本工程甲方不提供工程量，乙方根据甲方提供的图纸或自身施工经验计算准确的工程量。该合同附件 1 中约定了乙方具体的工作范围，范围含有合同中所列表格内容，但不限于该内容，详见施工图纸；乙方施工以设计施工图为准，施工图工程量与本项目价格表中工程量不调整；本工程项目价格表中的价格为乙方承包范围内包死价，不调整。

后双方发生争议，B 二建诉至法院要求 A 电厂支付剩余工程款，A 电厂反诉要求 B 二建交付工程竣工资料。经庭审查明，施工合同签订前，A 电厂只提供了一份《厂区总平面布置图方案》，未提供图纸。本案中，双方应按固定价结算还是据实结算成为争议焦点之一。

一、二审法院认为：本案合同对价款作了明确约定，即工程采用总价承包，合同总价为 20495 万元，同时合同附件 1 中亦说明“本工程项目价格表中的价格为乙方承包范围内包死价，不调整”。从该约定说明，本案工程造价为合同固定价。而且，合同中也明确说明“本工程甲方不提供工程量，乙方根据甲方提供的图纸或自身施工经验计算准确的工程量”，B 二建作为专业的建设工程施工单位，对建筑成本及市场风险应具有一定判断力，其自愿在合同中约定合同固定价为 20495 万元，此为其真实意思表示，故 B 二建在本案工程在合同固定总价不变的情况下，应承担其施工的盈亏风险。

最高人民法院认为：双方当事人在 2006 年 12 月签订本案合同时仅有一份简略的《厂区总平面布置图》可资参考，对具体的施工范围以及相对准确的工程量等与工程价款的厘定有密切关系的基本事实并未确定，而在合同签订后自 2007 年 5 月起至 2009 年 11 月期间，具体的施工图纸才由 A 电厂向 B 二建陆续提交，因此即便 B 二建作为专业建设施工单位具有相当的施工经验和市场风险判断能

① 参见最高人民法院（2016）最高法民再 135 号民事判决书。

力，对于涉案大型基础建设施工工程而言，也不可能基于一份简略的《厂区总平面布置图》对工程量和造价作出相对准确的评估。另外，施工合同中关于“范围含有合同中所列表格内容，但不限于该内容，详见施工图纸”的条款也说明，随着陆续提供的详细施工图纸所确定实际的施工范围会逐步超出合同签订时预估的施工范围，那么，这种以协商不足的固定价款来对应不断增加的工程量的交易方式对施工方而言极不公平。因此，A电厂向B二建支付的工程款应当据实结算。

（六）“工程量清单错漏风险由承包人承担”的认定与处理[①]

如前所述，尽管《建设工程工程量清单计价规范》（GB 50500—2013）第4.1.2条的规定并非是效力性强制性规定，[②]“工程量清单错漏风险由承包人承担”的约定并不会因其违反该强制性条文而无效。但由于建设工程实践的复杂性，此类约定的处理还要根据合同价款的确定方式及招标文件的规定作具体分析。这里主要分单价合同和总价合同两种情形进行讨论。

1. 单价合同

工程量清单模式下单价合同的特点是，在“量价分离”的基础上，量的风险由发包人承担，价的风险由承包人承担。承包人的报价基础是发包人提供的工程量清单，在合同履行过程中，清单项目的工程量、项目特征与实际不符或出现漏项的，则应当按照实际发生的项目进行调整。《建设工程工程量清单计价规范》GB 50500—2013第9.4.2条、第9.5.1条及第9.6.1条也作了相应规定。[③] 在单价合同计价方式下，若招标文件规定“投标人承担工程量清单的错漏风险”，则与实际招标投标情况并不相符，也违反了工程量清单的计价原理。而且，如果允许各个投标人按照各自的理解修改工程量清单，也会使得各个投标人失去了统一的报价参照。因此，在单价合同计价方式下，即使合同约定“工程量清单错漏风险由承包人承担”，发包人也应按工程实际发生的项目、量及项目特征支付工程价款。

2. 总价合同

采用总价合同时，发包人的招标方式一般有以下两种方式：

---

① 高印立，黄丽芳：“‘工程量清单错漏风险由承包人承担’的认定与处理”，载《建筑经济》2018年第6期。

② 《建设工程工程量清单计价规范》(GB 50500—2013) 第4.1.2条规定：“招标工程量清单必须作为招标文件的组成部分，其准确性和完整性应由招标人负责。”

③ 《建设工程工程量清单计价规范》(GB 50500—2013) 第9.4.1条规定：“承包人应按照发包人提供的设计图纸实施合同工程，若在合同履行期间出现设计图纸（含设计变更）与招标工程量清单任一项目的特征描述不符，且该变化引起该项目工程造价增减变化的，应按实际施工的项目特征，按本规范第9.3节相关条款的规定重新确定相应工程量清单项目的综合单价，并调整合同价款。”第9.5.1条规定：“合同履行期间，由于招标工程量清单中缺项，新增分部分项工程清单项目的，应按照本规范第9.3.1条的规定确定单价，并调整合同价款。”第9.6.1条规定：“合同履行期间，当应予计算的实际工程量与招标工程量清单出现偏差，且符合本规范第9.6.2条、第9.6.3条规定时，发承包双方应调整合同价款。”

（1）以定额为计价模式的施工图预算招标，此时投标报价由投标人依据招标人提供的施工图编制，投标人应当对其所报的工程量和价格的准确性、完整性负责，该方式一般不采用工程量清单计价，而采用定额计价。在未发生不可抗力、情势变更的情况下，当合同约定工程施工内容和有关条件未发生变化时，工程价款不予调整，其中，施工内容是否发生变化则以招标的施工图纸为参照。《建设工程工程量清单计价规范》（GB 50500—2013）第 8.3.2 条也规定，采用经审定批准的施工图预算方式发包形成的总价合同，除按照工程变更规定的工程量增减外，总价合同各项目的工程量应为承包人用于结算的最终工程量。

（2）以工程量清单为计价模式的招标。在该模式下，发包人招标时会提供工程量清单，此时要判断投标报价的依据是工程量清单还是招标图纸，具体来说，可以按以下情形分别认定：

① 首先，要看招标人是否明确投标报价以工程量清单为依据，或其是否提供了招标图纸。如果招标人明确投标报价以工程量清单为依据，或虽未对此进行明确但并未提供招标图纸，则表明该总价合同的报价基础是招标人提供的工程量清单。一旦实际实施的工程项目与清单项目不一致，则工程造价应当按实际实施的项目进行调整，或者说总价合同的总价并不固定。《建设工程工程量清单计价规范》GB 50500—2013 第 8.3.1 条规定了采用工程量清单方式招标形成的总价合同，其工程量应当按照该规范第 8.2 节所规定的“单价合同的计量”来计算。实质上，对于工程量计算来说，以发包人提供的工程量清单为基础形成的总价合同与单价合同并无差别。

② 如果招标人在提供工程量清单的同时也提供了招标图纸，并说明投标报价以招标图纸为依据，则要看招标人是否明确“工程量清单可以修改或补充”。如果招标文件规定，投标人不得对工程量清单进行修改或补充，只需按照招标人提供的工程量清单列出的工程项目和工程量填报综合单价及合价，那么，即使招标文件给予了投标人问题澄清及工程量清单复核的时间，或注明“工程量清单仅供投标人参考”，投标人也只能按照招标人提供的工程量清单进行报价，无法达到对工程量清单错误、漏项进行修正、补充并重新组价的目的。在这种情形下，若工程量清单存在不准确、不完整的情况，则投标人的报价必然与以图纸为依据的报价不一致，招标人对此存在明显过错，“工程量清单错漏风险由承包人承担”的条款不能适用。

③ 如果招标人在提供工程量清单的同时也提供了招标图纸，规定“投标人投标报价以招标图纸为准”“工程量清单仅供投标人参考”，并明确“工程量清单可以修改或补充”，同时，也给予投标人充足的时间进行现场踏勘和工程款清单的复核，则工程量清单上所报的综合单价仅是作为合同履行过程中单价确定的依据，合同约定“工程量清单错漏风险由承包人承担”的，应当按照该约定处理。

值得注意的是，工程量清单的错、漏项和项目特征不准确等问题是指与作为其编制依据的图纸相比较而言存在的错漏和不准确，在实践中应当将其与施工图纸变化所导致的工程项目及其特征、工程量变化区别开来。在固定总价合同中，实际施工图纸与招标图纸的重大差异一般属于图纸变更范畴，不包含在总价范围内。当然，在双方有明确约定的情况下，实际施工图对初步设计阶段招标图的深化也可能包含在总价范围，具体讨论详见本节第（五）部分。

关于具体个案的处理方式，由于实践中的情形复杂多样，也不宜一概而论，还需针对具体案件具体分析。如果发包人和承包人在招标投标过程中均存在过错，则应当根据当事人的过错程度，对因工程量清单错、漏项引起的工程造价差额进行分担。关于对当事人过错的认定，可以从以下几个方面进行考量：招标文件条款之间是否存在冲突；招标文件中对投标人的报价依据是否明确；是否给予投标人充分的时间对工程量清单进行复核；投标人是否有对工程量清单进行修改或补充的可能；承包人实际报价的依据等。

【实务判例 1】承包人对工程量漏项负责的约定有效[①]

2011 年 12 月，某部队发出工程招标书，载明三栋建筑物总建筑面积 8407.79 平方米，投标人在此次招标范围项目工程量计算中出现不准确或漏项，招标人不予承认，并认为所报工程总造价已包括此项费用。招标人提供了设计图纸。后某公司中标。2012 年 2 月 20 日，某公司与某部队签订《建设工程施工合同》，约定由某公司承建招标工程，合同价款采取固定价格方式确定，工程总价款 1429.95 万元。施工过程中，设计图纸未发生变更。工程竣工后，双方因结算产生纠纷。

某公司认为：根据某部队提供的施工图纸计算，建筑面积应该是 8966.12 平方米，属于某部队招标漏项，因而没有计算在招标文件中，某部队应当按照实际施工面积支付工程款。

某部队认为：对于某公司所称“漏项”，已包含在招标的施工图纸中，在整个施工过程中，并未变更图纸。作为一个有经验的施工企业，应该清楚招标范围是以施工图纸为依据的，投标单位的报价也是根据施工图纸中的工程内容进行预算并报价，该责任应由某公司自行承担。

法院认为：双方争议的“新增面积”或“漏项”，已经包括在施工图纸中，根据施工图纸测算，涉案工程建筑面积为 8966.12 平方米，而招标文件载明涉案工程楼总建筑面积为 8407.79 平方米。某公司为了中标，全部接受了招标文件提出的要求，得以成功中标。双方按照合意，顺利完成招投标程序，签署了建筑工

① 参见青海省高级人民法院（2016）青民终 88 号民事判决书。

程施工合同并实际履行。就这一过程来看：第一，既然某公司在投标、签订合同的过程中对上述内容是认可的，而合同经审查也是合法有效的，即便招标文件、合同中的建筑面积与施工图纸不符，也应当严格按照合同执行，即建筑面积应当按合同约定的 8407.79 平方米计算。

【实务判例 2】约定承包人对工程量清单漏项负责的处理[①]

2010 年 10 月，某学校发出《建设工程施工邀请议标招标文件》，承包方式采取固定价格总承包方式；工程报价方式采取工程量清单报价；工程量清单必须使用招标人的工程量清单。招标人提供的工程量清单项目只供投标人参考，如按施工图纸有遗漏的地方投标人必须补上（后由招标人确认），如出现图纸上的项目遗漏未补上造成的一切损失和责任由投标人负责。招标文件包括投标须知、合同条件和合同格式、技术规范、投标文件、图纸与招标控制价，并附有《图纸做法说明》。

2010 年 11 月，二建公司向某学校发出《投标文件》，承诺经踏勘项目现场和研究招标文件及其他有关文件后，愿以 4650 万元的投标总价，按招标图纸、合同条款、工程建设标准、工程量清单及补充通知的条件要求承包上述工程的施工、竣工，并承担任何质量缺陷保修责任。《工程量清单编制总说明》记载的计算依据为按图纸计算的工程量，编制依据的第 5 项列明：我司发现招标人提供的工程量清单存在有遗漏项目，此费用已进行补充（详漏项分部分项工程计价表），造价已并入各单项工程。

2010 年 12 月 14 日，二建公司向某学校出具《某学校一期分项工程量清单报价汇总表》，载明投标报价总计 4818.9 万元。后双方签订施工合同，约定合同实行总造价包干制，固定总价 4818.9 万元。同时，承包人承诺和遵守总包干价已涵盖施工图内所涉及的所有工程量，不因之前任何可能的少计、漏计工程量而提出任何变更承包总包干价的意见。

本案中，根据二建公司的申请，一审法院委托鉴定机构对投标时工程量清单与施工图对比漏项漏量工程造价进行鉴定，鉴定机构出具的鉴定意见为：施工图所包含工程内容与工程招标时工程量清单差异部分的工程造价为 2630 万元，工程量清单漏项漏量达到 56.55%。

关于出现上述漏量漏项差异造价的责任问题。一审法院认为，某学校招标文件中约定，招标人提供的工程量清单项目只供投标人参考，如按施工图纸有遗漏的地方投标人必须补上（后由招标人确认），如出现图纸上的项目遗漏未补上造成的一切损失和责任由投标人承担。而二建公司投标文件说明如工程量清单有遗漏项目须补上，二建公司未能就工程量清单中遗漏项目对照图纸予以补齐，且在

① 参见广东省高级人民法院（2015）粤高法民终字第 12 号民事判决书。

此后签订的《补充施工合同》中同意按施工图纸实行总造价包干，不因承包人投标时计算的工程量漏项、多算或漏算而增减或调整，并承诺总包干价已涵盖施工图内所涉及的所有工程量，不因任何可能的少计、漏计工程量而提出任何变更承包总包干价的意见。故对于实际施工过程中出现工程量清单与施工图的工程量差异而产生损失，二建公司存有过错。

同时，一审法院认为，某学校作为招标人及发包人，在其招标文件中采取工程量清单报价法，并约定工程量清单综合单价报价表内的项目或工程量不得更改或删除。根据《建设工程工程量清单计价规范》(GB 50500—2008) 第 3.1.2 条的规定，采取工程量清单方式招标，工程量清单必须作为招标文件的组成部分，其准确性和完整性由招标人负责，即从行业规范要求，某学校应对工程量清单的准确性、完整性负责。某学校在招标时所提供的工程量清单与合同约定的施工图对比出现明显的漏项漏量，且在二建公司提交投标文件后，也未按招标文件约定仔细审查工程量清单是否完整、准确，而是通过合同约定将这一责任推卸给二建公司来完成及负责，不符合行业规范的要求，由此造成二建公司实际施工过程中出现明显的工程差异造价，亦存有过错。

一审法院认为，二建公司作为施工人，对于工程量清单与施工图对比的漏量漏项部分已经实际施工完成，付出了劳务，因此从公平合理的原则考虑，并结合双方对造成漏量漏项差异造价的责任和过错，故酌情确定由某学校向二建公司补偿 1230 万元。

二审法院认为：关于双方当事人在涉案工程发生清单漏项漏量中的过错问题，一审法院意见进行了详细、充分的论述，本院赞同。需要指出的是，采用工程量清单计价作为招标方式属现行招标的主要形式，鉴于建设工程清单确定的复杂性和专业性，招标人确定的工程量清单难免会出现漏项漏量的情形，招标人和投标人可以对这种漏项漏量的风险通过合同的方式进行分配。但这种漏项漏量应控制在合理范围之内，发包人和承包人在招投标过程中应本着诚信原则，尽量减少漏项漏量的发生，以维护建筑市场的正常交易秩序。发包人未履行其作为招标人编制工程量清单的审慎义务，将超过合理范围之外的漏项漏量责任全部归由承包人承担，不仅有违《建设工程工程量清单计价规范》的规定，也有违诚信原则。承包人作为专业的建筑公司，亦应审慎核实招标人编制的工程量清单，及时指出工程量清单中的漏项漏量情况，如果对于超过合理范围之外的漏项漏量未能发现和指出，不仅与其专业建筑公司的能力水平不符，也有违诚信原则。本案中，工程量清单漏项漏量达到 56.55%，显然已超出了建设项目漏项漏量的合理范围，表明双方在涉案工程招标中不仅存在过错，也未遵循诚信原则参与招投标。因此，一审判令某学校向二建公司补偿工程量清单漏项漏量差价 1230 万元，既考虑了双方的过错程度，又有利于弘扬诚信原则，本院予以维持。

上述判例1的核心问题是固定总价所对应的范围。发包人在招标过程中采取的是施工图预算总价包干方式，在招标文件未明确说明的情况下，投标人的报价基础是发包人提供的图纸，即固定总价对应的范围是招标图纸。承包人投标报价时应当审核招标图纸的建筑面积，若发现与招标文件不同，应当及时在招标环节向发包人提出，发包人也应当按照《招标投标法》的有关规定向所有投标人进行答疑。而作为一个有施工经验的商事主体，本案中的承包人未尽到注意义务，直接采用了发包人招标文件中的建筑面积，应当承担相应后果。因此，在施工图纸未发生变化的情况下，面积差价的风险包含在总价范围内，不应由发包人承担。

在判例2中，发包人既提供了工程量清单也提供了招标图纸，同时，招标文件既要求投标人必须使用招标人的工程量清单，又规定了工程量清单项目仅供参考，投标人可以补充漏项。可见，招标文件条款之间存在矛盾，造成投标人的报价基础不够明确，发包人对此存在过错。而承包人投标时虽然补充了部分漏项，但不完整，而且根据其投标文件的《工程量清单编制总说明》记载，报价计算依据为按图纸计算的工程量，故承包人的报价基础应当为招标图纸，其补充漏项的行为被接受也表明了这一点。从这个意义上看，承包人的过错更大。由于漏项漏量超过了合理范围，法院从诚实信用和公平合理的角度出发，综合考虑双方的过错大小，对漏项漏量的责任进行了分配。笔者认为，由于承包人的过错更大，发包人向承包人补偿的工程价款似可再适当减少。

三、工程签证

（一）工程签证的概念

工程签证是指发包人或承、发包双方及其代理人就施工过程中涉及的影响当事人权利义务的事件所作的签认证明。[①] 工程签证一般主要为承、发包双方或其代理人就工程量或合同价款增减、各种费用支付、工期调整等事项达成一致的证明性文件，当然也不排除发包人或其代理人就上述事项作出的承诺、说明等单方意思表示。

从上述工程签证的定义来看，其具有以下两个特征：

1. 工程签证的主体为发包人及其代理人或承、发包双方及其代理人。其他

① 《建设工程工程量清单计价规范》(GB 50500—2013) 对现场签证所作的定义为："发包人现场代表（或其授权的监理人、工程造价咨询人）与承包人现场代表就施工过程中涉及的责任事件所作的签认证明。"根据委托代理理论，承发包双方均可授权代理人为签认证明的行为，故有权代理人当然也是工程签证的主体。此外，由于不可抗力事件为非责任事件，由此造成工期延误等法律后果的确认当然也属于工程签证的范畴。故本书未完全采纳该计价规范的定义。

主体签发的有关文件不属于工程签证。如设计单位对设计图纸所作的设计变更就不属于工程签证，其应当属于设计图纸或设计文件的组成部分。

2. 工程签证是对施工过程中涉及的、影响当事人权利义务的事件所作的确认和证明。包括因承、发包人原因造成的工程量变化及因此引起的价款、工期调整，也包括不可抗力事件发生后，当事人就这一事件所造成影响的确认。因此，工程签证会对当事人的权利义务产生影响。

根据工程签证的内容及其目的，可以将其分为费用签证、工期签证、工程量签证和综合签证。费用签证是指对施工过程中发生的各种费用的增减所作的签证，包括支付各种费用数额的增减、因工程量变化导致相关费用的增减等；工期签证是指对确认调整工程竣工日期的签证；工程量签证是指仅对施工过程中发生的各种工程量变化进行确认的签证，此类签证未对相应费用调整进行确认；综合签证是指对费用增减和工期调整均进行确认的签证。

工程签证的表现形式很多。工程联系单、工程洽商记录、会议纪要、备忘录、报告、说明文件等均可成为工程签证的表现形式，只要其符合上述工程签证的特征即可认为其性质上属于工程签证。

（二）工程签证的法律性质

1. 工程签证是一份证明文件，反映了施工过程中发生影响当事人权利、义务的事件后，有关当事人对事件真实情况的确认和其后果的责任承担，具有证据效力。《施工合同司法解释》第十九条规定："当事人对工程量有争议的，按照施工过程中形成的签证等书面文件确认。承包人能够证明发包人同意其施工，但未能提供签证文件证明工程量发生的，可以按照当事人提供的其他证据确认实际发生的工程量。"可见，工程签证首先是一种证据，该证据可以是承、发包双方或其代理人签认的补充协议，也可以是发包人或其代理人单方签发的证明文件。

2. 承、发包双方或其代理人签认的工程签证，是双方协商一致的结果，具有合同的性质。更确切地说，其是对原有基础合同的补充或变更，对当事人具有约束力。《建设工程价款结算暂行办法》（财建〔2004〕369号）第十四条第六款规定："发包人要求承包人完成合同以外零星项目，承包人应在接受发包人要求的7天内就用工数量和单价、机械台班数量和单价、使用材料和金额等向发包人提出施工签证，发包人签证后施工，如发包人未签证，承包人施工后发生争议的，责任由承包人自负。"《建设工程工程量清单计价规范》（GB 50500—2013）第9.14.1条规定："承包人应发包人要求完成合同以外的零星项目、非承包人责任事件等工作的，发包人应及时以书面形式向承包人发出指令，并应提供所需的相关资料；承包人收到指令后，应及时向发包人提出现场签证要求。"可见，经承发包双方确认的工程签证具有补充协议性质。

3. 对于发包人或其代理人签发的承诺书、说明文件等单方意思表示，只要不具有无效、可撤销的情形，应当承认其具有约束力。

（三）工程签证的效力分析

工程签证的法律效力因其签认主体和内容的不同而不同，下面分别论述。

1. 经发包人确认的工程签证

由发包人盖章或其法定代表人签字确认的工程签证，即为发包人确认的工程签证，只要其无无效、可撤销的情形，发包人应当遵守。

2. 经发包人现场机构确认的工程签证

为保证工程项目的顺利实施，发包人往往在施工现场设立工程指挥部、工程部等机构，该机构的指挥部、工程部印章通常用于工程项目各种函件、资料的往来。在这种情况下，即使其未经授权进行工程签证活动，此类印章已经具有了代理发包人处理现场各种事项的权利表象，承包人对此具有合理信赖。因此，在无其他证据证明发包人对现场机构限制签证权力的情况下，此类签证是有效的。

3. 经发包人现场代表确认的工程签证

在建设工程施工合同中，承、发包双方通常在合同专用条款中约定项目负责人和工程师的具体人选，他们一般可被视为是各自的现场代表。也有发包人会在合同专用条款中对现场代表的权限作出规定，但大多数情况下现场代表的具体权限并不明确。一般来说，在建设工程施工合同履行过程中，工程量、工程价款及工期等很难都固定不变，按照惯例发包人应当指派一名员工在现场对此种事项负责，以利于工程项目的顺利进行。从这个意义上讲，在无其他专门人员对签证事项负责的情形下，应当认为现场代表是具有此项权力的。即使在发包人未实际授予该种权限的情形下，承包人也有理由相信其有此种权力。因此，经发包人现场代表确认的工程签证往往会被认定有效，即使发包人并未实际授权。

4. 经发包人现场其他人员确认的工程签证

发包人现场其他人员是指除合同书上载明的现场代表以外的人员。这种情况下比较复杂，在现场人员未经发包人授权而确认工程签证的情况下，该签证是否有效要看现场人员的行为对承包人来说是否构成表见代理。一般来说，承包人对签证人员的可信赖程度与签证主体的身份息息相关。对于驻现场的发包人的高级管理人员，如总经理、副总经理等构成表见代理的可能性较大，而对于现场一般人员可能性较小。当然，对于一般人员，如工程部的一般技术人员所签认的签证，即使其确认的费用、价款类签证不生效力，但签证中反映的工程量变化、现场条件影响等事实仍可以作为法律上的证据。

5. 经监理工程师确认的工程签证

有观点认为，监理工程师承担的是“代政府监督”和“代业主管理”的双重职能。“代政府监督”职能主要表现在施工质量和安全控制方面，“代业主管理”职能主要表现在成本和进度控制方面，总监理工程师更多的是起到筹划和审核的作用，决策权力交给业主。[①] 而根据我国《建筑法》第三十二条的规定，建筑工程监理应当依照法律、行政法规及有关的技术标准、设计文件和建筑工程承包合同，对承包单位在施工质量、建设工期和建设资金使用等方面，代表建设单位实施监督。可见，基于建设单位与监理单位之间的委托合同关系，监理单位的主要职责是“代业主管理”而非“代政府监督”，而在“代业主管理”职能中，决策权力确实是在建设单位。《建设工程监理规范》GB 50319—2013 的有关规定也证明了这一点。关于施工单位费用索赔的处理，《建设工程监理规范》GB 50319—2013 第 6.4.3 条规定，项目监理机构与建设单位和施工单位协商一致后，在施工合同约定的期限内签发费用索赔报审表，并报建设单位关于发包人的索赔处理，第 6.4.7 条规定：“因施工单位原因造成建设单位损失，建设单位提出索赔时，项目监理机构应与建设单位和施工单位协商处理。”关于工期索赔，第 6.5.3 条规定：“项目监理机构在批准工程临时延期、工程最终延期前，均应与建设单位和施工单位协商。”可见，监理工程师对于涉及费用、工期方面的签证必须取得发包人的授权，否则对发包人无约束力。当然，因监理工程师曾取得此类授权后又取消授权而构成表见代理的除外。而对于工程量签证和其他工程签证中各种事件的记载应当作为证据使用。

6. 离职人员的“工程签证”

实践中，在对工程签证产生争议时，发包人经常举证证明签证的现场代表或监理人员当时已经离职。对于签字时确已离职的情形，笔者认为，因离职人员已不再具有相关权限，除构成表见代理的情形外，其事后签署的文件、材料在性质上并非为签证，而是一种证人证言，并应适用相应的证据规则。

四、工程索赔期间[②]

除当事人往往在建设工程合同中约定索赔期间外，《FIDIC 合同条件》（1999 年版）、我国有关部门制定的标准合同文件和示范文本中也有关于索赔期间的规定。《FIDIC 施工合同条件》（1999 年版）第 20.1 款规定：“如果承包商认为，根据本条件任何条款或与合同有关的其他文件，他有权得到竣工时间的任何延长期和（或）任何追加款，承包商应向工程师发出通知，说明引起索赔的事件或情况。该通知应尽快在承包商察觉或应已察觉该事件或情况后 28 天内发出。如果

① 参见张昊：“对工程签证现状的思考”，载《建筑经济》2011 年第 11 期。

② 高印立：“论建设工程合同中的索赔期间”，载《北京仲裁》2014 年第 3 辑。

承包商未能在上述 28 天期限内发出索赔通知，则竣工时间不得延长，承包商应无权获得追加付款，而业主应免除有关该索赔的全部责任。”《标准施工招标文件》（2007 年版）第 23.1 款、《建设工程施工合同（示范文本）》（GF-2017-0201）第 19.1 款均规定：“根据合同约定，承包人认为有权得到追加付款和（或）延长工期的，应按以下程序向发包人提出索赔：（1）承包人应在知道或应当知道索赔事件发生后 28 天内，向监理人递交索赔意向通知书，并说明发生索赔事件的事由。承包人未在前述 28 天内发出索赔意向通知书的，丧失要求追加付款和（或）延长工期的权利。”

（一）关于索赔期间性质的不同观点

上述规定是否对承包人产生效力在实践中有不同观点，不同观点的产生与索赔期间的性质认定直接相关。关于建设工程合同中索赔期间的性质，实践中存在以下三种观点：

1. 诉讼时效说

该说认为，索赔期间具有诉讼时效的性质。根据《最高人民法院关于审理民事案件适用诉讼时效制度若干问题的规定》第二条关于“当事人违反法律规定，约定延长或者缩短诉讼时效期间、预先放弃诉讼时效利益的，人民法院不予认可”的规定，合同中约定超过索赔时限提出索赔请求即丧失索赔权利的，是承发包双方通过约定的形式，改变了诉讼时效的法律规定。因此，这样的约定因违反法律规定无效，对当事人没有拘束力。[①]

2. 除斥期间说

该说认为，索赔期间的约定与除斥期间的立法宗旨相同，皆旨在维护原秩序，使得推翻原秩序的权利不能长期存在，不同于诉讼时效的设立，旨在维护新秩序。而且，索赔期间不同于诉讼时效存在中止、中断或延长的情形，而是与除斥期间一样属于不变期间。[②] 因此，该说认为，当事人在建设工程合同中约定的索赔期间不违反法律、行政法规的效力性强制性规定，是有效的。

3. 工程惯例说

该说认为，建设工程合同中约定的索赔期间不存在中止、中断或延长的情形，属于不变期间，性质上不属于诉讼时效，而是一种工程惯例，是合法有效的。

司法实践中，有法院认定当事人关于索赔期间的约定有效，从而据此认定承包人承担不利的法律后果。如在某勘察设计研究院与某工程公司建设工程施工合

① 杨磊：“合同约定的索赔时限无效”，载《建筑》2012 年第 16 期。

② 参见王玉法：“索赔期限与诉讼时效期间问题浅探”，载《山东法学》1994 年 4 期；王永起、李玉明：《建设工程施工合同纠纷法律适用指南》，法律出版社 2013 年版第 222 页。

同纠纷案中，《建设工程施工合同》专用条款第31.2款约定："承包人在双方确定变更后7天内不向工程师提出变更工程价款报告时，视为该项变更不涉及合同价款的增加。"法院认为，涉案工程中关于零星设计变更、钢筋增加直螺纹接头等部分费用，虽然有证据证明确实发生了变更，但因工程公司无证据证明其在确定变更后7天内提出变更工程价款报告，故依双方约定为由未予认定费用增加额，而是判决工程公司承担不利后果。[①]

（二）索赔期间的法律性质分析

1. 索赔期间不同于除斥期间

首先，除斥期间是法律直接规定或当事人依法确定的权利预定存续期间，因该期间经过而发生权利消灭的法律效果。除斥期间在性质上并不是法律事实，而是一种单纯的时间限制。[②] 而索赔期间是指在承包人知道或应当知道索赔事件发生后的一定期间内，未向约定主体递交索赔通知，从而使得发包人免责或承包人丧失索赔权利。可见，该索赔期间包含了一种事件经过的自然状态，是一种法律事实。因此，索赔期间在性质上不是除斥期间。其次，除斥期间仅适用于形成权，[③] 如撤销权、解除权、终止权等。而建设工程合同中的索赔是指发包人或承包人基于合同约定或有关法律规定的某一事由所享有的补救请求权，所以索赔期间是对于补救请求权的一种期间限制，不是除斥期间。

2. 索赔期间不同于诉讼时效期间

根据我国《民法通则》的规定，诉讼时效是指权利人在法定期间内不行使权利即丧失请求人民法院依法保护其民事权利的法律制度。[④] 诉讼时效适用于请求权，而不适用于支配权、形成权等。索赔是一种债权请求权，当然适用于诉讼时效。那么，当事人在建设工程合同中约定的索赔期间是否是一种约定的时效呢？笔者认为，索赔期间在性质上并非诉讼时效期间。理由如下：

（1）建设工程具有履行周期长、容易受各种内外因素影响的特点。在建设工程合同履行过程中，因发包人原因、意外事件、不可抗力等因素的影响，发、承包人之间的权利义务关系可能发生变化，索赔即是维护双方当事人合法利益、平衡双方风险分担程度的一项基本机制。然而，在每一个事件发生后，并非一定会导致双方的权利义务关系发生变化，由此，承包人的补救请求权也并非必然得到支持。由于国内建设工程合同的标准文本和示范文本未对索赔事件的具体类型作

① 参见最高人民法院民事裁定书（2013）民申字第996号。

② 龙卫球：《民法总论》，中国法制出版社2002年版，第638页。所谓法律事实是指符合法律的规定，能够引起民事法律关系变动的客观情况。见梁慧星：《民法总论》，法律出版社2007年版，第62页。

③ 龙卫球：《民法总论》，中国法制出版社2002年版，第638页。

④ 魏振瀛：《民法》，北京大学出版社2000年版，第192页。

详尽规定，所以我们可以考察其参考的蓝本《FIDIC 合同条件（1999 年版）》。以《FIDIC 施工合同条件（1999 年版）》为例，可以发现其有关索赔事件对是否会导致竣工时间延长或增加费用通常具有不确定性。比如，第 1.9 款、2.1 款以但书规定了索赔成立的例外；第 4.7 款规定承包人有作出合理努力并对放线的准确性进行核实的义务，因此，工程师应当审查放线错误能否被合理发现，如果承包人应当合理发现该错误，则承包人不能索赔；第 4.12 款是关于不可预见的物质条件，第 4.24 款是关于化石，第 13.7 款规定因法律改变的调整，第 17.4 款规定业主的风险，19.4 款规定不可抗力的影响，上述各款所规定的事件影响本身就具有不确定性；第 7.4 款、9.2 款涉及可归责于工程师或业主的对试验的变更或延误，其未必一定会导致费用的增加，第 10.3 款也是如此；第 8.9 款规定工程师暂时停工的后果，同时该款又明确规定，为弥补承包人有缺陷的设计、工艺或材料，或因承包人未能按照第 8.8 款的规定保护、保管或保证安全而带来的后果，承包人无权得到由其带来的延长期或招致费用的支付。同时，就第 7.4 款、8.4 款、8.9 款、9.2 款、10.3 款、16.1 款所涉及的工期索赔来看，由于事件不一定发生在关键线路上，其对竣工时间的影响也是不确定的。可见，上述各款所涉及的索赔具有不确定性，承包人就索赔事件并不一定享有对业主的债权。

（2）由于事件的发生对于双方当事人的权利义务影响具有不确定性，甚至在发生诸如恶劣天气、不可抗力等事件后，发包人并不一定了解事件的具体情况，也就对该事件是否构成对工期和费用的影响、影响程度如何无法进行准确判断，所以及时告知索赔事件也是对发包人利益的保护。同时，发包人了解事件的详细情况也有利于避免损失的进一步扩大。因此，建设工程合同中所约定的承包人就索赔事件的通知也是一种合同义务。比如，《FIDIC 施工合同条件》（1999 年版）第 16.1 款主要规定工程师或业主拖延付款时承包人暂停或放慢工作的权利。但在暂停或放慢工作期间，承包人应当根据现场情况对人员和设备进行合理安排，避免损失扩大。业主和工程师对承包人停工或放慢工作期间的现场安排有知情权，因此，承包人如果认为因业主的延期付款使自己遭受延误和（或）招致增加费用，应尽通知义务。在澳大利亚 Jennings Construction 诉 Birt（1986）案中，合同规定，在索赔事件或情况发生后的不迟于 14 天内，承包人应向工程师发出书面索赔通知，否则丧失索赔权利。法院认定，本款的含义是使业主能够调查有关索赔事件并考虑有关情况。法院判决，索赔通知义务是承包人应遵守的一项严格义务，因此索赔不能成立。① 而诉讼时效所要求的债务人行使请求权是一种权利，而非履行义务。

① Adam Constable：*Construction Claim*. Covertry：Royal Institution of Chartered Surveyors，2007，p53. 转引自崔军：《FIDIC 合同原理与实务》，机械工业出版社 2013 年版，第 583 页。

(3) 由于因索赔事件引起的当事人权利义务关系变化不确定，原有合同关系并未发生新的变化。因此，索赔期间的限制旨在维持原有事实状态，这与诉讼时效的维护新事实状态、限定原有事实状态之权利的功能不合。

(4) 从法律效果上看，根据《最高人民法院关于审理民事案件适用诉讼时效制度若干问题的规定》第三条关于"当事人未提出诉讼时效抗辩，人民法院不应对诉讼时效问题进行释明及主动适用诉讼时效的规定进行裁判"的规定，诉讼时效经过引起抗辩权的发生（也有观点认为债权人丧失的是胜诉权），但债务并未消灭，而是变为自然债务。而索赔期间经过则往往直接导致权利的消灭。

可见，建设工程合同中的索赔期间既不同于诉讼时效期间，也不同于除斥期间，其属于第三类期间。索赔期间的约定不违反法律、行政法规的效力性强制性规定，是有效的。不过，值得注意的是，对于当事人在合同中明确约定了具体处理方法的事件，如明确约定了具体调整方法的发包人变更，不宜认定为索赔事件。即使在发包人发出变更后 28 天内，承包人未向发包人发出索赔通知，承包人应仍基于合同的明确约定拥有索赔的权利，该索赔请求权应当适用诉讼时效的规定。比如，《FIDIC 施工合同条件》（1999 年版）第 14.8 款规定了因业主延期付款承包人享有的收取延误期融资费用的权利。该条款类似于我国合同中常见的违约责任条款，承包人对该项权利的行使不需要任何通知。

（三）FIDIC 合同文件中索赔期间的价值及其在我国的适用性

在 JCT80 合同中未明示规定延迟递交的索赔通知将导致索赔权利的丧失，ICE 合同第五版和 1987 年 FIDIC 合同第四版中，均规定即使承包人未能遵守索赔程序，仍有权索赔额外付款。① 但在《FIDIC 合同条件》（1999 年版）中明确规定，索赔期间内的索赔通知构成当事人索赔的前提条件。笔者认为，《FIDIC 合同条件》（1999 年版）中关于索赔期间的规定有以下几个方面的功能：

1. 有利于工程师及时了解索赔事件的性质、对竣工时间、工程价款以及承包人费用和利润的影响，以最快速度掌握有关原始资料，最大限度地接近真实的事实情况，以便在此基础上按照第 3.5 款的规定，尽力协调业主和承包人就索赔事项达成一致，并在无法达成一致时，能够公平地作出决定。

2. 避免因时间久远导致与索赔事件有关的现场和原始记录灭失，从而增加工程师对承包人索赔真实性、准确性进行审查、核实的难度，以有利于对双方当事人利益的保护。

3. 有利于督促承包人及时行使合同权利，从而尽快推进工程项目的有序进行，以便及时、完全实现合同目的。

---

① 参见［英］Reg Thomas 著，崔军译：《施工合同索赔》，机械工业出版社 2010 年版，第 107～108 页。

但由于我国建设工程领域中的项目管理机制与国际工程存在差异，《FIDIC合同条件》(1999年版）中关于索赔期间的规定在我国的适用性存在以下几个方面的问题：

1. 制度移植存在一定障碍

在《FIDIC施工合同条件》(1999年版）中，处处体现出工程师的地位与作用，是以工程师为核心的项目管理。工程师作为合同管理人，既是业主的代理人，又是决定人，在平衡业主和承包人利益方面发挥着重要作用。而我国相对应的监理人的权限则要小得多，以监理人为中心的合同管理还缺乏与其相适应的市场和法律环境，监理人员队伍的素质和能力也难以适应这一管理模式。而在住建部和工商总局发布的《建设工程施工合同（示范文本)》GF-2017-0201中，监理人往往也仅起着“二传手”的作用。实践中，监理人在很多情况下甚至成为发包人的“代言人”。在这种背景下，对承包人索赔期间的限制有可能会导致对承包人的不公平。

2. 配套规定不完善

在《FIDIC施工合同条件》(1999年版）中，对应于第20.1款规定了许多具体的索赔条款，主要包括：

(1）因业主或工程师的不当行为引发索赔的条款，包括第1.9款、第2.1款、第4.7款、第7.4款、第9.2款、第10.2款、第10.3款、第16.1款等；

(2）因施工现场条件变化引发索赔的条款，包括第4.12款和第4.24款；

(3）因遵照工程师的变更指示及单价调整引发索赔的条款，包括第7.4款、第8.9款、第13.7款等；

(4）因业主应承担的风险导致承包人延误或损失引发索赔的条款，包括第17.4款和第19.4款；

(5）其他原因引发索赔的条款，如第8.4款。

上述规定对受索赔期间限制的索赔情形进行了明确，有利于对承包人权利的保护。而我国的《标准施工招标文件》(2007年版）和《建设工程施工合同（示范文本)》(GF-2017-0201）均未对适用索赔期间的索赔事件进行详细规定，在实践中易产生争议，也不利于对承包人权利的保护。

笔者认为，在我国的司法实践中应当对索赔事件进行合理界定，不应当把当事人在履行合同中的所有能导致追加付款和（或）延长工期的法律事实均认定为索赔事件，建议仅将那些合同中未明确约定具体处理方法、对当事人的权利义务关系影响尚不确定的事件认定为索赔事件。

【实务判例】当事人关于索赔期间的约定有效[①]

2011年8月，A建筑公司中标B房产公司开发建设的洞庭明珠B区1-5号楼

---

① 参见湖南省高级人民法院（2016）湘民终211号民事判决书。

建筑及装饰工程。同日，A建筑公司（承包人）与B房产公司（发包人）签订了《湖南省建设工程施工合同》，合同价款为3642.6万元。该合同第23.1款约定，承包人认为有权得到追加付款和（或）延长工期的，应按以下程序向发包人提出索赔：(1) 承包人应在知道或应当知道索赔事件发生后的28天内，向监理人递交索赔意向通知书，并说明发生索赔事件的事由。承包人未在前述28天内发出索赔意向通知书的，丧失要求追加付款和（或）延长工期的权利；(2) 承包人应在发出索赔意向通知书后28天内，向监理人正式递交索赔通知书。索赔通知书应详细说明索赔理由以及要求追加的付款金额和（或）延长的工期，并附必要的记录和证明材料。

2013年5月，工程竣工验收合格。2013年12月19日，A建筑公司制作了工程项目结算书。同日，A建筑公司还制作了《因甲方原因造成施工方损失费用项目结算书》，计算因B房产公司原因造成A建筑公司进度延迟导致人工及设备租金的损失110.08万元、工程进度款项拨付不及时造成施工方财务成本增加162.67万元。2014年1月6日，A建筑公司将上述三份结算书送交监理人，监理人在该结算书上加盖公章并签署了收到日期为2014年1月6日。此后，因B房产公司一直未向A建筑公司支付剩余工程款，A建筑公司遂提起诉讼。

诉讼过程中，B房产公司是否应赔偿A建筑公司的损失成为争议焦点之一。

一审法院认为，关于A建筑公司主张因B房产公司原因造成其进度延迟导致人工及设备租金的损失110.08万元、工程进度款项拨付不及时造成其财务成本增加162.67万元，根据《湖南省建设工程施工合同》第23.1款的约定，如果因发包人B房产公司的原因影响了工程进度造成A建筑公司遭受人工、设备租金等相关损失，或因发包人B房产公司未按时拨付进度款造成A建筑公司资金财务损失，A建筑公司均应按照合同约定在规定期限内向B房产公司委托的监理人递交索赔意向通知书，并在随后正式递交索赔通知书说明索赔理由、付款金额等事项，否则A建筑公司即丧失要求赔偿损失的权利。本案中，A建筑公司在提交竣工结算文件时才主张B房产公司赔偿其相关损失，已超过了合同约定的索赔应在索赔事件发生后28天内提出的索赔期限，A建筑公司已因自己怠于主张权利的行为而丧失了要求B房产公司进行赔偿的权利。此外，A建筑公司也未提交充分证据证明因B房产公司原因而造成A建筑公司工程进度受阻、工期延长及B房产公司未按时支付进度款等事实的存在。因此，A建筑公司要求B房产公司赔偿其损失的请求没有事实和法律依据，本院不予支持。

二审法院维持了原判。

五、对结算报告不予答复的法律后果

实践中，发包人对承包人提交的结算报告久拖不复已经成为其拖欠工程款的一种重要手段，根据当事人签订的合同可以分为以下几种情形：

1. 合同中未约定答复期限，承包人提交结算报告时也未提示答复期限。

2. 合同中未约定答复期限，承包人提交结算报告时明确提示了答复期限，或进一步说明："未在提示的答复期限内答复，则视为发包人认可。"

3. 合同中明确约定了结算报告的答复期限，但并无"在该答复期限内答复，则视为发包人认可"的约定。

4. 合同中明确约定了结算报告的答复期限，且明确约定："未在该答复期限内答复，则视为发包人认可。"

关于发包人对结算报告不予答复的法律后果，有关部门曾作出了一系列规定。《建筑工程施工发包与承包计价管理办法》（住房和城乡建设部令第16号）第18条规定："（一）国有资金投资建筑工程的发包方，应当委托具有相应资质的工程造价咨询企业对竣工结算文件进行审核，并在收到竣工结算文件后的约定期限内向承包方提出由工程造价咨询企业出具的竣工结算文件审核意见；逾期未答复的，按照合同约定处理，合同没有约定的，竣工结算文件视为已被认可。（二）非国有资金投资的建筑工程发包方，应当在收到竣工结算文件后的约定期限内予以答复，逾期未答复的，按照合同约定处理，合同没有约定的，竣工结算文件视为已被认可……发承包双方在合同中对本条第（一）项、第（二）项的期限没有明确约定的，应当按照国家有关规定执行；国家没有规定的，可认为其约定期限均为28日。"

《建设工程价款结算暂行办法》（财建〔2004〕369号）第十四条规定："单项工程竣工后，承包人应在提交竣工验收报告的同时，向发包人递交竣工结算报告及完整的结算资料，发包人应按以下规定时限进行核对（审查）并提出审查意见：500万元以下，从接到竣工结算报告和完整的竣工结算资料之日起20天；500万元～2000万元，从接到竣工结算报告和完整的竣工结算资料之日起30天；2000万元～5000万元，从接到竣工结算报告和完整的竣工结算资料之日起45天；5000万元以上，从接到竣工结算报告和完整的竣工结算资料之日起60天。建设项目竣工总结算在最后一个单项工程竣工结算审查确认后15天内汇总，送发包人后30天内审查完成。"同时，该办法第十六条规定："发包人收到竣工结算报告及完整的结算资料后，在本办法规定或合同约定期限内，对结算报告及资料没有提出意见，则视同认可。"《建设工程工程量清单计价规范》（GB 50500—2013）第11.3.4条也有类似规定。[①]

虽然上述部门规章、标准和规范性文件规定了发包人的答复期限，并就发包

① 该规范第11.3.4条规定："发包人在收到承包人竣工结算文件后的28天内，不核对竣工结算或未提出核对意见的，应视为承包人提交的竣工结算文件已被发包人认可，竣工结算办理完毕。"

人不予答复的法律后果作了明确规定，但若承、发包双方未约定“不予答复，则视为认可”的，即使发包人未在上述规定的期限内予以答复，也不能认定发包人认可了承包人的结算报告。理由如下：

1. 承包人提交结算报告在性质上是一种要约。根据民法原理，在承诺期间内未答复的，应视为对要约的拒绝，而不应视为认可，即双方并未达成一致。那么，沉默是否可以构成承诺呢？我国法律对此无明确的规定。一般认为，沉默原则上不具有意思表示的价值。[①] 德国学者则指出，仅沉默本身并不等于对要约的承诺，即使要约人大胆地在其要约中说明，沉默本身也等于承诺。从各方面讲，这些都是已被接受的一般原则。[②]《联合国国际货物销售合同公约》第十八条第一款也规定，沉默或不作为本身并不构成承诺。[③] 1982 年美国爱达荷州最高法院就“柯蒂兹公司诉梅森案”的判决也确立了“受要约人在收到要约后保持沉默，等于对要约的拒绝。即使要约中加入了要求要约人对要约作出回答的条款也不例外”的法律规则。[④]

2. 在沉默不构成承诺的原则下，是否存在例外？一般来说，在法律明确规定的情况下，沉默可以构成承诺。法律对默示承诺的规定往往是基于诚实信用原则和社会公共政策，对当事人的契约予以必要的补充。我国《民法总则》第一百四十条规定：“沉默只有在有法律规定、当事人约定或者符合当事人之间的交易习惯时，才可以视为意思表示。”这里的“法律”应作狭义解释，仅指立法机关制定的法律，而不包括部门规章和规范性文件。而《建筑工程施工发包与承包计价管理办法》是建设部制定的部门规章，《建设工程价款结算暂行办法》是规范性文件，都不属于狭义的法律范畴，人民法院在审判案件不能直接将其作为判案的依据。广东省高级人民法院于 2011 年 7 月 27 日印发的《关于审理建设工程施工合同纠纷案件若干问题的指导意见》中对此作了相应规定。[⑤]

3. 工程实践中，为了取得更高的利润，也防止发包人对结算价款进行大幅度削减，承包人提交竣工结算报告中的结算价款往往虚高，并不一定合理。若因发包人未尽在合理期间答复的义务而判定其接受不合理的价款，对发包人是不公平的。

---

① 陈自强著：《民法讲义Ⅰ契约之成立与生效》，法律出版社 2002 年版，第 81 页。

② ［德］海因·克茨著，周忠海等译：《欧洲合同法》（上卷），法律出版社 2004 年版，第 40 页。

③ 《联合国国际货物销售合同公约》第十八条第一款规定：“被发盘人声明或作出其他行为表示同意一项发盘，即是接受，缄默或不行动本身不等于接受。”

④ 王军著：《美国合同法判例选评》，中国政法大学出版社 1995 年版，第 21～22 页。

⑤ 该《指导意见》第九条规定：“建设工程施工合同明确约定发包人收到竣工结算文件后，在约定期限内不予答复，视为认可竣工结算文件的，按照约定处理。建设工程施工合同没有约定或者约定不明，承包人请求参照建设部《建筑工程施工发包与承包计价管理办法》第十六条的规定，或者依据建设部制定的建设工程施工合同格式文本（1999 年版）通用条款第 33 条第 33 款的约定处理的，不予支持。”

此外，契约自由乃民法基本原则，若一方的意思表示就能使合同成立，与私法自治原则相抵触。故上述情形中只有在第4种情形下，发包人的沉默才会发生承诺的法律效果。此时，当事人的约定使沉默成为默示的意思表示。《施工合同司法解释》第二十条[①]的规定，也是充分体现了尊重当事人意思自治的法律精神。从该规定我们也可以推定，当事人无约定时，发包人的"不予答复"并不当然构成承诺。根据《最高人民法院关于发包人收到承包人竣工结算文件后，在约定期限内不予答复，是否视为认可竣工结算文件的复函》[(2005)民一他字第23号]中的意见，[②]《建设工程施工合同（示范文本）》(GF-1999-0201)第33.3款的规定不具有发包人在28天不予答复即视为认可的法律效果。

关于发包人的答复形式，《施工合同司法解释》未作规定。实践中有三种不同观点：

1. 只要提出形式异议不附理由即可排除该条款的适用；

2. 提出异议并附理由和初步证据，才可排除该条款的适用；

3. 提出异议只要不是明显无理由，就排除该条款的适用。

笔者同意第一种观点，理由如下：

1. 所谓"答复"是指"对提出的问题或要求等给以回答"。[③]可见，"答复"既可以是对问题的解释，也可以是表明一种态度，其并无一定要解释理由甚至理由必须合理的含义。

2.《施工合同司法解释》第二十条的规定是从承包人与发包人签订的建设工程施工合同中派生出来的，不是法律或司法解释中新确定的责任，是对当事人所约定权利义务的确定。[④]显然，该司法解释并未规定答复人必须提供相应证据的义务。因此，不应对"答复"的含义作扩大解释。

3. 由于工程造价的专业性，即使裁判者要求发包人在答复的同时必须附理由或提供初步证据，其对上述理由是否合理或初步证据能否采信也存在判断上的困难。而且，实践中，发包人仅回复"不同意"而不指出存在问题的情形并不多见。即使存在此种极端情形，发包人也完全可以为了满足形式上的需要，随意对结算报告中的一个专业问题提出异议，即使发包人的意见是错误的，裁判者由于

---

① 《施工合同司法解释》第二十条规定："当事人约定，发包人收到竣工结算文件后，在约定期限内不予答复，视为认可竣工结算文件的，按照约定处理。承包人请求按照竣工结算文件结算工程价款的，应予支持。"

② 该复函指出："建设部制定的建设工程施工合同格式文本中的通用条款第33条第3款的规定，不能简单地推论出，双方当事人具有发包人收到竣工结算文件一定期限内不予答复，则视为认可承包人提交的竣工结算文件的一致意思表示，承包人提交的竣工结算文件不能作为工程款结算的依据。"

③ 任超奇主编：《新华汉语词典》，崇文书局2006年版，第153页。

④ 参见最高人民法院民事审判第一庭编著：《最高人民法院建设工程施工合同司法解释的理解与适用》，人民法院出版社2015年版，第144页。

相关专业知识的限制也难以判断。因此，要求发包人在答复的同时必须附理由或提供初步证据的初衷虽好，但可操作性较差，也难以取得好的效果。

4. 实践中，承包人上报的结算报告价格虚高是一个常态，如果仅仅因为发包人未对其异议说明理由或其未提供初步证据，就否定其“答复”的事实，从而采信承包人的单方结算报告，既违反了当事人的约定，对发包人也是不公平的。

【实务判例】合同约定发包人对承包人的结算资料逾期不答复视为认可的，从约定①

2006年12月5日，甲公司和乙公司签订《施工合同》，合同约定，乙公司承包涉案工程A栋；发包人收到竣工报告及完整的结算资料后3个月内完成结算审核工作或提出修改意见，承包人对发包人审核结果若有异议时，可由双方相关人员核对，经双方核对确认的结果才能作为支付结算款依据，逾期视同发包人认可承包人所报结算。

合同签订后，乙公司依约对所承包的工程A栋进场施工，2009年1月双方完成对A栋的竣工验收，并办理了竣工验收备案。2009年7月8日，乙公司出具A栋《建筑工程结算书》，内容为A栋楼结算总值为4365.81万元，该结算书于2009年7月20日送达给了甲公司。甲公司称其于2009年8月7日出具甲(2009)总审007号的《工程联系函》，内容为对乙公司出具的《建筑工程结算书》及相关资料进行核审并提出若干意见，但甲公司没有书面证据证实已送达给乙公司，乙公司亦否认收到007号《工程联系函》。

关于双方工程结算款数额的认定，法院认为：甲、乙双方签订的《施工合同》合法有效。根据《施工合同》对竣工验收与结算的约定，甲公司收到竣工报告及完整的结算资料后在3个月内完成结算审核工作或提出修改意见，逾期视同其认可乙公司所报结算。本案《建筑工程结算书》已由乙公司送达甲公司，后者未在约定期限提出异议。因此，涉案A栋最终的工程造价应以乙公司的送审价4365.81万元为准。

六、关于结算“默示条款”的效力认定

（一）示范文本通用条款中的结算“默示条款”

《建设工程施工合同（示范文本）》（GF-2017-0201）》通用条款第14.2款规定：“发包人在收到承包人提交竣工结算申请书后28天内未完成审批且未提出异议的，视为发包人认可承包人提交的竣工结算申请单，并自发包人收到承包人提

① 参见海南省高级人民法院（2015）琼环民终字第10号。

交的竣工结算申请单后第29天起视为已签发竣工付款证书。”当采用上述施工合同示范文本时，若专用条款未约定“不答复，视为认可”的默示条款，则通用条款中的上述约定能否被支持？

《江苏省高级人民法院关于审理建设工程施工合同纠纷案件若干问题的解答》(〔2018〕3号)第9条规定：“建设工程施工合同专用条款中明确约定发包人收到竣工结算文件后，在合同约定的期限内不予答复视为认可竣工结算文件，当事人要求按照竣工结算文件进行工程价款结算的，应予支持。建设工程施工合同专用条款中未明确约定，当事人要求按照竣工结算文件进行工程价款结算的，不予支持。”由该规定可以推论，当建设工程施工合同专用条款未明确约定结算“默示条款”，而仅在合同示范文本的通用条款有相应约定的，该解答认为通用条款的相应约定不应得到支持。

笔者认为，上述规定值得商榷，理由如下：

1. 建设工程施工合同示范文本中的结算“默示条款”并非格式条款。根据《合同法》第三十九条的规定，格式条款是当事人为了重复使用而预先拟定，并在订立合同时未与对方协商的条款。所谓“订立合同时未与对方协商”是指在订立合同时不能与对方协商的条款。假如当事人一方在能够协商的情况下而不与对方协商，或放弃协商的权利，则不能认为未协商的条款因此而成为了格式条款。[①]而建设工程施工合同示范文本是为了指导建设工程施工合同当事人的签约行为，维护合同当事人的合法权益而制定的。其通用条款对当事人不具有强制约束力，当事人完全可以根据自己的意愿和实际情况进行修改。而且，发包人在合同订立时不但未处于附从地位，反而居于明显的优势地位，其更有条件对施工合同文本进行修改。因此，建设工程施工合同示范文本中的结算“默示条款”虽是预先制定的，但其并非是不能协商的条款，不符合格式条款的特征。

2. 建设工程施工合同示范文本在某种程度上可视为一种行业惯例，或至少是一种业内认可并通行的惯常规则。而对于作为商事主体的承包人和发包人来说，即使是格式条款，如果其已成为某行业的习惯做法、商业惯例，“则此格式条款对于规则地与从事该行业之人为交易的相对人而言，视为订入合同。”[②]

综上所述，笔者认为，建设工程施工合同示范文本通用条款中关于结算的“默示条款”构成合同的一部分，且不违反法律、行政法规的强制性规定，合法有效，双方应予遵守。

(二) 施工合同无效时的结算“默示条款”

实践中，由于资质要求和招标投标的一系列强制性规定，建设工程施工合同

① 参见王利明：“对《合同法》格式条款规定的评析”，载《政法论坛》1999年第6期。

② 崔建远主编：《合同法》(第五版)，法律出版社2010年版，第66页。

无效的情况比较常见。在施工合同无效的情况下，当事人在合同或补充协议中约定了“不予答复视为认可”这一默示条款的，应当如何处理？下面分两种情形进行分析。

1. 当事人在合同中明确约定“不予答复视为认可”这一默示条款的

（1）施工合同无效，则该“默示条款”是否有效？

《合同法》第五十七条规定：“合同无效、被撤销或者终止的，不影响合同中独立存在的有关解决争议方法的条款的效力。”而《合同法》第九十八条关于合同中结算和清理条款效力的规定适用于合同权利义务终止的情形。合同权利义务终止的前提是合同有效。若合同无效，则无合同权利义务终止的问题，故该条款并不适用合同无效的情形。显然，关于竣工结算的“默示条款”并不属于《合同法》第五十七条规定的情形。因此，建设工程施工合同无效的，关于竣工结算的“默示条款”亦无效。

（2）施工合同无效，是否应当参照该“默示条款”的约定支付工程款？

《施工合同司法解释》第二条规定：“建设工程施工合同无效，但建设工程经竣工验收合格，承包人请求参照合同约定支付工程价款的，应予支持。”此处涉及的是“用何种标准及方法对承包人建设的工程进行折价补偿”。[①] 最高人民法院在“黄国盛、林心勇与江西通威公路建设集团有限公司、泉州泉三高速公路有限责任公司建设工程分包合同纠纷案”的二审民事判决书中也认为，司法解释条款规定的“参照合同约定支付工程价款”主要指参照合同有关工程款计价方法和计价标准的约定。因此，施工合同无效的，承包人主张参照合同约定的有关竣工结算“默示条款”结算工程款的，并无法律依据。

需要注意的是，实践中对于上述问题也有不同认识。《江苏省高级人民法院关于审理建设工程施工合同纠纷案件若干问题的解答》（〔2018〕3号）第9条规定，对于《施工合同司法解释》第二十条规定的按照竣工结算文件结算工程价款的条款，建设工程施工合同无效的，不影响该条款约定的效力。基于上述分析，笔者认为，江苏高院的该项规定值得商榷。

2. 当事人另行签订关于结算的补充协议，并在补充协议中约定结算的“默示条款”的

一般认为，由于《施工合同司法解释》第二条规定了“无效施工合同参照合同约定支付工程价款”的条款，施工合同无效并不影响结算协议的效力。《北京市高级人民法院关于审理建设工程施工合同纠纷案件若干疑难问题的解答》（京高法发〔2012〕245号）第7条规定：“建设工程施工合同无效，但工程经竣工

① 最高人民法院民事审判第一庭：《最高人民法院建设工程施工合同司法解释的理解与适用》，人民法院出版社2015年版，第31页。

验收合格，当事人一方以施工合同无效为由要求确认结算协议无效的，不予支持。”在“黑龙江省建工集团有限责任公司与普定县鑫臻酒店有限公司、普定县鑫臻房地产开发有限责任公司建设工程合同纠纷案”中，最高人民法院认定当事人签订的建设工程施工合同因未经招标投标而无效，但双方为解决合同纠纷就进度款支付、复工条件、结算、损失补偿及违约责任另行签订的《纠纷处理协议》有效。[①] 最高人民法院认为：《纠纷处理协议》是在本案双方当事人因项目施工发生纠纷，双方就纠纷处理方案签订的协议；该协议在性质上属于当事人对双方之间既存债权债务关系的结算和清理，因而具有独立性，具有单独的法律效力，应当作为处理双方争议的依据；案涉工程交付、工程款结算及违约责任的确定等，应当根据《纠纷处理协议》的内容确定。

笔者认为，对于当事人在补充协议中约定的有关竣工结算的“默示条款”，是双方为解决工程结算争议协商一致的结果，是当事人的真实意思表示，除补充协议本身存在《合同法》第五十二条、第五十四条规定的无效或可撤销事由外，该补充协议是有效的。因此，建设工程施工合同无效难以排除当事人在补充协议中约定的有关结算“默示条款”的适用。

七、“以房抵工程款”的性质及处理

（一）关于以房抵债性质的理论观点

以房抵工程款实质上是以房抵债的一种。关于以房抵债的性质，理论上有以下四种观点：

1. 后让与担保

我国有学者认为，借鉴让与担保的概念，后让与担保是指债务人或者第三人为担保债权人的债权，与债权人签订不动产买卖合同，约定将不动产买卖合同的标的物作为担保标的物，但权利转让并不实际履行，于债务人不清偿债务时，须将担保标的物的所有权转让给债权人，债权人据此享有的以担保标的物优先受偿的非典型担保物权。[②] 我国《物权法》未规定让与担保和后让与担保制度。

2. 代物清偿

所谓代物清偿，是指债权人受领他种给付以代原定给付而使和合同关系消失的现象。我国《合同法》对代物清偿无明文规定，有观点认为，我国《物权法》

---

① 参见最高人民法院（2016）最高法民终106号民事判决书。

② 杨立新：“后让与担保：一个正在形成的习惯性担保物权”，载《中国法学》2013年第3期。

第一百九十五条第一款关于抵押权实行时抵押权人与抵押人协议以抵押财产折价的规定，实际上承认了一种代物清偿。[①]

3. 新债清偿

新债清偿又称间接给付、新债抵旧，是指由债务人负担新债务以履行原有债务，当新债务履行后旧债务消失的制度。[②] 我国现行立法上尚无新债清偿的规定。

4. 债的更改

债的更改又称债的更新，是指成立新债务而使旧债务消失的契约。债的更改的目的在于消灭旧债务。[③] 我国《合同法》规定了债的变更制度，但其并不消灭原有债务，故与债的更改不同。

（二）“以房抵工程款”的主要类型

工程实践复杂多样，在很多情况下一种理论很难能解释各种情形下的法律行为。因此，将实践中的典型情形加以类型化，是解决复杂问题的常用方法。有学者对类似问题也进行过分析。[④] 按签订时间的不同，“以房抵工程款”条款可以划分为以下两种类型：

1. 当事人在债务履行期届满前就以房抵工程款达成一致。该种类型根据条款内容的不同又可分为两种情形：

（1）合同中规定以具体房屋直接作价折抵工程款，如约定30%工程款以发包人××号房屋、按5000元/平方米的价格抵顶，一般规定在支付方式中。

（2）当事人约定若发包人到期不能如约支付工程款，以发包人或第三人××号房屋按一定价格折抵工程款。此类约定既可能在订立合同时约定，也可在合同履行过程中以补充协议等形式约定。

2. 当事人在债务履行期届满后就以房抵工程款达成一致。实践中的主要表现为，在发包人未按合同约定支付工程款的情况下，承、发包双方签订补充协议，约定以发包人的房屋按一定价格折抵工程款，有时双方还会签订房屋买卖合同。

（三）“以房抵工程款”的性质认定及处理建议

1. 当事人在债务履行期届满前就以“房抵工程款”达成一致的

（1）对于在施工合同的支付方式中，约定以具体房屋直接作价折抵工程款的“以房抵工程款”条款，笔者认为，此类约定在合同订立时已经形成，当事人之

---

① 崔建远：“以物抵债的理论与实践”，载《河北法学》2012年第3期。

② 张新：“本案以房抵债协议构成新债清偿”载，《人民法院报》2006年11月29日。

③ 史尚宽：《债法总论》，中国政法大学出版社2000年版，第822页。

④ 夏正芳，潘军锋：“以物抵债的性质及法律规制——兼论虚假诉讼的防范”，载《人民司法》2013年21期。

间没有成立新债的意思表示，不具有担保或以房抵债的性质，属于工程款的一种支付方式，不违反法律、行政法规的强制性规定，合法有效，即使房价日后出现波动也应当由当事人承担风险。虽然一般情况下房价上涨的概率较大，但以房抵工程款的支付方式可以缓解发包人的资产压力，其还可以利用现有资金进行投资，赚取高额利润，故无显失公平可言。

（2）对于当事人约定若发包人到期不能如约支付工程款，则以“以房抵工程款”的条款，从内容来看，承包人要求金钱给付是第一位的，而以房抵债往往是不得已的选择，是以一种成本较低又易于控制的方式保证债权的实现，故其实质上是以房屋所有权作为工程款支付的担保。有学者将其命名为“后让与担保”，并认为，其属于我国新发展起来的一种非典型担保物权，对此不能以僵化的观点，固守物权法定原则而予以拒绝和排斥，而应顺势而为确认其效力。[①] 也有学者认为，所谓后让与担保实质上就是未来物上的抵押权。[②]

笔者认为，无论将上述情形下的房抵工程款定性为后让与担保还是抵押权，都改变不了其担保物权的属性，而后让与担保及未来物上的抵押权均非《物权法》上明确规定的担保物权。由于本情形下的以房抵工程款实质上是为担保债权的实现，虽然有对价的约定，但因当事人约定直接转移不动产所有权，而未尽清算义务，故其属于流抵契约，我国《物权法》第一百八十六条对此作了禁止性规定。[③] 因此，该约定原则上不发生法律上的效力。[④] 但合同部分无效不影响其他部分的效力，故以房抵工程款的担保效力应予以肯定。同时，若当事人已经履行了以房抵工程款的约定，并办理了所有权转移手续，此时再以该约定违反了物权法定原则而否定其效力，则有损于社会生活秩序的稳定。当事人的实际履行和物权转移可以认为实质上在当事人之间已经完成了清算行为。

综上，笔者认为，此类以房抵工程款协议可按以下方式处理：

① 虽然约定有以房抵工程款条款，但对于承包人要求发包人按建设工程合同的约定支付工程价款的，属于承包人行使主债权的行为，应当予以支持；

② 对于承包人要求发包人履行以房抵工程款协议，直接转移房屋所有权的，因属流质契约，不予支持；

③ 对于承包人要求发包人履行以房抵工程款协议，并愿意履行清算义务的，

① 杨立新：“后让与担保：一个正在形成的习惯性担保物权”，载《中国法学》2013 年第 3 期。

② 董学立：“也论‘后让与担保’——与杨立新教授商榷”，载《中国法学》2014 年第 3 期。

③ 《物权法》第一百八十六条规定：“抵押权人在债务履行期届满前，不得与抵押人约定债务人不履行到期债务时抵押财产归债权人所有。”

④ 在“重庆永旺建筑工程有限公司与重庆得一置业有限责任公司建设工程合同纠纷案”中，法院认为：“流质契约是建立在抵押权、质权存在的基础之上，本案当事人所设定的担保不属于抵押权或者质权，并不导致该合同条款无效。”“其目的在于预先为债务设定担保，并以债务不履行为停止条件，具有代物清偿预约的性质。”参见重庆市第二中级人民法院（2016）渝 02 民初 88 号民事判决书。

应予支持；

④ 对于当事人已办理房屋所有权转移手续而后反悔的，不予支持。

【实务判例】 债务履行期届满前约定的以房抵工程款条款属流抵条款，无效①

2013年8月16日，A筑业与B地产签订了《建设工程施工合同》，合同约定由A筑业承包B地产的碧泉花园及地下车库工程，合同暂定价款3683.54万元。2013年8月7日，双方还签订了一份《补充协议》，约定：合同价款暂定4000万元，付款方式为：①基础及地下室主体完成后支付25%；②三层结构封顶后支付25%；③主体全部封顶后支付25%，竣工验收前支付10%；竣工后七天支付10%，余款留作保修金。如主体完工仍不能付清进度款，则按商品房公开挂牌价格的95%计价抵给施工方。

二审法院认为，《补充协议》中的以房抵工程款条款系流抵条款，判决以房抵债无效。

最高人民法院再审认为，补充协议中以房屋抵顶工程款的约定，是B地产与A筑业在债务履行期届满前达成以物抵债协议，其本质是为了担保工程价款的实现，原审法院参照《担保法》第四十条及《物权法》第一百八十六条关于禁止流押的规定，认定该《补充协议》中以房屋抵顶工程款的条款无效，并无不妥。

2. 当事人在债务履行期届满后签订“以房抵工程款”协议的

普遍的观点认为，根据《物权法》第一百九十五条、《担保法》第五十三条的规定，债务履行期届满抵押权人未受清偿的，可以与抵押人协议以抵押物折价。因此，债权人与债务人在债务期满后约定以房抵债，性质上属于折价协议而非流抵契约，在不违反法律、行政法规强制性规定的情况下，双方的约定合法有效。② 但其性质上属代物清偿、新债清偿还是新债更改，则莫衷一是。笔者对此分析如下：

(1) 其不同于代物清偿。依传统民法，代物清偿为要物契约，代物清偿的成立，仅有当事人的合意尚不足，必须以现实的他种物的给付代替原定的给付，③即须履行物权转移手续。对于以房抵工程款来说，只有办理了房屋过户手续以房抵工程款的协议才能成立。这就意味着，在承、发包双方认可以房抵工程款数额的情况下，即使承包人已对房屋占有、使用，只要未办理过户手续，则该以房抵工程款协议不成立。这样的后果便是由发包人支付工程款，承包人要返还房屋。

---

① 参见最高人民法院（2017）最高法民申284号民事裁定书。

② 夏正芳，潘军锋：“以物抵债的性质及法律规制——兼论虚假诉讼的防范”，载《人民司法》2013年21期。

③ 史尚宽：《债法总论》，中国政法大学出版社2000年版，第815页。

由此人为增加了社会成本，破坏了稳定的社会生活秩序和当事人的意思自治。

也有学者认为，坚持以物抵债的实践性，可以避免其被虚假诉讼所利用。[①] 笔者认为，对于建设工程合同履行过程中的以房抵工程款，被虚假诉讼利用的可能性较小，因为建设工程合同的履行均有施工过程、工程款支付和竣工验收的记录，基础事实难以伪造，这与借贷纠纷存在明显不同。

（2）其不同于债的更改。债的更改以消灭旧债为目的，而在以房抵工程款的约定中，承、发包双方一般不会明确约定消灭原债权债务。一般情况下，即使签订了以房抵工程款的协议，若发包人愿意继续按照建设工程合同履行金钱给付的义务，承包人也会乐于接受，以房抵工程款仍是对建设工程合同的履行。况且，若将其认定为债的更改，承包人对工程价款的优先受偿权也会随之消失，这也不利于对承包人利益的保护。

（3）以房抵工程款应认定为新债清偿。首先，有学者认为，诺成性的以物抵债在我国实务中最为常见，将其按照实践性的代物清偿处理，有时会损害债权人的合法权益，与鼓励交易原则未尽相合，也不恰当地削弱了意思自治原则的功效。其解决思路即是承认诺成性的以物抵债合同。[②] 多数学者和司法实务均认为，新债清偿为诺成合同，且如果将新债清偿认定为实践合同，其与代物清偿就没有什么差别了，其他就丧失了存在的意义。[③] 因此，新债清偿就是一种诺成性的以物抵债合同。其次，因代物清偿、债的更改和新债清偿均是以新债务代替旧债务，故若当事人没有约定或约定不明的，即推定为新债清偿。[④] 我国台湾地区所谓“民法”也有类似规定。[⑤] 最后，新债清偿具有新债不履行，旧债不消灭的特点。这样就使得所抵用的房屋在转移所有权之前，承包人对发包人的建设工程合同债权并不消灭，相应的优先受偿权也不因此而消灭。当房屋所有权转移无法履行时，承包人仍可按照建设工程合同的约定要求发包人支付工程款。这有利于对承包人合法权益的保护。

由此，笔者认为，对于此类以房抵工程款协议可根据不同情况作如下处理：

（1）承包人要求履行以房抵工程款协议的，只要该协议无其他无效或可撤销情形的，应予支持；

（2）以房抵工程款协议履行不能的，如房屋已卖与他人，或发包人明确表示不履行以房抵工程款协议的，承包人有权要求恢复旧债的履行，即要求发包人按

---

① 夏正芳，潘军锋：“以物抵债的性质及法律规制——兼论虚假诉讼的防范”，载《人民司法》2013年21期。

② 参见崔建远：“以物抵债的理论与实践”，载《河北法学》2012年第3期。

③ 房绍坤：“论新债清偿”，载《广州社会科学》2014年第5期。

④ 史尚宽：《债法总论》，中国政法大学出版社2000年版，第820页。

⑤ 我国台湾地区所谓“民法”第三百二十条规定：“因清偿债务而对于债权人负担新债务者，除当事人另有意思表示外，若新债务不履行的，其旧债务仍不消灭。”

照建设工程施工合同的约定支付工程款。

关于承包人能否就以房折抵和工程款支付进行选择，理论上存在不同观点。通说认为，债权人只能先行使新债权的请求权，只有在新债务的请求权行使未果时，才能行使旧债务的请求权。实务上，我国台湾地区早期判决肯定债权人可以择一行使请求权，而近期判决则否定债权人可以择一行使请求权。①

实践中，对于本情形中以房抵工程款的性质，有法院认定其为诺成性合同，也有法院认为其是实践性合同，读者可具体参见以下两个判例。

【实务判例1】 *法院认为，以房抵债协议签订后即成立*②

2013年10月，A投资公司与B装饰公司签订《门窗工程施工合同》，约定由B装饰公司承包A投资公司发包的汽车城专业市场门窗工程。2014年8月，该工程竣工验收合格。2015年7月，双方办理了工程结算，扣除5%质保金后，A投资公司尚应支付B装饰公司工程款4419653.42元。

2015年6月，B装饰公司、A投资公司签订《以房抵款协议》，约定：A投资公司将3栋房屋（合计建筑面积367.34平方米、房屋价款1359124元），用于抵销双方签订的《门窗工程施工合同》中A投资公司应向B装饰公司支付而未付工程款中相应数额的款项。此后，上述房屋并未实际交付，亦未办理产权变更登记手续。

后B装饰公司诉至法院，要求A投资公司支付包括房屋折抵价款在内的全部工程欠款。A投资公司则认为，《以房抵款协议》已经开始履行，欠付工程款中不应包含该部分款项。

一审法院认为：以房抵债系实践性行为，如双方已履行了物权转移手续，可认定以房抵债成立，如双方未办理物权转移手续，则视为以房抵债行为未成立。B装饰公司、A投资公司虽签订有《以房抵债协议》，但协议所涉房产未实际交付、未办理产权变更登记手续。故本案中，用以抵债的房产尚未完成物权转移，以房抵债未能成立，B装饰公司作为施工单位有权要求A投资公司支付工程价款，对A投资公司以双方签订有《以房抵债协议》为由不支付该部分工程款1359124元的抗辩意见，法院不予采纳。为此，本案中，A投资公司应支付B装饰公司的工程款为4419653.42元。

二审法院认为：根据《合同法》第二百八十六条的规定，承包人行使优先受偿权的方式可以协议折价，因此发包人与承包人约定以商品房折抵工程价款的，符合上述法条规定的精神。本案中，B装饰公司与A投资公司签订的《以房抵款协议》系双方当事人的真实意思表示，应为合法有效。A投资公司因此要求在未

---

① 房绍坤："论新债清偿"，载《广州社会科学》2014年第5期。

② 参见南通市中级人民法院（2016）苏06民终3508号民事判决书。

付工程款中扣除《以房抵款协议》的合同价款1359124元，具有事实与法律依据。原审认定以房抵债协议系实践性行为而未支持A投资公司关于要求扣除《以房抵款协议》合同价款1359124元的主张，明显不当，本院予以纠正。

【实务判例2】 法院认为，以房抵债协议未履行的，当事人之间的原债权债务未消灭[①]

2007年5月，A公司（承包方）与B公司（发包方）签订《建设工程施工合同》，约定由A公司承包某市金融街A座、B座及车库商场水电暖安装工程。上述合同签订后，A公司依约进行了施工。

2015年1月，A公司（乙方）与B公司（甲方）、C公司（担保方）签订《协议书》一份，约定：①甲方尚欠乙方水电安装工程款2450729.69元未付。②经协商，担保方C公司以其开发建设的某市世贸中心专家公寓楼八套房产用来抵顶甲方所欠乙方的所有工程款。

后A公司向法院起诉，请求B公司及C公司支付工程欠款。B公司则认为，以房抵债协议随时可以履行，双方之间的债权债务已消灭。

一审法院经审理查明，《协议书》所涉八套房屋未办理竣工验收。

一审法院认为：从《协议书》的内容看，该协议系“以物（房）抵债”合同，是当事人就债务清偿达成的新的合意，目的是为了消灭工程价款债务，该《协议书》系双方真实意思表示，且不违反法律规定，合法有效。而“以物抵债”合同具有明显的实践性特点，仅订立“以物抵债”合同，债权人并不能自动取得抵债不动产的物权。本案中，被告B公司未提供证据证明其已向原告A公司实际交付了（包括交钥匙、转移占有等）协议约定的房产，且涉案房产至今未办理竣工验收手续，原告A公司对协议所涉房产并不能完全行使占有、使用、收益、处分的权利，双方之间的抵债目的并未完全实现。故原告A公司要求被告支付剩余工程款有事实和法律依据，应予支持。

二审法院维持了一审判决。

第五节 工程造价审计、财政评审与鉴定

一、工程造价审计

审计是指由独立的专门机构或人员接受委托或根据授权，对国家行政、事业

---

① 参见山东省高级人民法院（2016）鲁民终2388号民事判决书。

单位和企业单位及其他经济组织的会计报表和其他资料及其所反映的经济活动进行审查，并发表意见。审计依照主体之不同，可分为国家（政府）审计、独立（注册会计师、民间）审计和部门、单位内部审计；依照主体与被审计单位是否存在隶属关系，可分为内部审计与外部审计等。[①] 工程造价审计则是指由独立的专门机构接受委托或根据授权，依据国家有关规定对建设工程项目全部成本的真实性、合法性进行审查、评价的一种监督活动。工程造价审计包括事前审计、事中审计和事后审计。这里讨论的是事后审计，即对工程竣工决算的工程造价审计。由于政府审计有其特殊性，因此这里重点讨论政府的工程造价审计。我国《审计法》第二条规定："国务院各部门和地方各级人民政府及其各部门的财政收支，国有的金融机构和企业事业组织的财务收支，以及其他依照本法规定应当接受审计的财政收支、财务收支，依照本法规定接受审计监督。"政府投资和以政府投资为主的建设项目应当接受审计监督，政府审计部门根据投资主体、项目规模情况实行分级审计制度。对于国家、地方重点建设项目一般属必审项目，而对于规模较小的项目，审计机关可视情况进行抽查复核。

（一）政府审计的法律性质

《审计法》第二条规定："国务院和县级以上地方人民政府设立审计机关。"因此，审计机关是国家的行政机构，其对建设工程造价审计的行为就是一种具体的行政行为。根据《审计法》第四十一条的规定[②]，审计机关作出的审计结论，一经送达即具有法律效力，非经行政复议和行政诉讼程序，任何单位和个人不得撤销和变更，对被审计单位产生直接的法律后果，具有强制性。

根据本书第二章第三节中关于行政行为基本理论的阐述，审计机关对建设工程造价的审计有进行监督管理的"意思表示"，审计报告、审计决定也产生直接的"法律效果"。因此，政府法定审计机关对工程的审计行为在法律性质上为行政法律行为。被审计单位对审计决定不服，可申请行政复议，对复议决定不服可向人民法院提起行政诉讼。

（二）政府审计报告能否作为工程款结算的依据

在承包人要求依据双方合同约定结算工程款时，发包人却往往要求以审计机关出具的工程造价审计报告为依据与承包人结算工程款。那么，审计机关作出的工程造价审计报告可否作为工程款结算的依据？

政府审计在性质上为行政法律行为，被审计主体是涉及政府投资的国家机

---

① 余秉坚主编：《中国会计百科全书》，辽宁人民出版社1999年版。

② 《审计法》第四十一条规定："审计机关应当将审计机关的审计报告和审计决定送达被审计单位和有关主管机关、单位。审计决定自送达之日起生效。"

关、企事业单位。与这些主体之间存在民事合同关系的施工企业不是被审计对象。当审计报告中的工程造价与依施工合同约定结算的工程价款不一致时，由于审计报告仅对被审计的发包人具有约束力，应当由被审计单位依照《审计法》第四十四条、第四十五条、第四十六条等规定[①]，承担相应的行政责任。发包人不能为避免行政责任的承担，而要求依审计报告变更与承包人之间在平等自愿基础上约定的结算条款。

《最高人民法院关于建设工程承包合同案件中双方当事人已确认的工程决算价款与审计部门审计的工程决算价款不一致时如何适用法律问题的电话答复意见》(〔2001〕民一他字第2号）中指出："审计是国家对建设单位的一种行政监督，不影响建设单位与承建单位的合同效力。建设工程承包合同案件应以当事人的约定作为法院判决的依据。只有在合同明确约定以审计结论作为结算依据或者合同约定不明确、合同约定无效的情况下，才能将审计结论作为判决的依据。"《最高人民法院关于常州证券有限责任公司与常州星港幕墙装饰有限公司工程款纠纷案的复函》(〔2001〕民一他字第19号）中指出："本案中的招投标活动及双方所签订的合同合法有效，且合同已履行完毕，依法应予保护。证券公司主张依审计部门作出的审计结论否定合同约定不能支持。"

（三）合同约定"以审计结果作为结算依据"的认定

实践中，发包人常常会要求在合同中约定"以审计结果作为结算依据"的内容，承包人往往也不得不接受。那么，对于此种约定应当如何认定呢？

1. 要考察合同约定的审计主体。实践当中，在约定以审计作为结算依据时，通常会表述为如下几种方式："以发包人审计结果作为结算依据""以业主审计结果作为结算依据""以政府审计机关的审计结果作为结算依据"。如果合同中约定"以发包人审计结果作为结算依据"或"以业主审计结果作为结算依据"，"发包

① 《审计法》第四十四条规定："被审计单位违反本法规定，转移、隐匿、篡改、毁弃会计凭证、会计账簿、财务会计报告以及其他与财政收支、财务收支有关的资料，或者转移、隐匿所持有的违反国家规定取得的资产，审计机关认为对直接负责的主管人员和其他直接责任人员依法应当给予处分的，应当提出给予处分的建议，被审计单位或者其上级机关、监察机关应当依法及时作出决定，并将结果书面通知审计机关；构成犯罪的，依法追究刑事责任。"

《审计法》第四十五条规定："对本级各部门（含直属单位）和下级政府违反预算的行为或者其他违反国家规定的财政收支行为，审计机关、人民政府或者有关主管部门在法定职权范围内，依照法律、行政法规的规定，区别情况采取下列处理措施：（一）责令限期缴纳应当上缴的款项；（二）责令限期退还被侵占的国有资产；（三）责令限期退还违法所得；（四）责令按照国家统一的会计制度的有关规定进行处理；（五）其他处理措施。"

《审计法》第四十六条规定："对被审计单位违反国家规定的财务收支行为，审计机关、人民政府或者有关主管部门在法定职权范围内，依照法律、行政法规的规定，区别情况采取前条规定的处理措施，并可以依法给予处罚。"

人审计”或“业主审计”应指发包人或业主内部审计部门或由其委托的第三方中介机构对工程项目进行的造价审计活动，一般不能直接解释或推定为国家审计机关的审计。因为发包人、业主与承包人之间为平等主体之间的民事法律关系，而国家审计机关对工程项目的审计是对建设单位的一种行政监督行为，审计人与被审计人之间为行政法律关系。除非合同明确约定，不能通过解释推定的方式，认为当事人已经同意接受国家审计机关的审计行为对民事法律关系的介入，建设工程价款的结算应当以双方当事人的意思自治为基础。①

当合同约定“以发包人审计结果作为结算依据”时，不能仅以发包人一方的审计结果作为结算依据，否则将使得工程结算依据单方意思表示即可决定，有碍公平、公正。此时，承包人仍可对发包人的审计结果提出异议，发包人应当根据承包人的合法、合约要求对审计结果进行调整。双方无法达成一致的，可以共同委托或由法院、仲裁机构委托造价鉴定机构进行鉴定。

“以业主审计结果作为结算依据”往往约定在分包合同当中，如果业主为总承包合同的发包人，此处的审计结果往往指业主对总承包人合同中所含相应分包内容的审计结果。作为结算依据的审计内容一般包括实际完成的工程量、工程签证等。笔者认为，对于此种约定的效力应当给予肯定。

只有合同约定“以政府审计机关的审计结果作为结算依据”时，方可直接认定为审计主体为国家审计机关。

2. 在约定“以政府审计机关的审计结果作为结算依据”的情况下，还要判断工程项目是否属于法定的审计范围。《审计法》第二十二条规定：“审计机关对政府投资和以政府投资为主的建设项目的预算执行情况和决算，进行审计监督。”《审计法实施条例》第二十条规定，政府投资和以政府投资为主的建设项目包括两类：一类是全部使用预算内投资资金、专项建设基金、政府举借债务筹措的资金等财政资金的建设项目；另一类是未全部使用财政资金，但财政资金占项目总投资的比例超过50%，或者占项目总投资的比例在50%以下，但政府拥有项目建设、运营实际控制权的建设项目。根据《审计法实施条例》第三十四条的规定，审计机关应当按照本级人民政府和上级审计机关的要求，编制年度审计项目计划。列入年度审计计划的项目应当进行审计，具体形式包括审计机关直接审计，组织相关部门、下级审计机构和专业技术人员审计以及委托中介机构审计。地方各省、直辖市、社区的市一般会规定具体的审计范围。对于不属于法定审计范围的工程项目，即使合同中约定“以政府审计机关的审计结果作为结算依据”，该约定也不应对当事人发生效力。

---

① 值得注意的是，在司法实践中，当发包人为政府部门且工程项目属于法定的审计范围时，发包人审计仍有被解释为国家审计机关的可能。笔者对此并不赞成。

3. 在约定"以政府审计机关的审计结果作为结算依据"，且工程属于法定审计范围的前提下，还需要看有关国家审计机关是否实施了审计行为。在合同约定以政府审计机关审计作为付款条件时，若因发包人迟延提交资料从而导致审计长期无法实施，则可以根据《合同法》第四十五条关于"当事人为自己的利益不正当地阻止条件成就"的规定，认为支付条件已经成就。也有法院认为，这种附条件的设置使得承包人的债权实现完全取决于发包人是否积极地促成政府审计部门进行审计，剥夺了承包人按照合同约定合法主张工程款的权利，从而认定此种约定无效。值得注意的是，司法实践中，此种附条件条款的无效认定往往基于政府部门的审计并未实施，从而造成工程款长期拖欠这一前提。《广东省高级人民法院关于审理建设工程合同纠纷案件疑难问题的解答》（粤高法〔2017〕151 号）规定："当事人约定以财政、审计等部门的审核、审计结果作为工程款结算依据的，按照约定处理。如果财政、审计等部门明确表示无法进行审核、审计或者无正当理由长期未出具审核、审计结论，经当事人申请，且符合具备进行司法鉴定条件的，人民法院可以通过司法鉴定方式确定工程价款。"

对于属于法定审计范围的工程项目，当合同中明确约定"以政府审计机关的审计结果作为结算依据"，且审计机关已经出具审计结果时，法院一般会认定该约定有效，从而判决将审计机关的审计结果作为当事人的结算依据。《最高人民法院关于建设工程承包合同案件中双方当事人已确认的工程决算价款与审计部门审计的工程决算价款与审计部门审计的工程决算价款不一致时如何适用法律问题的电话答复意见》（〔2001〕民一他字第 2 号）中也明确，在合同明确约定以审计结论作为结算依据的情况下，可以将审计结论作为判决的依据。

值得注意的是，即使当事人在合同中明确约定以政府审计作为结算依据，审计机关也应以合同约定的计价标准和方法作为审计依据。最高人民法院在"重庆勇创实业有限公司与重庆市同兴工业园区开发建设有限公司合同纠纷案"二审民事裁定书中认为，虽然合同约定投资金额以经法定审计部门审计的金额为准，但审计机关做出的《审计报告》是以 2008 年《重庆市建设工程费用定额》为依据作出，与当事人合同约定的计价标准不符，在一方当事人对此不予认可的情形下，不能将其作为确定投资金额的依据。当事人可申请审计部门按照协议约定另行审计，或者委托工程造价咨询机构按照协议约定予以造价鉴定，以确定投资金额。①

【实务判例 1】约定以政府审计部门审计作为支付工程款条件的效力②

2011 年 4 月，A 公司与 B 公司经招标投标签订施工总承包合同。合同约定：

---

① 参见最高人民法院（2016）最高法民终 269 号民事裁定书。

② 参见辽宁省沈阳市中级人民法院（2016）辽 01 民终 8598 号民事判决书。

承包金额暂定为3814.84万元；工程无预付款，主体形象工程达到10层后，B公司向A公司支付已完工程量造价的70%，工程竣工并移交档案后28天内，支付至工程总造价的80%；经政府审计部门审计后，经竣工验收之日起6～15个月内，开发公司工程部及物业公司确认无质量问题后，陆续支付至审计额的95%，保留5%的质量保证金，按集团统一质保金付款方式执行。

2013年9月14日，工程竣工验收。2015年4月25日，B公司委托第三方出具结算书，结算额5024.8万元。

A公司认为，应当以B公司委托出具的《结算书》作为确定工程款的依据。而B公司认为，工程款的给付必须以政府审计部门审计为前提，因目前政府审计部门还没有对案涉工程进行审计，故B公司不应向A公司给付相应的工程款。

庭审中，B公司自述政府审计部门对案涉工程结算的审计流程：A公司将工程及竣工资料报送给B公司，B公司进行一审后，由B公司送政府审计部门进行最终审核。同时自述，直至本案二审庭审结束时，政府相关部门仍未对案涉工程进行审计。

法院认为，建设工程施工合同乃双务合同的一种，B公司作为工程发包人，其主要的合同义务是支付工程款。B公司主张其与A公司签订的补充协议中约定了以“经政府审计部门审计”作为支付工程款的条件，该所附条件是依赖于工程款支付义务人B公司和第三方政府审计部门的意思表示，根据B公司自述的政府审计部门的审计流程，这种附条件的设置使得A公司欲实现其工程款的债权完全取决于B公司是否积极促进政府审计部门进行审计，其实质是由B公司决定是否履行给付工程款的义务，将自己一方的风险转嫁给A公司，剥夺了A公司按照施工合同的约定合法地主张工程款的权利。从本案的实际情况看，案涉工程早于2013年竣工，但截至本案二审庭审结束，历经三年多的时间，政府审计部门仍然未对案涉工程结算进行审计。如果确定该约定有效，在政府审计部门未作出结论前，A公司将始终无法行使对B公司的工程款债权，这显然违反了《合同法》第六条关于当事人行使权利、履行义务应当遵循诚实信用原则的规定，故本院确认补充协议中以“经政府审计部门审计”作为支付工程款条件的约定无效。法院最终认定，以B公司委托出具的《结算书》作为确定工程款的依据。

【实务判例2】对于“以业主审计为准”的理解①

2003年8月22日，金山大道某建设项目的业主与建工集团签订《建设工程施工合同》，将金山大道某道路工程发包给建工集团。在该合同《工程造价计价原则》中，双方对未定价的材料、立交桥专用材料价格的确定方式约定为“业

---

① 参见最高人民法院（2012）民提字第205号民事判决书。

主、市经开区监察审计局（以下简称经开区监审局）审定后纳入工程结算”。十九局经业主确认为A隧道工程分包商，并于2003年11月与建工集团签订分包合同，约定合同价暂定8000万元（最终结算价按照业主审计为准）。

2005年12月，金山大道某道路工程通过验收。之后，经开区监审局委托B公司对上述工程进行竣工结算审核并出具了审核报告。以该审核报告为基础，建工集团与十九局于2007年12月5日对十九局分包的工程进行结算，确认十九局图纸范围内结算金额为1.14亿元。

2008年10月至11月，市审计局以金山大道业主为被审计单位，对金山大道道路工程竣工决算进行审计，并出具审计报告，其中十九局分包的A隧道工程在送审金额1.14亿元的基础上审减816.8万元。2009年2月，业主向建工集团发函，要求其按照市审计局审计结果，将审减金额退还业主。

2010年9月，建工集团将十九局诉至法院称，根据市审计局的审计结果，对十九局完成工程的价款审减816.8万元。故请求十九局返还多支付的工程款。

十九局辩称，经开区监审局是本案工程的适格审计主体，其委托B公司出具的审核报告得到了业主、建工集团及十九局三方的认可，符合分包合同关于“最终结算价按业主审计为准”的约定，对双方具有法律约束力。建工集团则认为，双方约定以最终的审计结果作为结算依据，2007年12月5日双方签订的结算协议不能作为本案工程的最终结算依据。

一审法院认为，根据《审计法》以及《重庆市国家建设项目审计办法》的相关规定，案涉工程为重庆市市级重点建设项目，应当由重庆市审计局对其竣工决算进行审计。经开区监审局作为经开区的内部审计机构，并非国家审计机关，无权代表国家行使审计监督的权力。本案双方当事人在分包合同中对合同价款的约定，并未明确该审计是指被审计单位的内部审计还是国家审计机关的审计，不能推断双方当事人之间约定的审计就是指内部审计。经开区监审局既非法律规定对案涉工程具有审计管辖权的国家审计机关，B公司出具的审核报告亦非审计结果，十九局主张经开区监审局是本案适格审计主体，B公司是符合双方合同约定的审计单位，其理由不成立。本案双方当事人“最终结算价按业主审计为准”的约定，实际上就是将有审计权限的审计机关对业主单位的审计结果作为双方结算的最终依据。故对建工集团诉请十九局返还多支付的工程款予以支持。

二审法院认为，双方当事人在合同中约定“最终结算价按照业主审计为准”，“审计”一词本身有其特定的含义，能否进行扩张解释，应当结合案涉工程的实际情况，以及双方当事人作此约定的真实目的进行分析。案涉工程系政府投资的重点工程，应当受到国家的审计监督，即工程业主的财务收支须受此审计监督的约束，且该种审计监督并不当然以业主或当事人的意志为转移。对此，本案双方当事人是明知的。基于此，对合同中约定的“审计”应当限缩解释为法定审计，而非广义的审核。经开区监审局作为经开区内部审计机构，并非法定国家审计机关，不能代表国家对案涉工程行使审计监督职能。因此，市审计局才是符合合同约定的审计主体，其出具的审计结果才是符合双方当事人合同约定的结算依据。故法院维持原判。

最高法院的再审意见如下：

1. 关于建工集团主张案涉工程属于法定审计范围，因此必须按照国家审计机关的审计结果进行结算的问题。

根据《审计法》的规定及其立法宗旨，法律规定审计机关对政府投资和以政府投资为主的建设项目的预算执行情况和决算进行审计监督，目的在于维护国家财政经济秩序，提高财政资金使用效益，防止建设项目中出现违规行为。建工集团与十九局之间关于案涉工程款的结算，属于平等民事主体之间的民事法律关系。因此，本案诉争工程款的结算，与法律规定的国家审计的主体、范围、效力等，属于不同性质的法律关系问题，即无论案涉工程是否依法须经国家审计机关审计，均不能认为国家审计机关的审计结论可以成为确定本案双方当事人之间结算的当然依据，故对建工集团的上述主张不予采信，对案涉工程的结算依据问题，应当按照双方当事人的约定与履行等情况确定。

2. 关于分包合同是否约定了案涉工程应以国家审计机关的审计结论作为结算依据的问题。

分包合同中对合同最终结算价约定按照业主审计为准，系因该合同属于分包合同，其工程量与工程款的最终确定，需依赖合同之外的第三人即业主的最终确认。因此，对该约定的理解，应解释为工程最终结算价须通过专业的审查途径或方式，确定结算工程款的真实合理性，该结果须经业主认可，而不应解释为须在业主接受国家审计机关审计后，依据审计结果进行结算。根据《审计法》的规定，国家审计机关的审计系对工程建设单位的一种行政监督行为，审计人与被审计人之间因国家审计发生的法律关系与本案当事人之间的民事法律关系性质不同。因此，在民事合同中，当事人对接受行政审计作为确定民事法律关系依据的约定，应当具体明确，而不能通过解释推定的方式，认为合同签订时，当事人已经同意接受国家机关的审计行为对民事法律关系的介入。因此，建工集团所持分包合同约定了以国家审计机关的审计结论作为结算依据的主张，缺乏事实和法律依据，不予采信。

综上，国家审计机关作出的审计报告，不影响双方结算协议的效力，故判决撤销原审判决。

【实务判例 3】合同约定“以审计结果为准”，法院判决以审计机关的审计结论作为结算依据①

2009 年，某公司通过投标的方式成为防拱排涝工程的中标方，并于 2009 年

① 参见梧州市中级人民法院（2016）桂 04 民终 682 号民事判决书。

9月与县水利局签订《施工合同》。该《施工合同》专用合同条款第35.2条约定，最终结算以审计结果为准。2010年11月，该工程竣工并通过验收。2012年1月，经过建设单位、监理单位、施工单位三方结算总工程款为573.6万元。2014年11月，县审计局作出《审计报告》，审计结果为工程造价金额424.3万元。

某公司不同意该审计结果，故诉至法院，请求法院判令县水利局支付工程余款。县水利局提起反诉，请求法院判令某公司返还多付的工程款。

法院认为，由于双方在合同中明确约定了“最终结算以审计结果为准”，即明确约定了以审计结果作为最终的结算依据，因此根据合同当事人意思自治的原则，双方的最终结算应当以审计结果为准；同时，由于本案工程属于政府投资工程，双方在签订合同时都知道县水利局作为项目的业主，该施工项目要受到国家审计机关的审计监督，故根据本案工程的特殊性，双方在合同中约定“以审计结果为准”时，双方都清楚合同约定的是国家行政机关的行政审计，而非其他审核。因此，法院判决某公司向县水利局返还工程款。

【实务判例4】审计机关已出具审计报告的，法院认定“以审计机关出具的审计结果为准”的约定有效①

2011年12月，经招投标程序，水务局与某公司签订《建设项目施工合同》，该合同第17.6条约定：“最终结算：缺陷责任期终止证书签发后，承包人应在14天内，向监理人提交最终结算申请单10份，最终造价的确定以审计机关出具的审计结果为准。”2014年9月，县审计局就该工程项目出具《审计报告》，认定该项目结算送审金额405万元，审定金额261万元。

后因水务局未再支付款项，某公司提起诉讼，请求判令水务局支付工程余款。涉案工程结算金额成为争议焦点。某公司认为，审计报告全盘推翻了中标价与合同单价，导致审计结果不真实、不客观、不合法，故不能依据审计结果确定案涉工程的结算价款。而水务局则坚持以审计结果作为结算价款。

法院认为，本案《建设项目施工合同》第17.6条的约定表明，双方当事人约定涉案工程最终造价的确定依据审计机关出具的审计结果。虽然审计机关的审计行为属于行政监督行为，但本案双方当事人在民事合同中约定接受审计机关的行政监督审计结果，其意思表示真实，内容不违反国家法律、行政法规的效力性规定，故该约定对民事合同的双方当事人均具有法律约束力。《最高人民法院关于建设工程承包合同案件中双方当事人已确认的工程决算价款与审计部门审计的工程决算价款不一致时如何适用法律问题的电话答复意见》载明：“审计是国家对建设单位的一种行政监督，不影响建设单位与承建单位的合同效力。建设工程承包合同案件应当以当事人的约定作为法院判决的依据。只有在合同明确约定以

---

① 参见四川省高级人民法院（2016）川民终11号民事判决书。

审计结论作为结算依据或者合同约定不明确、合同无效的情况下，才能将审计结论作为判决的依据。”本案中，双方当事人明确约定“最终造价的确定以审计机关出具的审计结果为准”，且双方均按照合同约定履行了送审行为，故县审计局出具的《审计报告》应当作为双方当事人的结算依据。某公司关于对工程结算款进行造价鉴定的申请，既与双方合同约定不符，又缺乏法律依据，故不予同意。

关于某公司认为县审计局的审计结果“不合法、不真实、不客观”的意见，法院认为，《审计法》第四十八条第一款规定：“被审计单位对审计机关作出的有关财务收支的审计决定不服的，可以依法申请行政复议或者提起行政诉讼。”因此，若县审计局的审计决定确有错误，由于其法律关系并非民事法律关系，因此给当事人或利害关系人造成损失的，可以依照法律规定的程序另行解决。

二、工程造价财政评审

财政投资评审简称财政评审，是指财政部门对财政性资金投资项目预（概）算和竣工决（结）算进行评价与审查的活动。财政评审结论是调整项目预算、掌握项目建设资金拨付进度、办理工程价款结算、竣工财务决算等事项的依据之一，是财政职能的重要组成部分。《财政投资评审管理规定》（财建〔2009〕648号）第二条和第十二条对此作了规定。[①] 财政评审的法律依据是《预算法》，《预算法》第七十一条规定：“各级政府财政部门负责监督检查本级各部门及其所属各单位预算的执行；并向本级政府和上一级政府财政部门报告预算执行情况。”

财政评审与政府审计有所不同。财政评审是财政预算管理的环节，财政评审结论是调整项目预算、掌握项目建设资金拨付进度、办理工程价款结算、竣工财务决算等事项的依据之一。而政府审计不仅可以对财政评审项目进行审计，所有的被评审事项，乃至整个财政管理活动都应当是被审计对象，财政评审根本不能也不可能取代政府审计，更无权拒绝政府审计。[②] 当然，从法律性质上看，二者都属于行政行为。

关于工程造价财政评审结论的效力，最高人民法院（2008）民一他字第4号《关于人民法院在审理建设工程施工合同纠纷中如何认定财政评审中心出具的审核结论问题的复函》指出：“财政部门对财政投资的评定审核是国家对建设单位基本建设资金的监督管理，不影响建设单位与承建单位的合同效力及履行。但

---

① 该规定第二条规定：“财政投资评审是财政职能的重要组成部分，财政部门通过对财政性资金投资项目预（概）算和竣工决（结）算进行评价与审查，对财政性资金投资项目资金使用情况，以及其他财政专项资金使用情况进行专项核查及追踪问效，是财政资金规范、安全、有效运行的基本保证。”第十二条规定：“财政部门对评审意见的批复和处理决定，作为调整项目预算、掌握项目建设资金拨付进度、办理工程价款结算、竣工财务决算等事项的依据之一。”

② 参见李和森：“财政投资评审的重新定位”，载《山东社会科学》2009年第4期。

是，建设合同中明确约定以财政投资审核结论作为结算依据的，审核结论应当作为结算的依据。”

三、工程造价鉴定

（一）工程造价鉴定的概念与特点

工程造价鉴定，是指依法取得工程造价鉴定资格的机构和人员，受当事人、司法机关或仲裁机构的委托，依据合同约定、当事人提供的鉴定材料、有关工程造价的定额及规范性文件，利用其专门知识针对某一特定建设项目的造价问题进行判定的活动。

工程造价鉴定主要有以下几个特点：

1. 鉴定主体的专门性

从事工程造价鉴定，必须取得工程造价咨询资质，并在其资质许可范围内从事工程造价咨询活动。我国目前工程造价咨询单位资质等级分为甲级和乙级，甲级工程造价咨询单位在全国范围内承接各类建设项目的工程造价咨询业务，中外合资及利用国外金融机构贷款的建设工程，原则上由国内甲级工程造价咨询单位承接工程造价咨询业务。乙级工程造价咨询单位在本省、自治区、直辖市范围内承接中、小型建设项目的工程造价咨询业务。

从事工程造价鉴定的人员，必须具备注册造价工程师执业资格，并只得在其注册的机构从事工程造价鉴定工作，否则不具有在该机构的工程造价成果文件上签字的权力。

2. 鉴定对象的复杂性

由于建设工程生产周期长，生产过程复杂，导致鉴定对象具有复杂性，主要表现在：

（1）涉及的鉴定材料量大，内容多。建设工程施工合同履行的周期较长，其间涉及合同的补充协议、变更文件、洽商签证文件及施工技术资料纷繁复杂，量大面广。

（2）不完善、不规范的鉴定材料大量存在。对于建设工程施工项目来说，由于工程涉及环节多，人员复杂，如果管理不到位，往往会导致有关材料保存不够完善。比如，文件不完整，有的文件只有复印件而缺原件；工程量签证或洽商的签字人不统一，有的是现场代表，有的是一般技术人员等。

（3）鉴定过程中涉及大量的法律问题。由于我国目前建筑市场的不规范，造成工程中存在大量的虚假招投标、黑白合同、无效合同和未经授权主体的签证问题。在工程造价鉴定过程中，工程造价问题和法律问题交织在一起，更加大了工程造价鉴定的复杂性。

3. 独立性

造价鉴定本质上是一种科学认识活动，必须遵守科学原则，不得有任何倾向性，鉴定机构和鉴定人应独立进行造价鉴定活动，既不能掺杂对当事人的好恶，也不能受任何单位或个人的影响。与当事人或案件有利害关系的鉴定机构或鉴定人应当回避。

4. 鉴定意见的非终局性

工程造价鉴定意见是鉴定机构和鉴定人在对当事人提供的鉴定材料分析判断和推理的基础上形成的意见，既不是双方当事人意思表示一致的结果，也很难是工程事实完全真实的反映，有时只能是对事物本来面目的一种推断和评定，由此也决定了其非终局性的特点，既不具备预定的证明力，也可被申请补充鉴定或重新鉴定。

（二）工程造价鉴定意见的性质

关于鉴定意见的性质，有人认为，鉴定意见是一种独立的证据形式，只有法院委托鉴定机构作出的鉴定意见才是一种法定证据，法院可以直接采信。也有人认为，鉴定意见只是司法人员和鉴定人员认识证据的一种文字记载，应该被看作是一种证据资料。它包括法院委托作出的司法鉴定，也包括当事人直接委托有关鉴定机构作出的鉴定意见，只有经过法院查证属实的鉴定意见才能作为证据被采信，才能作为定案的根据。①

笔者认为，鉴定只是一种证据调查方法，其任务是为当事人或司法人员提供科学的认识依据，以弥补其专业知识的不足。鉴定意见本身是一种证据资料，而不是“科学的判决”。经合法程序形成的鉴定意见必须经过查证属实才能作为定案的根据，并不具有优先采信或必须采信的证据地位。我国《民事诉讼法》第六十三条的规定也是如此。②

关于不能直接作为定案的根据这一点，对于工程造价鉴定来说似乎更容易理解。因为工程造价鉴定过程中涉及大量的法律问题，而鉴定人往往只是工程造价方面的专家，并不一定是法律专家。对于涉及法律问题的不正确或不准确的认识，都会导致鉴定意见出现偏差。在双方当事人不予认可的情况下，必须经过质证，由裁判者判断其结论是否可以采信。

---

① 参见最高人民法院民事审判第一庭：《民事诉讼法证据司法解释的理解与适用》，中国法制出版社2002年版，第151页。

② 《民事诉讼法》第六十三条规定：“证据有下列几种：（一）当事人的陈述；（二）书证；（三）物证；（四）视听资料；（五）电子证据；（六）证人证言；（七）鉴定意见；（八）勘验笔录。证据必须查证属实，才能作为认定事实的根据。”

(三) 实践中工程造价鉴定的几种情形及其法律地位

在工程实践中，根据当事人是否进入诉讼程序，可将相应的工程造价鉴定分为自行鉴定和司法鉴定两种。下面分别对这两种鉴定形式进行具体分析。

1. 工程造价自行鉴定

工程造价自行鉴定是指在进入诉讼程序前，当事人委托具有工程造价鉴定资格的鉴定机构进行的鉴定。根据委托人的不同可分为单方委托鉴定和双方共同委托鉴定两种。

(1) 单方委托鉴定是指当事人一方委托工程造价鉴定机构进行的鉴定，鉴定材料由其委托方单方提供。单方委托鉴定又有两种情形，一种是单方委托鉴定而未经对方同意的，另一种是单方委托鉴定，但对方表示同意的，包括认可该鉴定机构的资格、鉴定程序或鉴定方法。前一种情形，不管是发包人还是承包人委托造价鉴定，均是其单方的意思表示。供鉴定机构使用的鉴定材料都是一方当事人提供的，难免作有利于自己的取舍，造成鉴定意见不能客观、完全地反映事实的本来面目。况且，鉴定机构和鉴定人的资格、程序、方法等也未接受对方当事人的监督；对于后一种情形，虽然双方对鉴定机构和鉴定人的资格、鉴定程序或方法达成了一致，但由于提供给鉴定机构和鉴定人的基础资料仍由一方当事人提供，其鉴定意见仍难以反映客观事实的本来面目。

因此，单方委托鉴定的鉴定意见只能作为该方当事人举证的证据材料，一旦对方当事人有证据表明该鉴定在鉴定主体资格、鉴定程序、鉴定材料的真实性、合法性、科学性、公正性等某一方面存有疑点，原鉴定意见就不能直接作为定案的根据。《最高人民法院关于民事诉讼证据的若干规定》第二十八条规定："一方当事人自行委托有关部门作出的鉴定结论，另一方当事人有证据足以反驳并申请重新鉴定的，人民法院应予准许。"这表明在此情形下，人民法院对进行重新鉴定的态度是积极的。

(2) 双方共同委托鉴定是指当事人双方共同委托工程造价鉴定机构进行的鉴定，鉴定材料由双方共同提供，双方对鉴定机构和鉴定人的资格、鉴定程序和鉴定方法均予以认可。当当事人双方或一方对共同委托的造价鉴定意见不认可时，不予认可方应对自己的异议提供证据，由法院对鉴定机构和鉴定人的资格、鉴定程序及方法进行审查，并进行法庭质证。未发现其明显不能作为证据使用情形的，应作为定案的根据。原鉴定意见有缺陷的，可以补充鉴定，而不应动辄重新鉴定。

值得注意的是，当事人自行委托不具备法定造价鉴定资格的机构进行工程造价鉴定的，其"鉴定意见"应属证据资料中书证的一种，而非法律意义上的鉴定意见，不具备有关司法解释规定的"鉴定意见"或"鉴定结论"的证明力。

2. 工程造价司法鉴定

工程造价司法鉴定是指在诉讼过程中，为查明案件争议事实，人民法院应当事人申请或依职权，委托由当事人协商确定或法院指定的具有工程造价鉴定资格的鉴定机构和鉴定人，对工程造价问题进行判定的活动。

工程造价司法鉴定属证据资料的一种，经查证属实可作为定案的根据，对进行重新鉴定的条件应予以严格限制。根据《关于民事诉讼证据的若干规定》第二十九条的规定，只有在不具备鉴定资格、鉴定程序违法、鉴定意见明显依据不足或经质证不能作为证据使用的情况下，才允许重新鉴定。对有缺陷的鉴定意见，可以通过补充鉴定、重新质证或补充质证的方法解决的，不予重新鉴定。这表明，在该情形下人民法院对进行重新鉴定的态度是消极的。

另一方面，鉴定人对自己出具的鉴定报告负有解释、说明、出庭接受质询的义务。《民事诉讼法》第七十八条规定："当事人对鉴定意见有异议或者人民法院认为鉴定人有必要出庭的，鉴定人应当出庭作证。经人民法院通知，鉴定人拒不出庭作证的，鉴定意见不得作为认定事实的根据；支付鉴定费用的当事人可以要求返还鉴定费用。"《关于民事诉讼证据的若干规定》第五十九条对此也作了明确的规定："鉴定人应当出庭接受当事人质询。鉴定人确因特殊原因无法出庭的，经人民法院准许，可以书面答复当事人的质询。"

（四）工程造价司法鉴定的启动

《民事诉讼法》第七十六条规定："当事人可以就查明事实的专门性问题向人民法院申请鉴定。当事人申请鉴定的，由双方当事人协商确定具备资格的鉴定人；协商不成的，由人民法院指定。当事人未申请鉴定，人民法院对专门性问题认为需要鉴定的，应当委托具备资格的鉴定人进行鉴定。"可见，司法鉴定可以由当事人申请启动，也可以由法院依职权启动。建设工程司法鉴定以当事人申请鉴定为主，人民法院依职权委托鉴定为补充。法院依职权委托鉴定的情形，主要为涉及国家利益、社会公共利益或者诉讼外他人的合法权益的事项。问题是，法院在何种条件下才应启动鉴定程序呢？这就涉及司法鉴定的启动条件问题。

1. 司法鉴定启动的一般条件

（1）鉴定事项与案件待证事实具有关联性

鉴定意见的性质是一种证据，而证据被采纳的前提之一即是其与案件的待证事实具有关联性。因此，司法鉴定的启动条件之一即是鉴定事项与案件待证事实之间具有关联性，否则，鉴定意见不能被采纳，当然无鉴定的必要。《最高人民法院关于适用〈民事诉讼法〉》的解释第一百二十一条规定："当事人申请鉴定，可以在举证期限届满前提出。申请鉴定的事项与待证事实无关联，或者对证明待证事实无意义的，人民法院不予准许。"而这里的所谓关联性是指，鉴定意见能够从用于鉴定的鉴定资料中提取出足够的素材和信息，在这些素材和信息的基础上足以推导出对确定案件待证事实有关的某些事实。① 进一步讲，上述关联性应当足够充分，并能够为查明待证事实提供依据。比如，在某建设工程施工合同纠纷案件中，因承包人停工撤场，发包人不得不委托第三方完成了承包人的未完工程，于是发包人申请对因第三方施工导致增加的造价损失进行鉴定。而施工合同为固定单价合同，发包人与第三方签订的合同内容与原合同基本一致。在这种情况下，鉴定机构依据现有材料难以鉴定出“因委托第三方施工导致增加的造价损失”，因此，拟鉴定事项与案件待证事实不具有充分的关联性，

（2）鉴定启动的必要性

司法鉴定的理论基础在于人类认识能力的有限性，社会分工的精细化和科学技术的不断发展，其功能在于扩张事实裁判者的认识对象，补充其在专门性问题上认识能力的不足和补充其他证据的证明力。司法鉴定应当仅针对案件事实中的专门性问题进行，至于属于普通的常识性问题范围之内的事实认定，鉴定人在认识能力上并不占有任何优势，其应当属于事实裁判者的职责。② 从《民事诉讼法》第七十六条的规定也可以看出，鉴定针对的就是专门性问题。因此，判断司法鉴定的必要性应当考察鉴定事项是否属于专门性问题，同时兼顾效率和正当性要求。而案件待证事实是否属于专门性问题，应当从一般人的角度来分析。

一般来说，专门性问题会涉及某个专业领域，但并非属于某个专业领域的问题就一定需要进行鉴定。比如，公章真伪的鉴别本应由专业人员进行，但如果待检公章与样品的差异通过肉眼即可明确判断，则无须再进行司法鉴定。实践中，确有在当事人的真实公章有编码而待检公章无编码的情况下仍进行公章鉴定的案例。这表明，个别法院对这个问题的认识仍有不足。

此外，如果法律或有关司法解释对于无须鉴定的事项作了规定，则从其规定。

（3）鉴定的可行性

囿于人类认识、技术手段及现有证据的制约，并非所有专门性问题均能通过鉴定的手段得出鉴定意见，因此，鉴定也存在可行性的问题。如果待鉴定事项不能通过鉴定得出鉴定意见，则鉴定是不可行的。《江苏省高级人民法院民一庭建设工程施工合同纠纷案件司法鉴定操作规程》第五条规定，鉴定启动应遵循关联性、必要性和可行性原则。

---

① 参见郭金霞：《鉴定结论适用中的问题研究》，中国政法大学出版社 2009 年版，第 44～45 页。转引自苏青：“司法鉴定启动条件研究”，载《证据科学》2016 年第 4 期。

② 参见汪建成：“司法鉴定基础理论研究”，载《法学家》2009 年第 4 期。

2. 无须进行工程造价司法鉴定的主要情形

在建设工程造价纠纷案件中，只要工程造价能够确定，就没有进行造价鉴定的必要。实践中主要有以下情形：

(1) 当事人已经办理了工程结算。除工程结算无效或可撤销的情形外，该结算金额应当作为当事人确定工程造价的依据，无须鉴定。

(2) 当事人约定以第三方审价或政府审计、财政评审为准，且双方对审价、审计或评审结果认可的，无须鉴定。

(3) 当事人明确约定对承包人提交的结算报告逾期不答复视为认可的，如发生了约定的情形，且该约定有效，则应按承包人提交的结算报告金额确定工程造价，无须鉴定。

(4) 合同为固定总价合同，则一般情况下，对应固定总价承包范围和约定风险范围内的工程造价无须鉴定。但对于总价范围之外的工程量变更、签证、索赔等，若当事人不能达成一致，则需通过鉴定来确定。因此，《施工合同司法解释》第二十二条关于"当事人约定按照固定价结算工程价款，一方当事人请求对建设工程造价进行鉴定的，不予支持"的规定，仅适用于固定总价合同中对应于总价承包范围和约定风险范围内的部分。值得注意的是，在建设工程施工合同中，固定总价应有一个对应的承包范围，一般为用于招标的图纸。如果无法确定与固定总价相对应的工程承包范围，那么这个所谓的固定总价则属于"包而不死"的不固定价格，此时的工程造价往往需要通过鉴定来确定。

(五) 工程造价司法鉴定的鉴定范围

鉴于工程造价司法鉴定的专门性和复杂性以及法律对司法鉴定要求的客观性、公正性和科学性，工程造价司法鉴定机构在出具鉴定意见时，应当遵守一定的原则，在鉴定部门可鉴定范围内进行鉴定，而不能任意在鉴定意见中将鉴定范围扩大。这些原则应当包括：

1. 遵循当事人之间约定的原则。鉴定人应服从承发包双方的已有约定，包括在履约过程中当事人之间的签证。只要当事人的约定不违反法律法规的效力性强制性规定，不论当事人的约定是否合理，鉴定人均无权自行更改或在鉴定过程中予以否定。至于双方的约定是否具有无效、可撤销的情形，应当由法官或仲裁庭判断。

如某建设工程施工合同纠纷案中，当事人在合同中约定的价格为每平方米单价，由于双方结算的工程量为按实计算的分部分项工程量，并非按平方米计算，故需要进行造价鉴定。鉴定过程中，当事人对双方约定的6.85%税金产生争议，发包人认为税金应按法定的3.41%执行，而承包人则认为应当遵守双方约定。最终裁决认为，营业税税率的法定性是指纳税人应当按照国家规定的税率缴纳税款，税务机关亦不得违反法律、行政法规的规定多征或少征税款，其约束的对象是在税收法律关系中的税务机关和税务行政管理相对人。而由于税金构成了工程价款的一部分，申请人与被申请人就工程项目税金的约定，实质上是对工程价款计算方法的约定，故该约定不违反法律、行政法规的强制性规定，合法有效。因此，工程造价的税金应当按照合同约定的6.85%执行。

2. 遵循不逾越审判权的原则。鉴定人不是审判人，鉴定人只是针对工程造价的已有材料，形成一份供审判人裁判的证据，鉴定人的鉴定范围不能逾越审判权。在鉴定时如遇需要定性方可判断或现有证据矛盾难以作出确定判断时，鉴定人应结合案情按不同的标准或计算方法，根据证据成立与否出具不同的结论供法官或仲裁庭选择。在司法实践中，有的鉴定机构根据自己的意愿，径自认定一方违约，或者认定合同无效，然后据此作出鉴定意见，这实质上是在行使不属于鉴定机构的审判权。这类法律上的定性问题，不应当由鉴定机构认定，否则，当事人之间纠纷解决的公正性将难以得到保证。

3. 遵循鉴定范围最小化原则

由于建设工程的复杂性，一般来说，当事人双方均持有大量经双方签认的洽商、签证文件。在进行造价司法鉴定时，对于双方曾达成一致的内容，经过质证能够确定的，法院不必对该部分工程内容进行鉴定，只对无法确定的争议项进行鉴定即可。这样有利于减少诉讼成本，提高诉讼效率。《江苏省高级人民法院民一庭建设工程施工合同纠纷案件司法鉴定操作规程》（2015年12月21日）就规定，人民法院启动鉴定、确定鉴定事项应当遵循必要性原则、关联性原则、可行性原则及鉴定范围最小化原则。

【实务判例】当事人约定单价包死的，不能按造价鉴定结果确定工程价款①

2005年11月，A公司与B公司签订《建设工程施工合同》，合同约定A公司承包B公司的新居工程，合同价款约人民币285万元，合同价款采用面积包干价方式确定，按建筑面积440元/平方米包干（含基础）。建筑面积据实结算，基础不计算建筑面积。

2007年4月，B公司组织参建各责任主体进行了竣工验收，但因各种问题，未办理竣工验收备案。该工程B公司已全部销售并交付业主。

2008年12月，A公司向法院起诉，请求判令B公司立即支付工程欠款。

一审法院委托造价机构对涉案造价进行了鉴定，后二审法院发回重审。最终，法院经审理认为，依照《施工合同司法的解释》第二十二条“当事人约定按照固定价结算工程价款，一方当事人请求对建设工程造价进行鉴定的，不予支

① 参见武汉市中级人民法院（2012）鄂武汉中民终字第00170号民事判决书。

持"的规定，原审法院委托造价鉴定机构按实计算的工程价款，不能作为本案争议工程双方结算的依据。因本案所涉工程建筑面积双方所述有所差别，而该工程建筑面积尚无其他相关管理部门的检测依据，故应采用鉴定单位测定的建筑面积，并按照合同约定的平方米单价进行结算。

本章小结

1. 瑕疵担保责任与保修责任是否不同，缺陷责任期、质量保修期与质量保证期、合理使用年限的区别和联系，以及建设工程合同中是否存在质量异议期，法律没有明确规定，实践中也存在不同认识。本章第三节对上述问题进行了讨论，认为瑕疵担保责任与保修责任应有不同，承包人不能以保修期已经过而拒绝承担任何性质的质量责任。比如，对于外墙外保温材料阻燃性能不符合要求的质量缺陷，承包人就不能以五年的保修期经过进行抗辩。

2. 建设工程价款结算是承包人的第二次经营活动，其以施工合同为基础，内容具有补充性和独立性。虽然有关部门规章和规范性文件规定发包人在一定期限内对承包人的结算报告不予答复则视为认可，但在无法律明文规定和当事人约定的情况下，沉默不会构成承诺。合同无效，则"不予答复则视为认可"的默示条款亦无效，但若该默示条款系以办理结算的补充协议形式签订，则应当认定有效。尽管当事人未在专用条款中约定结算默示条款，由于合同示范文本通用条款中的结算默示条款不符合格式条款的物证，故该条款构成合同的一部分，对当事人具有约束力。

3. 与工程价款结算密切相关的《建设工程工程量清单计价规范》（GB 50500—2013）既不是法律、行政法规，也不是部门规章，而是带有规范性文件性质的国家标准。该规范中强制性条文的效力，因其内容不同需要对其进行类型化分析。其中，第 3.1.5 条及第 6.1.3 条的规定事关社会公共利益及市场秩序，对其违反会产生无效的法律后果。唯应注意的是，合同约定安全文明施工费包干的，因工程完工后重新核算、增加的安全文明施工费并不能再用于工程的安全文明生产，因此，即使约定无效，在工程已经完工的情况下，仍应当参照合同约定计算安全文明施工费。而对于第 6.1.3 条规定来说，在实务中如何判断报价低于成本价是一个十分困难的问题。

4. 因《建设工程工程量清单计价规范》（GB 50500—2013）第 4.1.2 条规定并非效力性强制性规定，则对于约定"工程量清单错漏风险由承包人承担"之效果，应当根据合同价款的确定方式及招标文件的规定作具体分析。对于工程量清单计价模式下的单价合同，因该约定违反了工程量清单的计价原理，且若允许各个投标人按照各自的理解修改工程量清单，也会使得各个投标人失去了统一的报价参照，故该约定不能对承包人发生效力；对于工程量清单计价模式下的总价合同，则应当结合承包人的报价基础是否为发包人提供的图纸、工程量清单能否修改、是否给予承包人充分的时间复核工程量清单等因素进行综合考量。上述因素均为肯定结果的，应当按约定处理；上述因素存在矛盾的，可根据当事人的过错对相应风险进行分担。

5. 工程签证是指发包人或承、发包双方及其代理人就施工过程中涉及的影响当事人权利义务的事件所作的签认证明。工程签证首先是一种证据，承、发包双方或其代理人签认的工程签证，是双方协商一致的结果，具有合同的性质，发包人或其代理人单方签发的承诺书、说明文件等，只要不具有无效、可撤销的情形，应当承认其约束力。

工程签证的法律效力因签认主体和内容的不同而不同，实践中应结合表见代理的构成来认定工程签证是具有意思表示的约束力还是只有证据效力。对于有关人员离职后的所谓签证，因离职人员已不再具有相关权限，除构成表见代理的情形外，其事后签署的文件、材料在性质上并非为签证，而是一种证人证言，并应当适用相应的证据规则。

6. 建设工程施工合同中的索赔期间既不同于诉讼时效期间，也不同于除斥期间，而是属于第三类期间。当事人关于索赔期间的约定不违反法律、行政法规的效力性强制性规定，合法有效。对于当事人在合同中明确约定了具体处理方法的事件，如明确约定了具体调整方法的变更，以及违约责任，不受索赔期间的约束，其索赔请求权应当适用诉讼时效的规定。

7. 关于“以房抵工程款”的性质，有后让与担保、代物清偿、新债清偿及债的更改等多种观点。实践中应当根据“以房抵工程款”的内容和意图，将其划分为不同类型分别进行认定。对于在施工合同的支付方式中约定的、以具体房屋直接作价折抵工程款的条款，当事人之间没有成立新债的意思表示，不具有担保或以房抵债的性质，属于工程款的一种支付方式，合法有效；对于在债务履行期届满前，当事人约定若发包人到期不能如约支付工程款，则“以房抵工程款”的，因其属于流抵契约，故原则上不发生法律效力，但对于当事人已办理房屋所有权转移而后反悔的，建议不予支持；对于当事人在债务履行期届满后就以“房抵工程款”达成一致的，约定合法有效，但其性质上属代物清偿、新债清偿还是新债更改，则莫衷一是。本书持新债清偿观点。

8. 政府审计是一种行政法律行为，政府法定审计机关出具的审计报告不能否定当事人的约定。对于当事人约定“以审计结果为准”的，应当考察项目性质、审计主体及审计活动是否进行等因素，对于应当进行政府审计的项目，且已经由法定的审计机关出具审计结论的，“以政府审计结果为准”的约定有效。

9. 工程造价鉴定是一种证据调查方法，其任务是为当事人或司法人员提供科学的认识依据，以弥补其专业知识的不足。鉴定意见本身是一种证据资料，而不是“科学的判决”。经合法程序形成的鉴定意见必须经过查证属实才能作为定案的根据，并不具有优先采信或必须采信的证据地位。

鉴定的启动应符合必要性、关联性及可行性条件。一般来说，专门性问题会涉及某个专业领域，但并非属于某个专业领域的问题就一定需要进行鉴定。比如，公章真伪的鉴别本应由专业人员进行，但如果待检公章与样品的差异通过肉眼即可明确判断，则无须再进行司法鉴定。

第六章　建设工程承包人的优先受偿权

第一节　概　　述

建设领域的工程款拖欠是一个常态，虽然近年来国家加大了清理拖欠工程款的力度，也取得了成效，但建设工程施工项目的工程款拖欠问题仍然比较突出。一些发包人利用拖延结算、转移资产等方式拒不支付欠付的工程款，还有的发包人资金严重不足，面临破产困境，根本无力支付工程欠款，给施工企业带来了巨大的资金压力，影响了社会的和谐稳定。

实践中，承包人为了能承揽更多的工程项目，一般不会轻易以诉讼或仲裁等法律手段主张自己的权利，有时是在发包人面临破产倒闭的情况下，不得已而诉诸法律。此时由于负有大量债务，即使法院作出胜诉判决，发包人的财产也常常是捉襟见肘，除建设工程外一无所有。《合同法》第二百八十六条为承包人提供了一条救济途径，就是承包人对建设工程具有优先受偿的权利。[①] 但由于我国立法对该制度规定得不够完善，司法实践中对该优先受偿权的理解存在不同观点，致使在该优先受偿权的成立条件、行使主体、行使程序、效力顺位等问题上意见不一，法院执行情况也不尽相同。这不但损害了承包人的利益，也不利于司法的统一，有害于法律的权威性。

2002 年 6 月 20 日，最高人民法院公布了《最高人民法院关于建设工程价款优先受偿权问题的批复》(法释〔2002〕16 号)（以下简称《关于优先受偿权问题的批复》)，该批复规定："建设工程承包人的优先受偿权优于抵押权和其他债权；消费者交付购买商品房的全部或大部分款项后，承包人就该商品房享有的工程价款优先受偿权不得对抗买受人；不包括承包人因发包人违约所造成的损失；建设工程承包人行使优先权的期限为六个月，自建设工程竣工之日或者建设工程合同约定的竣工之日起计算。"虽然该批复对优先受偿权的范围、行使期限以及

---

① 《合同法》第二百八十六条规定："发包人未按照约定支付价款的，承包人可以催告发包人在合理期限内支付价款，发包人逾期不付的，除按照建设工程性质不宜折价、拍卖的以外，承包人可以与发包人协议将该工程折价，也可以申请人民法院将该工程依法拍卖。建设工程的价款就该工程折价或拍卖的价款优先受偿。"

与其他权利的顺位作了进一步明确，但仍存在许多不完善之处。主要表现在以下几个方面：

（一）建设工程承包人优先受偿权的性质不明确

无论是理论界还是实务界，对建设工程优先受偿权的性质均存在不同观点，由此导致当事人和各地人民法院理解的不同，在法律适用上也存在差异。由此，面对纷繁复杂的案情，难以利用法律解释、法律推理等法学方法进行分析、解释，达到灵活应用的目的。

（二）成立条件不明确

1. 权利主体不明确。根据《合同法》的规定，建设工程合同包括建设工程勘察、设计和施工合同。那么，建设工程优先受偿权的权利主体除建设工程施工合同中的承包人以外，是否还包括勘察人、设计人？分包人能否享有该项权利？实际施工人能否成为该项权利的主体？

2. 成立时间不明确。关于建设工程优先受偿权的成立时间，实践中有多种观点。有合同成立时说、工程竣工时说、债权未受清偿时说、成为不动产时说等。究竟哪种观点更符合法理和客观实际，更有利于平衡当事人的利益，实践中莫衷一是。

（三）效力规定不完善

尽管《合同法》及《关于优先受偿权问题的批复》规定建设工程优先受偿权具有优于一般抵押权和普通债权的效力，而对交付了大部分款项购买商品房的消费者不具有对抗效力。但其与职工工资、所欠税款及破产费用等发生竞合时，各权利的不同顺位未予明确规定，在建设工程优先受偿权性质不明确的情况下，更增加了法院裁判的难度和不确定性，不利于对当事人权利的保护。而且，实践中有发包人要求承包人预先放弃优先受偿权的情形。对此效力我国法律亦无明确规定。

（四）行使机制有缺陷

1.《合同法》第二百八十六条规定，“发包人未按照约定支付价款的，承包人可以催告发包人在合理期限内支付价款”，并“可以与发包人协议将该工程折价，也可以申请人民法院将该工程依法拍卖”。上述规定使得实践中对是否必须经过催告及是否必须经法院判决产生分歧，有必要加以澄清。

2.《关于优先受偿权问题的批复》中关于“建设工程承包人行使优先权的期限为六个月，自建设工程竣工之日或者建设工程合同约定的竣工之日起计算”的规定与工程实践脱节，造成大量建设工程优先受偿权的落空，致使建设工程承包人的合法权利得不到有利的保护，造成《合同法》第二百八十六条几近成为“休眠条款”。

(五) 未规定公示登记制度

我国建设工程承包人的优先受偿权未规定登记制度而使其欠缺公示性，不利于善意第三人合法权利的保护。

本章参考了国外和我国台湾地区的所谓立法状况，结合我国目前的司法和工程实践，对我国建设工程优先受偿权的法理基础、制度价值、权利性质、效力特性以及该权利的行使机制进行了分析探讨。最后，对我国建立建设工程优先受偿权登记制度的必要性和具体制度设计进行了思考。

第二节 工程承包人优先受偿权的立法基础和制度价值

一、工程承包人优先受偿权的立法基础

(一) 国内学者的主要观点

关于建设工程优先受偿权的理论基础，目前国内外学者主要有以下几种观点：

1. 共有说

该说认为，不动产工程人员（包括工程师、建筑师、承揽人等）对其所修建的不动产，可视为不动产工程人与债务人的“共有物”，因为没有不动产工程人员的劳动和资金的投入，此项不动产就不会存在，所以不动产工程人员就其债权对该不动产应享有优先权。只有其优先受偿权，他们才会有信心从事此项事业，才会调动他们的积极性。此种基于“共有”观念承认特定债权人的优先受偿权利，不仅体现了公平的理念，而且具有功利主义的理由。[①]

2. 增值说

该说主要源于《法国民法典》和《日本民法典》。《法国民法典》第 2103 条和《日本民法典》第 327 条均规定，承包人对不动产工程享有的优先受偿权利以工程增加值为限。[②] 既然债权人的行为使债务人的财产得以增加或避免了债务人

① 参见申卫星：“我国优先权制度立法研究”，载《法学评论》1997 年第 6 期。

② 《法国民法典》第 2103 条第 4 项规定：“建筑师、承包人、瓦工和其他为建筑、重建、修缮建筑物、沟渠或其他工程的工人，……即可对该不动产享有优先权。但是优先权的数额不得超过第二份笔录所确认的价值，并且以转让不动产时已经进行的工程的增加值为限。”引自罗结珍译：《法国民法典》，中国法制出版社 1999 年版，第 473～504 页。《日本民法典》第 327 条第 2 款规定：“前款先取特权，以不动产因工事而产生的增价现存情形为限，只就该增价额存在。”引自王书江译：《日本民法典》，中国人民公安大学出版社 1999 年版，第 52～59 页。

财产的减少，那么就归入债务人财产的增值部分而言，债权人在该增值部分就应当优先于其他债权人而受清偿。①

3. 工资优先说

该说认为，在建设工程承包合同中，发包人拖欠承包人工程款的现象十分严重，尤其是许多承包人贷款建设，拖欠工程款不仅使一些承包人的职工不能领到工资和报酬，而且使许多承包人资金严重困难，甚至破产，由此影响社会安定。基于这一原因，《合同法》为了强化对承包人的保护，设定了优先受偿权。其主要目的不在于对建筑物承包人自身的债权给予优先保护，而是为了防止建筑物承包人拖欠职工尤其是广大农民工的工资，从而影响社会的安定团结。②

4. 公平说

该说综合了上述部分学说的观点，认为：由于承包人的劳动使建设工程得以存在，故其所享有的工程款债权与该建设工程有一种天然的牵连关系。如果没有承包人建设的工程，其他债权人的债权请求就难以从该建设工程价值中实现。因此，存在牵连关系的债权比一般债权在受偿时应处于更优越的地位。而且，若承包人的工程价款债权得不到实现，不仅影响承包人的利润所得，还会影响建筑人员劳动工资债权。同时，在这种情况下，承包人很难对经过折价或拍卖后的建设工程的质量维护、隐蔽瑕疵负责，这对建设工程受让第三人的生产、生活将构成巨大威胁。从这个意义上讲，建设工程优先受偿权制度还带有一定的社会保障功能。③

（二）上述观点评说

1. “共有说”的观点中将不动产工程视为“共有”的主要支撑在于，无不动产工程人员的劳动和资金的投入，该不动产就不会存在。然而，债法中除不当得利和侵权之债外，几乎所有的债权都可以解释为因债权人的劳务或资金加入而成立，为何只有建设工程上成立此种权利？而且，事实上建设工程承包人与发包人之间成立的是一种承揽合同关系，而不是共有关系。承包人只拥有对发包人的债权，而无对工程本身的所有权或共有权。

2. “增值说”认为，承包人的劳动成果凝聚于建设工程之上，并形成不动产的增值，但由此而引起的发包人财产增加是否即为承包人享有优先受偿权的理由，则存有疑问。首先，该“增值”并非单方面的增值，而是以债务人支付价款

① 于海涌：《法国不动产担保物权研究——兼论法国的物权变动模式》，法律出版社 2004 年版，第 29 页。

② 王利明主编：《中国民法典学者建议稿及立法理由》，法律出版社 2005 年版，第 557～558 页。

③ 左平良：“论建设工程承包人优先受偿权的法理依据及其行使限制”，载《湖南省政法管理干部学院学报》2001 年第 3 期。

为代价；其次，“增值”这一说法不确切，其是指土地以外整个已建工程的价值，还是已建工程价值与发包人支付价款的差额？若指前者，则其他任何双务合同中岂不均有“增值”产生？若指后者，《关于优先受偿权问题的批复》中规定建设工程优先受偿的价款范围包括承包人为建设工程应当支付的工作人员报酬、材料款等实际支出的费用，很明显这与后者所谓的“增值”不符。

3. 关于“工资优先说”的理由，笔者认为并不妥当。第一，工程实践中农民工大多是与劳务公司签订合同，再由劳务公司与承包人签订劳务合同。根据合同相对性原理，农民工完全可以向劳务公司主张权利，而不必直接向发包人要求支付工资。在承包人怠于行使权利时，农民工还可依据《合同法》的有关规定提起代位权之诉。而且，《施工合同司法解释》第二十六条赋予实际施工人向发包人主张权利的特殊诉权，也有利于农民工利益的保护。第二，依该说，建设工程优先受偿权优先受偿范围应以工资和劳务费用为限，不应包含材料款等费用。这与最高人民法院《关于优先受偿权问题的批复》中规定的优先受偿范围不符。第三，若该说成立，则任何双务合同均存在职工工资的保护问题，为何只对建设工程承包人予以特殊保护？

4.“公平说”确实有一定的道理。然而从其具体观点来看，仍有以下几个方面值得商榷：

(1) 关于“牵连关系”的观点有一定道理，但尚未深入事物的本质，值得进一步探讨。

(2) 如果认为没有承包人建设的工程，其他债权人的债权请求就难以从该建设工程价值中实现，那么一旦承包人就工程价款全部优先受偿，则其他债权人的债权岂不落空？况且，即使不存在承包人的优先受偿权，其他普通债权人仍可以就建设工程平等受偿，似乎机会应该更多些。

(3) 对建设工程瑕疵保修义务并非承包人享有优先受偿权的理由。买卖合同中的出卖人对标的物同样负有瑕疵担保义务，该瑕疵担保义务亦可同样事关重大，然而出卖人就标的物并不享有优先受偿的权利。

(4) 关于影响建筑人员劳动工资的观点同样也是不能成立的，理由不再赘述。

(三) 笔者观点

1. 从立法理由来看，建设工程的优先受偿权是为了保护承包人的合法权益，而非以保护农民工工资为直接目的。对此，有学者就曾指出：“本条在合同法确立的初衷是，从二十世纪九十年代起，随着固定资产投资规模的过快增长，拖欠工程款出现了大幅度增加的势头，不仅严重地影响建设企业的生产经营，制约了建设企业的生产发展，也影响了工程进度，制约了投资效益的提高。为了切实解决拖欠工程款的紧迫问题，保障承包人价款债权的实现，合同法作了上述规定。”[①] “针对社会上严重存在的拖欠承包费问题，规定：‘为保护承包人利益，可规定承包人对建设工程有法定抵押权。’”[②] 有关《合同法》释义对此也有类似的表述。[③] 而且，在《合同法》制定之初，社会上尚未出现大量拖欠农民工工资的问题，“保护农民工利益”之说并无现实基础。由此可见，《合同法》中关于建设工程承包人优先受偿权的规定是为了保护承包人的经营利益，而不是直接保护农民工的生存利益。至于其对保护工人工资起到了一定的作用，至多是该制度的衍生出的一种功能，而非立法基础。

2. 从合同特点上看，建设工程合同是承揽合同的一种，承包人的优先受偿权正是基于该合同特点而生的一种权利，是基于劳动成果物化的一种由私力救济而生的权利。

“承揽合同是买卖合同的变种。这一类合同表面看来是货币和特定工作成果的交换，但实际上，双方当事人进行的不是货币与一般商品物的交换，而是完成工作的一方按相对方的特别指定，把自己的特定内容的活劳动，与特定的物品相结合，形成物化工作成果，作为商品出卖。”[④] 那么，我们可以把承揽合同的履行与买卖合同进行比较。买卖合同中，出卖人一般在交付标的物时即可得到相应价款，在对方未支付相应价款时，出卖人可行使同时履行抗辩权，拒绝对待给付。同时，买卖合同中还有所有权保留制度作为买方支付价款的担保。而在承揽合同中，由于劳务与特定标的物相结合非瞬间所能完成，而是一个持续的往往是先予给付的过程，若定作人不按约支付价款，则会陷承揽人于十分不利的地位。此时，基于公平原则，法律对承揽人拒绝交付工作成果的行为应予以认可。[⑤] 这是承揽人对其劳动成果享有留置权的根源。日本的近江幸治教授曾指出：“拒绝履行制度来自于罗马法的恶意抗辩。这种恶意抗辩以后发展成两个方向：一个是双务合同关系中同时履行抗辩权；还有一个是作为债权保全制度的留置权。”[⑥]

建设工程承包合同中，承包人的劳动与工程材料等相结合物化成建筑工程成果。工程完成后，在发包人拒绝按约支付工程款时，除该不动产工程外，承包人

① 杨永清：“建设工程价款优先受偿权司法解释的理解与适用——兼谈与权利有关的几个重要问题”，载《判解研究》2002年第3辑，第12页；胡康生主编：《中华人民共和国合同法释义》，法律出版社2009年版，第438～439页。

② 梁慧星：“合同法第二百八十六条的权利性质及其适用”，载《山西大学学报》2001年第3期。

③ 胡康生主编：《中华人民共和国合同法释义》，法律出版社2009年版，第438-439页。

④ 张俊浩主编：《民法学原理》，中国政法大学出版社2000年版，第801页。

⑤ 梅夏英教授曾指出：“法律一旦认可当事人基于自力救济可以不归还占有物或扣押其易于控制的物，就会发现仅将救济行为本身合法化是不够的，因为下一步必然面临着占有物应如何处置的问题，如果不认可变价受偿权，民事关系将长期处于不确定状态，并且债权人因此反而背上了妥善保管留置物的负担，这是不公平的。”引自梅夏英：“对留置权概念的立法比较及对其实质的思考”，载《法学研究》2004年第2期。

⑥ ［日］近江幸治：《担保物权法》，祝娅等译，法律出版社2000年版，第17页。

并无其他更有利的“砝码”行使抗辩。[①] 基于公平原则，在承包人向发包人交付其完成的工程之前，承包人基于其对该不动产工程的控制权和占有权，拒绝交付并按一定的程序行使优先受偿的权利是顺理成章的。

3. 从经济的观点看，为发挥不动产效能，不以占有标的物作为建设工程优先受偿权成立的要件，可以最大限度地发挥不动产标的物的价值。在承包人交付建筑工程后，其仍对该工程享有优先受偿权，主要是基于建筑工程的不动产属性，避免因占有而导致无法发挥其使用价值和经济效用。若要求承包人占有标的物，则“使得该不动产的所有人或使用人不能使用该不动产，将妨碍该不动产的经济效用和社会效用，造成巨大浪费”。[②]

综上所述，建设工程承包人的优先受偿权是法律基于公平原则，根据建设工程承包合同的特点，赋予承包人以其物化的劳动成果对其债权进行担保并优先受偿的一种基于私力救济而生的权利。[③]

二、工程承包人优先受偿权的制度价值

通过对建设工程承包人优先受偿权立法基础的分析，并考察目前建筑市场的实际情况，笔者认为现实条件下该优先受偿权具有以下社会功能：

1. 保护承包人的合法权益，平衡当事人双方的利益。从立法理由上看，这是该优先受偿权的主要功能。特别是在当前我国建筑市场不规范的条件下，发包人和承包人的地位不平等，承包人为了生存不得不容忍和纵容发包人的迟延付款行为。法律赋予承包人对建设工程优先受偿的权利一定程度上保护了承包人的利益，对承发包双方当事人的利益起到了平衡作用。

2. 维护社会交易秩序，特别是建筑市场的交易秩序和公平。我国建筑市场的不规范、建设工程承包合同中存在的工程款拖欠和承、发包人权利义务严重不对等现象，将导致建设工程合同当事人乃至整个社会公众对遵守规则认可度的下降，正常的建筑市场秩序受到威胁，公平正义的市场观念受到挑战。建设工程承包人的优先受偿权一定程度上平衡了发包人和承包人的利益，起到了维护社会公平和交易秩序的作用。

3. 有利于保护农民工的合法权益，维护社会正义和社会稳定。发包人拖欠

---

① 工程进行过程中，发包人不按约定支付工程款时，承包人可以以停工及其他不履行约定义务的手段行使抗辩权。工程完成后，则承包人比较被动，而且由于发包人往往在兴建工程的过程中，将在建工程或已完工程抵押给银行进行融资，一旦发包人违约，承包人的利益将难以保护。

② 周林彬:《物权法新论》，北京大学出版社 2002 年版，第 717 页。

③ Gao Yinli, Huang Lifang: “*Theoretical Basis of Construction Project Priority of Compensation*”, Proceedings of 2010 International Symposium on Construction Economy and Management (ISCEM 2010), May 21-22, 2010.

承包人工程款的后果之一就是承包人将该风险转嫁于材料商和农民工，特别是农民工工资的拖欠关系到广大农民工的生存利益，激化了农民工和发包人、承包人的矛盾，影响社会和谐稳定。建设工程承包人的优先受偿权使得承包人的债权有了一定的保障，间接缓解了承包人对农民工工资的拖欠，对整个社会的稳定起到了积极作用。值得注意的是，该价值并非建设工程优先受偿权的立法基础，而是其衍生的社会功能，或者说仅是该制度与当前社会现实相契合而已。

第三节 工程承包人优先受偿权的性质

一、国内有关学说

关于建设工程承包人优先受偿权的性质，国内学者争议较大，归纳起来主要有以下三种观点：

（一）法定抵押权说

持该观点的学者认为："合同法第二百八十六条从设计、起草、讨论、修改、审议直至正式通过，始终是指法定抵押权。"[①] 建设工程属于不动产，在发包人逾期不支付价款时，承包人可以就该工程折价或者拍卖的价款优先受偿，而不需移转占有，这更符合抵押权的特征。对于承包人的法定抵押权来说，它是直接基于法律规定产生的，其公信力比登记更强更可靠。[②] 而且，"法定抵押权制度一方面保障了债权可依据抵押物受偿，另一方面又未妨碍物的利用，因为抵押物无须转移占有，仍然由债务人利用，是一种符合物权立法宗旨的法律制度，值得我们在今后的立法中借鉴"。[③]

（二）优先权说

持该观点的学者认为，建设工程承包人的优先受偿权无须登记，不符合我国现行法上抵押权的基本特征和成立要件，但其法定性和无须公示性却符合优先权

---

① 梁慧星："合同法第二百八十六条的权利性质及其适用"，载《山西大学学报》2001年第3期。

② 参见季秀平："论建设工程法定抵押权"，http：//www. civillaw. com. cn/weizhang/default. asp?id=7896；余能斌主编：《现代物权法专论》，法律出版社2002年版，第314页。

③ 周林彬：《物权法新论》，北京大学出版社2002年版，第718页。持法定抵押权说的还有：王利明："抵押权若干问题的探讨"，载《法学》2000年第11期；张学文："建设工程承包人优先受偿权若干问题探讨"，载《法商研究》2000年第3期；刘武元："论建设工程承包人的优先受偿权的性质"，载《西南民族学院学报（哲学社会科学版）》2003年第5期；宋宗宇："建设工程优先受偿权——兼评〈中华人民共和国合同法〉第二百八十六条"，载《重庆大学学报（社会科学版）》2001年第4期。

的特征。我国在《海商法》和《民用航空法》中分别规定了船舶优先权和民用航空器优先权，而《合同法》第二百八十六条的规定则可成为新的适例。[①] 有学者认为，在建设工程合同履行期间，工程的占有是发生转移的，这也不符合抵押的本质要求。[②] 还有学者从制度确立上分析，认为我国应选择建立独立统一的优先权制度，其不仅能涵盖法定抵押权的绝大部分内容，发挥出法定抵押权制度的社会作用，而且能调整很多法定抵押权制度所无法调整的社会关系，维护公共利益，推行社会政策，主持公平正义，发挥出法定抵押权制度所不能替代的巨大的社会作用。[③]

（三）留置权说

持该观点的学者认为，建设工程合同实际上是一种特殊类型的承揽合同，《合同法》第二百八十六条的规定扩大了留置财产的范围。[④] 将留置权扩大到不动产，并没有对现有留置权制度带来任何危害。"当工程竣工时，若发包人不支付价款，则承包人可以留置工程，如果工程已验收、交付，则不能让承包人有留置权，否则，会使第三人受不测之损害。"[⑤]

二、其他国家和地区的立法状况

（一）德国的保全抵押权

《德国民法典》第 648 条规定了建筑工程承揽人的保全抵押权。工程承揽人可为因工程承揽合同而产生的债权，请求行使对建筑工程的保全抵押权。[⑥] 该保全抵押权由法律直接规定，是一种法定抵押权，但其仍以登记为成立要件。在定

---

① 参见温世扬，廖焕国：《物权法通论》，人民法院出版社 2005 年版，第 790 页。

② 曲修山，何红锋主编：《建设工程施工合同纠纷处理实务》，知识产权出版社 2004 年版，第 37 页。

③ 参见王全弟，丁洁："物权法应确立优先权制度——围绕合同法第 286 条之争议"，载《法学》2001 年第 4 期。持优先权说的还有：王瑛："工程款的优先受偿是一种法定优先权——对合同法第 286 条的理解"，载《人民法院报》2001 年 8 月 6 日；曹诗权："对合同法第 286 条的定位"，载《法制日报》2000 年 10 月 22 日；张铁锋："我看建设工程承包人的优先权"，载《中国律师》2001 年第 10 期；赵兰明：《论建设工程的优先受偿权》，中国政法大学硕士研究生论文，2003 年；曹艳芝：《优先权论》，湖南人民出版社 2005 年版。

④ 江平主编：《中华人民共和国合同法精解》，中国政法大学出版社 1999 年版，第 223～224 页。

⑤ 隋彭生：《合同法要义》，中国政法大学出版社 2005 年版，第 528 页。

⑥《德国民法典》第 648 条规定："建筑工作物或者建筑工作物的各部分的承揽人，可以为其由合同产生的债权，请求给予定作人的建筑地上的保全抵押权。工作尚未完成的，承揽人可以为与已经提供的劳动相当的部分报酬，以及为不包含在报酬中的垫款，请求给予保全抵押权。"见陈卫佐译：《德国民法典》，法律出版社 2004 年版，第 216 页。

作人不同意的情况下，承揽人持判决应可单独申请登记，此时该保全抵押权无须合意即可成立。

至于“保全抵押”的名词是相对于德国法上的“流通抵押”而言。流通抵押的流通性很强，其功能重在投资，而保全抵押的流通性很差，其功能重在保全。对于立法上以保全功能为主的国家，其普通抵押与德国法上的保全抵押在性质上是一致的。我国“社会生活中实际存在的抵押权，以及 1986 年通过的民法通则和 1995 年担保法所规定的抵押权，性质上也都属于保全抵押权”①。

（二）瑞士的法定抵押权

瑞士民法中的法定抵押权有两种，一种为公法性质的法定抵押权，无须登记，而依法律规定当然成立；另一种为私法性质的法定抵押权，无须有设定契约及公证文书的作成，承揽人无须经所有人承诺，即可申请登记，但非经登记不发生效力。② 建设工程承揽人所享有的法定抵押权即属于私法性质。《瑞士民法典》第 836 条和第 837 条对此作了规定。③

（三）法国的不动产优先权

法国将承包人对建设工程的优先受偿权定性为不动产优先权，不动产优先权是优先权的一种。1804 年拿破仑制定法国民法典时，沿袭了罗马法上的优先权制度，将之与抵押权并列于一章，两者均被视为独立的担保物权。④ 不动产优先权只是优先权的一种。法国法上的优先权是指依据债权的性质，给予某一债权人先于其他债权，甚至先于抵押权人受清偿的权利。根据《法国民法典》第 2103 条规定，建设工程承包人对工程享有优先权。⑤ 该不动产优先权须在抵押权登记

---

① 陈华彬：《外国物权法》，法律出版社 2004 年版，第 250～251 页。

② 参见赵兰明：《论建设工程的优先受偿权》，中国政法大学硕士研究生论文 2003 年，第 11 页。

③ 《瑞士民法典》第 836 条规定：“基于公法或其他所有人有普遍约束力的，并由各州法规定的不动产抵押权，除另有规定的外，虽无登记，仍生效力。”第 837 条规定：“下列债权，可请求设定法定抵押权：(1) 出卖人对出卖土地的债权；(2) 共同继承人及其他共同权利人，因分割而对原属于共同所有的土地的债权；(3) 为在土地上的建筑或其他工程提供材料及劳务或单纯提供劳务的职工或承包人，对该土地的债权；土地所有人为债务人，或承包人为债务人的，亦同。”见殷生根、王燕译：《瑞士民法典》，中国政法大学出版社 1999 年版，第 236～237 页。

④ 金世鼎：《民法上优先受偿权之研究》，载郑玉波主编：《民法物权论文选辑》（下册），台中市五南图书出版公司 1985 年版，第 901～903 页。转引自陈本寒：《担保物权法比较研究》，武汉大学出版社 2003 年版，第 172 页。

⑤ 《法国民法典》第 2103 条第 4 款规定：“建筑师、承包人、瓦工与其他受雇于建筑、重建或修理楼房水渠或其他任何工程施工的工人，只要有楼房、建筑所在管辖区内的大审法院依职权任命的鉴定专家事先作成笔录，确认与所有权人宣告拟建的工程有关的场地状况，并且工程完工后最迟 6 个月内已由同样依职权任命的鉴定专家的验收，即对该工程有优先权。”见罗结珍译：《法国民法典》，中国法制出版社 1999 年版，第 473～504 页。

处进行优先权登记，否则不发生优先权的效力。

同时，法国法还规定了法定抵押权制度，如夫妻一方对另一方财产的法定抵押权、被监护人对监护人或法定管理人财产的法定抵押权等。此外，法国法上的部分不动产一般优先权“降格”成为法定抵押权，如劳动事故受害人的债权、应支付给工人或雇员的补助金等。[①]

（四）日本的不动产工事先取特权

日本仿效法国法上的优先权创制了先取特权制度，并将承包人对不动产工程的优先受偿权归为不动产先取特权的一种。所谓先取特权是法律所规定的特殊债权人，可以以债务人的一定财产得到优先偿还的法定的担保物权。[②]《日本民法典》第 327 条对建设工程承揽人的先取特权作了规定。[③]

关于抵押权，日本法认为抵押权只能基于当事人的约定而产生，而不承认为保护特定债权人的法定抵押权的存在。[④]

（五）我国台湾地区的法定抵押权

我国台湾地区所谓“民法”第五百一十三条规定，建筑工程承揽人就承揽关系所产生的债权享有对建筑物的法定抵押权，该法定抵押权不必登记即生效力。2000 年 5 月我国台湾地区所谓“民法”对此进行了修正，规定工程承揽人可请求定作人进行抵押权登记或预登记，但未规定登记的效力。[⑤] 有学者认为，该登记仅具有对抗善意第三人的效力。[⑥]

---

① 参见于海涌：《法国不动产担保物权研究—兼论法国的物权变动模式》，法律出版社 2004 年版，第 79 页。

② 参见［日］近江幸治著，祝娅等译：《担保物权法》，法律出版社 2000 年版，第 31 页。

③ 《日本民法典》第 327 条规定：“（一）不动产工事的先取特权，就工匠、工程师及承揽人对债务人不动产所进行的工事的费用，存在于该不动产上。（二）前款先取特权，以不动产因工事而产生的增价现存情形为限，只就该增价额存在。”见王书江译：《日本民法典》，中国人民公安大学出版社 1999 年版。

④ ［日］近江幸治著，祝娅等译：《担保物权法》，法律出版社 2000 年版，第 91 页。

⑤ 我国台湾所谓“民法”于 2000 年 5 月将第 513 条修正为：“承揽人得就承揽关系报酬额，对于其工作所附之定作人之不动产，前项请求，承揽人于开始工作前亦得为之。前二项之抵押权登记，如承揽契约已经公证者，承揽人得单独申请之。承揽之工作为建筑物，或其他土地上之工作物或为此等工作物之重大修缮者，承揽人得就承揽关系报酬额，对于其工作所附之定作人之不动产，请求定作人为抵押权之登记，或对于将来完成之定作人之不动产，请求预为抵押权之登记。前项请求，承揽人于开始工作前亦得为之。前二项之抵押权登记，如承揽契约已经公证者，承揽人得单独申请之”。见杨与龄：“承揽人法定抵押权之成立与登记”，载苏永钦主编：《民法物权实例问题分析》，清华大学出版社 2004 年版，第 18 页。

⑥ 参见杨与龄：“承揽人法定抵押权之成立与登记”，载苏永钦主编：《民法物权实例问题分析》，清华大学出版社 2004 年版，第 22～23 页。

三、笔者观点

（一）工程承包人的优先受偿权不是留置权

根据民法原理，留置权的标的仅限于动产。我国《物权法》第二百三十条和《担保法》第八十二条也明文规定留置物必须为动产。尽管国外许多立法例上承认不动产留置权，但设立不动产留置权会妨碍不动产的有效利用，其以占有效力削弱限制了不动产的流转，并增加了债权人的交易费用。[①] 而且，留置权以债权人对标的物的占有为成立要件和存续要件，而建设工程优先受偿权行使之时，往往建设工程已经移交给建设方，承包人已经丧失了占有。因此，尽管建设工程承包人的优先受偿权类似于承揽合同中承揽人的留置权，但仍不应将其定性为不动产留置权。

（二）工程承包人的优先受偿权宜定性为法定抵押权

1. 从历史沿革上来考察

优先权制度源于罗马法，最初与罗马法上的优先抵押权、法定抵押权制度联系在一起。[②] 罗马法上的担保物权均无公示制度，只是后来各国在继承罗马法过程中，将公示制度作为担保物权的重要特征之一，而在对无公示性的、罗马法上的法定抵押权制度的继承上，各国立法采取了不同的立法政策和立法例。目前主要有两种立法模式，即法国模式和德国模式。[③] 法国模式以 1804 年的《法国民法典》为代表，包括比利时、意大利等国，日本也受其影响。该模式认为，优先权的性质与抵押权、质权一样，属于担保物权的一种。而德国模式以 1900 年生效的《德国民法典》为代表，瑞士和我国台湾地区所谓“民法”也采此种模式。德国模式认为，依法律规定直接产生的优先权制度有违物权公示原则和物权标的特定性原则，故在民法典中未规定优先权制度，但均对工程承揽人的法定抵押权予以肯认。

由此可见，优先权和法定抵押权制度的起源存在诸多的联系，只是不同国家基于不同立法政策和立法技术的一种选择，此国的优先权、法定抵押权与彼国的优先权、法定抵押权在起源、立法理由、性质等方面均存在一定的差异。此外，立法上也有优先权转化为法定抵押权的范例。如法国在 1955 年颁布法令，将除诉讼费用、工资、版税以外的不动产一般优先权转化为法定抵押权。因此，考察

① 周林彬：《物权法新论》，北京大学出版社 2002 年版，第 717 页。

② 参见周枏：《罗马法原论》，商务印书馆 1994 年版，第 215～217 页。

③ 郭明瑞，仲相，司艳丽：《优先权制度研究》，北京大学出版社 2004 年版，第 23～24 页。

我国《合同法》所规定的建设工程承包人优先受偿权的性质，必须与我国的法律传统和历史发展结合起来，而不能孤立地厚此薄彼。

从我国民事立法的历史来看，《大清民律草案》《“中华民国”民法典草案》和《中华民国民法》在担保物权的体系编排上基本上都是以《德国民法典》为蓝本。这些担保制度在1949年以后仅在我国台湾地区施行。我国大陆地区对担保物权的正式立法，始于1986年制定的《民法通则》，1995年的《担保法》和2007年的《物权法》进一步完善了我国的担保物权制度。我国的《物权法》和《担保法》无论是在担保物权种类方面还是物权公示问题上，与我国台湾地区所谓的立法十分接近。因此，中国民法的法律传统与德国民法有着密切的亲缘关系，在我国建立德国法上不存在的优先权制度，其立法的操作性和民众对其的接受程度不无疑问[①]。而就法定抵押权抵押权而言，我国虽然尚无体系化的立法和学说，但对于法定抵押权作为一种特殊的抵押权形态向来没有异议，已然成为民法学界的共同语言。[②]

2. 从立法体系上考察

对于不动产担保物权立法体系，各国采取了不同的立法政策和立法例。法国的担保物权体系规定了不动产优先权、不动产抵押权（包括约定抵押权、法定抵押权和裁判抵押权）、不动产质权；日本法规定了不动产先取特权、不动产抵押权、不动产质权、不动产留置权，日本不承认当事人约定以外的法定抵押权的存在；德国法规定了不动产抵押权（包括流通抵押和保全抵押），未规定优先权制度，不承认不动产质权和不动产留置权的存在；瑞士法规定了不动产抵押权（包括约定抵押权、法定抵押权），不承认不动产质权和不动产留置权的存在；我国台湾地区所谓“民法”规定了不动产抵押权（包括法定抵押权），未规定优先权制度。

笔者认为，在立法上同时规定不动产优先权和法定抵押权是不合适的，这不利于担保物权的体系化，也不利于立法的简明。以法国民法典为例，其优先权种类繁多，功能各异，性质上也有差异，难以归于一类。既造成了立法资源的浪费，又使得各种权利交错，极易导致法律适用的困难。也有学者认为，《日本民法典》第336条、《法国民法典》第2106条均对优先权的登记效力作了规定，优先权的法定性已有向物权公示原则妥协的趋势，[③]但若如此，岂不是可以将抵押权、留置权、质权等所有具有优先受偿效力的担保物权全部统一到优先权的麾

---

① 在我国，抵押权、质权、留置权概念已经深入人心，而对优先权的概念、性质、特征并不了解，且易与优先受偿权概念相混淆（实际上学者之间认识也有不同，有人认为两者是相同概念，也有人认为二者有实质区别）。从现实出发，对于不符合自己思维习惯的一种新制度，民众的接受程度确实存有疑问。

② 参见李建华，董彪：“论我国法定抵押权制度的立法模式”，载《法学研究》2004年第4期。

③ 参见郭明瑞，仲相，司艳丽：《优先权制度研究》，北京大学出版社2004年版，第169页。

下？这岂不将直接导致担保物权体系的崩溃？

优先权的实质在于破除债权人平等的原则，赋予特种债权人以优先受偿的权利，但这只不过是一种基于推行社会政策和社会公益的考量，而且优先权内容庞杂，各国法律确立的优先权，诸多规定属于税法、劳动法和诉讼法制度，统一纳入物权法存在疑问。[①] 我国的《物权法》也未规定优先权制度。而法定抵押权和约定抵押权的对应符合体系化的要求，适合我国的担保物权体系架构和国人的法律思维。因此，在当前物权立法中未规定优先权制度的情况下，可将基于公共政策、社会公益部分的优先权制度规定在特别法中，以防止发生物权体系上的混乱和矛盾。

3. 从立法背景上考察

考察《合同法》第二百八十六条的立法背景和立法过程，对认识工程承包人优先受偿权的性质具有重要意义。由于我国立法无附立法理由书的制度，参与立法学者的解释和该条款的形成过程就极具参考价值。参与《合同法》起草的梁慧星教授认为："合同法第二百八十六条从设计、起草、讨论、修改、审议直至正式通过，始终是指法定抵押权。"由十二个单位的学者起草的《合同法建议草案》第三百零六条规定："建设工程完工后，发包人未按合同约定支付建设费用和报酬的，承包人对建设工程有法定抵押权。"由法制工作委员会在建议草案基础上提出的《合同法草案》也在第一百七十七条规定："承建人对其所完成的建设工程享有抵押权。"[②] 由此可见，将《合同法》第二百八十六条定性为法定抵押权符合立法过程中的认识。

4. 从权利特征上考察

一般认为，优先权的一个重要特征就是不需以登记或占有（交付）进行公示。自第三人的角度而言，优先权具有秘密性。这也是优先权区别于其他担保物权的一个重要特征。[③] 然而，法国、日本等国的部分优先权却以登记为必要，未经登记不生效力或不具有对抗第三人的效力。[④] 可见，现有优先权制度中的部分优先权，如一些特别优先权已脱离"优先权"的特征，渐失"优先权"的本色。因此，即使建立优先权制度，将公示性要求较强的优先权从优先权制度中剥离出来，将其纳入法定抵押权、法定质权的范畴，使剩余优先权还原其本来面目，似乎更符合体系化的要求。

---

① 参见马俊驹、刘阅春："物权法的定位及基本体系分析"，载《法学杂志》2004年第3期。

② 参见梁慧星："合同法第二百八十六条的权利性质及其适用"，载《山西大学学报》2001年第3期。

③ 郭明瑞，仲相，司艳丽：《优先权制度研究》，北京大学出版社2004年版，第13～14页。

④ 从各国法律来看，优先权一般包括一般优先权和特别优先权，特别优先权又分为动产优先权和不动产优先权。一般优先权的权利客体不特定，其成立与生效一般也不以登记为要件，其功能在于保护公共利益、共同利益、社会公平与正义，与国家的公共政策密切相关。而特别优先权的权利客体特定，其生效动产多以占有、不动产以登记作为公示方式，其基础源于质权观念或私益保护。

意大利民法上设立法定抵押权的目的，则多为公示的需要，以弥补不动产优先权无须公示对交易安全带来的危险。[①] 我国《合同法》第二百八十六条虽无公示的规定，但若将其定性为法定抵押权，将为以后立法的完善提供余地，本章第六节将详细讨论。[②]

5. 从权利功能上考察

不动产优先权或先取特权的功能主要基于公共政策或公平正义的观念，而建设工程承包人的优先受偿权主要是基于克服留置权适用的限制，同时发挥不动产的经济效能，以达到自力救济的目的。众所周知，建设工程合同是承揽合同的一种，承包人对承揽的标的物享有留置权。但因我国及大多数国家均不承认不动产留置权，故设立法定抵押权以克服留置权发生条件的限制。因此，将《合同法》第二百八十六条定性为法定抵押权，似更符合法理和逻辑。这在本章第二节已有完整论述。

6. 对前述优先权观点的回应

(1) 关于"未经登记不能取得抵押权"的问题

一方面，我国立法关于"未经登记不能取得抵押权"的规定是针对约定抵押权而言，自然不适用我国《物权法》和《担保法》未规定的法定抵押权；另一方面，我国也未建立优先权制度，未对优先权概念进行定义或界定，将建设工程承包人的优先受偿权定性为优先权同样面临类似问题。因此，将该优先受偿权纳入与约定抵押权相呼应的法定抵押权范畴，并作为目前我国抵押权制度的补充，与使其成为一种新的优先权享有相同的理由。当然，从应然的角度，法定抵押权亦应登记公示，以保护交易安全。

(2) 关于"抵押权的标的物不能转移占有"的问题

抵押权标的物不转移占有是指抵押权设定后，抵押人不必因该权利的设定而将抵押财产转移于抵押权人，但并非抵押权的标的物在任何情况下均不能转移占有。在抵押权人因其他法律关系而占有标的物的情形与此特征无关。[③] 众所周知，在建设工程施工合同履行过程中，承包人可能因承建行为的持续而占有在建工程，也可能因工程竣工而交付于发包人。但上述占有或交付行为是基于建设工程合同法律关系而产生，与抵押权的设立无关。

综上所述，尽管法定抵押权和不动产优先权在起源、性质、功能上有许多相

---

① 参见郭明瑞、仲相、司艳丽：《优先权制度研究》，北京大学出版社 2004 年版，第 172 页。

② 虽然有观点认为法定抵押权的生效无须登记，但《瑞士民法典》第 837 条和我国台湾地区新修正所谓"民法"第五百一十三条均规定法定抵押权须以登记作为法定的公示方式，以保护交易安全。笔者认为"法定"与须公示并无矛盾，具体讨论见本章第六节。

③ 谢在全先生曾指出："惟上述情形，仅系单为抵押权之设定而移转标的物之占有而言，倘当事人基于另一法律关系而移转标的物之占有，则与抵押权之此项内容无关。"引自谢在全：《民法物权论》，中国政法大学出版社 1999 年版，第 542 页。

似之处，但基于中国现状，还是将建设工程承包人的优先受偿权定性为法定抵押权，更符合中国的立法体系和法律传统。

第四节 工程承包人优先受偿权的成立和行使

一、工程承包人优先受偿权的成立

（一）权利主体

1. 建设工程勘察、设计合同的承包人不是优先受偿权的主体

关于建设工程勘察、设计合同的承包人能否作为优先受偿权的权利主体，学者有不同认识。有学者认为，这里的“建设工程合同，应当作狭义解释，仅指第269条第2款中的施工合同，勘察合同和设计合同不包括在内”①。也有人认为：“从《合同法》的规定看，建设工程合同也是包括工程勘察、设计、施工合同的，并没有限于施工合同。”②

笔者认为，建设工程合同中的优先受偿权仅适用于建设工程施工合同，其权利主体不包括工程勘察、设计合同的承包人。理由如下：

（1）工程承包人的优先受偿权在性质上是一种抵押权，其成立应以所抵押标的物的存在为前提，而勘察、设计合同的承包人在发包人拒付合同价款时，建设工程即抵押权的标的物尚不存在。

（2）工程承包人的优先受偿权与承揽合同中的留置权十分类似，只是为发挥不动产效能，不以占有标的物作为建设工程优先受偿权成立的要件，以达到最大限度发挥不动产标的物价值的目的。因此，建设工程这一标的物应当与优先受偿权所担保的债权属于同一法律关系。③ 而勘察、设计合同的承包人不是建设工程的建造主体，其所付出劳动凝聚成的成果是勘察、设计文件，而非建筑物，勘察、设计人的债权与建筑物不属于同一法律关系，故不能作为优先受偿权的行使主体。

（3）当发包人未按约定支付价款时，工程勘察、设计合同的承揽人可以基于承揽关系对其标的物即勘察报告或设计文件、图纸等行使留置权，其权利可以得

① 梁慧星：“合同法第二百八十六条的权利性质及其适用”，载《山西大学学报》2001年第3期。

② 赵兰明：“论建设工程的优先受偿权”，中国政法大学硕士研究生论文2003年，第20页。

③ 《物权法》第二百三十一条规定：“债权人留置的动产，应当与债权属于同一法律关系，但企业之间留置的除外。”

到保护。

2. 合同相对人一般应为建设工程的所有权人

一般情况下，建设工程施工合同承包人是指与工程所有权人签订施工合同的总承包人，不包括与总承包人签订分包合同的分包人。因为其与发包人没有合同关系，总承包人对建设工程也没有所有权，因此无法成立优先受偿权。当然，若专业分包人是与工程所有权人直接订立合同，则其可以基于该合同而享有就其承建工程优先受偿的权利。对于项目所有权人委托代建人与承包人签订施工合同的，基于所有权人与代建人的委托关系，一般认为，承包人享有对该建设工程的优先受偿权。

对于直接与工程所有权人签订的建设工程装修装饰工程合同，承包人应当享有优先受偿权。《最高人民法院关于装修装饰工程款是否享有合同法第二百八十六条规定的优先受偿权的函复》（〔2004〕民一他字第14号）对此作了规定："装修装饰工程属于建设工程，可以适用《合同法》第二百八十六条关于优先受偿权的规定，但装修装饰工程的发包人不是该建筑的所有权人或者承包人与该建筑物的所有权人之间没有合同关系的除外。享有优先权的承包人只能在建筑物因装修装饰而增加价值的范围内优先受偿。"

【实务判例】 承包人与业主委托的代建人签订施工合同的，其仍可向对建筑物有所有权的业主主张享有优先受偿权①

某大学要建设科技园大楼，其全权委托开发公司进行建设。2007年9月，开发公司与建设公司签订施工合同，约定由建设公司承包科技园大楼工程。2007年10月，开发公司、建设公司与某大学签订《三方协议》，约定某大学同意开发公司以发包人名义与建设公司签订施工合同，同时约定，某大学不承担任何开发公司与建设公司之间的债权、债务关系，开发公司与建设公司因该项目造成的纠纷、诉讼与某大学无关。后双方发生纠纷，诉至法院。

一审法院认为，由于某大学系该项目的实际所有人和受益人，不能亦不应通过约定的方式排除其应当承担的责任，故判决某大学对开发公司应付工程款承担连带责任。

二审法院认为，《三方协议》有效，故某大学不应承担连带责任。同时，由于建设公司的投入与劳动成果已物化到建筑物中，不管建筑物归谁所有，只要开发公司未按约支付工程款，建设公司即可向建筑物所有人主张优先受偿权。

最高法院认为，《三方协议》有效，认定某大学不承担连带责任符合合同相对性原则。某大学将项目全权委托给开发公司建设，开发公司为某大学的项目代

---

① 参见最高人民法院民事审判第一庭编：《民事审判指导与参考》总第49辑，人民法院出版社2012年版，第109～113页。

建单位，建设公司可向建筑物所有人主张优先受偿权。

3. 关于实际施工人能否成为优先受偿权的主体

关于实际施工人是否作为优先受偿权的主体，有肯定说和否定说两种不同观点。[①] 笔者认为，根据《施工合同司法解释》的有关规定，实际施工人与其相对人（承包人）之间的合同是无效合同，那么，实际施工人向承包人主张权利的依据并非因双方合同约定而产生的工程款债权，而是基于因合同无效获得的折价补偿的权利，该权利的性质为不当得利之债。[②] 尽管《施工合同司法解释》第二十六条赋予实际施工人向发包人主张欠款的权利，但该权利并不是基于建设工程施工合同而产生的债权，这就使承包人的优先受偿权失去了产生的基础。同时，"倘若允许其适用优先权增强其受偿效力，一方面等于变相鼓励了非法分包、转包行为，另一方面也对发包人的其他合法债权人颇有不公。"[③] 因此，从理论上分析，实际施工人不应当享有就建设工程优先受偿的权利。《施工合同司法解释》（征求意见稿）第二十三条曾规定，建设工程施工合同无效，承包方向人民法院主张优先权的，人民法院不予支持，但该司法解释施行稿中删去了有关承包人优先受偿权的全部条文。《最高人民法院关于审理建设工程施工合同纠纷案件适用法律问题的解释（二）》（以下简称《施工合同司法解释二》（征求意见稿））就该问题给出了两种截然不同的意见。一种意见认为，优先受偿权的行使以建设工程施工合同有效为条件；另一种意见则认为，优先受偿权的行使不以建设工程施工合同有效为限，否则，不利于无效合同中承包人权利的保护。

实践中，各地法院对此观点也不尽相同，多数法院更倾向于从政策的角度认可无效合同的承包人和实际施工人享有优先受偿权。安徽省高级人民法院2009年出台的《关于审理建设工程施工合同纠纷案件适用法律问题的指导意见》认为，建设工程施工合同无效，但工程经竣工验收合格的，承包人主张工程价款优先受偿权，可予支持。[④] 江苏、四川、重庆等地法院也持相同观点。而广东省高级人民法院2004年的指导意见和深圳中院持相反观点，但《广东省高级人民法院关于审理建设工程合同纠纷案件疑难问题的解答》（粤高法〔2017〕151号）

---

① 肯定说参见仲伟珩："建设工程价款优先受偿权若干疑难问题分析"，载奚晓明主编：《民事审判指导与参考》（总第43集），法律出版社2011年版。否定说参见陈旻、孙盈："建设工程承包人优先权之审判实务若干问题研究"，载奚晓明主编：《民事审判指导与参考》（总第37集），法律出版社2009年版。

② 对于合同无效返还财产的性质，有不当得利请求权和物上请求权两种观点。参见王利明：《合同法研究》（第一卷），法律出版社2002年版，第717页。而折价补偿是基于财产不能返还或没有必要返还的情形，因此，折价补偿请求权在性质上应属于不当得利之债。

③ 陈旻，孙盈："建设工程承包人优先权之审判实务若干问题研究"，载奚晓明主编：《民事审判指导与参考》（总第37集），法律出版社2009年版。

④ 参见潘定春，李文一："各地审理施工合同纠纷指导意见之特殊规定比较（二）"，载《建筑时报》2010年12月9日。

改变了原来的观点。[①]

此外，合法受让工程款债权的受让人也是建设工程承包人优先受偿权的主体。优先受偿权在性质上是一种法定抵押权，根据《物权法》第一百九十二条的规定，除法律另有规定或当事人另有约定的情形外，债权转让的，担保该债权的抵押权一并转让。因此，合法受让工程款债权的受让人也是建设工程承包人优先受偿权的主体。《江苏省高级人民法院关于审理建设工程施工合同纠纷案件若干问题的解答》（〔2018〕3号）规定："建设工程价款优先受偿权依附于工程款债权，承包人将建设工程价款债权转让的，建设工程价款优先受偿权随之转让。受让人是否实际享有建设工程价款优先受偿权，仍应进行实体审查。"

（二）标的物

1. 优先受偿权实现价值的范围不应包含建设用地使用权

建设工程承包人优先受偿权的标的物为建设工程，但该"建设工程"是指土地、建筑物还是包含土地的建筑物，学界有不同观点。梁慧星教授认为："法定抵押权的标的物为承包人施工所完成的，属于发包人所有的建设工程（不动产）及其基地使用权，包括组装或固定在不动产上的动产，不包括建设工程中配套使用并未组装固定在不动产上的动产。"[②] 也有学者认为，承包人法定抵押权的标的物为建设工程，而不应包括地基。[③]

笔者认为，虽然我国《物权法》第一百八十二条规定建筑物和建设用地使用权在进行抵押时不可分，[④] 但该"不可分"并非指折价或拍卖、变卖后的价值不可分，《物权法》第一百九十八条、第二百条的规定为此提供了依据。[⑤]由于建设工程承包人的优先受偿权是以其物化的劳动成果对其债权进行担保的一种担保物

① 《广东省高级人民法院关于在审判工作中如何适用〈合同法〉第286条的指导意见》（2004年1月17日粤高法发〔2004〕2号）第7条规定："在建设工程承包合同无效的情形下，承包人主张建设工程价款优先受偿权的，人民法院不予支持。"《深圳市中级人民法院关于建设工程合同若干问题的指导意见》（2010年修订）第二十九条规定："建设工程合同无效，承包人主张建设工程价款优先受偿权的，不予支持。"《广东省高级人民法院关于审理建设工程合同纠纷案件疑难问题的解答》（粤高法〔2017〕151号）第三条第13款规定："建设工程施工合同无效，但工程质量合格的，发包人仅以施工合同无效为由主张承包人无权主张工程价款优先受偿权的，不予支持。"

② 梁慧星："合同法第二百八十六条的权利性质及其适用"，载《山西大学学报》2001年第3期。

③ 易军，宁红丽：《合同法分则制度研究》，人民法院出版社2003年版，第274页。

④ 《物权法》第一百八十二条规定："以建筑物抵押的，该建筑物占用范围内的建设用地使用权一并抵押。以建设用地使用权抵押的，该土地上的建筑物一并抵押。抵押人未依照前款规定一并抵押的，未抵押的财产视为一并抵押。"

⑤ 《物权法》第一百九十八条规定："抵押财产折价或者拍卖、变卖后，其价款超过债权数额的部分归抵押人所有，不足部分由债务人清偿。"第二百条规定："建设用地使用权抵押后，该土地上新增的建筑物不属于抵押财产。该建设用地使用权实现抵押权时，应当将该土地上新增的建筑物与建设用地使用权一并处分，但新增建筑物所得的价款，抵押权人无权优先受偿。"

权，该担保物权的担保范围就应当仅及于承包人物化而成的劳动成果，而不应包含与承包人劳动无关的建设用地使用权。最高人民法院《关于优先受偿权问题的批复》第三条规定，建筑工程价款包括承包人为建设工程应当支付的工作人员报酬、材料款等实际支出的费用，这也为优先受偿权的范围不包含建设用地使用权提供了法律依据。

2. 建设工程不以竣工为必要

有学者认为，未竣工的建设工程不发生法定抵押权。[①] 笔者认为，质量合格的未竣工工程的承包人也应享有优先受偿权。理由如下：

(1) 未竣工工程可能不具备使用价值，但并非完全不具有交换价值。“设立担保物权，目的不在于取得对担保物的使用权和用益权，而是以担保物所具有的交换价值为对象”[②]，因此，只要实际存在的建设工程具有交换价值，其承包人就应当享有优先受偿权。至于如何判断未竣工工程是否具有交换价值，要看其是否符合有关建筑工程的质量要求。实践中，双方可协议或由人民法院指定符合法定条件的鉴定机构进行工程质量鉴定，工程量或单价不明确的，也可以委托专门机构进行价格评估。

(2) 在司法实践中，大量的纠纷出现在未完工的工程中，而且在建设工程施工合同中，多数当事人约定的付款方式为按期付款。若只有通过竣工验收的工程才享有优先受偿权，则建设工程承包人的优先受偿权将面临落空的危险。

(3) 承包人已经为工程建设投入了大量的资金、人力、物力，并将其物化成了整个工程的一部分。承认未竣工工程上的优先受偿权，有利于保护承包人的利益，也符合司法实践的客观要求。

(4) 最高人民法院《关于优先受偿权问题的批复》第四条规定：“建设工程承包人行使优先权的期限为六个月，自建设工程竣工之日或者建设工程合同约定的竣工之日起计算。”上述“竣工之日”自然指已建成工程而言，而“约定的竣工之日”是对未竣工工程而言。可见，司法解释是肯定未竣工工程可以优先受偿权的标的物的。

(三) 担保的债权范围

关于承包人优先受偿权所担保的债权范围，我国《合同法》第二百八十六条规定为建设工程价款，最高人民法院《关于优先受偿权问题的批复》第三条将其限定为“承包人为建设工程应当支付的工作人员报酬、材料款等实际支出的费用，不包括承包人因发包人违约所造成的损失。”实务中的争议主要集中在承包

---

① 参见梁慧星：“合同法第二百八十六条的权利性质及其适用”，载《山西大学学报》2001 年第 3 期。

② 张俊浩主编：《民法学原理》，中国政法大学出版社 2000 年版，第 484 页。

人的垫资款和工程利润能否纳入优先受偿权的范围。

1. 工程垫资款

工程垫资是指经建设工程的承、发包双方约定，发包人不预付工程款，而由承包人自带资金先行施工，工程实施到一定阶段再由发包人支付工程款的行为。关于工程垫资的效力，《施工合同司法解释》第六条规定：“当事人对垫资和垫资利息有约定，承包人请求按照约定返还垫资及其利息的，应予支持，但是约定的利息计算标准高于中国人民银行发布的同期同类贷款利率的部分除外。”可见，建设工程合同中关于工程垫资的约定并非无效，而且工程垫资款在垫付过程中并未转移占有，而是直接由承包人投入工程建设中，物化为建筑工程的一部分。其在性质上并非单纯的企业资金拆借行为，而是一种工程欠款。因此，工程垫资款应认定为承包人为履行合同所付出的直接成本，应当纳入承包人优先受偿权的行使范围内。

2. 承包人的工程利润

关于承包人的工程利润是否属于优先受偿权的范围，实务中尚有不同观点。肯定说认为，利润属于工程款债权的组成部分，当然属于优先受偿权的范围。更重要的是，若将利润排除在承包人优先权的范围之外会极大地增加司法的运行成本；[①] 否定说认为，预期利润和违约金不属于建设工程优先受偿权所涵盖的工程款债权范围，因为按照《关于优先受偿权问题的批复》第三条的规定，利润不属于“实际支出的费用”范畴，而且，赋予预期利润以优先受偿权，对发包人的其他债权人明显不公。[②]

笔者认为，判断承包人的工程利润是否属于优先受偿权的范围，应当从以下几个方面进行分析：

(1) 从优先受偿权的法理基础上看，其是法律根据建设工程施工合同的特点，赋予承包人以其物化的劳动成果对其债权进行担保并优先受偿的一种权利。其目的在于保护承包人的债权利益，而非直接解决建筑工人的工资拖欠。因此，优先受偿权的范围包括工作人员的报酬、材料款等工程价款。也就是说，凡是基于作为承揽合同之一种的建设工程合同性质而发生的承包人债权均应纳入优先受偿权的范围。这也符合《合同法》第二八十六条所规定的工程价款的含义。

(2) 从利润的性质上看，其属于工程价款的组成部分。根据《建设工程施工发包与承包价格管理暂行规定》第五条的规定，建设工程价款包括四部分：一是直接费，即直接成本，包括定额直接费、其他直接费、现场管理费和材料价差。

---

① 参见陈旻，孙盈：“建设工程承包人优先权之审判实务若干问题研究”，载奚晓明主编：《民事审判指导与参考》(总第37集)，法律出版社2009年版。

② 参见雷运龙，黄锋：“建设工程优先权若干问题辨析”，载《法律适用》2005年第10期。

其中，定额直接费又包括人工费、材料费和施工机械使用费三部分；二是间接费，即间接成本或称企业管理费，包括管理人员工资、劳动保护费；三是利润；四是税金，包括营业税、城市建筑税、教育附加费。《关于优先受偿权问题的批复》的起草者也指出："这四部分完整构成工程价款的整体，不应当从中分解出哪部分不可优先受偿。"① 可见，承包人的工程利润应当纳入优先受偿权的范围内。

(3) 前述肯定说认为，利用工程造价鉴定的方法排除所占比例很小工程利润，会极大地增加司法的运行成本，既不可行也无必要。② 笔者对此深表赞同。

(4) 至于《关于优先受偿权问题的批复》所称"工作人员报酬、材料款等实际支出的费用"，笔者认为，这里"实际支出的费用"是相对于违约所造成的损失而言，其本身语焉不详属于立法技术层面的问题。否则，将该规定解释为将利润排除在外的实际支出的费用，就会导致其与司法解释起草者对工程价款整体性解释的矛盾。

综上所述，笔者认为承包人的工程利润应当纳入优先受偿权所担保的债权范围。

此外，对于索赔事件中应当由发包人承担的、实际发生的费用，有观点认为，其也属于优先受偿权担保的债权范围。《安徽省高级人民法院关于审理建设工程施工合同纠纷案件适用法律问题的指导意见（二）》（2013 年 12 月 23 日通过）第二十三条就规定："因发包人原因导致承包人施工期间停窝工产生的工人工资、设备租赁等费用，承包人将该费用与工程价款一并主张优先受偿权的，应予支持。"笔者认为，该观点值得商榷。首先，停窝工产生的工人工资、设备租赁等费用不是工程价款的组成部分。如前所述，建设工程价款中不含停窝工产生的费用。具体来讲，2016 年 2 月 19 日住建部办公厅颁布的《关于做好建筑业营改增建设工程计价依据调整准备工作的通知》（建办标［2016］4 号）规定："工程造价可按以下公式计算：工程造价＝税前工程造价×(1＋11％)。其中，11％为建筑业拟征增值税税率，税前工程造价为人工费、材料费、施工机具使用费、企业管理费、利润和规费之和。"其次，停窝工产生的费用虽然可能实际发生，但其并未物化到建设工程中，性质上属于承包人的损失。因此，因停窝工产生的工人工资、设备租赁等费用不应纳入优先受偿的范围。

（四）成立时间

1. 学界主要观点

关于建设工程承包人优先受偿权的成立时间，由于我国法律未作明确规定，

---

① 汪治平："《最高人民法院关于建设工程价款优先受偿权问题的批复》的理解与适用"，载最高人民法院研究室编：《最高人民法院司法解释》(2002 年卷)，法律出版社 2003 年版，第 154 页。

② 参见陈旻，孙盈："建设工程承包人优先权之审判实务若干问题研究"，载奚晓明主编：《民事审判指导与参考》(总第 37 集)，法律出版社 2009 年版。

因此，理论界和实务界均存有不同观点：

（1）合同成立时说。该说认为，法律设立承包人优先受偿权的立法理由无非是为了保护承包人的利益，并进而保护人民居住的安全。因此，以建设工程合同成立之时为优先受偿权发生的时间，使其及早生效，则保护更周全，从而不至于在发包人不支付价款时，已由其他债权人先设定一般抵押权。[①]

（2）工程竣工时说。该说认为："建设工程若未竣工，则不发生法定抵押权。建设工程未竣工而中途解除建设工程合同的情形，亦不发生法定抵押权。"[②] 这实际上是主张建设工程法定抵押权的成立时间为工程竣工之时。

（3）债权未受清偿时说。该说认为：工程承揽合同成立之初尚不知是否会发生债权，只有在定作人未按约定支付工程款即承揽人债权未受清偿时才使得法定抵押权的存在有必要。[③]

（4）成为不动产时说。该说认为："该权利的成立时间应当依据作为法定抵押权客体的抵押物是否具有不动产的特性予以认定，即如果建设工程具备不动产的特性时，该法定抵押权成立，反之，该法定抵押权则不成立。"[④]

（5）依法律事实状况确定说。该说认为："承包人法定抵押权成立的时间应当是依法律事实状况而确定。凡须经过登记才成立的，以登记时间为成立时间；如以完成阶段性工程为担保的，则以该项阶段性工程完成时间为成立时间；如果是就全部工程为担保的，其抵押权成立时间就是全部工程竣工的时间。"[⑤]

2. 上述观点的评说

（1）就合同成立时说而言，合同成立时，虽然债权已经成立，但作为优先受偿权标的物的建设工程尚不存在。况且，若由于种种原因，建设工程施工合同履行不能，则承包人建造建筑物的可能已不存在。此时，若承认优先受偿权已经成立，则有违建设工程承包人优先受偿权的立法基础。

（2）就债权未受清偿时说而言，该说"混淆了抵押权的成立与抵押权的实行，债务人到期未能履行债务，以致债权未受清偿，是抵押权实行的条件。而在抵押权可以实行以前，抵押权必须是已经成立，否则即无权利行使之可能。"[⑥] 而

① 参见郑玉波主编：《民法物权论文选辑》（下册），台中市图书出版公司 1985 年版，第 688 页、第 666 页、第 679 页。转引自张学文："建设工程承包人优先受偿权若干问题探讨"，载《法商研究》2000 年第 3 期。

② 梁慧星："合同法第二百八十六条的权利性质及其适用"，载《山西大学学报》2001 年第 3 期。

③ 参见梁阳升："浅谈承揽人法定抵押权顺位之问题"，载郑玉波主编：《民法物权论文选辑》，台中市五南图书出版公司 1984 年版，第 687～688 页。

④ 高飞："略论建设工程承包人之优先受偿权"，载《安徽警官职业学院学报》2003 年第 4 期。

⑤ 余能斌，范中超："论法定抵押权"，载《法学评论》2002 第 1 期。

⑥ 余能斌，范中超："论法定抵押权"，载《法学评论》2002 第 1 期。

且，在承包人设备、材料及人员进场但尚未施工，而发包人预期违约导致合同解除的情况下，虽然承包人的债权未得到清偿，但是建设工程尚不存在，不能实现优先受偿的目的，此时该优先受偿权不能成立。

（3）就成为不动产时说而言，建设工程何时具备不动产特性，学者争议较大，我国法律也无相关规定。因此，在实践中不易操作。

（4）依法律事实状况确定说和工程竣工时说都有一定道理，但并不全面。目前，我国尚未建立优先受偿权的登记制度，因此以登记为成立时间于法无据。以工程竣工为成立时间固然无错，但对未竣工工程未加以考虑。

3. 笔者观点

笔者认为，建设工程承包人优先受偿权的成立应分为两种情形。对于已经竣工的工程，优先受偿权应于工程竣工之日成立。将优先受偿权的成立时间定为竣工之时，不但因为已通过验收的竣工工程具有较高的交换价值和使用价值，易于流通，而且也可起到督促承包人按质按量完成工程任务的作用，有利于提高经济效益，避免资源浪费和资金损失。这里的“竣工”既包括全部工程竣工，也应包括单位工程竣工；对于未竣工的工程，在发包人认可已完工部分质量合格的情况下，成立优先受偿权；当事人存在质量争议的，则应经过符合法定条件的鉴定机构鉴定，在其质量合格的情况下成立优先受偿权。最高人民法院在长城公司与宏伟公司建设工程施工合同纠纷案中，即认可了承包人对未完工程的优先受偿权。①

二、工程承包人优先受偿权的行使

（一）行使前提

《合同法》第二百八十六条规定了承包人在发包人未按照约定支付价款时的催告程序，但对于该催告程序是否必须，学者有不同看法。有学者认为：“法定抵押权的行使条件是：承包人向发包人发出催告通知后经过一个合理期限，而发包人仍未支付。”② 也有学者认为：“法律规定承包人‘可以’催告发包人，可见，法律规定的性质属于授权性规范，而不是强制性规范，所以承包人可以催告发包人，也可以不催告发包人”③。

① 参见奚晓明主编：《民事审判指导与参考》（总第35集），法律出版社2009年版，第122～124页。

② 梁慧星：“合同法第二百八十六条的权利性质及其适用”，载《山西大学学报》2001年第3期。王利明教授也持这一观点，见王利明：“抵押权若干问题的探讨”，载《法学》2000年第11期。

③ 余能斌主编：《现代物权法专论》，法律出版社2002年版，第316页。

笔者认为，从立法本意来看，行使优先受偿权之前承包人应负有催告义务。理由如下：

1. 从《合同法》第二百八十六条的条文来看，“逾期”是指超过合理期限，只有“超过合理期限”不支付工程款的，承包人才能行使优先受偿权。

2. 从立法过程来看，1997 年 5 月 14 日《合同法》(征求意见稿) 第一百六十一条规定：“建设工程完成后，建设人未按照约定支付价款的，承建人应当催告建设人支付价款”。1998 年 8 月提交人大常委会审议的《合同法 (草案)》第二百八十五条也未对催告问题进行修改。①

3. 设立催告程序，有利于尽最大努力避免诉累，减少承、发包人双方的成本和社会成本，促进财产的利用。

4. 由于留置权的行使必须确定合理的期限进行催告，则对与其类似的优先受偿权要求有同样的行使前提，也在情理之中。

(二) 行使方式和程序

依法律规定，建设工程优先受偿权的行使有两种方式：一是承包人与发包人协议折价，二是承包人申请人民法院拍卖。关于该优先受偿权是否应当经过判决确认的问题，司法实践中的做法不尽统一。有的法院要求当事人在提出诉讼请求时，要提出对某某建筑物享有优先受偿权的请求，并对该优先受偿权以判决的形式作出确认。对未经法院判决确认的工程价款，并不给予优先执行和优先分配；有的法院并未要求当事人提出优先受偿权的诉讼请求，只在执行阶段由执行局在分配执行财产时予以优先分配，或者由执行庭作出裁定予以优先执行和分配；而有的法院在审判时并未要求当事人提出优先受偿的诉讼请求，也未判决该工程价款优先受偿，但在执行阶段，由于执行人员对该条理解与审判庭的审判法官理解不同，以至要求当事人要另行提出优先受偿的确认之诉。② 目前，前两种做法在实践中均被广泛应用。

从《合同法》第二百八十六条的规定来看，在发包人未按约支付工程款的情况下，经过催告，承包人除可与发包人协商外，完全可以直接申请人民法院将该工程依法拍卖，法院判决并非必经程序。这里规定的“申请法院拍卖”性质为“对物诉讼”，即向法院申请执行抵押权。③ 笔者认为，工程承包人优先受偿权的行使应分为以下两种情形：

1. 当发包人对其所欠承包人的工程价款无异议时，承包人和发包人可以协议将该工程折价，并以折价价款优先受偿。承包人未能与发包人协议折价的，其可以直接申请人民法院拍卖，并就拍卖的价款优先受偿。但此时，承包人应当提

---

① 参见梁慧星：“合同法第二百八十六条的权利性质及其适用”，载《山西大学学报》2001 年第 3 期。

② 曾有焕：“本案建设工程价款优先受偿权应如何体现?”，载《法庭》2003 年第 9 期。

③ 参见梁慧星：“合同法第二百八十六条的权利性质及其适用”，载《山西大学学报》2001 年第 3 期。

供证据，证明其与发包人的建设工程施工合同债权存在且未清偿、工程已经竣工验收合格或经法定鉴定机构鉴定质量合格以及其权利未过法定期间，否则，承包人须另行提起确认之诉，以确认优先受偿权的成立。

2. 当发包人有异议时，承包人应依法提起诉讼，待获得生效胜诉判决后方可行使优先受偿权，申请人民法院拍卖。

值得注意的是，《关于优先受偿权问题的批复》的第一条规定，[①] 并非指优先受偿权的行使必须经法院判决确认，而只是阐明该优先受偿权的效力顺位优于抵押权和其他债权而已。

（三）行使限制

1. 标的物的限制

《合同法》规定可行使优先受偿权的建设工程不包括不宜折价、拍卖的工程。这部分工程主要指我国《物权法》第一百八十四条和《担保法》第三十七条所规定的学校、幼儿园、医院等以公益为目的的事业单位、社会团体的教育设施、医疗卫生设施和其他社会公益设施。此外，军事设施、机场、港口等也不能作为建设工程优先受偿权的标的物。

2. 期间的限制

无论担保物权还是债权的行使都要受到一定时间的限制。建设工程承包人的优先受偿权也不例外。我国《合同法》对此未作规定。依据《关于优先受偿权问题的批复》第四条规定："建设工程承包人行使优先权的期限为六个月，自建设工程竣工之日或者建设工程合同约定的竣工之日起计算。"但这一规定与工程实践不符。

首先，该期间起算点的规定不符合工程实践的要求。对于竣工工程而言，承包人和发包人所签订的建设工程施工合同中往往约定，"工程竣工验收合格发包人支付工程总价款的80%，余款扣除3%质量保证金后一年内付清。无质量问题的，质量保证金于竣工验收合格后两年年内返还"。在此情形下，即使不考虑质量保证金，承包人也要待工程竣工一年后才能要求发包人付清全款，然而，此时六个月的除斥期间已经经过，承包人的优先受偿权已经丧失。若要求承包人在六个月的期间内就部分价款行使优先受偿权，即便可行，亦将耗费承包人更多的成本，实践中极少发生；而对于未竣工工程来说，虽然"合同约定的竣工之日"是一个确定的时间点，但在合同履行中，由于多方面因素，工程的实际进度与约定进度往往存在很大差异。在未竣工工程的停工时间或合同解除时间晚于合同约定的竣工时间的情况下，若停工时间或合同解除时间晚于约定的竣工之日六个月，

① 该批复第一条规定："人民法院在审理房地产纠纷案件和办理执行案件中，应当依照《合同法》第二百八十六条的规定，认定建筑工程的承包人的优先受偿权优于抵押权和其他债权。"

则承包人的权利将存在落空的风险。

其次，六个月的期间偏短。建设工程一般具有投资大、周期长、技术复杂等特点，工程价款的结算需要较长的时间，而且发包人往往利用拖延结算的办法来达到拖欠工程款的目的。而且，有些发包人要求承包人提交的结算报告须经审价单位审计，若双方对审价结果有分歧，还可能发生纠纷诉至法院或仲裁机构。上述过程往往就会超过六个月。若承包人为了满足六个月的期间要求，在结算前提起诉讼，往往不得不进行工程造价鉴定，不但周期长、成本高，而且还可能损害其合法权益，同时也浪费了司法资源，增加了社会成本。

为了解决上述问题，各地司法机关针对特定情形下优先受偿权的起算点也作了许多规定。《深圳市中级人民法院关于建设工程合同若干问题的指导意见》(2010年3月9日修订）第29条规定："在工程竣工验收合格前，建设工程合同被解除的，承包人对已完工程享有建设工程价款优先受偿权，承包人行使优先权的期限为六个月，自建设工程合同解除之日起计算。"《浙江省高级人民法院执行局执行中处理建设工程价款优先受偿权有关问题的解答》（浙高法执〔2012〕2号）第一条规定："六个月期限的起算点应区分以下情况予以确定：发生建设工程施工合同纠纷时工程已实际竣工的，工程实际竣工之日为六个月的起算点；发生建设工程施工合同纠纷时工程未实际竣工的，约定的竣工之日为六个月的起算点；约定的竣工日期早于实际停工日期的，实际停工之日为六个月的起算点。"广东省高级人民法院在2012年6月发布的《全省民事审判工作会议纪要》第27条中规定，如果建设工程合同由于发包人的原因解除或终止履行，承包人行使建设工程价款优先受偿权的期限自合同解除或者终止履行之日起计算。徐州中院认为，优先权的行使的起算点可以从工程竣工之日；未实际竣工，从约定的竣工日开始；实际停工日在约定的竣工日之后的，以实际停工日为准；办理了工程款结算，则从工程款逾期给付之日开始。上海中院在2015年10月发布《建设工程施工合同纠纷审判实务相关疑难问题解答》也是基本持以上观点，不同的是上海中院还采纳了以人民法院、仲裁机构确定的债务履行期限届满作为行使工程价款优先受偿权的起算点。2011年最高院在杭州召开全国民事审判工作会议，会后发布了一份纪要，在该纪要的第26条规定，非因承包人的原因，建设工程未能在约定期间内竣工，承包人依据合同法第286条规定享有的优先受偿权不受影响。承包人请求行使优先受偿权的期限，自建设工程实际竣工之日起计算；如果建设工程合同由于发包人的原因解除或终止履行，承包人行使建设工程价款优先受偿权的期限自合同解除或终止履行之日起计算。①

---

① 参见朱传斌："建设工程价款优先受偿权行使的起算点及期限"，载《湖南科技学院学报》2017年第6期。

为了适应司法实践的要求，更好地促进合同法立法目的的实现，确定行使优先受偿权起算点的总体趋势是在法律规定的框架下，最大限度地保护承包人的利益。在“天成润华集团有限公司与中国核工业华兴建设有限公司建设工程施工合同纠纷案”中，最高人民法院对于承包人在工程竣工验收后六个月内以“工作联系单”的方式向发包人主张优先受偿权的行为予以认可，认为其并未超出法定的优先受偿权除斥期间，故一审判决认定承包人享有涉案工程优先受偿权正确，应予维持。[①] 在法律没有明确规定的情况下，该联系单可以视为一种催告，但其能否作为一种行使优先受偿权的方式，值得讨论。

从应然的角度，笔者建议将承包人行使优先受偿权的期间起算点定为债务（结算价款）清偿期届满之时。此时无论将期间定为六个月或是一年，均能适应工程和司法实践的要求，避免工程承包人的优先受偿权成为“休眠条款”，以利于对承包人权益的保护。

【实务判例 1】工程未完工且解除合同日期在约定的竣工日期之后的，法院认为优先受偿权的行使期限从合同解除之日起算[②]

2001 年 11 月，某山庄就其所属假日酒店工程与某工程局第三公司签订《建设工程施工合同》，约定开、竣工日期为 2001 年 12 月 26 日和 2002 年 10 月 31 日。2003 年 4 月 11 日，该工程主体分部工程验收合格。2004 年 4 月 14 日，第三公司将对某山庄债权转让给某公司，并通知了某山庄。2004 年 9 月 29 日，某山庄与他人就第三公司未完成的后续给水排水、强弱电及暖通工程签订施工合同。2005 年 10 月 10 日，第三公司向某山庄发出解除合同的通知，后某公司诉至法院，请求判令某山庄支付工程欠款及窝工损失，并确认其对工程享有优先受偿权。

最高人民法院经审理认为，鉴于涉案工程未全部竣工，施工合同因某山庄拖欠工程款等原因而迟延履行，按约定的竣工日期起算优先受偿权的行使期限，对承包人来说显失公平，故认定某公司行使优先受偿权的期限应从 2005 年 10 月 10 日解除合同时起算。

【实务判例 2】优先受偿权行使期限的起算点，不应早于当事人约定的工程价款支付期限[③]

2011 年 10 月和 2012 年 2 月，某公司与建工集团分别签订《“某酒店 · 某苑工程”建筑工程承包合同》《“某苑”工程建筑工程承包合同》，约定由建工集团承建某公司开发的“某酒店 · 某苑”项目。

---

① 参见最高人民法院（2012）民一终字第 41 号民事判决书。

② 参见《中华人民共和国最高人民法院公报》2007 年第 12 期。

③ 参见最高人民法院（2016）最高法民终 106 号民事判决书。

因双方在履行合同过程中产生争议，2013 年 12 月，某公司与建工集团签订《纠纷处理协议》，约定建工集团在收到某公司支付的工程进度款 600 万元三日内组织复工。在住宅项目工程未进行竣工验收和结算审计的情况下，不得以任何理由向甲方索要工程款。同时，针对工程造价问题，由县住建局牵头，请有相应资质的单位对涉案工程造价进行审计，审计结果作为工程结算的法定依据。在审计结算完毕且县住建局收到该工程结算报告之日起的 20 天内，某公司向建工集团付完工程余款（除保修金外）。涉案工程于 2014 年 3 月 11 日竣工验收。2014 年 11 月 20 日，双方共同委托的审计单位出具涉案工程的《修正结算报告》。

2014 年 12 月 22 日，建工集团提起诉讼。在诉讼过程中，建工集团是否对涉案工程享有优先受偿权成为争议焦点。

一审法院认为，本案中双方约定涉案工程以第三方的评估结果作为结算依据，在评估结果未出之前，不具备付款条件，也不具备主张优先受偿权的条件。双方协议约定的付款时间为某公司收到结算报告的 20 日内，而结算报告形成于 2014 年 11 月 20 日，建工集团于 2014 年 12 月 22 日提起诉讼，故本案未过优先权六个月的行使期限。

最高人民法院二审认为，案涉工程竣工验收之日虽为 2014 年 3 月 11 日，但根据《纠纷处理协议》的约定，某公司应在县住建局收到工程结算报告之日起 20 天内向建工集团付完工程余款，在项目工程未进行竣工验收和结算审计的情况下，不得以任何理由向某公司索要工程款。而作为工程结算报告的《修正结算报告》于 2014 年 11 月 20 日作出，并于 2014 年 11 月 25 日送达县住建局，在此之前，建工集团不得向某公司主张支付剩余工程款。而《合同法》第二百八十六条规定承包人就未付工程款对所承建工程享有优先受偿权，系为保护承包人对工程价款的实际受偿，在认定该优先受偿权的行使期限时，应当遵循案件的客观事实，尊重当事人之间关于支付工程价款期限的约定，优先受偿权行使期限的起算点，不应早于当事人之间约定的工程价款支付期限，以保证实现该优先权权能。故一审判决认定建工集团于 2014 年 12 月 22 日提起本案诉讼，未超出优先受偿权行使期限正确，某公司以案涉工程于 2014 年 3 月 11 日竣工验收，并应从此时开始计算优先受偿权行使期限的上诉理由不能成立。

第五节 工程承包人优先受偿权的效力

一、工程承包人优先受偿权与其他权利的竞合

（一）与一般抵押权的竞合

在我国目前未建立建设工程承包人优先受偿权登记制度的情况下，从法理上

确定二者的顺位，并非易事。但从优先受偿权的立法基础、立法本意和功能价值来说，坚持优先受偿权优先于一般抵押权，更切合我国目前的实际情况。具体理由如下：

1. 建设工程合同在性质上属承揽合同的一种，建设工程承包人的优先受偿权类似于承揽合同中的法定留置权。而在一般的承揽合同关系中，承揽人所享有的法定留置权优先于一般抵押权，因此可以认为优先受偿权优先于一般抵押权。[①]

2. 工程承包人的优先受偿权在性质是一种法定抵押权，根据民法一般原理，法定权利应优先于约定权利。虽然我国《担保法》第五十四条规定："抵押物已登记的先于未登记的受偿"，但优先受偿权是基于法律规定直接产生的，因此其具有一定的公信力。

3. 在我国，发包人兴建工程时为了融资借款，大多将在建工程抵押给银行，若一般抵押权在先，则《合同法》所确立的工程承包人的优先受偿权制度将面临落空的危险。

4. 工程承包人优先受偿权的立法基础在于保护承包人的利益，而承包人的债权能否顺利受偿直接影响到农民工劳务费的支付。因此，在当前历史条件下，该优先受偿权还具有保护农民工合法权益的功能。确定优先受偿权的优先顺位，有利于目前农民工问题的解决，是符合国家政策的。

《关于优先受偿权问题的批复》也认定，建设工程承包人的优先受偿权优于一般抵押权和其他普通债权。

诚然，从应然性的角度出发，建立建设工程优先受偿权的登记制度才是解决问题的根本所在。

（二）与发包人的职工工资、所欠税款和破产费用的竞合

关于发包人的职工工资、所欠税款与工程承包人优先受偿权的竞合，法国法主张工资薪金和税捐优先。[②] 日本法则规定不动产工事的特殊先取特权优先于包括雇员工资在内的一般先取特权。

我国无优先权制度，仅在特别法上赋予破产费用、职工工资和所欠税款优于普通债权的效力。而根据我国法律规定，其本质仍是债权。根据物权优于债权的一般原理，即可得出建设工程承包人的优先受偿权应优于上述费用。而且，以承包人的资金清偿发包人的债务违反了诚实信用和公平原则。从我国目前法律规定来看，根据我国《破产法》的规定，担保物权就其标的物具有别除权，不属于破产财产，其顺位自然优于破产费用、职工工资和所欠税款，那么工程承包人的优

---

① 参见王利明："抵押权若干问题的探讨"，载《法学》2000年第11期。

② 参见陈本寒：《担保物权法比较研究》，武汉大学出版社2003年版，第410页。

先受偿权必定优先于上述费用。

(三) 工程承包人之间的清偿顺位

若某一工程存在多个承包人施工，则可能会出现一个工程上存在数个优先受偿权的情况。此时如何确定不同承包人之间的受偿顺序，是司法实践中不可回避的问题。对此，理论上存有争议，共有三种不同观点。第一种观点认为，应依成立先后决定；第二种观点认为，各优先受偿权居于同一顺序；第三种观点认为，发生在后的优先受偿权优先。[①]

笔者认为，各建设工程承包人的优先受偿权应按各自的债权比例受偿，而不应按权利成立的先后确定受偿顺序。因为在多个承包人共存的情况下，建设工程是多个承包人提供劳务、资金共同建造的，各个承包人之间的工作和成果相互依存，其重要性并无先后之分。因此按各自债权比例受偿体现了公平原则，也平衡了各承包人之间的利益。而且，司法实践中对优先受偿权的成立时间认识不同，也会导致其不具操作性，甚至会引起混乱。至于发生在后的法定抵押权优先的观点，更是于法理不通。

瑞士民法和日本民法也持相同态度，《瑞士民法典》第 840 条规定："职工及承包人的若干法定抵押权均已登记的，即使其登记日期不同，其对抵押物仍有同等清偿的权利。"[②]《日本民法典》第 332 条规定："就同一标的物，同一顺位的先取特权人有数人时，按其债权额比例受清偿。"[③]

二、工程承包人优先受偿权的追及效力

当发包人将建设工程转让或销售于第三人时，建设工程承包人的优先受偿权是否继续享有优先受偿权？这就涉及建设工程优先受偿权的追及效力问题。

关于工程承包人的优先受偿权是否具有追及效力，我国法律无明确规定。理论上有肯定说和否定说两种观点。肯定说认为，基于民事法律保护弱者的价值取向和优先受偿权优于抵押权的受偿次序，应赋予承包人追及被转让房屋（建筑物）行使优先受偿权的权利。[④] 否定说认为，我国的承包人优先权没有登记公示制度，承包人不能像享有抵押权一样享有优先权的追及效力。[⑤]

---

① 参见杨与龄：《法定抵押权之登记及顺位》，载郑玉波主编：《民法物权论文选辑》（下），台中五南图书出版公司 1984 年版，第 667 页。转引自易军，宁红丽：《合同法分则制度研究》，人民法院出版社 2003 年版，第 283 页。

② 殷生根，王燕译：《瑞士民法典》，中国政法大学出版社 1999 年，第 237 页。

③ 王书江译：《日本民法典》，中国法制出版社 2000 年版，第 60 页。

④ 参见黄强光：《建设工程合同纠纷司法前沿问题析解》，法律出版社 2010 年版，第 217～218 页。

⑤ 陈旻，孙盈："建设工程承包人优先权之审判实务若干问题研究"，载奚晓明主编：《民事审判指导与参考》（总第 37 集），法律出版社 2009 年版。

笔者认为，当发包人将建设工程转让或销售于第三人（非消费者）时，建设工程承包人应当继续享有优先受偿权，理由如下：

1. 建设工程承包人的优先受偿权在性质上是一种法定抵押权，从我国立法来看是承认抵押权的追及效力的。根据《最高人民法院关于适用〈中华人民共和国担保法〉若干问题的解释》第六十七条的规定，抵押权存续期间，经登记的抵押物转让后，抵押权人仍可以行使抵押权。[①]《物权法》对《担保法》及其司法解释的相关规定进行了修正，《物权法》第一百九十一条第二款规定："抵押期间，抵押人未经抵押权人同意，不得转让抵押财产，但受让人代为清偿债务消灭抵押权的除外。"该款规定虽然"仅规定了买受人的代位清偿权，但实际上采取了与《担保法司法解释》相一致的立场，采用抵押权追及效力主义和涤除权制度，以此实现抵押权人与抵押物买受人之间的利益平衡。"[②] 既然我国立法承认抵押权具有追及效力，那么作为法定抵押权的承包人的优先受偿权也应当具备这一效力。从学理上看，这也符合担保物权的属性。

2. 虽然我国尚未建立建设工程承包人优先受偿权的登记制度，但该权利直接源于我国《合同法》第二百八十六条的规定，具有公开性，至少第三人应当知道该权利的存在，该权利的法定会产生一定的公示性和公信力。一般来说，只要贯彻物权公示原则，达到对善意第三人利益的保护，抵押权即可拥有追及效力。

3. 根据《物权法》第一百九十一条第二款的规定，抵押期间，抵押人未经抵押权人同意，不得转让抵押财产。可见，发包人转让建设工程时应当经过承包人同意。在优先受偿权因法律规定而获得一定公示效果的情况下，第三人在发包人未取得承包人同意的情况下即受让财产，也是有一定过错的。

4. 从司法实践上看，对于发包人将工程项目转让给非消费者的第三人后，承包人继续请求享有工程价款优先受偿权的，人民法院予以了支持。《上海市高级人民法院民事判决书》（（2007）沪高民一（民）终字第142号）指出："建设工程的法定优先受偿权是指承包人就建筑物直接支配其交换价值而受偿其债权的权利，是存在于物之上的权利。在金厦公司享有该优先受偿权的情况下，水利公司与汇申公司进行了新新商厦的转让过户，该行为应视作存在权利瑕疵的项目的转移，此时优先权人仍可以向受让人行使该权利，在受让人代替债务人清偿债务使该优先权消灭后，受让人有权再向债务人追偿。"[③]

---

① 该司法解释第67条规定："抵押权存续期间，抵押人转让抵押物未通知抵押权人或者未告知受让人的，如果抵押物已经登记的，抵押权人仍可以行使抵押权；取得抵押物的所有权的受让人，可以代替债务人清偿其全部债务，使抵押权消灭。受让人清偿债务后可以向抵押人追偿。如果抵押物未经登记的，抵押权不得对抗受让人，因此给抵押权人造成损失的，由抵押人承担赔偿责任。"

② 最高人民法院物权法研究小组编著：《〈中华人民共和国物权法〉条文理解与适用》，人民法院出版社2007年版，第573页。

③ 参见上海市高级人民法院（2009）沪高民一（民）再终字第2号民事判决书。

当然，若在我国建立起优先受偿权的登记制度，则更有利于交易安全，平衡各方当事人的利益。

但当买受人为购买商品房的消费者时，情况变得较为复杂。有学者认为，此时消费者的权利应优于优先受偿权，因为消费者属于生存利益，应当优先，承包人属于经营利益，应退居其次。[①] 也有学者持不同意见，认为物权优先于债权是民法的基本理论，不能随意突破。[②]

《关于优先受偿权问题的批复》就此作了规定："消费者交付购买商品房的全部或者大部分款项后，承包人就该商品房享有的工程价款优先受偿权不得对抗买受人。"可见，司法解释肯定了消费者权利的优先效力，其目的在于免使广大消费者受到损害。

上述规定固然有其合理性，但也确实存在尴尬之处：其一，该规定虽然保护了消费者的利益，但在民法理论上确实难以找到支撑的基础。根据物权法定原则，消费者对商品房的请求权不具有物权效力，不能对抗承包人的优先受偿权；其二，根据上述规定，我们可以得出，消费者对商品房的交付请求权优于建设工程法定抵押权。同时，根据我国现行法律规定，在商品房上成立的抵押权应优于一般债权（当然包括消费者的合同债权）。而《关于优先受偿权问题的批复》又规定，建设工程承包人的优先受偿权优于抵押权和其他债权。由此造成承包人的优先受偿权、普通抵押权和消费者请求权之间的效力次序混乱。

为此，只能寄望于尽快建立建设工程承包人优先受偿权的登记制度，以消除上述立法的尴尬，更好地适应司法实践的要求。

三、工程承包人优先受偿权的物上代位效力

"抵押物灭失或者出让，其交换价值转化为其他形态的物时，抵押权的效力及于该物。这即是抵押权的代位性。"[③] 物上代位性是抵押权的一个重要特性，我国《物权法》第一百九十一条第一款和《担保法》第五十八条也对此作了规定。[④] 因建设工程承包人的优先受偿权是一种法定抵押权，因此其也应具有物上代位的效力。比如，承包人有权就因建筑物灭失所得的保险赔偿金优先受偿。而当发包

---

① 参见梁慧星："合同法第二百八十六条的权利性质及其适用"，载《山西大学学报》2001年第3期。

② 季秀平："论建设工程法定抵押权"，http://www.civillaw.com.cn/weizhang/default.asp? id=7896.

③ 张俊浩主编：《民法学原理》，中国政法大学出版社2000年版，第403页、第491页。

④ 我国《物权法》第一百九十一条第一款规定："抵押期间，抵押人经抵押权人同意转让抵押财产的，应当将转让所得的价款向抵押权人提前清偿债务人或者提存。转让的价款超过债权数额的部分归抵押人所有，不足部分由债务人清偿。"《担保法》第58条规定："抵押权因抵押物灭失而消灭。因灭失所得的赔偿金，应当作为抵押财产。"

人将建筑物转让或预售于第三人时，享有优先受偿权的承包人应有就发包人转让或预售所得价款优先受偿的权利。

我国的《城市房地产管理法》第四十五条对开发商预售商品房所得款项的用途作了明确规定："商品房预售所得款项，必须用于有关的工程建设。"实践中，开发商在满足预售的所有前期条件后即可先行预售商品房，而对于随后收取的预售房款往往会挪作他用。因此，应建立一种有效的监督机制，对开发商所得预售房款进行监管，避免因商品房预售造成承包人优先受偿权的落空。目前，许多地方已经出台政策，对商品房预售资金按照专款专户、专款专存、专款专用的原则，采用全程全额的监管方式，保证预售资金优先用于工程建设。①

四、承包人预先放弃优先受偿权的效力

在工程实践中，发包人为获得银行的授信贷款，往往利用自己的强势地位要求承包人签署含有声明预先放弃其优先受偿权的书面文件。关于承包人预先抛弃其优先受偿权的效力，我国学者有两种观点：

1. 有效说。该说认为，承包人享有的优先权虽然是法律规定的权利，不是当事人约定的权利，但不论是法定或约定，对承包人而言都是一项民事权利。对于权利，当事人既可以行使也可以放弃。只要出于权利人的真实意思表示，法律都不可干预，这是当事人意思自治原则的体现。②

2. 无效说。该说认为，放弃优先受偿权有违立法目的、有违诚实信用原则、有违公平和正义原则，是对意思自治和自由原则的滥用。③

笔者同意第一种观点，理由如下：

1. 从本章前文所述，工程承包人的优先受偿权是法律根据建设工程承包合同的特点，赋予承包人以其物化的劳动成果对其债权进行担保并优先受偿的权利，该权利是法律基于承认当事人的私力救济而产生的。既然这种权利是法律基于当事人私力救济的认可而产生的，当然对于当事人放弃这种救济的意思表示也就没有干涉的必要。

① 《北京市商品房预售资金监督管理暂行办法》(京建法〔2013〕11号）第六条规定："商品房预售资金应全部存入专用账户，由监管银行对重点监管额度部分实行重点监管，优先保障工程建设。"《天津市新建商品房预售资金监管办法》(津政办发〔2016〕54号）第十一条规定："新建商品房预售资金应当全部存入监管账户，房地产开发企业不得直接收存房价款。"第十二条规定："每笔预售资金进入监管账户后，市资金监管中心通过监管系统计算出监管资金额度并实施全程监管，房地产开发企业可以自行提取全程监管资金以外的资金，优先用于项目工程有关建设。"

② 张铁锋："我看建设工程承包人的优先权"，载《中国律师》2001年第10期。

③ 参见何红锋，张璐，马俊达："建设工程优先受偿权放弃的效力探讨"，载《建筑经济》2005年第6期。

2. 承包人的优先受偿权在性质上是一种担保物权，我国法律并未禁止担保物权的放弃。《物权法》第一百七十七条第三项规定，债权人放弃担保物权的，担保物权消灭。《物权法》第二百三十二条规定："法律规定或者当事人约定不得留置的动产，不得留置。"可见，我国法律是承认放弃担保物权包括法定留置权的效力的。承包人的优先受偿权作为一种法定的担保物权，当然也应当适用《物权法》第一百七十七条的规定。

3. 关于承认放弃优先受偿权的效力是否有违公平原则，笔者认为，虽然承包人在建筑市场中相对于发包人处于弱势地位，但其毕竟是具有完全行为能力和丰富工程经验的市场主体，应当具备自我保护意识。如果仅仅由于其弱势的市场地位就否认其意思表示的效力，那么，承包人在发包人交易中的意思表示岂不都有被否定的可能？如此一来，稳定的交易秩序将无法保护，也违背了诚实信用的原则。而且，如果交易中存在显失公平的情形，当事人完全可以依据《合同法》的有关规定行使撤销权来救济，自无直接否定当事人意思表示的必要。

4. 有学者认为，承包人基于自身取得工程或筹措资金的需要，向发包人或贷款银行承诺放弃优先受偿权，发包人、贷款银行亦以此作为是否同意其承揽工程或取得融资的重要考量。之后承包人又主张其优先受偿权存在，对交易相对人及第三人造成错误预期，实有违诚信原则，有害交易安全。[①] 上述观点可资赞同。

5. 至于有学者所称，若允许该权利可以预先放弃，则会"导致工人的基本生存权无法获得保障，引发社会不稳定因素，同该制度设计初衷不符"，[②] 笔者认为，优先受偿权立法的主要基础在于保护承包人利益，保护工人工资不过是其衍生的社会功能。而且，承包人内部职工的利益可以利用《劳动法》《劳动合同法》的有关规定予以保护，农民工工资可以由其向劳务公司追偿，或通过实际施工人向承包人、发包人主张权利。况且，任何一个法人、社会团体在与他人进行交易时均会涉及职工工资的保护，为何独对建设工程承包人的工人工资予以特殊保护？

6. 从审判实务来看，海南省高级人民法院在审理中城建第七工程局有限公司海南分公司与海南周立众业投资有限公司建筑工程承包合同纠纷上诉案中认定，当事人在《承诺书》中明确表示在银行发放的用于该项目的贷款本息还清之前自愿放弃对该项目所有工程的优先受偿权，故其依法享有的工程优先受偿权应

① 参见陈旻，孙盈："建设工程承包人优先权之审判实务若干问题研究"，载奚晓明主编：《民事审判指导与参考》（总第37集），法律出版社2009年版。

② 仲伟珩："建设工程价款优先受偿权若干疑难问题分析"，载奚晓明主编：《民事审判指导与参考》（总第43集），法律出版社2011年版，第104页。

是在其所施工的工程优先清偿银行贷款本息之后才能得以行使，这实际上就是承认了当事人预先放弃优先受偿权的效力。①《广东省高级人民法院关于在审判工作中如何适用〈合同法〉第286条的指导意见》第9条规定："承、发包双方当事人在建设工程承包合同中约定承包人不能行使建设工程价款优先权，事后承包人以建设工程价款优先权是法定权利为由向人民法院主张合同约定无效并要求行使建设工程价款优先权的，人民法院不予支持。"最高人民法院在其《施工合同司法解释》（征求意见稿）中也曾持相同观点。②

当然，国外也有明确规定该种权利不得预先放弃的立法例。如《瑞士民法典》第837条就规定，工程承包人不得预先抛弃法定抵押权。③ 但在我国法律无明文规定的情况下，承认预先放弃优先受偿权的效力，符合私法自治的民法原理和诚信原则，有利于维护市场交易安全。

【实务判例】 当事人放弃优先受偿权的承诺有效④

2012年6月，A公司中标某项工程。2012年7月，A公司与发包人B公司签订了《建设工程施工合同》。2014年4月，该工程竣工验收合格。2014年6月，A公司与发包人B公司办理工程结算书，确认B公司尚欠A公司工程款9977.7万元。

2013年11月，B公司作为借款人与C公司、大连分行签订《委托贷款合同》，约定由C公司提供贷款资金，大连分行按照指定的贷款对象、用途、金额、期限、利率等发放给借款人，并协助收回贷款。贷款的用途为装饰、装修支付工程款及费用。B公司作为借款人还与大连分行签订了《流动资金贷款支付委托书》，融资用途为装饰、装修支付工程款及费用，支付对象为A公司。同时，A公司向大连分行、C公司、B公司出具了书面《承诺函》，载明：（一）无论借款人现在及以后是否欠付我公司上述项目在建工程的工程款，我公司自愿放弃上述《抵押合同》中约定的在建工程的优先受偿权。

此后，A公司诉至法院，请求判令B公司支付工程欠款，同时确认其对涉案工程享有优先受偿权。在案件审理过程中，A公司自愿放弃优先受偿权的承诺是否有效成为一个争议焦点。

---

① 参见海南省高级人民法院（2007）琼民一终字第19号民事判决书。

② 《施工合同司法解释》（征求意见稿）第二十七条规定："承包方作出放弃依合同法第二百八十六条规定享有的优先权的承诺有效。"

③ 《瑞士民法典》第837条规定："（一）下列债权，可请求设定法定抵押权：（1）出卖人对出卖土地的债权；（2）共同继承人及其他共同权利人，因分割而对原属于共同所有的土地的债权；（3）为在土地上的建筑或其他工程提供材料及劳务或单纯提供劳务的职工或承包人，对该土地的债权；土地所有人为债务人，或承包人为债务人的，亦同。（二）权利人不得预先抛弃前款的法定抵押权。"引自殷生根、王燕译：《瑞士民法典》，中国政法大学出版社1999年版，第237页。

④ 参见最高人民法院（2016）最高法民终532号民事判决书。

最高人民法院认为，A公司出具的《承诺书》是A公司的真实意思表示，不违反法律、行政法规的强制性规定，合法有效。虽然A公司称该《承诺书》是为了B公司取得贷款作出的，不是其真实意思表示，但其作为专业建筑企业，应当知道出具《承诺书》的法律后果，而且，其也没有证据证明在出具《承诺书》时存在欺诈、胁迫、乘人之危等违背真实意愿的情形，应当为出具《承诺书》的行为负责。在A公司明确放弃优先受偿权之后，再次提起诉讼主张涉案工程优先受偿权，违反了《承诺书》的约定，也违背了诚实信用原则，故依法不应支持。

关于A公司所称优先受偿权属于法定权利，不能通过约定放弃的理由，最高人民法院认为，建设工程优先受偿权是法律赋予建设工程施工人的法定权利，属于具有担保性质的民事财产权利。作为民事财产权利，权利人当然可以自由选择是否行使，当然也应当允许其通过约定放弃。而且，放弃优先受偿权并不必然侵害建设工程承包人或建筑工人的合法权益，承包人或建筑工人的合法权益还可通过其他途径的保障予以实现。因此，A公司的该项理由，于法无据，不应支持。

第六节 建立我国建设工程承包人优先受偿权登记制度的思考

一、建立工程承包人优先受偿权登记制度的必要性

建设工程承包人的优先受偿权是一种法定抵押权，其担保物权的性质决定了必须进行公示。虽然承包人的该项权利直接源于法律规定，具有一定的公开性和公示效果，但这种公开性有一定局限，它只能向公众明示该权利的存在，但却不能使他人知晓该权利的具体内容（包括优先受偿的数额、债权人和债务人的基本情况等）。这既不利于交易安全，容易损害第三人的利益，又容易使第三人囿于其法定性而不敢再于标的物上设立担保物权，妨碍不动产物的利用，不利于充分发挥物的经济效能。登记制度的缺失，还会导致工程承包人的优先受偿权与一般抵押权、消费者对商品房的交付请求权之间的顺位确定出现矛盾和尴尬的局面，以致损害法律的权威性和公信力。

因此，建立工程承包人优先受偿权登记制度，有利于减少纠纷，降低社会成本，维护交易安全，十分必要。

二、国外及我国台湾地区的立法状况

尽管对建设工程承包人优先受偿权的性质认识有所不同，但国外和我国台湾

地区均有相应的登记公示制度。

（一）德国法

"由于采纳物权形式主义的立法主张，因此，德国在不动产物权的变动问题上，非常重视不动产登记制度的立法"，[①] 建筑工程承揽人所享有的对其债权的保全抵押权的请求权也不例外。根据德国民法规定，"此请求权得为预告登记，须有定作人之同意或代替同意之判决及经登记，始成立抵押权"。[②]

（二）瑞士法

瑞士民法将法定不动产抵押权分为公法上的抵押权和私法上的抵押权，前者无须登记仍生效力，后者要求登记方为有效。同时，该法定抵押权的登记时间应自发生给付劳务义务之时起，至劳务义务终止后三个月内止。登记方式为经债权人同意或经法院判决确定。[③]

（三）法国法

《法国民法典》第 2106 条规定，在债权人之间按照规定方式进行不动产优先权登记并进行公告之后，优先权才对不动产产生效力。同时，根据第 2110 条的规定，承包人等对其承揽工程的不动产优先权应通过二次登记才能保持其优先权，包括确认现场状况的笔录的登记和工程验收笔录的登记。第一次笔录的登记之日为保存其优先权的起始日，但"此种优先权的数额，不得超过第二份笔录所确认的价值，并且以转让不动产时已经进行的工程的增加值为限"[④]。法国法上的不动产优先权虽为法定担保物权，公示与否都不影响其成立，但要想使之对抗第三人，则必须公示。[⑤]

（四）日本法

《日本民法典》第三百三十八条规定："不动产工事的先取特权，因于工事开始前登记其费用预算额，而保存其效力。但是，工事费用超过预算额时，先取特权不就其超额存在。"[⑥] 所谓"保存效力"，是指具有对抗第三人的效力。[⑦]

---

① 陈本寒：《担保物权法比较研究》，武汉大学出版社 2003 年版，第 204 页。

② 史尚宽：《物权法论》，中国政法大学出版社 2000 年版，第 330 页。

③ 《瑞士民法典》第八百三十九条规定："（1）职工及承包人的法定抵押权，在不动产登记簿上登记。（2）前款情形，法定抵押权最迟须在劳务义务终止后的三个月内登记。（3）登记，仅在债权为所有人承认或经法院确定后，始得进行。但所有人对申请登记的债权已提供充分担保的，不在此限。"见殷生根、王燕译：《瑞士民法典》，中国政法大学出版社 1999 年，第 237 页。

④ 参见罗结珍译：《法国民法典》，中国法制出版社 1999 年版，第 473～504 页。

⑤ 陈本寒：《担保物权法比较研究》，武汉大学出版社 2003 年版，第 204 页、第 173 页。

⑥ 王书江译：《日本民法典》，中国法制出版社 2000 年版，第 61 页。

⑦ 参见［日］近江幸治：《担保物权法》，祝娅等译，法律出版社 2000 年版，第 53 页。

(五) 我国台湾地区所谓“民法”

经2000年修正的我国台湾地区所谓“民法”第五百一十三条对建设工程承揽人法定抵押权的登记制度作了规定：“承揽人得就承揽关系报酬额，对于其工作所附之定作人之不动产，请求定作人为抵押权之登记，或对于将来完成之定作人之不动产，请求预为抵押权之登记。前项请求，承揽人于开始工作前亦得为之。前二项之抵押权登记，如承揽契约已经公证者，承揽人得单独申请之。”我国台湾地区所谓“民法”此次修正的目的就在于“确保承揽人之利益并兼顾交易安全”。[①]

三、工程承包人优先受偿权登记制度的具体设计[②]

(一) 登记方式

从以上国家和地区的立法情况来看，主要有两种登记方式：一是“二次登记制”，以法国法为代表，首次登记保存优先权的效力，二次登记限定优先权的总额；二是“一次登记制”，以日本法为代表，所保存债权总额以第一次登记的预算额为准。“二次登记制”程序上比较复杂，成本较高，但所确定的债权数额比较准确。而“一次登记制”程序上比较简单，但所确定的债权数额不够准确。

我国工程承包人优先受偿权的登记方式，应综合考虑我国的物权公示制度现状和基本建设实际情况进行确定。

首先，由于我国整个物权公示登记制度还不完善，实践中承包人和发包人的地位不平等，过于复杂的登记程序将不利于承包人权利的实现。因此，工程承包人优先受偿权的登记方式应以简便、易于操作为原则，以免承包人为复杂的登记方式所累，甚至成为不可能完成的任务；

其次，根据我国基本建设的现状，施工项目普遍存在“边设计、边施工”的现象，因设计变更、工程洽商等原因，工程预算额、合同额往往与最终结算额差异较大（一般情况下，结算额都会远远超出预算额和合同额）。若采“一次登记制”，将使承包人部分工程款得不到清偿，不利于承包人利益的保护。

基于以上原因，笔者建议我国建设工程承包人的优先受偿权应以“一次登记制”为原则。但为了更好地保护承包人的利益，承包人可于债权确定后，到登记机关申请对第一次登记进行更正，故可称其为“更正登记”。第一次登记时间可

---

① 杨与龄：“承揽人法定抵押权之成立与登记”，载苏永钦主编：《民法物权实例问题分析》，清华大学出版社2004年版，第18页。

② 高印立：“建立我国建设工程优先受偿权登记制度的思考”，载《中国房地产》2007年第3期。

确定为自建设工程施工合同签订时开始，至工程竣工时为止。该期间为除斥期间，超过该期间，承包人将丧失登记（包括“更正登记”）的权利。“更正登记”时间可确定为工程竣工之日起一定的期间。超过该期间，其申请“更正登记”的权利同样丧失。值得注意的是，“更正登记”并非必须，其应完全出于承包人的自愿。

关于登记程序，可参考我国台湾地区所谓“民法”的有关规定。一般情况下，第一次登记，也可称为“预告登记”，须经登记义务人（发包人）的承诺，并出具合法、有效的建设工程合同、工程开工文件等。而在建设工程施工合同已经公证时，承包人可单独到登记机关办理登记手续。而“更正登记”也应经发包人承诺，或由承包人持经过公证的工程结算书或生效判决书等能确定债权数额的文件单独申请。

（二）登记效力

纵观工程承包人优先受偿权的公示登记效力，主要有“公示成立要件主义”和“公示对抗要件主义”两种立法模式。前者以德国法、瑞士法为典型，后者以法国法、日本法为典型。这与其对物权变动模式的立法选择有关。我国台湾地区所谓“民法”对承揽人法定抵押权的登记效力未明确规定，虽然其于物权变动模式上采“公示成立要件主义”，但仍有学者认为，“该法定抵押权之效力的发生，应不以登记为必要。故登记仅为对抗善意第三人之要件”。[①]

就我国现行立法和立法趋势来看，不动产物权变动采公示成立要件主义，即不经登记，不动产物权不发生变动之效力。[②] 但工程承包人优先受偿权的登记是否应采“公示成立要件主义”，值得探讨。笔者认为，就此制度我国应采“公示对抗要件主义”，理由如下：

1. 就交易安全而言，登记成立要件主义和登记对抗要件主义，实质上似无不同。但就承揽人与定作人或恶意第三人间的关系而言，则有差异。如采登记成立要件主义，则未登记者不仅不能对抗善意第三人，在当事人之间也不发生效力；如采登记对抗要件主义，则未登记者，仅不得对抗善意第三人，对恶意第三人及定作人仍可主张抵押权的存在。两者比较，后者对承揽人的保护更为有利。

2. 工程承包人的优先受偿权，是一种特殊的抵押权，可以作为我国采“公示成立要件主义”的例外。实际上，我国特别法也有类似例外的规定。我国《海商法》第十三条规定：“设定船舶抵押权，由抵押权人和抵押人共同向船舶登记机关办理抵押权登记；未经登记的，不得对抗第三人。”我国《民用航空法》第

---

① 杨与龄：“承揽人法定抵押权之成立与登记”，载苏永钦主编：《民法物权实例问题分析》，清华大学出版社2004年版，第22页。

② 参见尹田：《物权法理论评析与思考》，中国人民大学出版社2004年版，第279～280页。

十六条规定："设定民用航空器抵押权，由抵押权人和抵押人共同向国务院民用航空主管部门办理抵押权登记；未经登记的，不得对抗第三人。"

关于经过登记的承包人优先受偿权与其他一般抵押权之间的效力顺位，不宜以登记先后作为确定受偿次序的依据。否则，承包人的优先受偿权将因其登记时间大多后于银行设定的抵押权而落空，这对承包人是不公平的。为了确保承包人的利益，《日本民法典》第339条的规定可以借鉴。《日本民法典》第339条规定，不动产工事优先权在办理登记的情况下，不论登记时间先后，均先于抵押权而行使。[①] 这样，建设工程承包人的优先受偿权经过预告登记后，即可在登记数额范围内，优于就该建筑物设定的抵押权、商品房买卖中消费者已预售登记的交付请求权及其他债权。未经登记的，只能优于普通债权，而不能对抗就该建筑物设定的抵押权、商品房买卖中消费者已预售登记的交付请求权。

至于"更正登记"，其只是对预告登记数额的一种更正，登记与否不影响承包人优先受偿权的效力。

本章小结

1. 建设工程承包人的优先受偿权在性质上是一种法定抵押权，是法律根据建设工程承包合同的特点，赋予承包人以其物化的劳动成果对其债权进行担保并优先受偿的权利。该优先受偿权的成立不以工程竣工为必要，凡具有交换价值的合格工程，均可成为该权利的标的物。但合同无效者，因承包人享有的折价补偿权利在性质上为不当得利之债，故优先受偿权无成立基础。实践中，各地法院对此观点也不尽相同，如深圳中院认为，无效合同的承包人不能主张优先受偿权，而安徽高院、江苏高院、四川高院等则持相反观点。

至于优先受偿权所担保的债权范围，因承包人的工程利润是基于建设工程施工合同性质而发生的承包人债权，是工程价款的组成部分，应当纳入优先受偿的范围。而承包人的停窝工损失不是工程价款的组成部分，未物化到建设工程之上，故不应优先受偿。

2. 优先受偿权是一种法定的担保物权，其具有追及效力和物上代位效力。对于发包人将建筑物转让于非消费者的第三人的，因优先受偿权是一种法定的权利，具有一定的公示效果，承包人所享有的该建筑物上的优先受偿权不因其所有权的变动而丧失。

3. 关于预先抛弃优先受偿权的效力，认为在我国法律无明文规定的情况下，承认预先放弃优先受偿权的效力，符合民法原理及私法自治和诚信原则，有利

① 参见王书江译：《日本民法典》第337～339条，中国法制出版社2000年版，第61页。

于维护市场交易安全。海南省高级人民法院在（2007）琼民一终字第19号判决书中即承认了承包人放弃优先受偿权的《承诺书》的效力，《广东省高级人民法院关于在审判工作中如何适用〈合同法〉第286条的指导意见》也持相同观点。

4.《最高人民法院关于建设工程价款优先受偿权问题的批复》中关于优先受偿权行使期间的规定，并不符合工程实践的要求，有致承包人权利落空的危险。故认为在无法确定合理的竣工时间时，自债权确定之时起算该除斥期间似更合理。在“普定县鑫臻房地产开发有限责任公司与黑龙江省建工集团有限责任公司建设工程合同纠纷案”中，最高人民法院认为，《合同法》第二百八十六条规定承包人就未付工程款对所承建工程享有优先受偿权，系为保护承包人对工程价款的实际受偿，在认定该优先受偿权的行使期限时，应当遵循案件的客观事实，尊重当事人之间关于支付工程价款期限的约定，优先受偿权行使期限的起算点，不应早于当事人之间约定的工程价款支付期限，以保证实现该优先权权能。对于建设工程合同因发包人的原因解除或终止履行的，承包人行使建设工程价款优先受偿权的期限自合同解除或终止履行之日起计算。

5. 物权公示是保护交易安全的原则，故从应然出发，建立具有对抗效力的工程承包人优先受偿权的登记制度十分必要。我国台湾地区所谓“民法”第五百一十三条的修正足以说明。

第七章　建设工程施工合同法律风险防范

第一节　概　述

建设工程投资大、工期长、材料设备消耗多、质量要求高、受自然和环境影响大，同时建设工程施工合同具有先施工后付款的期货式交易特点，这使得建设工程施工合同具有较高的风险性。

而且，由于建筑市场竞争激烈，供求关系失衡，发包人往往利用其优势地位将工程风险转嫁给施工企业，致使施工合同中权利和义务的分配不对等，施工企业在交易中处于明显的弱势和不利地位。近年来，我国建设工程施工合同纠纷案件的数量急剧上升，建筑施工企业承担工期、质量等重大违约责任的案例也屡见不鲜。因此，如何规避施工合同法律风险，已经成为建筑施工企业应当着重解决的重要问题。

本章从建筑施工企业的角度，通过对合同的签订、履行及工程结算、欠款追讨等环节进行分析，并结合合同履行过程中遇到的实际问题，提出防范建设工程施工合同法律风险的措施，以期对建筑施工企业的合同管理和相关制度建设有所裨益。

第二节　合同签订阶段的法律风险防范

对于经过招标投标程序的建设工程来说，由于整个建设工程施工合同中包含了大部分甚至全部招投标文件的内容，主要合同条款在招投标和合同谈判过程中实际上已经确定，所以，合同的大部分风险在签订之前就已形成。要有效防范施工合同的法律风险，建筑施工企业应注重合同签订阶段的风险防控，对招投标文件和合同书都要进行评审和论证。

一、投标阶段

目前，建设工程施工项目的招标、投标已逐渐成为建筑市场的主要交易方式。根据本书前文所述，中标通知书一经发出，即发生承诺生效、合同成立的法律效果，此时，招标人不得擅自改变中标结果，投标人也不得放弃中标项目。对于拒绝签订施工合同的，将承担违约责任，已提交的投标保证金将被没收。对于建筑施工企业，要防范工程招投标阶段的法律风险，主要应从以下三个方面进行：

(一) 资格预审

建筑施工企业在资格预审阶段应严格审查发包人的主体资格、履约能力和工程项目的合法性，防范中标后所签合同无效或合同无法正常履行的风险。

由于建筑市场竞争非常激烈，不良企业或个人利用建筑施工企业急于承揽工程的心理，以虚假项目套取建筑施工企业的投标保证金、履约保证金的现象时有发生。因此，对于招标的工程项目，特别是非公开招标的项目，建筑施工企业应做好充分的资信调查，对工程项目应有足够的了解和分析，如通过采取现场踏勘、查验有关企业信息资料、项目土地使用权证、建设用地规划许可证和建设工程规划许可证等方式，对招标人的基本情况和拟投标项目进行全面的了解，并决定是否参与投标、如何参与投标，谨防上当受骗。

对于建筑企业本身，首先，要评估是否有资格参加项目的投标。如果拥有多项资质的建筑企业参与了项目前期的咨询、设计工作，就不能再参加施工投标。《工程建设项目施工招标投标办法》（七部委 30 号令）第三十五条规定，为招标项目的前期准备或者监理工作提供设计、咨询服务的任何法人及其任何附属机构（单位），都无资格参加该招标项目的投标。同时，建筑企业拟参加项目投标时，还要协调母公司是否有参加同一项目投标的意向，根据《招标投标法实施条例》第三十四条的规定，单位负责人为同一人或者存在控股、管理关系的不同单位，不得参加同一标段投标或者未划分标段的同一招标项目投标。违反前两款规定的，相关投标均无效。那么，由同一公司控股的子公司能否参加同一项目的投标呢？对此，需要考察各行业的不同规定。2003 年 4 月，铁道部发布实施的《关于铁路大中型建设项目施工招标投标有关问题的通知》第二条规定："母子、子子公司投标为防止串标等不正当行为，同时也为了不限制或排斥潜在投标人，原则上同一企业集团母、子公司不得在同一标段投标；同一企业集团公司的子公司在同一标段投标不能超过两家。"《公路工程标准施工招标文件》（2009 年版）第一章《招标公告》中第 3.4 款规定："具有投资参股关系的关联企业，或具有直接管理和被管理关系的母子公司，或同一母公司的子公司，或法定代表人为同一个人的两个及两个以上法人不得同时对同一标段投标，否则均按废标处理。"其对母公司的解释为："国务院国有资产监督管理机构直接监管的中央企业均不属于本条规定'母公司'，其一级子公司可同时对同一标段投标，但同属一个子公司的二级子公司不得同时对同一标段投标。”而《公路工程标准施工招标文件》（2018年版）删去了上述规定，直接代之以《招标投标法实施条例》第三十四条的规定。笔者认为，同一公司控股的子公司之间理论上确实存在串通投标的可能，但实践中更多的则是竞争关系，尤其在中央企业大力合并的情况下，限制集团公司下属子公司参加同一项目的投标似不符合当前建设行业的现状。其次，在资格预审阶段应审慎选择项目经理，防范承担违约责任、甚至受到建设主管部门处罚的风险。依据建设部《注册建造师管理规定》（建设部令第153号）第三条规定，未取得建造师注册证书和执业印章的，不得担任大中型建设工程项目的施工单位的项目负责人，即项目经理必须具备注册建造师执业资格。同时，根据该管理规定第二十一条的规定，一名注册建造师只能同时在一个建设工程项目上担任项目经理（一个工程中不同标段同时担任项目经理的除外）。另外，我国许多地区的建设行政主管部门，如天津市、四川省、青海省、湖北省等，还规定项目经理在进场实施工程管理前必须将建造师执业证书和注册证书原件押在该地建设行政主管部门，待该工程完工或主体竣工验收后方能归还。

在工程招投标的资格预审阶段，招标人或招标代理机构一般还会要求投标人提供项目部主要人员组成情况。建筑施工企业通过资格预审后，该项目的项目经理将会在建设行政主管部门进行备案，此时，该项目经理就被固定下来。特别是在建筑施工企业中标该项目后，该项目经理将是合同中明确约定的项目负责人。此时若该项目经理已承担了其他项目，将会出现人证分离的情况，约定的项目经理因无法实施项目管理，会对合同的履行带来不利影响，使建筑施工企业因此承担违约责任，还可能受到建设行政主管部门的处罚。因此，建筑施工企业在提交资格预审文件前应综合考虑，审慎选择项目经理，防范不必要的经营风险。

（二）招标文件的评估

在通过资格预审以后，领取到招标人或招标代理机构发布的招标文件，施工企业应当对招标文件进行评估，并根据项目情况确定自身的投标策略，进而决定投标文件如何编制，包括制定投标报价原则、确定项目措施费、材料价格、施工方案及利润等。在这个过程中，建筑施工企业应重点对招标文件从以下几个方面进行评估：

1. 确认自身是否具备招标文件要求的资质等级

根据《建筑法》第十三条规定，从事建筑活动的建筑施工企业应当在取得相应等级的资质证书后，方可在其资质等级许可的范围内从事建筑活动。根据《施工合同司法解释》（法释〔2004〕14号）的规定，建筑施工企业如果超越自身具有的施工资质等级承揽工程，将被认定合同无效。因此，建筑施工企业在投标前应首先确认本企业是否满足该工程招标文件的资质等级要求。

2. 审查招标文件中列明的合同付款方式是否合理

在招标文件中，一般都会列明工程合同的主要条款，其中应包含工程款的支付方式。为防范经营风险，对要求施工单位大额垫资的工程项目应拒绝投标，除非与项目的建设单位已有长期可靠的合作关系，或通过其他渠道确认该项目的工程款有充分的保证。施工项目由于周期长、占用资金多，在合同履行过程中具有较大的不确定性。虽然由于目前的市场形势造成了施工企业之间的恶性竞争，不具有与发包人平等对话的市场地位，但施工企业也应在经营活动中坚持底线，对没有预付款但工程进度款按月支付或按完成部位支付、收取工程进度款的周期在1～2个月之内的项目可以参与投标，对招标文件中直接要求垫资到结构封顶的工程项目应坚决拒绝，严防因工程资金问题导致项目烂尾，把施工企业拖入债务泥潭。

3. 审查工程质量要求标准是否合理

在项目招标文件中，一般都会有对项目质量标准的要求，一般为合格。因为根据目前施行的国家建筑工程施工质量验收统一标准及各专业工程施工质量验收规范，仅能判定施工质量是否合格，没有是否达到优良的判定标准，因此"工程质量标准达到优良"的表述是不准确的。如果招标人对工程质量要求较高，不满足于合格标准，会在招标文件中明确所要求取得的工程质量奖项，如"中国建筑工程鲁班奖（国家优质工程）"等。此时，建筑施工企业应从项目部组成、分包单位选择、材料供应、奖项评选流程及标准熟悉情况等各个方面对自身所拥有的外在条件和内在能力进行评估，对工程项目的投标采取审慎的态度，或在项目投标报价中给予充分的考虑。

关于承包人未取得合同约定的质量奖项，其是否应承担违约责任，有学者认为，达不到合同约定的质量奖项不构成违约，因为评奖活动除了工程质量的客观性外，还会受到各种人为因素的影响，若某个工程的质量已经达到国家优良标准，承包人因未被评上奖项而承担违约责任，显然是不合适的。[①] 笔者认为，合同责任是严格责任，不以当事人的过错为要件，如当事人在合同中约定了工程质量奖项，只要这种奖项是现实存在的、可实现的，双方就应当恪守约定，一旦违反就应当承担违约责任。《山东省高院民事审判工作会议纪要》（鲁高法〔2011〕第297号）规定，对于当事人约定的建设工程质量标准高于国家规定的强制性安全标准的，如约定获得"鲁班奖"等，应当认定该约定有效，承包人的工程质量不符合合同约定质量标准的，应当按照合同约定承担违约责任，但合同另有约定的除外。

---

① 王建东著：《建设工程合同法律制度研究》，中国法制出版社2004年版，第265页。

(三) 投标文件评审

对于投标文件，主要应当评审其是否对招标文件进行了有效的响应；施工组织设计中的施工部署和施工方法是否合理；工程报价的组成是否有缺漏项；综合单价的确定是否合理；工程量的计算是否准确等内容。这里重点探讨以下几个方面的内容：

1. 投标保证金

在投标阶段，招标人或招标代理机构可以要求投标单位提供投标保证金。《招标投标法实施条例》第二十六条规定："招标人在招标文件中要求投标人提交投标保证金的，投标保证金不得超过招标项目估算价的 2%。投标保证金有效期应当与投标有效期一致。"投标保证金应在招标文件规定的投标保证金提交期限内提交，一般在递交投标文件的同时提交。招标人最迟应当在书面合同签订后 5 日内，向中标人和未中标的投标人退还投标保证金及银行同期存款利息。没有按照招标文件提交投标保证金或所提供的投标保证金不符合要求的，按废标处理。

投标保证金的目的有两个：其一，保证投标人在有效期内不能撤回其投标文件；其二，投标人一旦中标，保证其必须在规定期限内提交履约保证金或签订合同。建筑施工企业在提交投标保证金时，应审查所要求提供的投标保证金数额是否符合上述规定。对于超过规定数额的项目应慎重投标，重新对招标人的资金实力及项目可靠性进行调查、分析和评估，以防投标后因种种原因迟迟不能确定中标方，或招标人以种种理由拖延退还投标保证金，从而给施工企业带来大额资金被占用甚至是难以退还的风险。

2. 投标报价

建筑施工企业在确定项目投标报价时，往往会根据项目的具体情况及潜在竞争对手的不同确定不同的报价策略，但无论采用何种报价策略，投标报价都应以企业的成本为底线。施工企业可能在长期的经营活动中积累了各种各样的资源，能够在某些方面将施工过程中的成本降低到市场价格以下，如施工企业在以前的施工项目上自购了大量的脚手架钢管，在新承接的项目上就不必再为脚手架钢管支付租赁费用。但即使拥有低成本的优势，施工企业也应以经过认真测算的、包括各种税费的自身施工成本作为投标报价的最低值，不能为了排挤竞争对手而采取"低报价、高索赔"的报价策略。因为在目前的工程量清单报价体系下，施工单位一旦中标，各个子项的投标综合单价将作为施工合同总价的组成部分而被固定下来。在工程结算时除双方约定的合同价款调整因素外，只对工程量的增减进行调整。如果施工企业在投标文件中报出的分部分项工程的综合单价低于自身施工成本，一旦在工程结算中无法凭借合同价款调整因素将其价格调高，将导致这个分部分项工程的亏损，而且工程量越大，亏损越多。工程量结算中的措施项目清单及其他项目清单，往往是施工企业形成利润的部分，因此，为了排挤竞争对手而在这两个清单中压低自身报价的方式也是不可取的。这有可能会将本来应该盈利的项目变为保本甚至亏损的项目，给施工企业带来经营风险。

在投标报价中，施工企业还应考虑招标人要求获得工程质量奖项而导致的成本增加。因为这些质量奖项是在工程质量达到国家建筑工程施工质量验收统一标准及各专业工程施工质量验收规范中规定的合格标准基础上，按照国家或地方制定的优质工程质量评定标准，对申请奖项的施工项目单独组织工程质量检验和验收。只有达到优质工程质量评定标准的各项要求，才能获得工程质量奖项在申请奖项的过程中，施工企业在质量管理的投入、现场文明施工的加强、各种原材料及模板的质量控制等方面都会产生数额不小的费用支出，从而导致施工成本的增加。

在施工工期方面，一般是由招标人在招标文件中提出明确的开、竣工日期或施工日历天数，施工企业在投标文件中响应，如不响应招标文件中的工期要求，则会按废标处理。因此，对于招标人要求的工期远远短于定额工期的工程项目，应在投标报价中着重考虑计取赶工费用，并应同时考虑模板等周转性材料为赶工而增加的投入。

3. 项目部人员组成

在投标文件中，施工企业应列明施工项目部的人员组成，其中项目经理为资格预审阶段明确的项目经理，一般情况下不得调整。项目部的其他组成人员可以调整补充。在选择项目部人选时，首先，应考察其社保关系是否在本企业，这是建设行政主管部门认定其是否为企业职工的标准，《建筑工程施工转包违法分包等违法行为认定查处管理办法（试行）》（建市〔2014〕118 号）第十一条规定，施工单位在施工现场派驻的项目负责人、技术负责人、质量管理负责人、安全管理负责人中一人以上与施工单位没有订立劳动合同，或没有建立劳动工资或社会养老保险关系的，认定为挂靠；其次，应考察担任各种岗位职务的项目管理人员是否具有相应的资格。北京市住房和城乡建设委员会《关于进一步规范北京市房屋建筑和市政基础设施工程施工发包承包活动的通知》（京建发〔2011〕130 号）第十五条规定："派驻施工现场项目管理机构的各岗位管理人员（项目负责人、技术负责人、安全生产管理人员，以及各专业施工员、质检员、试验管理员、材料员、造价员、测量员、劳动力管理员），未持有省级建设行政主管部门颁发的注册执业资格证书、安全生产考核合格证书或岗位证书的，市和区（县）建设主管部门依法给予行政处罚或行政处理后，作为不良行为记入北京市建筑市场监管信息系统，向社会公示。"因此，项目部的组成人员应在本企业参加社会保险，并具有相应的岗位资格。

对于要求获得工程质量奖项的投标项目，应在确定项目部组成人选时，着重考察项目主要管理人员是否具有获得工程质量奖项的项目管理能力、是否具备获奖工程的管理经验，以免因项目管理人员的能力或经验不足，无法达到合同约定的质量目标。

【实务判例】施工过程中未对更换项目经理提出异议，后又要求追究违约责任的，法院未予支持①

在某勘察设计院与某局三公司建设工程施工合同纠纷申请再审案中，关于三公司更换项目经理和项目经理部主要管理人员是否构成违约的问题。最高人民法院认为，虽然双方在《建设工程施工合同》专用条款中约定了承包人不得更换投标书中确定的项目经理和项目经理部管理人员，但勘察设计院无证据证明其在整个工程施工过程中直至本案诉讼前提出过任何异议。勘察设计院知晓而不提出异议的行为，应视为对三公司变更项目经理及管理人员的认可，故一、二审法院驳回勘察设计院提出的该项反诉请求并无不当。

（四）招投标过程中居间行为的审查

实践中，施工企业为了承接工程项目，会承诺向介绍工程的有关人员支付一定的费用，费用名义不尽相同，包括劳务费、服务费、咨询费、居间费等，并签订合同。这种合同本质上属于居间合同。然而招投标过程中的居间行为是否有效，在司法实践中的处理却不尽相同。

有学者认为，居间行为提供缔约机会，却不能决定是否缔约，而招投标规则决定了合同的履行，因此，居间行为并不必然影响招投标活动的公开、公平与公正性。打着居间的旗号影响招投标活动公开、公平及公正性的行为，只是个案，并不能全盘否定居间行为。招投标过程中的居间合同只要符合合同法的有效要件，应认定为有效，并应加以保护。② 也有学者认为，在以互联网等为载体的网络化、信息化推动下，居间法律关系的适用空间被大大限缩。投标居间合同的效力应符合合同条款的关联性、合同义务与居间费用有无明显利益失衡及合同内容实质性审查等多个方面行认定。③

笔者对上述第二种观点深表赞同。实际上，在建设工程领域，就工程招投标所进行的居间行为，违反招投标活动公开、公平与公正性的并非个案，只是多数居间合同形式上并未违反法律、行政法规的强制性规定，但合同当事人往往在居间合同合意之外实施了干涉招投标活动的行为，如利用自己的关系安排投标人和

① 参见最高人民法院（2013）民申字第996号民事裁定书。

② 参见王建东，杨国锋："论招投标过程中居间行为的效力"，载《杭州师范大学学报（社会科学版）》2013年第5期。

③ 参见王士贵，于四伟："投标居间合同之效力认定"，载《人民司法》2015年第13期。

招标人就实质性内容进行谈判、非法获取招投标的内部信息、影响中标结果等，甚至会实施贿赂行为。为降低居间合同给企业经营管理可能带来的风险，可以从以下几个方面来从严审查居间合同的签订：

1. 审查居间内容。根据《合同法》第四百二十四条的规定，居间合同是居间人向委托人报告订立合同的机会或者提供订立合同的媒介服务，委托人支付报酬的合同。居间合同以促成委托人与第三人订立合同为目的，但囿于《招标投标法》等法律的禁止性规定，居间人只能向委托人提供订立合同的机会，包括为邀请招标项目的发包人推荐被邀请人、提供项目信息、当事人信用或履约能力信息等。但是，居间人不能在双方当事人之间进行斡旋、谈判、促成交易，也不能承诺保证中标。

2. 审查居间费用。对于经招投标程序确定承包人的工程项目，居间人只能为投标人提供订约机会，一般来说均以各种信息为主，而高度发达的搜索引擎使得信息获取成本更加低廉。在工程承包人利润普遍较低的背景下，动辄以中标价3%甚至5%的比例支付居间费用，确实让人对该居间费用的真正用途和居间合同的真实目的产生疑问。

3. 落实居间的真实目的。招投标过程中的居间行为往往具有合法的外在表现形式，要想真正规避风险，就要向经营人员探明居间行为的真实目的，特别是在居间合同之外是否有实施其他行为的可能，从而判断居间行为的合法性，避免给企业和有关人员带来法律风险。

【实务判例 1】 保证中标的居间协议无效①

2000 年 12 月，A 公司与 B 公司签订联合协议，协议约定：B 公司保证 A 公司获得华腾园二期两个楼座的总承包施工；A 公司承诺以中标价为基础，支付工程合同总额的 10%给 B 公司。C 公司是 B 公司的股东之一。

2001 年 7 月 30 日和 2002 年 9 月 26 日，A 公司与 C 公司分别签订了华腾园二期住宅楼及裙楼工程的施工合同，合同额分别为 4778.86 万元和 1099 万元。上述两份合同签订后，A 公司通过公开招投标取得上述两份协议所涉工程的施工。

后 B 公司向 A 公司主张居间报酬未果，诉至法院。

一审法院审理后认为，本案中 B 公司向 A 公司提供了华腾园工程施工的信息，而 A 公司也通过招投标取得了联合协议中约定的华腾园的建筑工程。联合协议中确定的、居间指向的标的物已经在其后的两个建筑工程施工合同中得到实现，B 公司按照联合协议的约定履行了居间的义务。联合协议系双方当事人的真

① 参见北京市第一中级人民法院（2003）年一中民初字第 12473 号；北京市高级人民法院（2004）年高民终字第 00408 号。

实意思表示，应属有效。故判决A公司给付B公司587.8万元。

二审法院认为，本案所涉及的工程项目施工，是C公司根据法律规定以招投标方式进行发包的。《招标投标法》第五条规定，“招标投标活动应当遵循公开、公平、公正和诚实信用的原则”，但是在C公司公开招标、A公司投标行为开始之前，联合协议约定“B公司保证A公司获得华腾园二期二个楼座的工程总承包施工”，该约定明显违反了招投标活动中要求遵循的公开、公平、公正和诚实信用原则，属于以合法形式掩盖非法目的，其扰乱了建筑市场的正常秩序，损害了其他参与招投标活动当事人的合法权益。故法院认定联合协议无效，双方当事人对协议的无效均有过错，判决撤销一审判决，驳回B公司的诉讼请求。

【实务判例2】 有法院认定工程居间合同有效①

2003年7月初，三局二公司与马某某、李某某等协商某热电厂投标招标事宜。7月14日，三局二公司与马某某、李某某签订了居间协议。双方约定的主要内容是：若该工程中标建设工程合同签订后，支付马某某、李某某建设工程合同总额2%的劳务费用；首次支付20万元，余款按工程转款比例支付；违约方赔偿对方10万元损失。

8月14日，三局二公司中标该热电厂工程，后因三局二公司未按居间协议支付款项，马某某、李某某提起诉讼，要求支付余款。

法院经审理认为，本案居间协议符合《合同法》规定的居间合同特征，为居间合同。我国法律没有禁止建设工程承包合同居间。招标公告虽然为公开事项，但并非公开的事项就众所周知。因此，公开招标的事项也存在向他人报告投标和订立合同机会的情形，投标人也可以将自己在投标活动中所办理的投标事项委托他人代理或者协助进行。招投标活动遵循公开、公正、公平和诚实信用原则，但并非招投标活动有居间行为就违反了招投标活动的原则，只是招投标活动中的居间事项与其他合同的居间事项有所差别。本案中，三局二公司提供投标所需的各种资料和投标书，让马某某、李某某参与其投标事务并支付一定劳务费的约定，没有违反我国法律规定，因此该行为为有效民事法律行为。《建筑法》和《招标投标法》相关法律规定的均是发包方与承包方之间不得以不正当手段签订建设工程承包合同。本案各方当事人没有提供证据证明发包方与承包方以及居间人之间有违反《建筑法》和《招标投标法》相应规定的行为。故法院认定该居间协议有效。

二、合同书签订阶段

《建设工程施工合同（示范文本）》GF-2017-0201代替了原1999年版的施工

① 参见河南省义马市人民法院（2005）三民三终字第41号民事判决书。

合同示范文本，但在实践中两种示范文本均有使用。由于示范文本内容较为全面，有利于平衡合同当事人的权利、义务关系，因此其对于解决工程纠纷起到了一定的积极作用。但建筑施工企业有时签订合同书时过于草率，防范合同风险的意识不足，合同条款约定得不够具体、明确、完备，一旦发生纠纷使得其自身合法权益无法维护。因此，建筑施工企业在合同书签订阶段应仔细审查合同书条款。

（一）合同主体审查

根据我国《建筑法》的规定，合格的发包人一般是具有法人资格或者对外能独立地承担民事责任的组织，除农民自建房以外，自然人不能成为工程项目的发包人。为保证施工合同的顺利履行，在签订合同前，施工企业应着重从以下几个方面对发包人进行审查：

1. 发包人是否依法取得企业法人营业执照，从事房地产开发的发包人还应具有相应的资质等级证书。

2. 发包人各种审批文件上的建设单位是否与发包人主体相一致。对于装饰装修等分包工程，还要审查发包人是否为该建筑物的所有权人，如果不是，应当要求发包人提供所有权人同意的书面文件。

3. 发包人是否具有履约能力。施工企业应当对发包人的资信情况和项目资金落实情况进行详细调查，并根据调查结果进行项目风险评估，慎重签约。

此外，在工程施工过程中，建筑施工企业应密切关注发包人履约能力的变化，包括是否存在拖欠工程款的情况、发包人股权是否发生变动、发包人经济条件是否恶化等。一旦发包人的履约能力出现问题，施工企业就要按照合同约定或利用法律规定的不安抗辩权、履行抗辩权及时采取停工等相应措施，避免损失进一步扩大，降低经济风险。同时，及时寻求法律途径维护自身的合法权益。

（二）合同效力审查

一份成立并生效的合同是保护当事人合法权益的基础，无效的施工合同往往会造成建筑施工企业的经济损失。因此，对建设工程施工合同效力的审查是合同评审的重要环节，关乎合同目的能否正常实现。对建设工程施工合同效力的评审应着重审查以下几个方面：

1. 工程项目的发包是否应经招标投标方式

对于没有经过招标投标过程，而是由项目业主与建筑施工企业直接接洽而形成合同意向的工程项目，在签订工程施工合同之前，建筑施工企业应首先考虑该项目是否应通过招标投标方式进行发包。《招标投标法》第三条规定：“在中华人民共和国境内进行下列工程建设项目包括项目的勘察、设计、施工、监理以及与工程建设有关的重要设备、材料等的采购，必须进行招标：（一）大型基础设施、公用事业等关系社会公共利益、公众安全的项目；（二）全部或者部分使用国有资金投资或者国家融资的项目；（三）使用国际组织或者外国政府贷款、援助资金的项目。"《必须招标的工程项目规定》第二条规定，全部或者部分使用国有资金投资或者国家融资的项目包括使用预算资金200万元人民币以上，并且该资金占投资额10%以上的项目以及使用国有企业事业单位资金，并且该资金占控股或者主导地位的项目。第三条规定，使用国际组织或者外国政府贷款、援助资金的项目包括使用世界银行、亚洲开发银行等国际组织贷款、援助资金的项目以及使用外国政府及其机构贷款、援助资金的项目。根据《必须招标的基础设施和公用事业项目范围规定》第二条的规定，不属于《必须招标的工程项目规定》第二条、第三条规定情形的大型基础设施、公用事业等关系社会公共利益、公众安全的项目，必须招标的具体范围包括：（一）煤炭、石油、天然气、电力、新能源等能源基础设施项目；（二）铁路、公路、管道、水运，以及公共航空和A1级通用机场等交通运输基础设施项目；（三）电信枢纽、通信信息网络等通信基础设施项目；（四）防洪、灌溉、排涝、引（供）水等水利基础设施项目；（五）城市轨道交通等城建项目。对于符合上述必须招标项目范围的施工合同，其单项合同估算价在400万元人民币以上的，必须进行招标。同时，根据《施工合同司法解释》的规定，建设工程必须进行招标而未招标或中标无效的，建设工程施工合同无效。因此，对于法律规定必须进行招标的工程项目，在没有经过招标投标程序之前，施工企业不能与项目业主签订工程承包合同，否则将会导致合同无效。

2. 是否有转包、违法分包、借用资质的情况

我国《建筑法》《合同法》以及《招标投标法》三部法律分别从不同角度对工程转包、分包和借用资质（俗称"挂靠"）都作出了明确的禁止性规定。从工程建设领域来看，不管是转包、违法分包还是借用资质的行为都有很大的危害性，将给工程留下严重的质量、安全隐患，甚至会造成重大质量、安全事故的发生。

转包、违法分包和出借资质的行为不仅会导致合同无效，还会使施工企业受到建设行政主管部门的处罚。而且，由于施工企业难以对转承包人、违法承包人和挂靠人进行真正控制，在项目发生亏损或实际施工人将项目资金据为己有时，施工企业将面临大量债务，使其陷入经营困难甚至破产倒闭的境地。因此，作为建筑施工企业，应当杜绝违法分包、转包、借用资质行为的发生，对工程进度、技术、质量和安全管理应当履行全面义务，这既是承包人应尽的义务，也避免将自己拖入债务泥潭。

对于劳务分包合同，施工企业应予以足够重视，避免劳务分包合同被认定为工程转包或违法分包而无效。虽然根据《施工合同司法解释》第七条的规定，具

有劳务作业法定资质的承包人与总承包人、分包人签订的劳务合同合法有效，但并非以劳务分包名义签订的合同都有效。一般而言，“包工包料与包工不包料是工程分包与劳务分包两者区别的关键”。[①] 包工不包料为劳务分包，包工包料为工程分包。而以劳务分包的名义包工包主料的“扩大”劳务分包本质上为工程转包或违法分包，包工包辅材的为劳务分包。

此外，对于联合体承包要慎防变相挂靠。我国《建筑法》第二十七条对此作了规定：“两个以上不同资质等级的单位联合承包的，应当按等级低的单位的业务许可范围承揽工程，联合体各方承担连带责任。”可见，具有较高资质的施工企业与具有较低资质的企业组成联合体承包工程，但只有较高资质才能满足该工程关于资质的要求时，实际上就是低资质的企业借用高资质企业的资质来实施变相的挂靠。

当然，对于资质范围完全不同的互补型联合体（如机电安装与消防的联合），只要不违反《招标投标法》的强制性规定应当是允许的。值得注意的是，在联合体各方具有多种不同等级的同类资质时，如何确定联合体的资质等级可能会产生分歧。比如，甲、乙组成联合体进行投标，甲具有幕墙一级和装饰装修二级资质，而乙具有幕墙二级和装饰装修一级资质。那么，联合体的资质是幕墙二级和装饰装修二级还是幕墙一级和装饰装修一级？笔者认为，联合体投标的目的在于强强联合、优势互补，因此不能简单地按照等级低资质来确定联合体的资质，而是应当根据联合体成员的分工来确定。《政府采购法实施条例》的规定可供参考，该条例第二十二条规定：“联合体中有同类资质的供应商按照联合体分工承担相同工作的，应当按照资质等级较低的供应商确定资质等级。”而本例中，如果甲、乙在联合体中的分工分别为幕墙和装饰装修，双方承担的工作并不相同，属于互补型的联合，则应当认定联合体的资质等级为幕墙一级和装饰装修一级，否则，联合体的成立毫无意义。

（三）一般合同条款的审查

1. 解释顺序

1999 年版、2013 年版和 2017 年版的《建筑工程施工合同（示范文本）》均在通用合同条款中列明了组成合同的文件内容和优先解释顺序，承、发包双方也可以在专用条款对合同文件组成和优先解释顺序进行调整或增减。解释顺序条款确定总的原则是：当组成合同的文件内容不一致时，以解释顺序在先的文件约定为准。司法实践中一般也会按照该条款对文件的优先适用作出判断。

施工企业在合同评审时，首先应在施工合同的专用条款中明确合同文件的组

① 朱树英著：《工程合同实务问答》，法律出版社 2011 年版，第 87 页。

成及解释顺序，并应注意各个合同文件的解释顺序是否合理。一般情况下合同专用条款优先于通用合同条款，投标书及其附件优先于合同专用条款。特别应注意，根据该示范文本通用条款第二条的规定，发包人、承包人有关工程的洽商、变更等书面协议或文件视为合同的组成部分，但未明确这些书面协议或文件的解释顺序，因此应在施工合同的专用条款中予以明确。由于这些书面协议或文件的形成时间是在施工合同的履行过程中，晚于施工合同的签订时间，应该更能反映合同当事人履行的最新情况和真实意思，因此其解释顺序应优先于投标书及其附件和合同专用条款。

2. 项目经理权限

关于项目经理的定义和权限，建设部颁布的《建筑施工企业项目经理资质管理办法》（建建〔1995〕第1号文）第二条规定："本办法所称建筑施工企业项目经理，是指受企业法定代表人委托对工程项目施工过程全面负责的项目管理者，是建筑施工企业法定代表人在工程项目上的代表人。"《建设工程项目管理规范》GB/T 50326—2006 第 5.1.1 条规定："企业在进行施工项目管理时，应实行项目经理责任制。"第 5.2.1 条规定："项目经理应根据企业法定代表人授权的范围、时间和内容，对施工项目自开工准备至竣工验收，实施全过程、全面管理。"《建设工程施工合同（示范文本）》GF-2017-0201 通用合同条款第 3.2.1 中规定：项目经理经承包人授权后代表承包人负责履行合同。可以看出，项目经理作为施工企业内部的重要岗位和企业法定代表人在具体工程项目中的代理人，对工程项目施工负有全面管理的责任，是具体施工项目的最高领导者、组织者和责任人，在工程项目施工管理中处于核心的地位。

正是由于项目经理在施工企业中的特殊地位，其可能给施工企业带来较大的经营风险，主要有以下几个方面：

（1）项目经理不适当履行与发包人的施工合同，造成工期延误或出现严重质量问题，导致发包人的高额索赔；

（2）项目经理擅自转包、违法分包导致发包人解除合同并索赔；

（3）在竣工结算时，项目经理为达到个人目的，拒绝移交竣工工程或资料造成施工企业无法及时办理结算；

（4）项目经理随意与他人签订分包合同、材料供应合同，因合同存在较大的漏洞导致施工企业的损失，或不适当履行与分包企业、材料供应企业签订的合同导致纠纷；

（5）项目经理出于恶意，利用职权和持有的项目部印章，与他人串通，伪造借款凭证，或伪造拖欠分包工程款、材料款、设备租赁款甚至农民工工资的证据材料，再通过诉讼达到占有施工企业款项的目的；

（6）项目经理通过虚假支付分包工程款、材料款等方式套取工程款。

因此，施工企业应特别注意加强对项目经理的管理，可以从以下几个方面采取措施：

(1) 严格项目经理的选任

在选任项目经理时，应考察其是否具有符合项目管理要求的能力、经验、专业知识和业绩，并着重考察其职业道德水平、有无违纪或其他不良记录。同时，施工企业应当与其建立合法的劳动、人事关系，与其签订正式的劳动合同，办理社会保险手续。这既是建设行政主管部门的要求，也便于在其涉嫌违法犯罪时追究责任。

(2) 在施工合同文本中明确项目经理的权限

在施工合同的专用条款中，应当明确项目经理的职责范围，特别是对项目经理的权限应作出明确的约定，尽量对其权力进行限制。如明确：无权对施工合同进行修改或变更；无权以承包人或本工程项目部的名义签订合同；无权以承包人或本工程项目部的名义对外借款；无承包人书面授权无权代表承包人进行工程结算；无承包人书面授权无权代表承包人收取工程款项或委托第三人收取工程款项等等，以此防范项目经理因"表见代理"可能给企业带来的法律和经济风险。

(3) 完善项目经理的奖励与约束机制

项目经理管理的最核心的问题，是如何在调动其积极性的同时增强责任心。因此，建筑施工企业应当以项目经理为对象建立健全企业内部的奖励和约束机制，使其薪酬尤其是绩效奖金直接与项目经营的好坏挂钩，以充分调动项目经理的积极性。同时，还要加强对其经营管理行为的约束力度，如开展合同履行过程中的质量、安全、经营、财务检查等，确保项目运行的可控。

3. 质量标准和工期合理性

(1) 审查质量标准条款的合理性

我国现行执行的工程质量标准是《建筑工程施工质量验收统一标准》GB 50300—2013，该标准确定了工程质量的"合格"标准。质量合格标准是最低标准，具有强制性。建筑施工企业必须确保工程质量达到验收合格标准，不合格的建筑工程不得交付使用。另外，我国国家和地方行业协会也制定了若干优质工程的评选标准，如"鲁班奖""国家优质工程奖""北京市结构长城杯""白玉兰杯""辽宁省世纪杯"等。能否获得这些奖项是由许多因素决定的，有的奖项每年都有严格的数量限制，因此，这些奖项并非工程质量本身达到"优质"就可获得。

在建设工程施工合同中，有时发包人会要求工程获得"某某奖项"，根据本节前述分析，承包人未获得合同约定的质量奖项应当承担违约责任。因此，施工企业应对此进行评估，避免因盲目约定给自己造成风险。

(2) 审查工期的合理性

工期是指承、发包双方在建设工程施工合同中约定的合同履行期限。承包人在此期限内要如约完成合同内容，否则便要承担违约责任甚至会导致合同的解除。在当前的工程实践中，出于各种利益驱动，发包人经常压缩合理工期，不顾客观情况盲目抢时间、赶进度，从而导致了施工质量下降，质量安全事故频发。国务院《建设工程质量管理条例》第十条规定："发包单位不得迫使承包方以低于成本价格竞标，不得任意压缩合理工期。"

何为合理工期？我国现有法律、法规未作规定。有观点认为："所谓合理工期，是建设项目在正常的建设条件、合理的施工工艺和管理，建设过程中对人力、财务、资源合理有效地利用，使项目的投资方和各参建单位均获得满意的经济效益的工期，是保障工程建设质量与施工安全的必要劳动时间。"① 对一个具体的工程项目来说，合理工期应该建立在工程规模和复杂程度、工程的结构形式、工程的施工环境及地理位置等基础之上。目前，我国尚无合理工期的统一确定标准，实践中承包人一般依据现行定额计算得出的定额工期下浮一定比例来确定合同工期。

在司法实践中，经常有发包人向承包人进行工期索赔的案例。在承包人起诉发包人拖欠工程款案件中，发包人也常常以承包人工期延误为由提出反诉。"工期延误"早已成为发包人少付、拖付工程款的"常规武器"。因此，对于合同中的工期条款，施工单位应注意审查其合理性，综合考虑工程情况、自身设备、人员、材料和管理水平等多方面因素，避免因盲目签约而带来经济风险。

对于经过招投标的项目，施工企业在中标后工期已经确定，施工合同的工期应当与中标通知书相一致。否则，所签工期条款会因违反中标通知书的实质性内容而无效。当发包人不按照中标通知书的内容擅自改变工期时，施工企业应拒绝签订合同。

在约定工期不能顺延的情形时注意约定是否公平合理，类似"发包人不按约定支付工程进度款时，承包人不得停工，工期不顺延"的约定对施工企业的风险就很大。施工企业要尽可能明确工期顺延的情形和程序，并对工期逾期违约金额度设定上限，以使风险处于可控状态。

4. 合同价款、支付方式及结算

建设工程施工合同的合同价款、支付方式及结算是建筑施工合同的关键内容。目前建设工程施工合同最为常见的纠纷就是关于工程价款结算的争议。建筑施工企业在合同评审时，对合同价款、支付方式及工程结算的约定应当给予充分重视。

① 朱树英："完善工期立法，保障工程质量"，载《建筑时报》2012年2月9日。

(1) 合同价款

对于经过招投标的项目，作为中标通知书的内容之一，合同价款在施工企业中标后即已确定。发包人和施工企业在签订施工合同时，合同价款应与中标通知书中的工程价款一致，否则将不能作为工程结算的依据。

实践中，施工企业中标后，发包人往往要求施工企业在中标的基础上让利，这对于本来利润就很低的施工企业来说，又压缩了利润空间。此时，施工企业应当充分考虑各种因素，权衡利弊，如果低于成本价，宁可放弃该工程项目也不要盲目签约。如果施工企业接受发包人的要求，此时将产生“黑白合同”的法律问题，施工企业应当坚持将对己有利的中标合同进行备案，以便在发生纠纷时占据主动。

(2) 支付方式

施工企业在合同评审时，应当充分考虑工程价款支付方式的合理性，尤其要关注是否有工程预付款（一般应为合同价款的5%～20%），没有预付款或预付款过低就意味着施工企业要进行垫资施工，就要承担较大的风险。此时，施工企业应当考虑自身资金实力和分包商、供应商的承受能力，以此分析判断是否接受。另外，对于工程进度款，施工企业应当选择按月拨付或按工程节点拨付的方式，一般比例为当月完成工程量或分部分项工程完工工程量的70%以上为宜，避免因进度款拨付周期过长、比例过低而造成施工企业的资金压力。

此外，合同中最好约定承包人接收工程款的固定银行账户，并明确付至其他账户的工程款不予认可。

(3) 工程结算

在固定总价的结算方式下，由于施工企业将承担较大的风险，应尽量避免采用，不得不采用时，应当充分考虑各类因素并做到约定明确。如：工程承包范围是否已明确无误；实际施工图纸与工程承包范围是否一致；材料、人工等价格风险因素是否已充分考虑等等。

在固定单价的结算方式下，由于单价固定，施工企业应认真审核综合单价是否准确无误。特别要注意分部分项工程量清单中项目特征的描述，在实际施工过程中，如果施工图纸（含设计变更）与工程量清单中的项目特征描述不一致，应当按实际施工的项目特征进行结算。对此，施工企业应当在合同中约定明确，并在施工过程中做好证据保存。同时，施工企业应当在合同中明确合同价款中包含的风险范围，对于实际工程量与清单工程量变化幅度超过一定范围（如10%）的情形，应约定允许调整变更部分的综合单价和措施费；对于人工、材料价格变动幅度超过一定范围（如10%）的，应约定其不包含在风险范围内。

此外，施工企业应重视在竣工验收及结算条款中约定发包人不作为的默示约定。建议从以下几个方面着手，解决发包人对承包人提交的结算文件不予答复的问题，尽最大努力维护自己的权益：

① 承包人应尽量在合同的专用条款中约定："发包人在收到承包人竣工结算报告后×日内给予答复，发包人在该期限内不予答复的，视为认可承包人的竣工结算报告。"这样，一旦发生纠纷，承包人的权利就能得到保护。

② 发包人不同意在合同中约定"不予答复，视为认可"内容的，承包人也可在合同的法律法规适用条款，列入《建筑工程施工发包与承包计价管理办法》或《建设工程价款结算暂行办法》等规章、规范性文件，保证其在本合同中的适用性。

③ 承包人可在有关结算条款中，明确发包人"不予答复"时，应承担较重的违约责任。在发包人不予答复时，及时诉诸法律，并要求发包人承担违约责任。

④ 承包人应保存好发包人的签收资料。签收人应为发包人有签收资格的人，如项目经理、工地代表等，最好加盖发包人的单位公章，退而求其次，项目部章也可。若发包人拒绝签收，承包人应采用公证送达的方式送达结算报告。[①]

5. 履约担保

履约担保是发包人为防止承包人在合同履行过程中违反合同约定而给自己造成经济损失而采取的预防措施。其形式一般有履约保证金、银行保函和担保函三种。

(1) 履约保证金

履约保证金是施工企业按照招标文件、中标通知书或双方约定，采用现金、支票、银行汇票等方式提供给发包人的一种担保方式。履约保证金的目的是促使施工企业履行合同义务，是合同一方当事人向另一方作出的担保，具有特定化和排他性，债权人可就履约保证金优先受偿。在法律性质上，履约保证金为一种金钱质押。

有些发包人为了避免施工合同在建设行政主管部门备案时审查不合格，在工程款支付方面约定了一定额度的工程预付款，但同时在担保条款中约定承包人向其支付大额履约保证金，其实质是要求承包人在项目初期进行垫资施工。承包人所取得的工程预付款和初期的工程进度款甚至还抵不上履约保证金的数额。对这种情况，施工企业应严格审查发包人的资信情况，仔细权衡，防止陷入垫资施工、资金被套牢的被动境地。

(2) 银行保函

传统的银行保函是银行依据施工企业的申请开立给发包人的保证担保，银行开立保函的前提条件是施工企业利用自己的信用并提供部分资金进行反担保。在保函索赔情形发生后，银行会向施工企业进行追偿，施工企业承担保函法律后果的最终责任。

需要注意的是，传统银行保函与独立保函有所不同。传统银行保函具有从属性，其以主合同的有效存续为前提，随主合同的消灭而消灭。担保人享有主债务

① 高印立："对工程竣工结算文件不予答复问题的探讨"，载《建筑经济》2006年第7期。

人（如施工合同中的承包人）所享有的对于主债权人（如施工合同中的发包人）的抗辩权。而独立保函是指银行或非银行金融机构作为开立人，以书面形式向受益人出具的，同意在受益人请求付款并提交符合保函要求的单据时，向其支付特定款项或在保函最高金额内付款的承诺。而上述定义中的“单据”，是指独立保函载明的受益人应提交的付款请求书、违约声明、第三方签发的文件、法院判决、仲裁裁决、汇票、发票等表明发生付款到期事件的书面文件。《最高人民法院关于审理独立保函纠纷案件若干问题的规定》（法释〔2016〕24号，以下简称《独立保函司法解释》）第二十三条明确规定，国内交易中也适用独立保函。① 在该司法解释发布之前，独立保函仅适用于涉外交易，国内交易中约定独立保函的，约定无效。独立保函的最显著特点是其独立性和单据性。“独立保函的独立性系区分与传统从属性担保最重要、最显著的特点。独立保函开立的依据虽然为基础交易合同，但独立保函一经保证人开出，其效力既独立于独立保函申请人与保证人之间的委托合同关系，也独立于申请人与受益人之间的基础交易合同关系。保证人在履行付款义务时无权审查基础合同的履行情况，亦不能基于基础合同中的抗辩而拒绝或者延迟付款。因此，就独立保函的独立性而言，其表现为独立于基础交易，并且不受基础合同中抗辩权的影响。”“独立保函的单据性是指独立保函应该遵守单据交易的原则，受益人仅需提交与保函约定相符的文件，即可要求保证人履行付款义务，而保证人也不必关注基础合同项下合同履行的情况。”② 根据《独立保函司法解释》第六条的规定，受益人提交的单据与独立保函条款之间、单据与单据之间表面相符，受益人请求开立人依据独立保函承担付款责任的，人民法院应予支持。

关于独立保函的认定，《独立保函司法解释》第三条的规定，主要有三种情形：一是保函载明了见索即付；二是保函载明适用国际商会《见索即付保函统一规则》等独立保函交易示范规则；三是根据保函文本内容，开立人的付款义务独立于基础交易关系及保函申请法律关系，其仅承担相符交单的付款责任。根据《国际商会见索即付保函统一规则》（URDG758）的规定，“相符交单”是指所提交单据及其内容首先与该保函条款和条件相符，其次与该保函条款和条件一致的本规则有关内容相符，最后在保函及本规则均无相关规定的情况下，与见索即付保函国际标准实务相符。而根据《独立保函司法解释》的规定，“相符交单”是指受益人提交的单据与独立保函条款之间、单据与单据之间表面相符。同时，该司法解释还规定：“人民法院在认定是否构成表面相符时，应当根据独立保函载

---

① 《最高人民法院关于审理独立保函纠纷案件若干问题的规定》第二十三条规定：“当事人约定在国内交易中适用独立保函，一方当事人以独立保函不具有涉外因素为由，主张保函独立性的约定无效的，人民法院不予支持。”

② 翟红，杨泽宇：“独立保函欺诈例外的分析与认定”，载《人民司法》2015年第13期。

明的审单标准进行审查；独立保函未载明的，可以参照适用国际商会确定的相关审单标准。单据与独立保函条款之间、单据与单据之间表面上不完全一致，但并不导致相互之间产生歧义的，人民法院应当认定构成表面相符。”

建筑企业在委托银行向发包人出具保函时，应注意评估银行出具保函文本的内容，并根据项目特点、自身条件及与发包人的协商情况决定采用保函的类型。

【实务判例】 独立保函的认定[①]

2011年12月21日，某进出口公司与某建设公司签订《协议书》约定，由某进出口公司将位于格鲁吉亚的格鲁吉亚司法部公正大厦工程的安装及二次装饰工程发包给某建设公司。

2011年12月29日，某银行科华支行向某进出口公司出具保函，该保函的主要内容为：应某建设公司要求，科华支行向某进出口公司开立本保函，保证某建设公司为工程目的使用预付款，并承担预付款金额即1500万元的保证责任；科华支行在收到某进出口公司提交的索赔文件及某建设公司违约的书面证明后7个工作日内，向某进出口公司偿付不超过金额为1500万元的预付款赔偿金；科华支行承担保证责任的条件是：①某进出口公司向科华支行提交的书面索赔文件必须在某进出口公司向某建设公司提供了预付款之后，并且于本保函有效期内送达科华支行；②某进出口公司应向科华支行提交证实某建设公司已违约的书面证明；③本保函之保证金额随某建设公司所完成的工程进度按比例自动递减。保函还载明：本保函开立即行生效，于2012年10月5日失效。

2012年1月12日，某进出口公司通过工商银行向某建设公司付款1500万元。

2012年9月27日，某进出口公司向科华支行提交了索赔通知，称某建设公司未能正确和忠实地履行合同义务，且严重违反了合同约定，并列明了某建设公司的违约行为，要求科华支行立即履行保函项下义务，向某进出口公司支付1500万元。某进出口公司索赔同时提交了保函复印件、违约证明、工行资金汇划补充凭证（金额共计1500万元）、中国驻格鲁吉亚大使馆经济商务参赞处出具的“关于格鲁吉亚司法大楼项目的最新进展”文件。

2012年10月11日，科华支行向某进出口公司出具了“拒付通知”，认为索赔条件不成立。

此后，某进出口公司将科华支行诉至法院，案涉保函是否为独立保函成为双方的争议焦点之一。

一审法院认为，涉案保函约定“保证人保证在收到受益人提交的索赔文件及

---

① 参见四川省高级人民法院川民终字第750号民事判决书。

承包人违约的书面证明后7个工作日内，向受益人偿付不超过金额为1500万元的预付款赔偿金”，并约定了科华支行承担保证责任的三项条件，上述约定的内容体现担保行凭单付款的意思表示，对当事人具有法律约束力。因此，案涉保函为独立保函，担保行在收到受益人提交的满足保函约定的书面索赔文件时，即应向受益人支付确定数额款项。受益人索赔时无须证明基础交易项下债务人的违约事实，担保行仅有义务审核保函项下受益人提交的索赔文件表面真实性，不审查单据之外基础交易的实际履行情况。在确定科华支行是否应当支付保函项下赔偿金时，应当依照保函约定的三项条件进行审查。

科华支行上诉认为，一审法院将案涉保函认定为独立保函错误。从保函形式上看，并未标注“见索即付”“独立保函”；从保函内容上看，约定有严格的生效要件、担责范围、担责条件，且与基础合同密切相关，不具有独立性；保函索赔也要求具备必要条件后才予赔付，并非见索即付。科华支行没有凭单付款的意思表示，案涉保函不是独立保函。

二审法院认为，科华支行向某进出口公司开立的保函中承诺：“保证人保证在收到受益人提交的索赔文件及承包人违约的书面证明后7个工作日内，向受益人偿付不超过金额为1500万元的预付款赔偿金”，同时明确规定其承担保证责任的条件是依据受益人提交的单据，体现了保证人见索即付和凭单付款的意思表示。从整体内容来看，该保函虽提及与之对应的基础合同，也提到开立保函的目的是为工程预付款的使用提供担保，但并未规定保证人承担保证责任需要在单据之外考虑基础合同的履行情况、承包人违约的事实等，保函的有效期和保证金额亦是依据文本的规定来确定，与基础合同的履行期限和合同价款等并无必然联系。因此，案涉保函应为而非从属性保函，一审法院对保函的性质认定正确。而案涉保函未标注“见索即付”“独立保函”字样，亦不能作为否认保函独立性的依据和理由。是否为独立保函，应根据其文本内容所体现的担责条件的意思表示进行判断，即审查其是否与主合同、主债权没有从属关系、附随关系，而保函称谓的表述可以多样化。

(3) 担保函

在承、发包双方签订建设工程合同时，鉴于发包人的资金、信用情况，承包人为保护自己的利益，有时会要求第三方为发包人提供担保，特别是在发包人为项目公司的情况下，往往会要求其母公司为项目公司出具担保函或承诺函。此时，承包人要注意审查担保函、承诺函是否有承担保证责任或有代为清偿债务的意思表示。如果在所谓的担保函中仅有“保证项目公司按照合同履约”的内容，有可能被认定为“安慰函”，而非我国法律上的保证。所谓“安慰函”是第三人发给债权人的一种书面陈述，表明该第三人对债务人清偿债务承担道义上的责任。如在“佛山市人民政府与交通银行香港分行担保纠纷案”中，佛山市政府出具的《承诺函》载明："本政府愿意督促该驻香港公司切实履行还款责任，按时归还贵行贷款本息。如该公司出现逾期或拖欠贵行的贷款本息情况，本政府将负责解决，不让贵行在经济上蒙受损失。"对此，最高人民法院认为，从《承诺函》的内容来看，"负责解决"以及"不让贵行在经济上蒙受损失"并无明确的承担保证责任或代为还款的意思表示，且香港交行从未要求佛山市政府承担保证责任或代为还款，佛山市政府也未作出过承担保证责任或代企业还款的意思表示，故佛山市政府向香港交行出具的《承诺函》并不构成我国担保法意义上的保证。[①]

6. 质量保证金退还

施工企业与发包人签订施工合同时，发包人会要求施工企业预留一部分款项作为质量保证金，用以对保修期内出现的质量问题进行维修，待工程竣工验收合格后的一定期限内再退还给施工企业。质量保证金通常为合同额的3%～5%左右，施工企业在签订施工合同时，应明确约定质量保证金的退还期限，并注意不要将工程质量保修期和预留质量保证金的期限相混淆。

《建设工程质量管理条例》（国务院令第279号）第四十条规定："在正常使用条件下，建设工程的最低保修期限为：(一) 基础设施工程、房屋建筑的地基基础工程和主体结构工程，为设计文件规定的该工程的合理使用年限；(二) 屋面防水工程、有防水要求的卫生间、房间和外墙面的防渗漏，为5年；(三) 供热与供冷系统，为2个采暖期、供冷期；(四) 电气管线、给水排水管道、设备安装和装修工程，为2年。其他项目的保修期限由发包人与承包方约定。建设工程的保修期，自竣工验收合格之日起计算。在不违反法定最低期限的前提下，发包人与施工企业可以在施工合同或保修书中对保修期限进行约定。"该条例第四十一条还规定："建设工程在保修范围和保修期限内发生质量问题的，施工单位应当履行保修义务，并对造成的损失承担赔偿责任。"因此，工程质量保修是施工企业的法定义务，根据不同工程类型以及工程不同部位，工程质量保修期限分为2年、5年、50年甚至上百年不等。

而质量保证金的预留期限并非《建设工程质量管理条例》所称的工程质量保修期，而应当称为缺陷责任期。《建设工程质量保证金管理暂行办法》（建质〔2017〕138号）第二条规定："本办法所称建设工程质量保证金（以下简称保证金）是指发包人与承包人在建设工程承包合同中约定，从应付的工程款中预留，用以保证承包人在缺陷责任期内对建设工程出现的缺陷进行维修的资金。缺陷是指建设工程质量不符合工程建设强制性标准、设计文件，以及承包合同的约定。缺陷责任期一般为一年，最长不超过2年，由发、承包双方在合同中约定。"因

① 参见最高人民法院（2004）民四终字第5号民事判决书。

此，缺陷责任期并非法律、法规对施工企业的强制性规定，属于合同双方约定的范畴。施工企业在签约时应明确保证金退还的期限，从而有效防范质量保证金无法收回的风险。

【实务判例】 保修期过后承包人承诺维修的，应当承担维修责任①

2007年2月28日，A公司和B公司签订了施工合同，A公司将某项目二期工程发包给B公司施工，合同约定："本工程结算价款的4%作为质量保证金，按照保修协议条款支付"，但双方并未签署质量保修书，通用条款中也没有具体的保修规定。工程于2008年8月竣工。

2012年1月和3月期间，A公司多次因工程质量问题向B公司发函，要求其进行维修，B公司于2012年3月30日发函回复："瓷砖脱落、墙面开裂、水管爆裂事宜，工程竣工至今已有三年多了，因双方工程结算方面久拖未决，为维护与A公司友好关系，B公司决定安排对上述已过保修期的项目尽快进行修复，以示诚意。"后B公司并未按照给A公司回复的函件内容进行维修。A公司遂在公证处对现场公证后，请第三方进行了维修。然后，A公司将B公司诉至法院，请求其支付维修款。

法院认为，墙面瓷砖大面积出现空鼓、脱落现象集中出现在2012年1月份，此时已经超过了B公司的保修期限。但B公司在明知超过保修期的情况下，在往来函件中仍然明确表示同意维修。不论B公司同意维修的动因何在，其承诺修复的行为对其有约束力。B公司未践行承诺，违反诚实信用原则，且B公司复函表示愿意维修，按照通常的理解，B公司复函中的维修应当是指免费维修，因此，A公司另行委托其他施工单位修复所支出的费用，应当由B公司返还。

7. 工程分包条款

施工企业一般容易忽视工程分包条款的审查，随意填写一个"无"字。如果施工企业是项目的总承包单位，在项目实施的过程中一般都会有分包单位的参与，如土石方工程分包、防水工程分包等。根据《建设工程质量管理条例》（国务院令第279号）第七十八条的规定，建设工程总承包合同中未有约定，又未经建设单位认可，承包单位将其承包的部分建设工程交由其他单位完成的，属于违法分包。根据这一规定，作为总承包单位的施工企业若需要进行工程分包，则必须在施工合同中约定分包工程的内容，或者在合同履行过程中经建设单位认可。否则会给自身带来违法分包的风险。合同中的工程分包条款可以这样约定："本工程发包人同意承包人分包的工程：劳务分包及除主体结构施工以外的专业工程分包。"

① 参见广东省东莞市中级人民法院（2014）东中法民二终字第505号民事判决书。

8. 不可抗力条款

所谓不可抗力，根据我国法律规定是指不能预见、不能避免和不能克服的客观情况。不可抗力可以是自然力造成的，也可以是由人为或社会因素引起。合同当事人约定的不可抗力条款是一种免责条款。

施工企业在签订施工合同时，常常忽视不可抗力条款的重要作用，在一些特殊情况下，不可抗力条款的适用对于避免损失的发生往往起到关键作用。施工企业在合同中约定不可抗力条款时，其范围应尽可能全面、详细。如：×级及以上的地震；×级及以上的风；××毫米及以上的雨；日气温达到××度；重大流行性疾病；当地政府重大活动而导致的停工；发现地下文物等。

9. 违约责任

施工企业在审查合同违约责任条款时，应着重注意以下两个方面的问题：

(1) 注意审查承、发包双方违约责任的平衡性和对等性。如在合同中约定了承包人延误工期、工程质量达不到合同约定的标准等违约责任的，也应同时约定发包人不按合同约定支付工程预付款、进度款和工程竣工结算价款的违约责任。虽然目前发包人会利用自己的市场地位优势，尽量加大承包人的违约责任，规避发包人的违约责任，但施工企业应在合同谈判过程中据理力争，在合同条款上尽量保证自身权益，防止发包人违约后，施工企业却无法追究其违约责任。

(2) 重视审查发包人提出的高额惩罚性违约责任条款，如“若工期延误，承包人应承担每日10万元的违约金”，“若工期延误，承包人应承担每日合同额千分之五的违约金”等。在此，施工企业要格外重视违约金上限的约定，在约定工期延误一天的违约金数额的同时，一定要约定工期延误的违约金上限，或约定工期延误的违约金总额占工程合同总价款的百分比上限，尽力避免承担巨额违约金的风险。

关于认定违约金过高的举证责任，有违约方举证过高、守约方举证损失数额和合理分配举证责任三种观点。最高人民法院有关学者认为，违约方需提供足以让法院对违约金约定公平行产生怀疑的初步证据，然后由法官将违约金约定合理的举证责任分配给守约方承担。①

【实务判例】 认定违约金过高的举证责任分配②

2011年5月26日，A公司与B公司签订《工程施工承包合同》，将其某酒店的门头钢结构工程承包给B公司。工程造价为90000元，工期8天，每逾期竣

① 最高人民法院研究室编著：《最高人民法院关于合同法司法解释（二）理解与适用》，人民法院出版社2009年版，第210～211页。

② 参见海南省海口市中级人民法院（2012）海中法民二终字第245号民事判决书。

工一日，B公司按照合同总造价的10%向A公司支付违约金。最终，B公司逾期完工8天。A公司诉至法院，要求B公司按合同约定支付违约金。

庭审过程中，B公司主张合同约定的违约金过高，应当予以适当减少。A公司认为，本案是违约之诉，合同约定违约金的计算方式和数额应当被严格遵守，当B公司认为该数额的约定不合理时，根据"谁主张谁举证"的原则，应当由B公司负责举证证明。如果B公司不能证明约定数额与损失之间存在巨大差额，则其应当承担不利的后果。

法院经审理认为，A公司未能提供证据证实B公司违约给其遭受的实际损失，且合同约定的违约金计算标准明显高于银行的逾期还款利率，故综合本案的各项情况，酌情将违约金计算标准调整为每逾期完工一日，按照合同总造价的5‰支付逾期完工违约金。

10. 争议解决方式

《民事诉讼法》第三十三条规定，因不动产纠纷提起的诉讼，由不动产所在地人民法院管辖。而根据《最高人民法院关于适用〈中华人民共和国民事诉讼法〉的解释》第二十八条的规定，建设工程施工合同纠纷按照不动产纠纷确定管辖。因此，建设工程施工合同纠纷的管辖属于专属管辖，当事人不能自由约定诉讼管辖地法院。值得注意的是，基于司法主权原则，《民事诉讼法》第三十三条所称不动产纠纷专属管辖系以民事案件由人民法院管辖为前提。对于工程所在地在境外的建设工程施工合同纠纷，不适用上述专属管辖的规定。除非当事人明确约定由境外工程所在地法院管辖，否则，我国法院对其有管辖权。

当然，当事人也可以选择仲裁机构进行仲裁。基于仲裁专业性、保密性和快捷性的特点，建设工程合同纠纷案件比较适合选择权威性较高的仲裁机构进行仲裁。

如当事人约定仲裁为争议解决方式，审查该合同条款时应注意该条款的效力问题。根据《最高人民法院关于适用〈中华人民共和国仲裁法〉若干问题的司法解释》（法释〔2006〕7号）的规定，当事人约定的仲裁机构名称不准确的，视为未约定仲裁机构，但能够确定具体仲裁机构的则应当认定选择了仲裁机构；如约定了两个以上的仲裁机构，且当事人未能就仲裁机构的选择达成一致，则该仲裁协议无效；如约定了仲裁机构进行仲裁又约定可向人民法院起诉的，该仲裁协议无效。因此，在对合同争议解决方式条款进行审查时，应约定准确且唯一的仲裁机构，防止该仲裁协议无效。一般认为，下列对有关仲裁机构的约定是有效的：

（1）双方因履行本合同产生的或本合同有关的争议，应提交北京朝阳区的仲裁机构进行仲裁。

（2）双方因履行本合同产生的或本合同有关的争议应提交北京仲裁委员会进行仲裁，对仲裁裁决不服的可以到法院上诉。

（3）如发生争议，采用仲裁方式解决，适用北京仲裁委员会的仲裁规则。

（4）如发生争议，提交北京仲裁委员会进行调解或仲裁。

（5）如发生争议，通过以下第（ ）[①] 种方式解决：

① 提交（北京）仲裁委员会仲裁；

② 向人民法院起诉。

需要注意的是，争议解决方式条款一旦生效，将具有独立性，不因合同的效力而受到影响。合同即使无效，争议解决方式条款仍然有效。

【实务判例】 工程所在地在境外的建设工程施工合同纠纷案件的管辖权[②]

2013年9月，A公司（发包人）与李某（承包人）签订了《工程承包劳务合同》，约定A公司将位于缅甸境内一个20公里标段的林区公路发包给李某施工，双方就工期、公路开挖标准、工程单价及付款方式进行了约定。

工程完工后，涉案标段通车并投入使用。后双方因工程款结算问题发生纠纷。中国法院是否有管辖权成为本案的争议焦点之一。

发包人认为，本案为建设工程施工合同纠纷，根据《最高人民法院关于适用〈中华人民共和国民事诉讼法〉的解释》第二十八条、《中华人民共和国涉外民事关系法律适用法》第三十六条、《中华人民共和国民事诉讼法》第三十三条的规定，本案应由不动产所在地人民法院即缅甸国法院管辖，原审法院即云南省怒江傈僳族自治州中级人民法院作为被告住所地人民法院审理本案违反专属管辖的相关规定。

最高人民法院经审查认为，基于司法主权原则，《中华人民共和国民事诉讼法》第三十三条所称不动产纠纷专属管辖系以民事案件由人民法院管辖为前提，不应依据该规定排除人民法院管辖。本案虽有涉外因素，但双方当事人并未依法约定选择由外国法院管辖，原审法院依法受理并无不妥。

（四）特殊条款

1. 以房抵工程款条款

以房抵工程款不但加大了施工企业工程款回收的难度和期限，也因其法律关系更加复杂可能会使以房抵工程款产生风险。如发包人怠于及时交付抵款房产，或将抵款的房产又私自销售与他人，造成一物二卖等，均可能会使施工企业不能

---

① （ ）内填写选项中的数字编号。

② 参见云南省高级人民法院（2015）云高民三终字第90号民事判决书；最高人民法院（2017）最高法民申629号民事裁定书。

实现或及时实现合同目的。因此，施工企业在实践中应当重视以房抵工程款的风险防范，可以采取以下措施：

（1）约定以房抵工程款时，尽量避免约定“若发包人不能按期支付工程款，则其以××房地折抵”之类的条款，此类条款存在被认定无效的可能。

（2）以房抵工程款的约定要明确、具体。双方应对抵款房产的位置、面积、单价、交付时间、办理产权的时限、委托办理产权的事宜、违约责任等进行明确约定。只有做到双方权利义务清晰、明确，才能避免不必要的纠纷。

（3）当以房抵工程款的条件成就时，施工企业应及时要求发包人交付房产，防止发包人将其用作它用。同时，要及时向有关登记机构申请预告登记，防止开发商“一房二卖”，并尽早办理房产使用权转移手续，以规避条款被认定未成立或无效的风险。

（4）施工企业拟将抵款房产卖与第三人时，不要过早签订房屋买卖合同，最好在取得房屋所有权后再签订买卖合同，防止因发包人原因致使抵款房产无法及时过户给第三人，造成施工企业对第三人的违约。

2. 分包合同的“背靠背”条款

所谓分包合同的“背靠背”条款，是指总承包人在分包合同中设定的、以其获得业主支付作为其向分包人支付工程款的前提条件的合同条款。在业主工程款拖欠依然严重的背景下，越来越多的总承包人将“背靠背”条款作为向其分包人转移风险的重要手段。

《建设工程施工专业分包合同（示范文本）》（GF-2003-0213）第 19.5 款规定：“分包合同价款与总包合同相应部分价款无任何连带关系。”由此可见，我国建设行政主管部门并不提倡“背靠背”条款。“背靠背”条款在性质上属于一种附条件的合同条款。《建设工程施工专业分包合同（示范文本）》（GF-2003-0213）虽然在一定程度上体现了我国建设行政主管部门对“背靠背”条款的否定态度，但是该示范文本并不具有强制性。

我国法律对“背靠背”条款并不禁止。但是，总承包人并不能据此而滥用“背靠背”条款。我国《合同法》第四十五规定：“当事人为自己的利益不正当地阻止条件成就的，视为条件已成就。”因此，如果总承包人实际上并不存在业主拖欠的问题，但为了其自身的利益而不向业主主张权利，甚至与业主达成其他不正当交易，从而阻止了分包合同项下支付条件的成就，那么该支付条件依法应视为已成就，总承包人将无权再援引“背靠背”条款对抗分包人的付款请求。

作为总承包人的施工企业来说，“背靠背”条款对规避业主拖欠风险具有现实意义，尤其是在业主指定分包的合同中，“背靠背”条款有其合理性。但由于“背靠背”条款仍具有“总包支付”这一基本特征，总承包人欲想利用“背靠背”

条款转移自身的风险，就需证明支付条件尚未成就。总承包人如想有效规避指定分包合同项下的支付风险，不能简单依赖于“背靠背”条款，而应从根本上改变指定分包合同的结构形式，彻底脱离“总包支付”模式，建立一种“三方合同”下的“业主支付”模式，并对分包工程款的支付作出明确安排。如在三方合同中约定：“总承包人仅为业主的委托管理人，业主向总承包人支付分包管理费，同时业主为指定分包人的付款义务人。”①

而对于作为分包人的施工企业，则应当避免与总承包人签订“背靠背”条款。否则，该条款极易成为总承包人拖欠工程款的理由。

【实务判例 1】建设工程分包合同中“背靠背条款”的认定（一）②

2012 年 3 月，A 公司与 B 公司签订《实验室净化工程项目施工合同》，约定 A 公司承包的施工项目为暖通、电气、空调水及给水排水工程。项目付款方式：对暖通及电气工程，约定项目完工验收合格后 B 公司付款至总价的 80%，结算后付款至结算总价的 95%，余款 5%作为质量保修金，质保期满后三个月内支付。对空调水及给水排水工程，约定项目完工验收合格后，B 公司支付至除主材外其他总价的 70%，结算后付款至结算总价的 95%，余款 5%作为质量保修金，质保期满后十日内支付。质保期为二年。合同同时约定，A 公司与 B 公司为长期合作伙伴，若因业主支付迟延而不能满足上述支付条件时，则按业主支付比例进度付款，A 公司有义务配合 B 公司共同向业主催款。

涉案工程已于 2012 年 11 月完工。2014 年 1 月，B 公司对涉案工程总造价予以确认。

2014 年 9 月，A 公司诉至法院，要求 B 公司支付工程余款。B 公司辩称，双方合同约定有背靠背条款，其与业主间因决算审价没有结束而尚未结算，故不同意全额支付工程欠款，仅同意支付 80%。

法院认为，由于涉案工程已于 2012 年 11 月完工，至今合同约定的二年工程保质期都已届满，B 公司在工程完工多年之后仍主张工程审价尚未结束，其与业主尚未结算，不具有合理性。虽然合同约定有 B 公司根据业主付款比例支付 A 公司工程款的意思表示，但 B 公司始终负有积极向业主主张支付工程款的义务。现 B 公司既无证据证明其曾向业主催款，亦未通过诉讼方式主张工程款，鉴于 B 公司在合理期间内怠于主张自己权利，其仅同意支付 80%工程款的理由不能成立。最终法院判决 B 公司支付全部工程欠款。

① 参见叶万和，周显峰：“论分包合同‘背靠背’条款及其法律风险防范”，载《施工企业管理》2008 年第 4 期。

② 参见上海市第二中级人民法院（2016）沪 02 民终 6823 号民事判决书。

【实务判例 2】 建设工程分包合同中“背靠背条款”的认定（二）[①]

2007 年 12 月，A 公司作为承包人与业主某大桥工程建设指挥部签订《某大桥工程（Ⅰ合同段）合同协议书》。总价 2.2 亿元。

2010 年 5 月，B 公司（乙方）与 A 公司（甲方）签订《某大桥桥面铺装工程专业分包合同》，合同第 15.2 条约定：“工程完工验收合格后，甲方收到业主支付款 30 日内支付至合同总价的 95%。”第 15.5 条约定：“甲方在收到业主拨付的工程款后及时向乙方支付工程款。如业主单位未及时拨付甲方工程款，甲方有义务积极向业主追要工程款，但甲方对乙方不承担任何由此延期支付造成的违约金及利息。”

B 公司已完成工程验收合格，工程款总价值 762.4 万元，A 公司向 B 公司支付工程款 350 万元。而业主支付 A 公司 1.84 亿元，尚欠工程款 891.6 万元。B 公司诉请 A 公司支付工程款 374.3 万元。

双方对“甲方收到业主支付款的 30 日内”如何理解有异议。B 公司认为，业主向 A 的付款已经超出 A 公司向其付款的比例[350/(762.4×95%)=48.32%]。现其施工的工程已经完工验收合格，A 公司应付款至合同总价的 95%，故要求 A 公司支付工程款。A 公司则认为，B 公司分包的桥面铺装工程是其承包的业主总工程量的最后一项工程，业主虽然已经支付了 1.8 亿多元的工程款，但主要支付的是前期完工的工程款。而针对 B 公司承包的桥面铺装工程仅支付了 350 万元，其已全部转付给了 B 公司，故付款条件未成就。

A 公司提交了业主于 2013 年 5 月出具的《证明》：“我单位作为某大桥工程的业主代表单位，目前因工程审计未结束，财政资金未拨付，欠Ⅰ合同段项目部计量款约 800 万元，主要为后期施工工程项目的欠款（如沥青混凝土桥面铺装、桥梁伸缩缝等）。”同时，其提交了由业主、监理盖章确认的第二十三期至二十四期《期中支付证书》，证明后期施工项目（如沥青混凝土桥面铺装、桥梁伸缩缝等）合计工程量 1145.25 万元。

关于对“甲方收到业主支付款的 30 日内”的理解，法院认为，从合同的顺利履行以及约定本条款的目的来看，A 公司总包的某大桥工程Ⅰ合同段的工程款达两亿多元，若 A 公司在未收到业主支付款前需要向分包方预先支付分包工程的工程款，A 公司很难有这样的支付能力。因此约定 A 公司收到业主支付分包工程的款项后再支付给 B 公司，有利于合同的顺利履行，也相当于双方分担了风险。合同第 15.5 条的约定也从侧面反映出表明 B 公司同意 A 公司收到业主支付分包工程的工程款后再向其支付工程款的意思表示。从交易习惯及诚实信用原则

① 参见山东省济南市中级人民法院（2014）济民五终字第 182 号民事判决书。

的角度看，A公司是按照工程进度和各分包单位完成的工程量逐期申请业主支付工程款，监理单位审核后签发支付凭证，业主按照支付凭证向A公司拨付工程款，A公司再按照支付凭证向相关分包单位支付工程款。业主虽然已经向A公司支付了1.8亿多元的工程款，但主要是支付的前期完工的工程款。根据《证明》的内容，业主尚欠A公司800万元，合计工程量1145.25万元，则已付款约计345.25万元，占该部分付款的30.16%(345.25/1145.25=30.16%)。而A公司支付B公司分包工程的比例为48.32%，达到了业主支付给A公司的付款比例。因此，判决驳回了B公司的诉讼请求。

第三节 合同履行阶段的法律风险防范

施工企业在合同履行过程中，应从对内和对外两个方面防范经营风险。对内应从严控制人员授权，防范表见代理的风险；强化项目进度、质量、安全管理，防范合同违约风险；加强项目经济收支的控制，防范项目亏损风险。对外又分为两个方面，一方面是对发包人，另一方面是对分包人和相关方。对发包人应注意项目实施过程中各种原始证据的收集和保存，严格按照建设工程施工合同的时限约定，及时取得发包人对事实及价格的确认，按时递交各种变更、洽商报告、结算资料等文件，并办理好签收手续。对分包方和相关方应加强过程控制，在分包合同签订、材料计量、零工统计、农民工工资支付等方面加强管理，并严格控制与分包人的结算。对相关方（包括各类行政主管部门、附近居民、一般资源供方等）应加强沟通，以防范因管理疏漏造成的经营风险。

一、进度管理

在施工项目进度管理方面，施工企业主要应防范工期延误风险。首先，应加强内部管理与控制。项目部应在合同工期的基础上，将施工进度细化为月度计划或周计划，按照工期网络计划的编制规则，确定整个项目实施过程中的关键路径，并优先保证关键路径上工序所需的资源，以保证项目工期目标的实现；其次，应定期将项目实际进度与细化后的月度计划或周计划进行对比，发现超期工序及时进行调整和控制，抢回该工序延误的工期，以保证每一工序计划目标的实现，从而保证整个项目的工期；最后，在项目工期因各种原因而不得不进行调整时，应及时修订总体进度计划和网络计划，重新细化月度计划或周计划，并重新确定关键路径，对项目工期进行动态调整和管理。通过上述管理手段，对项目进度始终进行严格的控制，避免因自身原因造成工期延误。

在项目实施过程中，造成工期延误的因素多种多样，由于发包人的原因或其他非承包人的原因造成的工期延误，承包人可以获得工期顺延，但关键是要在上述原因造成工期延误时，承包人应取得并妥善保管相应的证据。这就要求项目部应熟悉施工合同中关于工期的约定，特别是关于允许工期顺延条件的具体约定。①一旦发生工期应当顺延的情形，项目部应及时通知发包人，并取得发包人对工期顺延的确认。

另外，发包人负责办理的各项开工手续也会成为影响合同工期的重要因素。如：合同中约定开工日期为“监理工程师发出开工令之日”，但由于项目的各种手续一直不齐备，无法办理施工许可，监理工程师一直未发出开工令，则应及时通知发包人，说明项目未开工的原因，经发包人确认后使工期得以顺延。

二、质量管理

施工企业在合同履行过程中，应加强工程质量的控制，保证达到合同约定的质量标准。其中，主体结构的工程质量更应成为建筑企业的控制重点。工程质量的重要性主要体现在以下几个方面：

1. 责任重大。一旦工程质量出现问题，就会危及人民的生命财产安全，任何一个企业对此都不能掉以轻心。

2. 可能危及企业的生存。严重的质量缺陷可能会造成质量事故，直接影响施工企业的资质等级，从而决定施工企业的生死存亡。

3. 经济损失巨大。不论是采取加固补强措施还是不得不拆除重建，都会产生巨大的经济支出，给合同当事人造成重大损失。

4. 在当前的房地产市场形势下，购房人往往投入了大笔的资金才取得房屋产权，因此对房屋的工程质量要求严格并近乎苛刻。竣工验收合格的工程在交付使用后仍面临房主的检验，不影响工程安全和使用的质量通病也有被无限放大的可能，从而影响施工企业的声誉。

---

① 《建设工程施工合同（示范文本）》（GF-2017-0201）中通用合同条款第 7.5.1 款规定：“因下列情况导致工期延误和（或）费用增加的，由发包人承担由此延误的工期和（或）增加的费用，且发包人应支付承包人合理的利润：（1）发包人未能按合同约定提供图纸或所提供图纸不符合合同约定的；（2）发包人未能按合同约定提供施工现场、施工条件、基础资料、许可、批准等开工条件的；（3）发包人提供的测量基准点、基准线和水准点及其书面资料存在错误或疏漏的；（4）发包人未能在计划开工日期之日起 7 天内同意下达开工通知的；（5）发包人未能按合同约定日期支付工程预付款、进度款或竣工结算款的；（6）监理人未按合同约定发出指示、批准等文件的；（7）专用合同条款中约定的其他情形。”第 10.6 条规定，因变更引起工期变化的，合同当事人均可要求调整工期。第 17.3.2 款也规定了不可抗力所导致工期延误的承担原则。”

5. 工程质量的优劣是施工企业市场信誉度的决定因素，在很大程度上决定着施工企业的经营效益。

因此，加强工程质量控制、确保工程质量既是施工企业应尽的义务，也是其保证市场声誉，提高经济效益的有效手段。

工程质量是否能够达到合同约定的标准，除了加强过程管理，保证分部分项工程质量以外，关键在于分部工程质量验收和竣工验收。有的建设工程施工合同在工程验收条款中特别约定承包人应保证一次性通过工程竣工验收，否则应承担违约责任。这就要求施工企业在做好各个分项工序质量控制的基础上，完善各种施工资料，特别是验收批的质量分析评定，并在分部工程质量验收和竣工验收之前做好充分的准备。无论是工程实体还是资料，都应在项目部自检自查并达到要求的基础上再接受外部验收，以防范合同违约风险。

对于在合同中约定获得具体质量奖项为工程质量标准的项目，施工企业应高度重视工程质量的管理和控制。从项目开工之日起，就要严格按照该质量奖项的评定办法组织项目的实施，包括工程测量、材料进场检验、各项预检隐检、分部工程验收、工程技术资料编制等。只有在精细化质量管理的基础上，确保工程实体质量，严格按照质量奖项的评定办法所规定的步骤组织工程质量检验和验收，才有获得质量奖项的可能，也才能达到合同约定的质量标准，避免违约风险。

三、安全管理

施工项目的安全管理是项目管理的重点之一。一旦发生安全事故，施工企业轻则承担经济损失，重则会受到建设行政主管部门限制投标、资质降级等处罚，危及施工企业的生存。施工企业除了在日常的安全生产管理中加强安全教育和日常巡检，及时彻底地对安全隐患进行整改，并按照当地建设行政主管部门的要求完善安全管理资料外，还应从以下几个方面防范安全管理的风险：

1. 与进入现场作业的各个分包方应签订责任划分明确的安全协议，以规定各方在安全管理方面的责任。例如，作为总包方的施工企业在建筑物外搭设了双排脚手架，提供给分包外墙装饰的分包方使用，施工企业在与外墙装饰分包方签订的安全协议中就应明确以下责任：

(1) 在分包方进场时，由总包方和分包方的安全生产管理人员共同对外脚手架进行验收，对发现的隐患由总包方整改合格后交分包方使用；

(2) 分包方负责外脚手架的日常维护和管理，包括安全设施检查和维护、脚手架上堆放荷载的检查控制等；

(3) 在分包方完工撤场前，因外脚手架而发生的安全事故由分包方承担责任。

2. 施工企业在与分包方签订分包合同时，应选择有利于安全管理、便于控制的分包方式。例如，在租赁塔吊等大型机械设备时，应选择由设备出租方提供日常保养检修等服务，并由其配备具有相应上岗资格的操作人员，而不应该仅仅出于经济方面的考虑，只租赁机械设备，自行选派操作人员。一旦租赁的机械设备发生安全事故，是由于机械设备本身的性能原因还是由于人为的操作失误导致事故发生往往难以判断，这时施工企业自行选派的操作人员往往会成为机械设备出租方推卸责任的理由和借口。

3. 应注意采取安全可靠的技术措施，以保证安全生产。在进行安全设施的搭设时，应通过技术计算和复核，采取可靠性最高的材料和搭设方式，而不能采用未经长期实践检验的技术或措施，更不能仅仅为了减少投入而消减搭设安全设施的材料或擅自更改其搭设方式。例如，在搭设大跨度平台的模板支撑体系时，应选用安全可靠的材料，经严格细致的技术核算后确定搭设方式，制定出详细的施工方案，经审批后严格按照施工方案的要求进行搭设，以从技术措施的角度保证安全生产。

四、项目商务管理

商务管理决定了项目在经济上是否成功，是施工企业最应关注的管理内容，也是经营风险防范的重点。商务管理可按照对象的不同分为对发包人的商务管理和对供应方的商务管理，二者侧重点不同。

（一）对发包人的商务管理

1. 项目人员权限的管理

在施工合同履行过程中，施工企业对发包人要求提供的项目管理人员的授权文件，应明确其确切的权限，如授权项目管理人员进行工程项目的质量管理、进度管理和安全生产管理，负责与发包人办理工程结算的商谈等具体事宜，不应采用概括性的意思表述，如负责该项目的一切事宜等。特别是对项目结算额的确定，不应授权任何项目管理人员签字生效，而应经施工企业预算部门的审核。因此，对发包人应当明确“只有承包人加盖公章确认的结算数额方为有效”。对于委托发包人直接将工程款支付给分包人或其他单位委托付款事项，应采用明确的禁止性文字加以限制，如“被委托人无权代表承包人办理任何委托付款事项”等。

2. 合同价款调整的管理

关于合同价款的调整，《建设工程施工合同（示范文本）》（GF-1999-0201）通用条款第 23.3 款规定：“可调价格合同中合同价款的调整因素包括：（1）法律、行政法规和国家有关政策变化影响合同价款；(2) 工程造价管理部门公布的价格调整；(3) 一周内非承包人原因停水、停电、停气造成停工累计超过 8 小时；(4) 双方约定的其他因素。”第 23.4 款规定：“承包人应当在 23.3 款情况发生后 14 天内，将调整原因、金额以书面形式通知工程师，工程师确认调整金额后作为追加合同价款，与工程款同期支付。工程师收到承包人通知后 14 天内不予确认也不提出修改意见，视为已经同意该项调整。”因此，如果按照此版示范文本签订施工合同，施工企业的项目管理人员应在合同价款调整因素发生后，在合同约定的时限内及时办理相应的确认手续，以获得调整合同价款的权利。同样，根据《建设工程施工合同（示范文本）》(GF-1999-0201) 的规定，在发生工程变更时，施工企业也应及时向发包人提出变更合同价款的报告。《建设工程施工合同（示范文本）》(GF-1999-0201) 通用条款第 31.2 款规定：“承包人在双方确定变更后 14 天内不向工程师提出变更工程价款报告时，视为该项变更不涉及合同价款的变更。”这就特别强调了施工企业对工程洽商和设计变更发生后及时报送相应的合同价款变更报告的重要性。在工程实践中，确实发生过施工企业没有按照时限的要求及时报送变更工程价款的报告，在工程结算时，发包人则以上述通用合同条款为由，拒绝变更工程价款，造成双方极大的争议。虽然后来施工企业通过种种努力，使发包人接受了部分工程价款的调整，但也给施工企业带来了一定的经济损失。

《建设工程施工合同（示范文本）》(GF-2017-0201) 通用合同条款第 11.1 款增加规定了因市场价格波动引起的合同价格调整的条件与前提，包括人工、材料、工程设备和机械台班价格调整的具体方式。如施工企业按照此版示范文本签订施工合同的，应当在招标投标和合同订立阶段，审慎对待合同中约定的价格调整条款，针对含义模糊和不清晰之处及时提出澄清请求；在合同履行过程中，应当严格遵守合同约定，及时收集与调整价格有关的信息与资料，并及时提交监理人和发包人。同时，2017 年版施工合同示范文本第 11.2 款还规定了法律变化引起价格和工期调整，增加的费用由发包人承担。根据该示范文本第 1.3 款的规定，法律是指中华人民共和国法律、行政法规、部门规章，以及工程所在地的地方性法规、自治条例、单行条例和地方政府规章等。当然，当事人可以在专用合同条款中对“法律”的定义和范围进行特别约定。当发生法律变化需要调整价格时，需要承包人及时收集截止基准日期之前的相关法律规定与文件资料，并与改变后的法律进行对比，提出适用价格调整的依据。

此外，承包人还要特别关注标准规范变化对工程价款和工期的影响。随着工程技术的持续进步，工程建设标准规范也会不断修订。标准规范的变化会对工程价款、工期产生较大影响，在无特别约定的情况下，标准规范的变化应当按照变更来处理，合同当事人对此应当予以充分重视。

3. 甲供材料与设备的管理

在对发包人的商务管理中，还会涉及甲供材料的管理与控制问题。合同中约定的由发包人供应的材料和设备，一般情况下都是价值比较高或比较重要的。在接收甲供材料进场时，施工企业应首先进行数量的清点，清点后得到的材料设备进场数量应立即与材料预算数量或技术翻样数量严格比对，发现不足或多余时均要及时通报发包人。数量不足的，要和发包人明确补足时间，以免影响工程进度；数量多余的，应立即要求发包人将多余部分运离现场，以免因后期保管不善造成丢失或损坏，或者因时间拖延过久造成发包人无法退货。施工企业在清点完数量后要完成材料和设备的检验工作，合格的产品才能使用。在甲供材料的保管和使用过程中，施工企业还应加强管理与控制，如果材料的消耗率超出合理的范围，从而造成发包人不得不增加材料供应，增加部分的材料价款就会成为施工企业自身的成本支出。

（二）对供应方的商务管理

1. 分包合同的审核

施工企业在工程项目实施过程中，应当根据施工计划安排及工程需要，逐步选择并确定各个供应方。无论是劳务分包、材料供应、机械租赁还是工程分包，都应纳入施工企业对供应方的管理体系。在与供应方签订合同前，施工企业应严格审查合同条款，主要有以下几个方面：

（1）根据项目预算确定合同价款

施工企业应根据项目投标预算或施工预算中对应的价格，来确定各个供方合同的价款，保证采购材料、租赁设备、分包劳务或工程所支付的价格低于施工企业能够从项目业主处得到的价格，以保证施工单位的经济利益。

（2）对供应方的管理职责和权限

施工企业应在供方合同中明确以下内容：

① 有权代表施工企业在合同及补充协议上签字的委托代理人的姓名；

② 有权代表施工企业签署与供方的结算文件、付款计划等经济文件的人员姓名；

③ 上述人员的具体权限。应注意人员姓名不应以岗位名称代替，以免被供方恶意利用，造成施工企业的经营风险。如在《北京市建设工程施工劳务分包合同（范本）》明确规定：“发包人中标建造师（项目经理）为________，职务：______，工程建造师（项目经理）证书号________。身份证号码：______。委托权限：__________。发包人也可委托________有现场签认用工、办理洽商变更手续的职权，人员如有变动，应提前 7 日书面通知承包人。”

同时，在分包合同中还应明确对于不是由上述被授权人员签署的补充协议、结算文件、付款计划等经济文件，施工企业不予认可。这可以减少因项目管理人员无权代理引起的表见代理风险。

(3) 其他条款

在供方合同的付款方式条款中，施工企业应确保付款比例和周期不优于其与发包人在施工合同中的付款条件，以避免给自身带来资金周转的压力。在争议解决方式条款中，应明确由承包人所在地的法院管辖，以在可能产生的诉讼中争取最大的利益。

2. 项目部印章的管理

因为施工项目地点具有流动性，往往远离施工企业总部，为了满足项目管理过程中与相关各方文件往来的需要，施工企业有时会刻制项目部的印章，交给项目部特定人员保管。为了防范项目部印章滥用给施工企业带来的风险，应在该印章上加刻“签订合同无效”的字样，并要求项目部在使用该印章时详细记录所用于的文件名称、批准人、使用时间等信息。施工企业还可以在项目部印章上刻上年度字样，以方便管理和控制。此外，施工企业应建立项目部印章的领用和退回登记制度，以利于责任的划分和追究。

3. 劳务分包的管理

农民工工资的支付是施工企业和劳务分包方经济往来的主要内容。鉴于当前维护社会和谐稳定的形势，施工企业应将农民工工资支付的过程管理作为项目商务管理的重中之重。首先，在与劳务分包企业签订的劳务合同中，应明确劳务企业的劳务工程款收取人，并应注明施工企业按照合同约定按期足额将劳务工程款支付给劳务企业或其约定的收取人后，施工企业就不再承担支付农民工工资的任何责任。这样虽然不能完全规避农民工工资的风险，但能够免除施工企业的合同责任；其次，施工企业应在项目实施过程中，加强劳务作业人员的管理，对每一个进场施工的工人都应定期统计其出勤情况，将上述劳务用工资料保留至与劳务企业结算完毕并支付全部农民工工资之后，以备一旦出现农民工讨薪的群体性事件时提交建设行政主管部门核查；最后，比较稳妥的办法是，在支付劳务工程款的同时监督劳务分包单位支付农民工工资的情况，保证劳务分包企业及时、足额支付农民工工资。施工企业可采取的办法是，在每次向劳务分包企业支付劳务工程款后，及时在工地现场显著位置张榜公布支付情况，发现问题及时解决，防止群体性事件的发生。

零散用工的费用结算也是施工企业对劳务分包方的管理重点。由于零散用工具有零散性、多发性和不确定性，给项目管理带来了一定的难度，其费用的确定和结算往往是劳务分包方获取利润的重要途径。因此，施工企业应首先在劳务分包合同中明确劳务承包范围，如是否包括文明施工、二次搬运、装车卸车等内容，应约定承包范围以内的所有人工消耗都已包含在劳务分包合同价款中，不再发生零散用工；其次，应在合同中明确零散用工的工日价格，并说明该价格是否适用于加班或夜间作业，如不适用则应明确加班或夜间作业的零散用工价格；最后，施工企业应在合同中明确零散用工确认人，同时加强项目实施过程中零散用工确认的监督管理，及时掌握零散用工的签认数量和总价，将其控制在合理的比例之内。

4. 工程分包的管理

对工程分包的商务管理主要是加强资质和人员审查，避免没有资质的组织或个人通过借用资质等不法行为承揽工程。施工企业在进行工程分包合同谈判期间，应当对分包方进行考察。在了解分包方工程承接能力的同时，查看将要实际承担分包任务的项目班子人员情况，如发现项目部的主要管理人员有挂靠嫌疑，则应拒绝与其签订工程分包合同。

5. 其他供方的管理

施工企业在施工期间，往往会租赁脚手架钢管、模板支撑材料等周转性材料，对这些周转性材料的出租方，施工企业应防范对方低价出租却以约定高额违约金的方式实现其超额利润。因此，在对材料、设备租赁合同的审查中，如发现对方所提供的价格低于正常的市场价格，则应引起施工企业合同审查人员的警惕。同时，施工企业应严格审查材料、设备租赁合同的违约条款和赔偿责任，在合同谈判时减少对自身不利的条款，在合同履行期间严格执行合同约定，避免因违约而带来的经营风险。此外，对于材料、设备租赁合同，施工企业应特别强调明确约定争议管辖的法院为施工企业所在地的法院或仲裁机构，以获取争议解决的优势地位。

五、项目管理信息化

由于建设工程施工项目地点的流动性，施工企业总部要随时掌握项目的各项信息存在一定的难度。这就要求施工企业建立健全项目信息管理系统，用信息化的手段及时收集项目实施过程中的各种信息，并与项目现场实际检查所获得的情况加以对比，了解各种信息的全面性和真实性，以对项目管理中的各种风险进行评估，做到提前预防。

在项目的各种信息中，施工企业最应关注的是工程进度、质量安全情况和工程款项的收支情况。工程进度和质量安全情况可以通过定期收集现场的实景照片来反映。工程款项的收支情况则可以通过定期核查有关进度和财务状况来获得，包括已完工程量、申报进度款的数额、发包方拨付工程款的数额、分包方完成的工程量、已付给分包方的工程款数额等内容。施工企业还可以派出质量、安全、经营、财务联合检查组，结合项目的各种信息对施工现场进行检查，对存在管理缺陷和漏洞的项目部加大管理力度。

项目管理信息化是施工企业强化内部管理、防范经营风险的有力手段之一。通过项目管理信息化的手段，施工企业可以及时有效地了解到项目的实际情况，为管理决策提供依据。在建立施工项目信息化管理架构初期，施工企业应首先抓住自身的管理重点，以项目信息的完善和项目收付款为主要内容，通过对项目施工合同和所有分包合同的签订及执行情况的及时掌握，控制施工项目的经济风险，也就是控制了项目最为重要的经营风险；随着施工企业项目管理信息化工作的推进，应及时将工程进度、质量情况、安全管理等内容纳入信息化管理体系，通过现场监控、照片等影像资料来客观反映现场的各项管理情况，使施工企业的各个职能部门能够动态地掌握现场的实际状况，为各部门确定施工项目的监督控制重点提供参考，保证施工企业总部对施工项目的监督检查有的放矢，避免盲目性，从而更好地控制施工项目实施过程中的各种风险。

第四节 工程欠款的风险防范

一、诉讼时效

诉讼时效是指“债权人怠于行使权利的状态持续到法定期间，其公力救济权归于消灭的制度”①。我国《民法总则》第一百八十八条规定：“向人民法院请求保护民事权利的诉讼时效期间为三年，法律另有规定的，依照其规定。”这表明，我国民事诉讼的一般诉讼时效为三年。通常，建筑施工企业适用诉讼时效的情况主要为发包人拖欠工程款。如果建筑施工企业怠于主张自己的合法权利，不重视诉讼时效问题，就会出现权利得不到法律保护的风险。当发包人拖欠工程款时，施工企业可在三年诉讼时效届满前，通过送达欠款催收文件或直接提起诉讼的方式使诉讼时效中断，从而防范诉讼时效风险。

诉讼时效的期间一般从权利人知道或者应当知道权利被侵害时起计算，有诉讼时效中断的情形（法定事由）发生时，从中断时起重新计算，中断次数在我国法律上没有限制，可以多次中断诉讼时效，但不得超过20年最长诉讼时效的限制。《最高人民法院关于审理民事案件适用诉讼时效制度若干问题的规定》（法释〔2008〕11号）第五条规定：“当事人约定同一债务分期履行的，诉讼时效期间从最后一期履行期限届满之日起计算。”就建设工程施工合同工程款纠纷而言，当事人约定工程款以进度款分期支付的情形属于同一笔债务的分期履行。此时应

① 张俊浩主编：《民法学原理》，中国政法大学出版社2000年版，第343页。

适用一个诉讼时效的起算点。因此，承包人工程款支付请求权的诉讼时效期间应自合同约定的最后一期工程款的支付期限届满之日起计算。

【实务判例】 合同未明确付款期限，工程价款未结算的，诉讼时效不起算[①]

1993年10月和1994年12月，某建筑公司与罗城支行分别签订了两份《建设工程施工合同》，合同约定由建筑公司承建罗城支行住宅楼工程。合同约定的结算方式均为：工程竣工验收合格后，建筑公司编制工程结算交罗城支行复查，罗城支行须在20天内复查完毕并交县建设银行核准。如决算经核准后20天内罗城支行不付清工程款，则按每天拖欠部分的5‰支付违约金。

工程竣工后，建筑公司先后将工程决算交罗城支行复查，但罗城支行未将决算资料交县建设银行核准，而是按上级行要求将其报上级行审查核准。后罗城支行上级行审查后，于1995年6月和1996年2～7月，编制了7份《工程结算书》，并分别送交建筑公司和罗城支行，但建筑公司和罗城支行均未在结算书上签章认可。

2008年3月，建筑公司提起诉讼，要求罗城支行支付工程欠款和违约金。罗城支行辩称，2005年1月后其未再收到原告的付款请求，原告的请求超过了诉讼时效。

法院经审理认为，因双方当事人一直未对7份《工程结算书》进行确认，工程未最终结算，原告无法知道其应得的工程款数额，亦无法知道其权利被侵害；同时，因被告未依约将原告的决算资料交县建设银行核准，故建筑公司无法确定最后的付款时间，诉讼时效也未起算。因此，认定本案原告的诉讼请求未超过诉讼时效。

值得关注的问题是，工程款支付请求权与工程质量保证金返还请求权的诉讼时效期间是否为同一起算点？这里要区别工程款与工程质量保证金是否为同一债权，如果为同一债权，则工程款的诉讼时效期间的起算点可从工程质量保证金返还期限届满之日起计算。如果不是同一债权，则诉讼时效期间的起算点应分别计算。笔者认为，工程款和工程质量保证金不属于同一债权。因为工程质量保证金实际是承包人为保证自己履行工程保修义务，支付给发包人的保证金，性质上是一种担保，只是形式上是由发包人直接从工程款中扣留而已。因此，工程款支付请求权与工程质量保证金返还请求权的诉讼时效期间应分别计算起算点。

【实务判例】 返还质量保证金请求的诉讼时效应自约定的保证金返还之日起算[②]

2005年2月，某集团与某公司签订《供货合同》，约定某公司向某集团的综

---

① 参见广西壮族自治区高级人民法院（2008）桂民一终字第204号民事判决书。

② 参见云南省高级人民法院（2010）云高民三终字第62号民事判决书。

合楼空调工程提供空调设备，并负责安装。

该工程竣工验收合格后，东方红公司提起诉讼，请求判令某集团支付工程欠款。某集团辩称原告的诉讼请求已超过诉讼时效。

法院经审理认为，如果将工程质量保证金作为最后一笔工程款来计算诉讼时效，则质量保证金与工程款应属同种性质的款项，但根据《建设工程质量保证金管理暂行办法》（建质〔2005〕7号）的规定，质量保证金对工程质量负有担保的功能，其发放以工程质量是否有缺陷为条件，而工程款无担保功能，其发放以完成工程量的大小为结算依据，两种款项的性质并不相同。故二者诉讼时效的起算时间也不相同。

二、优先受偿权

建设工程领域拖欠工程款的现象一直比较严重，同时拖欠工程款的清理工作也十分困难。对此我国《合同法》第二百八十六条规定了建设工程承包人的优先受偿权。该规定对于解决拖欠工程款问题，保障施工企业工程价款的实现具有积极意义。因此，施工企业在防范工程欠款风险时，一定要重视优先受偿权的运用。

在适用建设工程优先受偿权时，施工企业应注意以下几个方面的问题：

（一）注意权利主张的期间限制

《最高人民法院关于建设工程价款优先受偿权问题的批复》第四条规定："建设工程承包人行使优先权的期限为六个月，自建设工程竣工之日或者建设工程合同约定的竣工之日起计算。"因此，施工企业主张建设工程价款优先受偿权的时限是自竣工之日起六个月内。施工企业未在此期间向发包人主张建设工程款优先受偿权的，则该权利丧失。

（二）注意行使期限的法律性质

工程价款优先受偿权规定的六个月行使期限，该期限在法律性质上为除斥期间。因此，该期限不因任何理由或事由而中止、中断或延长。如果施工企业在该期限内提起诉讼后又撤诉，即使再次提起诉讼，若此时该期限已届满，则工程价款优先受偿权的请求将不会得到支持。

（三）注意工程款结算时间与竣工验收时间的关系

由于优先受偿权的行使有竣工后（或合同约定的竣工之日）六个月内的严格限定，因此，工程结算应在竣工后六个月内完成。否则，施工企业可能因无法确定工程价款而无法在六个月内提起诉讼，从而丧失该权利。

(四) 在签订合同时，不要放弃优先受偿权

根据《最高人民法院关于建设工程价款优先受偿权问题的批复》第一条的规定，建设工程承包人的优先受偿权优于抵押权。实践中，发包人由于受到银行的压力，会要求施工企业在签订合同时作出放弃工程价款优受偿权的承诺，以保证银行贷款的优先受偿。关于优先受偿权放弃的效力，学者有有效说和无效说两种不同的观点，我国法律尚无明文规定。由此造成放弃优先受偿权效力的不确定性，为维护自身的合法利益，施工企业还是要据理力争，不要放弃自己最后一把保护伞。

《施工合同司法解释二》对于承包人的优先受偿权可能会有诸多新的规定，承包人要时刻关注该解释的动向，以便随时调整自身的应对策略。

本章小结

对于建筑施工企业而言，对建设工程施工合同法律问题的研究并非最终目的。理清法律关系、洞察法律后果，是为了更好地采取预防措施防范法律风险。

建设工程施工合同的法律风险防范并非仅限于合同条款的审查，其应当包括招标投标、合同签订、合同履行、工程验收与结算以及欠款追索等一系列环节。在此过程中，培养既懂工程又懂法律的管理人员对建筑施工企业来说至关重要。

同时，工程施工合同的法律风险防范也不能孤立地进行，其涉及企业的经营管理模式和基本管理制度。建筑施工企业不仅要在法律问题的研究和处理上下功夫，更要审视自身的管理模式，找出其优势与不足，并在此基础上梳理管理制度，将法律风险的防范由事后处理前置为事前预防和事中控制，以达到事半功倍的效果。

附录：

工程总承包合同概要

一、工程总承包的概念

工程总承包模式的主要特征是业主将工程的设计、采购、施工、试运行全部或核心工作都交给承包商来组织实施，在项目完成后，业主只需“转动总承包商交给自己的钥匙”，项目就可以启动运行。在该模式下，总承包商按照合同约定对整个项目承担总体责任。[①]《关于进一步推进工程总承包发展的若干意见》（建市〔2016〕93号）对工程总承包的定义是“从事工程总承包的企业按照与建设单位签订的合同，对工程项目的设计、采购、施工等实行全过程的承包，并对工程的质量、安全、工期和造价等全面负责的承包方式。”工程总承包一般采用设计-施工总承包（Design-Build，DB）模式或者设计-采购-施工总承包（Engineering-Procurement-Construction，EPC）模式。

二、DB模式与EPC模式的区别

DB模式与EPC模式虽同属总承包模式，但二者却有本质的不同。我们从以下几个方面对二者的区别进行总结。

1. 承包范围不同。DB模式主要包括设计、施工两项工作内容，不包括工艺装置和工程设备的采购工作，而EPC模式则明确规定总承包商负责设计、采购、施工等工作。

2. 设计工作不同。首先，二者的设计概念不同。DB中的“Design”是指“为建筑物制定规划；由平面图、立面图、渲染图及其他表现形式所描述对拟建建筑的设想；具有审美价值的、对人工制造物的视觉形象构想的总称。”[②] 而EPC中的“Engineering”是指“将科学知识系统地运用于结构和机器的设计、

---

① 张水波，陈勇强编著：《国际工程总承包EPC交钥匙合同与管理》，中国电力出版社2009年版，第4页。

② ［美］伯登（Bureden，E.）：《世界建筑简明图典》，中国建筑工业出版社1999版，第68页。

创造、使用中。”[①] EPC 模式中的设计除包括 DB 中的设计（Design）内容外，还包括整个工程的整体策划，各阶段的管理策划，跨专业、跨功能的联动设计、组织设计以及生产工艺流程设计。[②] 其次，二者的设计阶段和内容不同。DB 模式一般由业主完成概念方案和初步设计工作，承包人在此基础上进行详细设计工作，以满足施工要求。而 EPC 模式中，业主往往只对项目提出概念性、功能性的要求，承包人要站在业主角度上提供选择并给出最优的设计，其设计工作可能贯串方案设计、初步设计和详细设计阶段的全过程。

3. 业主对设计、施工过程的控制程度不同。在 DB 模式中，业主对项目有一定的控制权，包括对方案、设计和施工过程均采用较为严格的控制机制。而在 EPC 模式中，业主一般尽量会少干预 EPC 项目的实施，从而使总承包人具有更大的权利和灵活性，尤其在 EPC 项目的设计优化、组织实施、选择分包商等方面，总承包人具有更大的自主权，从而发挥总承包商的主观能动性和优势。[③] 需要注意的是，在 FIDIC 的 2017 版银皮书中，业主在项目执行过程中的介入程度有所加深，对承包人代表及关键人员提出了更为严格的要求，强调了业主对于工程分包的知情权。[④]

4. 风险分担不同。一般来说，DB 模式下，工程总承包人除承担设计责任及相应风险外，其他方面与施工总承包人承担的风险类似，合同让业主承担的风险相对较多。而在 EPC 模式下，合同让工程总承包人承担的风险相对较多。

以 1999 版 FIDIC 合同条件为例，《生产设备和设计-施工合同条件》（新黄皮书）适用于 DB 模式，《设计采购施工（EPC）/交钥匙工程合同条件》（银皮书）适用于 EPC 模式。根据新黄皮书的规定，对于因业主要求中的错误导致的承包人工期延误或费用增加，且该错误是一个有经验的承包人进行详查也难以发现的，承包人可以对工期和费用进行索赔；如承包人在现场施工时遇到不可预见的物质条件，其可以对工期和费用进行索赔（该物质条件指自然物质条件、人为的及其他物质障碍和污染物，包括地下和水文条件，但不包括气候条件）；因业主所提供原始基准点、基准线和基准标高错误导致承包人工期延误或费用增加，而有经验的承包人不能合理发现此类错误，并避免此延误或费用增加的，承包人可以对工期和费用进行索赔。而根据银皮书的规定，除合同另有说明外，承包人应

---

① ［英］艾伦·艾萨克斯主编；郭建中，江昭明，毛华奋等译：《麦克米伦百科全书》，浙江人民出版社 2002 年版，第 392 页。

② 姚灏：“EPC、DB、EPCM、PMC 四种典型总承包管理模式的介绍和比较”，载《中国水运》2012 年第 10 期。

③ 参见石林林，丰景春：“DB 模式与 EPC 模式的对比研究”，载《工程管理学报》2014 年第 6 期。

④ 参见赵珊珊等：“FIDIC 2017 版与 1999 版设计—采购—施工与交钥匙工程合同条件比较分析”，载《国际经济合作》2018 年第 5 期。

被认为已取得了对工程可能产生影响和作用的有关风险、意外事件和其他情况的全部必要资料，合同价格对任何未预见到的困难和费用不应考虑予以调整。在银皮书中，除第5.1款规定情形外，认为承包人在基准日期前已经详细审查了业主要求，并应当对业主要求的正确性负责。① 当然，对于法律、技术标准的变化以及不可抗力的影响，两种模式均规定由业主承担相应风险。在FIDIC的2017版银皮书中，对部分风险按照“承包人专业上可控”的原则进行了一定程度的调整，将一部分承包人无法合理预见或控制的风险重新分配给业主承担。②

5. 适用范围不同。一般认为，DB模式主要适用系统技术设备相对简单的项目，包括以土建工程为主的公共建筑、住宅、桥梁、机场、公共交通设施和污水处理等。而EPC模式主要适用于设备、技术集成度高、系统复杂庞大、合同投资额大的机械、电力、化工等工业项目。同时，对于地质条件复杂、变化较大的项目，由于承包人承担的风险过高，不建议采取EPC模式。

《关于进一步推进工程总承包发展的若干意见》（建市〔2016〕93号）提出大力推进工程总承包，建设单位应优先采用工程总承包模式，政府投资项目和装配式建筑应当积极采用工程总承包模式的意见。2017年12月，住房城乡建设部发布了《房屋建筑和市政基础设施项目工程总承包管理办法》（征求意见稿），意图对房屋建筑和市政基础设施项目的工程总承包管理进行规范。这表明，我国建设行政主管部门要下力气在房屋建筑和市政基础设施领域推广工程总承包模式。但需要注意的是，对于房屋建筑来说，由于前期建筑设计方案和施工中的装饰装修材料选用均对工程造价的影响较大，若采用EPC模式，容易造成当事人之间风险分配的失衡，因此，笔者建议采用DB模式为宜。

三、EPC工程总承包合同的特点

与传统的施工总承包合同相比，EPC工程总承包合同具有以下特点：

1. 承包范围及承包人责任不同。传统施工总承包合同的承包范围是工程项目的施工，其目的是按照业主提供的设计文件完成施工合格的工程产品，承包人对其施工质量承担瑕疵责任和保修责任。而EPC工程总承包合同的承包范围包括设计、采购、施工、调试、试运行等全过程，其目的是满足业主对工程建设项

① 《设计采购施工（EPC）/交钥匙工程合同条件》第5.1款规定：“雇主应对雇主要求中的下列部分，以及由（或代表）雇主提供的下列数据和资料的正确性负责：(a) 在合同中规定的由雇主负责的、或不可变的部分、数据和资料，(b) 对工程或其任何部分的预期目的的说明，(c) 竣工工程的试验和性能的标准，(d) 除合同另有说明外，承包商不能核实的部分、数据和资料。”

② 参见赵珊珊等：“FIDIC 2017版与1999版设计—采购—施工与交钥匙工程合同条件比较分析”，载《国际经济合作》2018年第5期。

目的性能指标要求，承包人对整个项目的设计、采购、施工、调试及试运行等承担责任，其责任范围远远大于施工总承包合同的承包人。

2. 对承包人的主体要求不同。传统的建设工程施工合同要求承包人具备相应的建筑业企业资质，而从目前规定看，EPC 工程总承包合同的承包人则需要具备与所承揽工程相适应的工程设计资质或施工资质。《建设工程勘察设计资质管理规定》（建设部令第 160 号）第三十九条规定："取得工程勘察、工程设计资质证书的企业，可以从事资质证书许可范围内相应的建设工程总承包业务"。《建设工程勘察设计资质管理规定实施意见》（建市〔2007〕202 号）规定，取得工程设计综合资质的企业，可以承担各行业工程项目的工程总承包业务，取得工程设计行业、专业、专项资质的企业可以承担资质证书许可范围内的工程项目工程总承包业务。《关于进一步推进工程总承包发展的若干意见》（建市〔2016〕93 号）也规定，工程总承包企业应当具有与工程规模相适应的工程设计资质或者施工资质，仅具有设计资质的企业承接工程总承包项目时，应当将工程总承包项目中的施工业务依法分包给具有相应施工资质的企业，仅具有施工资质的企业承接工程总承包项目时，应当将工程总承包项目中的设计业务依法分包给具有相应设计资质的企业。

3. 价格确定方式不同。传统的施工总承包合同一般采用固定单价，有的合同也采用固定总价。而 EPC 工程总承包合同一般为固定总价合同。需要注意的是，施工总承包合同中的固定总价与 EPC 工程总承包合同中的固定总价不同。施工合同固定总价的确定依据是图纸，如果在确定施工合同的固定总价时并没有对应的图纸范围，该固定总价可能不成立。而在 EPC 工程总承包合同中，根据工程项目的性质和特点，项目可在可行性研究、概念方案及初步设计任何一个阶段启动，承包人既负责主要的工程设计工作，也负责采购和工程施工，其主要合同义务是满足业主对项目性能指标的最终要求，确定合同价款的依据是业主要求，而不是图纸。因此，对于 EPC 工程总承包合同来说，只要有业主要求，即使在确定固定总价时没有对应的图纸范围，该固定总价也是成立的。

4. 风险分担不同。以 FIDIC 合同条件为例，《FIDIC 施工合同条件》（红皮书）的合同价格是针对合同规定的工作内容，并建立在承包人对现场状况、水文、气候和地质条件等数据进行检查并满意的基础之上。其合同中任何工作内容的数量、质量、特性和工程的标高、位置、尺寸的改变，以及一个有经验的承包人无法预见的不利地下、水文条件均可能构成变更。而银皮书的合同价格范围涵盖了满足业主要求并保证工程稳定、安全、有效运行所必需的任何工作，除合同另有规定外，承包人应承担满足业主要求的全部义务。同时，除业主要求中承包人不可改变或无法核实的数据以及关于工程预期目的的说明和性能标准外，承包人应当对业主要求的正确性负责。在 EPC 合同中，技术标准和由业主负责正确性的业主要求发生变化一般会构成变更，承包人也可以就法律变化和不可抗力索赔工期和费用。除此之外，EPC合同的价格一般不应考虑调整。

5. 效益来源不同。施工总承包合同对施工企业的效益利润点，主要在于降低人工、材料、机械及专业分包的成本，并以科学的施工管理降低综合成本，提高整体效率。而EPC工程总承包合同除包括上述施工总承包的效益来源外，合理的设计优化是取得效益的重要手段。

四、EPC工程总承包合同需注意的几个问题

1. 关于诉讼管辖

根据《最高人民法院关于适用〈中华人民共和国民事诉讼法〉的解释》第二十八条的规定，建设工程施工合同纠纷按照不动产纠纷确定管辖，其诉讼管辖属于专属管辖。EPC工程总承包合同包含了设计、采购和施工活动，相应于采购活动的买卖合同之诉讼管辖为一般管辖，而相应于设计活动的建设工程设计合同之诉讼管辖是否适用于专属管辖则存在争议，有必要先对此进行讨论。首先，根据《最高人民法院关于适用〈中华人民共和国民事诉讼法〉的解释》第二十八条的规定，专属管辖的适用对象是建设工程施工合同，并未包括勘察、设计等其他建设工程合同，将专属管辖扩张至设计合同并无法律依据；其次，建设工程设计合同的标的物为设计文件，而非不动产工程，按照不动产纠纷确定设计合同的诉讼管辖依据不足；最后，在建设工程设计合同纠纷中，若涉及质量、造价的评估或鉴定，均是对设计文件的评估或鉴定，并不涉及不动产，按照不动产所在地确定管辖不符合便利原则。因此，笔者认为，建设工程设计合同应当适用一般管辖。需要注意的是，《江苏省高级人民法院关于审理建设工程施工合同纠纷案件若干问题的解答》(〔2018〕3号)规定，建设工程设计合同纠纷适用于专属管辖，笔者认为该规定值得商榷。[①]

既然建设工程设计合同、买卖合同并不适用于专属管辖，那么，如何确定EPC工程总承包合同的诉讼管辖呢？

笔者认为，首先，EPC工程总承包合同的标的物为建设工程，而非一般动产，故不应将其定性为一般的承揽合同。其次，不动产纠纷专属管辖的设置目的在于方便法院调查相关不动产状况，便利当事人参加诉讼。建设工程施工合同纠

---

① 《江苏省高级人民法院关于审理建设工程施工合同纠纷案件若干问题的解答》(〔2018〕3号)第1条规定："《最高人民法院关于适用〈中华人民共和国民事诉讼法〉的解释》第二十八条规定建设工程施工合同案件按照不动产专属管辖确定受诉法院，即建设工程施工合同纠纷一律由建设工程所在地人民法院管辖。'建设工程施工合同纠纷'还包括建设工程价款优先受偿权纠纷、建设工程分包合同纠纷、建设工程监理合同纠纷、装饰装修合同纠纷、建设工程勘察合同纠纷、建设工程设计合同纠纷。"

纷“往往涉及建筑物工程造价评估、质量鉴定、留置权优先受偿[①]、执行拍卖等，由建筑物所在地法院管辖，有利于案件审理与执行。”[②] 尽管EPC工程总承包合同包含了设计和采购的内容，但其以完成满足业主性能指标要求的建筑物及设备安装为目的，因此，从有利于案件审理与执行的目的来看，按照不动产纠纷专属管辖来确定EPC工程总承包合同纠纷的诉讼管辖较为妥当。

2. 关于承包人的主体资格

如前所述，工程总承包人应当具有与工程规模相适应的工程设计资质或者施工资质。对于新建项目来说，由于工程总承包人对整个工程的设计、采购和施工负责，新建项目一般又离不开基础、主体结构等土建工程，因此，一般来说，施工资质应指施工总承包资质。实践中，也有建设单位委托他人进行土建施工，而将钢结构工程的设计、施工交由承包人实施的情形。根据《建设工程勘察设计资质管理规定实施意见》的规定。具备钢结构专项设计资质的承包人也可以承接此类工程总承包项目，其不具备相应施工资质的，应将工程施工业务分包给具有工程施工资质的企业。

在业主同意的情况下，工程总承包人也可以是多个单位组成的联合体。联合体的资质按照相同分工专业的最低资质确定，具体专业分工在联合体协议中约定。[③] 比如，由设计、施工及设备供应商组成的总承包人联合体，不会因设备供应商无相应设计、施工资质而否定整个联合体的资格。关于联合体的牵头人，一般来说，相对于联合体其他成员，其在财务实力、技术装备力量等方面具有明显优势，往往承担工程项目的主体部分或关键部分，或者牵头人为发起或召集单位。[④] 那么，对于EPC工程而言，在联合体成员由设计、施工、设备供应商三方组成的情况下，设备供应商能否作为联合体的牵头人呢？笔者认为，牵头人是联合体的委托代理人，其主要负责对外联络和对内组织管理、沟通协调工作，法律、法规并未对牵头人的资格作出强制性规定，因此，在业主及联合体各方均同意的情况下，设备供应商可以作为联合体的牵头人。

需要注意的是，实践中存在利用联合体做掩护非法承揽工程的情况。在联合

---

① 本书认为建设工程承包人的优先受偿权不是留置权，而是法定抵押权。

② 沈德咏主编：《最高人民法院民事诉讼法司法解释理解与适用》，人民法院出版社 2015 年版，第181页。

③ 也有地方禁止联合体作为承包人承揽工程总承包项目。《吉林省住房和城乡建设厅关于进一步明确工程总承包管理有关事项的通知》（吉建办〔2017〕50号）第三条规定：“为严格落实工程总承包单位在工程质量安全、进度控制、成本管理等方面的责任，切实做到由工程总承包单位负总责，确保工程投资不超投资限额，我省工程总承包项目应由符合条件的设计或施工总承包企业中的一家承揽，不得采用联合体方式承揽。”

④ 彭丁带，黄勇，万克夫：“投标联合体共同投标中的若干法律问题”，载《政法论丛》2002 年第6期。

体成员由设计、施工、设备供应商三方组成的情况下，如果无设计、施工资质的设备供应商实际上履行了设计或施工的义务，则属于联合体成员未履行联合体协议的专业分工约定，联合体应当按照无设计或施工资质来认定，工程总承包合同无效。对于强制招标项目，在联合体中标后，如果未经招标投标程序而变更联合体成员签订合同，则该合同也会因违反《招标投标法》的强制招标规定而无效。

3. 关于项目前期咨询设计单位能否参加投标

建设工程施工项目招标时，为项目前期提供服务的单位不能参加该项目的施工投标。《工程建设项目施工招标投标办法》第三十五条对此作了规定："招标人的任何不具独立法人资格的附属机构，或者为招标项目的前期准备或者监理工作提供设计、咨询服务的任何法人及其任何附属机构，都无资格参加该招标项目的投标。"原因在于，项目前期参与人对项目信息有着更多的了解或理解，允许其参加项目施工的投标，会使得其比其他投标人更具有优势，影响施工项目投标人之间竞争的公平性。而在EPC工程总承包项目中，对于为项目提供前期咨询设计服务的单位能否参加该项目的工程总承包投标，实践中存在以下不同观点：

（1）为了防止不正当竞争，前期设计单位不能参加投标。如《关于在本市装配式建筑工程中实行工程总承包招投标的若干规定（试行）》（京建法〔2017〕29号）第六条规定："工程总承包项目的承包人不得是工程总承包项目的代建单位、项目管理单位、工程监理单位、招标代理单位以及其他为招标项目的前期准备提供设计、咨询服务的单位。"上海市也有类似规定。①

（2）由于前期服务企业在提供前期设计任务书、可行性研究报告、建筑策划等服务的基础上，更能准确理解业主的项目需求和投资控制、质量管控的要求，允许前期服务企业参与工程总承包项目投标，有利于业主需求的更好实现。而且，如果过多限制参与竞标的潜在投标人，不利于当前我国工程总承包市场的培育。因此，应当允许其参加投标。② 而在具体实践中，对此又有两种做法。一种对前期咨询设计单位参加工程总承包项目投标未设置任何条件，如《浙江省住房和城乡建设厅关于深化建设工程实施方式改革积极推进工程总承包发展的指导意见》（浙建〔2016〕5号）规定："承担工程项目方案设计（或初步设计）的企业，可以依法参与该项目的工程总承包投标。"另一种则设置了具体条件，如《吉林省住房和城乡建设厅关于进一步明确工程总承包管理有关事项的通知》（吉建办〔2017〕50号）第六条规定："承担工程项目方案设计或初步设计的企业，

① 《上海市工程总承包试点项目管理办法》（沪建建管〔2016〕1151号）第八条规定："采用本办法第五条第（二）项情形发包的，工程总承包企业还不得是项目的初步设计文件或者总体设计文件的设计单位或者与其有控股或者被控股关系的机构或单位。"

② 参见李彩凤："为EPC项目提供前期服务的单位能否参与投标？"，2018年5月11日发表于同望工程地产法律管家微信公众号，2018年5月21日访问。

在全面公开方案设计或初步设计资料的前提下，可以参与该项目的工程总承包投标。”

笔者认为，基于当前我国对工程总承包人主体资格的要求，符合此条件的企业并不在少数，因此，认为禁止前期咨询设计单位参加投标将会“过多限制参与竞标的潜在投标人，不利于当前我国工程总承包市场的培育”的观点值得商榷。关于允许其投标“更有利于业主需求更好实现”的观点，确有一定道理，但笔者认为，通过对业主基础资料和前期咨询设计资料的研究，非前期参与者在后续设计中准确理解业主的项目需求、投资控制及质量管控要求也并非难事。因此，在对业主有利和公平竞争的取舍中，笔者认为保证项目投标竞争的公平性更为重要。基于此，关于前期咨询设计单位能否参加工程总承包项目投标的问题可有两种解决方案。一种方案是明确禁止其参加项目投标，另一种方案是允许其参加项目投标，但应设置更为严格的前提条件。如果允许前期咨询设计单位参加项目投标，则其可能会故意提供偏于保守的技术经济指标，从而便于后续以更低的价格或更为优化的设计方案中标，这就会导致项目投标的不正当竞争。因此，允许其参加项目投标的前提条件应当是，在全面公开前期咨询设计成果的同时，公开前期咨询设计的基础资料，并给予投标人足够的时间对基础资料和前期咨询设计成果进行分析，以使得前期咨询设计单位与其他投标人处于基本相同的竞争起点上，保证投标竞争的公平性，笔者倾向于第一种方案。

4. 关于分包单位能否再分包

对于传统的施工总承包合同来说，经发包人同意，总承包人可以将非主体结构分包给具有相应资质的分包单位，而分包单位则不能将其承包的工程再分包。而对于工程总承包合同，总承包人在将设计或施工分包之后，分包单位能否将其承包的非主体结构进行再分包在实践中存在争议。争议的产生主要源于《建筑法》的规定，我们在此作以下分析：

(1)《建筑法》所规定的“再分包”适用于工程总承包工程。根据《建筑法》第二十四条的规定，建筑工程的发包单位可以将建筑工程的勘察、设计、施工、设备采购一并发包给一个工程总承包单位，这里的“总承包单位”指的是工程总承包单位。该条同时规定，发包单位也可以将建筑工程勘察、设计、施工、设备采购的一项或者多项发包给一个工程总承包单位。可见，若发包单位将施工一项发包给一个工程总承包单位，则该“总承包单位”指的就是施工总承包单位。由此可知，《建筑法》中的工程总承包概念既包括 EPC 等工程总承包，也包括传统意义上的施工总承包。而《建筑法》第二十九条第一款规定：“建筑工程总承包单位可以将承包工程中的部分工程发包给具有相应资质条件的分包单位”。可见，这里的“分包”既包括工程总承包下的分包，也包括传统施工总承包下的分包。因此，从上下文来看，《建筑法》第二十九条第三款规定的“禁止分包单位将其承包的工程再分包”中的“再分包”对象并未特指传统施工总承包下的分包工程，也包括工程总承包下的分包工程。

(2)“再分包”适用于工程总承包的何种分包方式并不明确。在《建筑法》颁布之时，国内的工程总承包虽然进行了试点工作，但相关配套规定尚不完善，《建筑法》规制的主要还是施工总承包活动。2003 年 7 月，建设部发布《关于工程总承包市场准入问题说明的函》，认为具有工程勘察、设计或施工总承包资质的企业可以在其资质等级许可的工程项目范围内开展工程总承包业务。① 住房城乡建设部《关于进一步推进工程总承包发展的若干意见》（建市〔2016〕93 号）规定，工程总承包企业可以在其资质证书许可的工程项目范围内自行实施设计和施工，也可以根据合同约定或者经建设单位同意，直接将工程项目的设计或者施工业务择优分包给具有相应资质的企业。可见，工程总承包模式下的分包存在两种方式，一种是同时具有相应设计和施工资质的总承包单位将专业工程进行分包，另一种则是总承包单位将其承包的设计或施工工程进行分包。《建筑法》中所称的工程总承包模式下的“再分包”针对的是上述哪种方式，并不明确。

(3) 关于工程总承包模式下“再分包”的解释。笔者认为，“再分包”概念的解释应当着重从立法目的入手。《建筑法》第一条规定了制定该法的目的是，加强对建筑活动的监督管理，维护建筑市场秩序，保证建筑工程的质量和安全，促进建筑业健康发展。因此，对于“再分包”概念的解释，也应当立足于有利于保证工程质量这一立法目的。《〈中华人民共和国建筑法〉释义》在对第二十九条第三款进行解释时，也明确该条款的立法目的“旨在防止层层分包，进一步规范建筑市场，提高建筑工程质量。”② 我们知道，建设工程除了主体结构之外，还有大量的专业工程，如地基处理、基坑支护、空调净化、智能化、电梯工程等。目前条件下，施工总承包单位的优势主要在于其对工程项目有较强的施工管理能力，而专业分包单位的优势则主要在于其在某一专业领域的专业技术能力。管理能力与专业技术能力的有机结合，有利于保证建设工程的质量和安全。在工程总承包模式下，若不允许分包的施工总承包单位将其承包范围内的专业工程进行分包，而是要求其自行实施自己并不擅长的专业工程，无疑对于保证工程质量是不利的。因此，《建筑法》第二十九条第三款规定的禁止“再分包”对象，应当解释为一段为分部或子分部工程的专业工程，不包括施工总承包工程。同理，也可以得出其也不包括设计总承包工程的结论。

5. 关于行政审批手续对合同效力的影响

我国《城乡规划法》第三条规定，城市、镇规划区内的建设活动应当符合规

① 该规定已于 2017 年 12 月 12 日被宣布失效。

② 国务院法制局，建设部编著：《〈中华人民共和国建筑法〉释义》，中国建筑工业出版社 1997 年版，第 77 页。

划要求，在县级以上地方人民政府所确定的规划区域内的乡、村庄建设应当符合规划要求。《城乡规划法》对建设活动的规划要求，其最终目的是保证工程项目的建设符合社会公共利益，符合国家的发展要求。因此，《城乡规划法》对建设活动规划的强制性要求是效力性的。对于建设工程施工合同来说，一般认为，若发包人未取得建设用地规划许可证或建设工程规划许可证，则应认定合同无效。由于EPC等工程总承包合同包含了设计和施工工作，则对于其中施工内容亦属无效当无疑问。而对于合同中的设计内容来说，由于设计与施工在工程项目建设活动中的阶段不同，故认定行政审批手续对设计内容的效力影响，应当结合项目审批程序和各设计阶段的关系来进行分析。

一般来说，工程项目的前期行政审批或核准、备案手续，因土地、项目性质的不同，手续也有所不同。而且，各个地方规划部门的审批程序也不尽相同。通常情况下，规划部门对建筑工程的项目审批程序依次如下：

（1）规划部门首先出具的主要文件为规划条件（划拨用地为选址意见书）。《城乡规划法》第三十八条规定，在城市、镇规划区内出让国有土地使用权前，城市、县人民政府城乡规划主管部门应当依据控制性详细规划，提出出让地块的位置、使用性质、开发强度等规划条件，作为国有土地使用权出让合同的组成部分。该法第三十九条规定，规划条件未纳入国有土地使用权出让合同的，该国有土地使用权出让合同无效。在规划条件中，规划部门会根据工程项目情况，提出项目的建筑规模、容积率、建筑高度、绿化率及居住建筑的公共服务设施配套建设指标等。

（2）在取得规划条件或选址意见书后，建设单位还要提交建设计划主管部门以批准、核准或备案方式同意其作为项目主体的立项批复文件、国有土地使用权出让合同、《建设用地钉桩测量成果报告书》、地形图及其他法律、法规、规章要求提交的材料，以申领建设用地规划许可证。规划部门在此阶段审查建设项目的性质、规模和布局是否符合法律、法规和城市规划的要求。《城乡规划法》第三十九条规定，对未取得建设用地规划许可证的建设单位批准用地的，由县级以上人民政府撤销有关批准文件。

（3）工程项目在取得规划条件和建设用地规划许可证（自有用地除外）后，才进入正式的建筑工程设计阶段。设计开始后首先进行的是方案设计，该方案设计以完成方案报批为目的，不同于前期为取得规划条件或选址意见书而申报的规划设计方案。前期的规划设计方案针对的是准备出让的建设用地，而非项目用地，其更注重拟建项目与周边的关系，对于拟建项目的描述往往是概念性和示意性的。

（4）在建筑工程设计过程中，建设单位会将建设工程设计方案审查意见及相应图纸文件作为申报材料，申领建设工程规划许可证。规划部门在此阶段审查申报图纸的用地范围、项目性质、容积率、建筑高度、建筑密度是否符合城市规划的要求等。

通过上述规划部门的审批程序可知，建设工程规划许可证需要利用设计阶段的设计成果来申领，设计工作的进行当然不以建设工程规划许可证的办理为前提。因此，未取得建设工程规划许可证并不影响总承包合同中设计内容的效力。

如前所述，申领建设用地规划许可证必须以取得规划条件或选址意见书、立项批复文件及土地权属证明文件为前提。规划条件和建设用地规划许可证制度是落实控制性详细规划的枢纽工具，其中规划条件针对的是准备出让的建设用地，而建设用地规划许可证针对的是准备投资建设的项目用地，是对先前的规划条件进一步细化落实和跟踪，以确保其按照规划条件实施。[①] 因此，针对具体的建设工程项目而言，建设用地规划许可证制度是落实控制性详细规划的重要手段。未取得建设用地规划许可证的工程项目建设属于违法建设，因缺乏经批准的项目位置、建设范围和规模、开发强度等指标，项目设计亦无法定依据。[②] 由此可见，若工程总承包项目未取得建设用地规划许可证，则工程总承包合同中的设计内容也会因违反《城乡规划法》的规定而无效。

综上所述，笔者认为，发包人未取得建设用地规划许可证的，工程总承包合同无效，而未取得建设工程规划许可证的，工程总承包合同中的设计内容有效，施工内容无效。当然，发包人在一审法庭辩论终结前取得建设用地规划许可证、建设工程规划许可证的，合同或相关内容应认定有效。

6. 关于变更与索赔

如前所述，由于EPC合同与传统施工合同的风险分担不同，则其关于变更的范围也有很大不同，业主对于EPC合同的变更一般持谨慎态度。

由于EPC合同价款的确定依据是业主要求，而不是签约后承包人完成的图纸，因此，合同履行过程中的图纸变更不一定会构成一项变更。只有图纸对业主要求或合同相关内容进行了实质性变更，才会构成一项变更，承包人才可以据此提出索赔。具体讨论如下：

(1) 对于业主提供初步设计图纸的项目，一般来说，初步设计有关文件会作为合同的一部分纳入到业主要求中。[③] 此时，承包人应当按照初步设计批准的建设标准、工程规模及各项技术经济指标进行施工图设计，经批准的上述各项技术

① 参见陈西敏："基于规划法的规划许可社会秩序辨释与探微"，载《城市规划》2012年第3期。

② 《建设用地规划许可证》中标明了项目的位置、性质、用地面积和建设规模，并附有建设用地规划红线图。

③ 业主要求一般涵盖工程目的和工作范围、技术要求、项目控制程序、图纸清单。有的项目包含图纸清单，有的没有。是否列出图纸以及列出多少，取决于业主前期的设计深度。参见张水波，陈勇强：《国际工程总承包EPC交钥匙合同与管理》，中国电力出版社2009年版，第45页。

经济指标可以认为是不可改变的数据。此时，承包人对初步设计图纸的深化不构成变更。当然，承包人可以建议对初步设计的各项技术经济指标进行调整。由于变更权属于业主，业主同意则构成建议性变更，反之则不构成。若承包人的建议性变更属于对原设计方案的优化，双方还可以协商分享由此带来的利益，这在FIDIC合同条件中被称为价值工程。如果变更违反了政府相关部门对初步设计的审查意见，则需要提交政府相关部门重新审查。

(2) 对于总承包人负责全部设计工作的EPC合同来说，设计调整、优化属于承包人的内部问题，除非导致工程预期目的、建设标准、功能或性能指标、业主所负责数据以及构成合同组成部分的设计方案等发生变化，否则不构成变更。比如，当事人在EPC合同中约定的基础型式为钢筋混凝土灌注桩基础，而在合同履行过程中承包人欲将其优化为CFG桩的地基处理方式，若经业主同意，则构成一项变更。然而，若业主仅在合同中提出了地基承载力的指标要求，并未确定采用何种基础型式，则承包人完全可以根据项目的具体情况决定基础型式或地基处理方式，只要达到业主要求即可，合同价格不变。

(3) 对于地质条件的变化是否构成变更，需要结合个案进行判断。一般来说，对于由第三方进行地质勘察的情形，只有承包人进行钻探、打桩或开挖时才能了解地质条件的实际情况，其在签订EPC合同时无法对第三方出具的勘察成果进行核实。因此，如果地质条件发生重大变化，承包人可以按照合同约定的程序提出变更，并进行工期和费用的索赔。我国有关规范性文件也对此作了相应规定。交通运输部《公路工程设计施工总承包管理办法》(2015年第10号令) 规定，施工图勘察设计时发现的在初步设计阶段难以预见的滑坡、泥石流、突泥、涌水、溶洞、采空区、有毒气体等重大地质变化，其损失与处治费用可以约定由项目法人承担，或者约定项目法人和总承包单位的分担比例。工程实施中出现重大地质变化的，其损失与处治费用除保险公司赔付外，可以约定由总承包单位承担，或者约定项目法人与总承包单位的分担比例。因总承包单位施工组织、措施不当造成的上述问题，其损失与处治费用由总承包单位承担。《上海市工程总承包试点项目管理办法》(沪建建管〔2016〕1151号) 第二十条规定："难以预见的地质自然灾害、不可预知的地下溶洞、采空区或障碍物、有毒气体等重大地质变化，其损失与处置费由建设单位承担；因总承包单位施工组织、措施不当等造成的上述问题，其损失和处置费由工程总承包企业承担。"《湖南省房屋建筑和市政基础设施工程总承包招标投标活动管理暂行规定》(湘建监督〔2017〕76号) 第十一条规定，招标人提供的文件，包括环境保护、气象水文、地质条件，初步设计、方案设计等前期工作的相关文件不准确、不及时，造成费用增加和工期延误的风险有招标人承担；未充分认识和理解通过查勘现场及周边环境 (除招标人提供文件和资料之外) 取得的可能对项目实施产生不利影响或作用的风险由承包人承担。

7. 关于承包人的设计责任

实践中，EPC合同通常规定，承包人对业主前期的设计成果在投标前有审校义务，有的合同甚至要求承包人为业主在项目前期所做的勘察设计成果的正确性负责。[①] 由于总承包人对EPC项目最终能够满足业主要求负责，故其对项目设计成果也应承担最终的责任。因此，总承包人应当对业主前期的设计成果承担审核责任。同时，除合同明确约定前期设计不可更改或由业主负责，或总承包人无法核实前期设计成果的质量（如第三方完成的勘察报告以及因该勘察报告缺陷导致的设计缺陷等）外，总承包人也应当对企业前期设计成果的正确性负相应责任。

8. 关于已完成部分的造价鉴定

由于EPC工程总承包合同一般都采用固定总价合同，因此，只有当工程出现变更或未完成时才存在造价鉴定的问题。对于设计已完成但施工未完成的EPC工程，可以采用比例法来确定已完成部分的工程造价，即按照合同约定或工程所在地的造价计算标准来计算已完成工程量占全部工程量的比例，再以该比例乘以合同固定总价得到已完成部分的工程造价。而对于设计尚未完成的EPC工程的造价鉴定，则无法采用比例法来确定已完成部分的工程造价。此时，需要确定采用何种标准来计算已完工程的造价。有观点认为，由于工程已经按照施工图进行实际施工，则应当采用对应于施工图设计文件的预算指标来计算已完工程的造价；也有观点认为，由于EPC合同的签订往往是在可行性研究、方案设计或初步设计阶段，因此，应当以合同签订阶段所对应的定额或指标来计算已完工程的造价。比如，可行性研究和方案设计阶段对应于估算指标，初步设计阶段对应于概算定额或概算指标等。

笔者倾向于第二种观点。对于设计尚未完成的EPC项目已完工程的造价鉴定，应当遵守投标报价或合同签订时的价格确定原则，以承包人固定总价所依据的定额或指标作为造价鉴定的依据。无法确定报价依据的，可以结合承包人的具体报价，参照EPC项目的发包阶段来确定造价鉴定的依据。具体来说，项目在可行性研究或方案设计阶段发包的，可采用估算指标作为造价鉴定的依据；在初步设计阶段发包的，可采用概算定额或概算指标作为造价鉴定的依据。

9. 关于未经验收而使用的法律后果

众所周知，根据《施工合同司法解释》第十三条的规定，除合理使用寿命内的地基基础工程和主体结构外，建设工程未经竣工验收，发包人擅自使用后又以使用部分质量不符合约定为由主张权利的，法院不予支持。但该规定适用于建设

① 参见张水波，陈勇强：《国际工程总承包EPC交钥匙合同与管理》，中国电力出版社2009年版，第61页。

工程施工合同，对建设工程设计合同并不适用。首先，这里的“验收”指的是工程施工的竣工验收环节，该环节是判断施工质量是否合格的标志，并不涉及设计质量的判断。而且，根据《合同法》第二百七十九条的规定，建设工程竣工后，发包人应当根据施工图纸及说明书、国家颁发的施工验收规范和质量检验标准及时进行验收。可见，设计图纸还是施工质量验收的依据之一。其次，根据《勘察设计管理条例》第三十三条的规定，施工图设计文件审查机构应当对房屋建筑工程、市政基础设施工程施工图设计文件中涉及公共利益、公众安全、工程建设强制性标准的内容进行审查，施工图设计文件未经审查批准的，不得使用。可见，是否经审查批准通过是判断设计质量合格与否的标志。建设工程设计合同适用“施工图设计文件未经审查批准不得使用”的规定。

在 EPC 等工程总承包合同中，承包人的工作不但包含施工还包含设计。因此，对于工程总承包项目未经验收而发包人擅自使用的，因施工导致的质量缺陷处理适用于《施工合同司法解释》第十三条的规定，而因设计导致的质量缺陷处理则不适用该条规定，承包人不应因发包人的擅自使用而免除其对设计缺陷应承担的责任。

10. 关于承包人的优先受偿权

如第六章第四节所述，建设工程勘察、设计的承包人不是优先受偿权的主体，《合同法》第二百八十六条所规定的优先受偿权适用于建设工程施工合同。那么，对于包含设计、施工工作的 EPC 等工程总承包合同来说，承包人是否享有优先受偿权呢?

笔者认为，尽管工程总承包合同包含了设计工作，但其合同目的与建设工程设计合同并不相同。在建设工程设计合同中，合同目的是由设计人为发包人提供合格的设计文件，以为此后的工程施工提供设计依据。设计人的智力劳动最终凝聚成的成果是设计文件，而非建设工程实体，设计人的债权与施工人完成的建设工程不属于同一法律关系。[①] 而在工程总承包合同中，合同目的是由承包人为业主提供合格的建设工程，承包人交付的最终产品是建设工程，设计文件仅是实现合同目的的一个环节。而最终的建设工程中包含了承包人物化的劳动，承包人有权以该物化的劳动成果对其债权进行担保并优先受偿。因此，工程总承包合同的承包人对建设工程享有优先受偿权。

关于工程总承包人优先受偿的范围是否包含设计费，笔者认为，设计费也是工程总承包合同中工程款的一部分，应当包含在优先受偿权的行使范围内，主要

---

① 建设工程合同中的优先受偿权与承揽合同中的留着权十分类似，只是为发挥不动产效能，不以占有标的物作为建设工程优先受偿权成立的要件，以达到最大限度发挥不动产标的物价值的目的。《物权法》第二百三十一条规定：“债权人留置的动产，应当与债权属于同一法律关系，但企业之间留置的除外。”具体理由详见本书第六章第四节的内容。

理由为：

（1）工程总承包合同的目的是为业主提供符合其要求的建设工程，而承包人的设计工作是实现合同目的的手段，作为向业主交付的合同产品，建设工程也是承包人设计工作的最终成果。

（2）承包人的设计与施工工作融合、交叉程度较高，甚至贯串 EPC 工程始终，且二者合同目的相同，设计工作所形成的债权与建设工程属于同一法律关系。

（3）在工程总承包合同中，承包人完成的设计文件不是承包人的最终产品，仅为合同履行过程中的一个环节，目的是为承包人自己的施工工作提供依据，承包人无法以留置设计文件的手段来对发包人行使抗辩。

（4）在许多工程总承包合同中，当事人并不单独约定设计费的金额，而是将其包含在整个合同的固定总价中，设计费数额难以准确确定。

（5）司法实践中，EPC 工程优先受偿权的范围包含设计费也得到了认可。在“中国电力工程顾问集团东北电力设计院有限公司与牡丹江佳日热电有限公司建设工程施工合同纠纷案”中，法院即判决 EPC 工程总承包人对涉案工程享有优先受偿权，且优先受偿的范围包含了勘察设计费用。①

最后，需要注意的是，与施工领域的市场乱象相比，设计领域从业人员的专业素质较高，市场操作相对较为规范。同时，由于施工利润与设计单位的收益不挂钩，设计人员故意在设计上“偷工减料”的情形并不多见。而且，在设计、施工平行发包的情况下，设计单位也是建设工程竣工验收的主体之一，其对于施工单位是否按图施工也能起到一定的监督作用。因此，设计、施工平行发包模式对于控制建设工程质量也具有自身的优势。对于工程总承包模式来说，尽管责任主体更加明确，但由于我国市场主体的诚信体系尚不够完善，工程总承包模式的推广要注意防范不规范市场主体的道德风险，特别是要防范工程总承包人为追求不正当收益而降低设计质量标准的情况发生。

① 参见黑龙江省高级人民法院（2012）黑民初字第 3 号民事判决书。

主要参考文献

[1] 李永军. 合同法 [M]. 北京：法律出版社，2004.
[2] 王利明. 合同法研究（第一卷）[M]. 北京：中国人民大学出版社，2002.
[3] 崔建远. 合同法（第三版）[M]. 北京：法律出版社，2010.
[4] 陈小君. 合同法学 [M]. 北京：中国政法大学出版社，2002.
[5] 胡康生. 中华人民共和国合同法释义 [M]. 北京：法律出版社，2009.
[6] 王建东. 建设工程合同法律制度研究 [M]. 北京：中国法制出版社，2004.
[7] 尹田. 法国现代合同法 [M]. 北京：法律出版社，1995.
[8] [德] 海因·克茨. 欧洲合同法 [M]. 周忠海，李居迁，宫立云译. 北京：法律出版社，2006.
[9] [德] 迪特尔·梅迪库斯. 德国民法典总论 [M]. 邵建东译，北京：法律出版社，2000.
[10] 中国工程咨询协会，国际咨询工程师联合会编译. 菲迪克（FIDIC）合同指南 [M]. 北京：机械工业出版社，2013.
[11] 马生安. 行政行为研究 [M]. 济南：山东人民出版社，2008.
[12] 茅铭晨. 中国行政登记法律制度研究 [M]. 上海：上海财经大学出版社，2010.
[13] 袁艳烈. 项目部规范化管理工具箱 [M]. 北京：人民邮电出版社，2010.
[14] 陈宽山. 建筑施工企业工程合同风险管理法律实务 [M]. 北京：法律出版社，2009.
[15] 戴相龙，黄达. 中华金融辞库 [M]. 北京：中国金融出版社，1998.
[16] 王泽鉴. 民法总论 [M]. 增订版. 北京：中国政法大学出版社，2001.
[17] 王利明. 民法 [M]. 北京：中国人民大学出版社，2006.
[18] 魏振瀛. 民法 [M]. 北京：北京大学出版社，2000.
[19] 梁慧星. 民法总论 [M]. 北京：法律出版社，2000.
[20] 龙卫球. 民法总论 [M]. 北京：中国法制出版社，2002.
[21] 马俊驹，余延满. 民法原论 [M]. 北京：法律出版社，2007 .
[22] 梁慧星. 民商法论丛（第四卷）[M]. 北京：法律出版社，1996.
[23] [德] 卡尔·拉伦茨. 德国民法通论（下册）[M]. 王晓晔等译. 北京：法律出版社，2003.
[24] 吴国喆. 权利表象及其私法处置规则——以善意取得和表见代理制度为中心考察 [M]. 北京：商务印书馆，2007.
[25] 沈德咏，奚晓明. 最高人民法院关于合同法司法解释（二）理解与适用 [M]. 北京：人民法院出版社，2009.
[26] [日] 山本敬三. 民法讲义Ⅰ：总则 [M]. 解亘译. 北京：北京大学出版社，2004.
[27] 张俊浩. 民法学原理 [M]. 北京：中国政法大学出版社，2000.

[28] 最高人民法院民事审判第一庭. 最高人民法院建设工程施工合同司法解释的理解与适用［M］. 北京：人民法院出版社，2004.
[29] 最高人民法院民一庭. 最高人民法院民事案件解析：建设工程［M］. 北京：法律出版社，2010.
[30] 林镥海.《建设工程施工合同司法解释》操作指南［M］. 北京：法律出版社，2005.
[31] 潘福仁. 建设工程合同纠纷［M］. 北京：法律出版社，2007.
[32] 王利明，房绍坤，王轶. 合同法［M］. 北京：中国人民大学出版社，2002.
[33] 常怡. 民事诉讼法学［M］. 北京：中国政法大学出版社，2002.
[34] 韩世远. 履行障碍法的体系［M］. 北京：法律出版社，2006.
[35] 王利明. 合同法研究（第二卷）［M］. 北京：中国人民大学出版社，2003.
[36] 国际咨询工程师联合会，中国工程咨询协会编译. 菲迪克（FIDIC）合同指南，［M］. 北京：机械工业出版社，2003.
[37] 易军，宁红丽. 合同法分则制度研究［M］. 北京：人民法院出版社，2003.
[38] 韩世远. 合同法总论［M］. 北京：法律出版社，2008.
[39] 王泽鉴. 民法学说与判例研究（第一册）［M］. 中国政法大学出版社，2005.
[40] 王泽鉴. 民法学说与判例研究（第六册）［M］. 中国政法大学出版社，2005.
[41] 王泽鉴. 债法原理（第一册）［M］. 中国政法大学出版社，2001.
[42] 姚杰. 工程合同造价法律实务［M］. 法律出版社，2008.
[43] 陈自强. 民法讲义Ⅰ契约之成立与生效［M］. 法律出版社，2002.
[44] 王军. 美国合同法判例选评［M］. 中国政法大学出版社，1995.
[45] 周枏. 罗马法原论［M］商务印书馆，1994.
[46] 于海涌. 法国不动产担保物权研究——兼论法国的物权变动模式［M］. 北京：法律出版社，2004.
[47] ［日］近江幸治. 担保物权法［M］. 祝娅等译. 北京：法律出版社，2000.
[48] 周林彬. 物权法新论［M］. 北京：北京大学出版社，2002.
[49] 余能斌. 现代物权法专论［M］. 北京：法律出版社，2002.
[50] 温世扬，廖焕国. 物权法通论［M］. 北京：人民法院出版社，2005.
[51] 曲修山，何红锋. 建设工程施工合同纠纷处理实务［M］. 北京：知识产权出版社，2004.
[52] 江平. 中华人民共和国合同法精解［M］. 北京：中国政法大学出版社，1999.
[53] 隋彭生. 合同法要义［M］. 北京：中国政法大学出版社，2005.
[54] 许明月. 抵押权制度研究［M］. 北京：法律出版社，1998.
[55] 谢在全. 民法物权论［M］. 北京：中国政法大学出版社，1999.
[56] 史尚宽. 物权法论［M］. 北京：中国政法大学出版社，2000.
[57] 陈华彬. 物权法研究［M］. 香港：金桥文化出版（香港）有限公司，2001.
[58] 陈华彬. 外国物权法［M］. 北京：法律出版社，2004.
[59] 郭明瑞，仲相，司艳丽. 优先权制度研究［M］. 北京：北京大学出版社，2004.
[60] 谢怀栻. 外国民商法精要［M］. 北京：法律出版社，2002.
[61] 曹艳芝. 优先权论［M］. 长沙：湖南人民出版社，2005.

[62] 陈本寒. 担保物权法比较研究 [M]. 武汉：武汉大学出版社，2003.
[63] 梁慧星，陈华彬. 物权法 [M]. 北京：法律出版社，2003.
[64] 余能斌，马俊驹. 现代民法学 [M]. 武汉：武汉大学出版社，1995.
[65] 王利明. 物权法论 [M]. 北京：中国政法大学出版社，1998.
[66] 尹田. 物权法理论评析与思考 [M]. 北京：中国人民大学出版社，2004.
[67] 朱树英. 工程合同实务问答 [M]. 北京：法律出版社，2011.
[68] 黄强光. 建设工程合同纠纷司法前沿问题析解 [M]. 北京：法律出版社，2010.
[69] 最高人民法院物权法研究小组.《中华人民共和国物权法》条文理解与适用 [M]. 北京：人民法院出版社，2007.
[70] 最高人民法院研究室. 最高人民法院司法解释（2002 年卷）[M]. 北京：法律出版社，2003.
[71] 最高人民法院研究室. 最高人民法院司法解释（2008 年卷）[M]. 北京：法律出版社，2009.
[72] 何红锋. 建设工程合同签订与风险控制 [M]. 北京：人民法院出版社，2007.
[73] 龙卫球. 民法总论，中国法制出版社 2002 年版.
[74] 符启林. 房地产法学 [M]. 北京：法律出版社，2002.
[75] 汪金敏，朱月英. 工程索赔 100 招 [M]. 北京：中国建筑工业出版社，2009.
[76] 刘俊臣. 合同成立基本问题研究 [M]. 北京：中国工商出版社，2003.
[77] 李国光. 劳动合同法理解与适用 [M]. 北京：人民法院出版社，2007.
[78] 王霄艳. 论行政事实行为 [M]. 北京：法律出版社，2009.
[79] 张正勤. 建设工程造价相关法律条款解读 [M]. 北京：中国建筑工业出版社，2009.
[80] 史尚宽. 债法总论 [M]. 北京：中国政法大学出版社，2000.
[81] 费安玲. 比较担保法——以德国，法国瑞士，意大利，英国和中国担保法为研究对象 [M]. 中国政法大学出版社，2004.
[82] 蔡福华.《民事优先权新论》[M]. 人民法院出版社，2002.
[83] 王建东. 建设工程合同法律制度研究，中国法制出版社 2004 年版.
[84] 李国光，奚晓明，金剑峰，等. 关于适用《中华人民共和国担保法》若干问题的解释理解与适用. 长春：吉林人民出版社，2000.
[85] 侯太领. 逃债控制与案例分析 [M]. 北京：法律出版社，2003.
[86] 孙巍. 中国建设工程法律业务报告（2009—2010）[M]. 北京：法律出版社，2011.
[87] 周月萍. 建筑企业法律风险防范与化解——项目经理专辑 [M]. 北京：法律出版社，2009.
[88] 周吉高. 建设工程专项法律实务 [M]. 北京：法律出版社，2008.
[89] 蓝仑山. 建设工程施工合同法律实务 [M]. 北京：法律出版社，2010.
[90] 国务院法制办，建设部编著. 建设工程质量管理条例释义 [M]. 北京：中国城市出版社，2000.
[91] 卞耀武，安建. 中华人民共和国建筑法释义 [M]. 北京：法律出版社，1998.
[92] 国务院法制局，建设部.《中华人民共和国建筑法》释义 [M]. 北京：中国建筑工业出版社，1997.

[93] 吴宝庆. 最高人民法院专家法官阐释民商裁判疑难问题 [M]. 增订版. 北京：中国法制出版社，2011.

[94] 王永起，李玉明. 建设工程施工合同纠纷法律适用指南 [M]. 北京：法律出版社，2013.

[95] [英] Reg Thomas. 施工合同索赔 [M]. 崔军译. 北京：机械工业出版社，2010.

[96] 崔军. FIDIC合同原理与实务 [M]. 北京：机械工业出版社，2013.

[97] 林善谋. 招标投标法适用与案例评析 [M]. 北京：机械工业出版社，2004.

[98] 李雪森. 建设工程工期延误法律实务与判例评析 [M]. 北京：中国建筑工业出版社，2013.

[99] 林文学. 建设工程合同纠纷司法实务研究 [M]. 北京：法律出版社，2014.

[100] 国家发展和改革委员会法规司，国务院法制办公室财金司，监察部执法监察司. 招标投标法实施条例释义 [M]. 北京：中国计划出版社，2012.

[101] 余秉坚. 中国会计百科全书 [M]. 沈阳：辽宁人民出版社，1999.

论文类

[1] 高印立，赵怡红. 中国法下与建设工程质量相关的期间和责任概念辨析 [J].《北京仲裁》，2018 (2).

[2] 高印立，黄丽芳.《建设工程工程量清单计价规范》强制性条文效力的类型化分析 [J]. 北京仲裁，2016 (2).

[3] 高印立. 论中标通知书发出后建设工程合同的本约属性 [J]. 建筑经济，2015 (1).

[4] 高印立. 论建设工程合同中的索赔期间 [J]. 北京仲裁，2014 (3).

[5] 高印立. 论无效建设工程合同工期延误的责任承担 [J]. 建筑经济，2014 (5).

[6] 高印立. 定标后擅自变更招投标条件的性质和后果 [J]. 建筑经济，2006 (12).

[7] 高印立. 建设工程施工合同备案的法律性质剖析 [J]. 建筑经济，2011 (5).

[8] 高印立，周宜虎. 项目经理的角色定位与风险防范 [J]. 建筑经济，2008 (7).

[9] 高印立. 项目经理表见代理之构成的类型化分析 [J]. 建筑经济，2011 (11).

[10] 高印立，黄丽芳. 实际施工人都享有特殊诉权吗？[N]. 建筑时报，2011-4-4.

[11] 高印立. 论实际施工人的特殊诉权 [J]. 北京仲裁，2012 (2).

[12] 高印立. 地方调价文件能作为认定情势变更的依据吗？[N]. 建筑时报，2011-11-7.

[13] 高印立，张绍发，黄丽芳. 建设工程"黑白合同"的效力及认定 [J]. 建筑经济，2011 (6).

[14] 高印立. 建立我国建设工程优先受偿权登记制度的思考 [J]. 中国房地产，2007 (3).

[15] 高印立. 对工程竣工结算文件不予答复问题的探讨 [J]. 建筑经济，2006 (7).

[16] 高印立，黄丽芳，张绍发. 不可抗力影响下情势变更规则的适用 [J]. 山西省政法管理干部学院学报，2011 (4).

[17] 高印立. 为项目法律风险筑"防护网" [J]. 施工企业管理，2011 (9).

[18] Gao Yinli, Huang Lifang. Theoretical Basis of Construction Project Priority of Compensation [C]//Proceedings of 2010 International Symposium on Construction Economy and Management (ISCEM 2010). 2010.

[19] 陈仕中等. 招投标文件与建设工程合同关系研究 [J]. 上海政府法制研究，2001 (8).

[20] 宋宗宇，温长煌，曾文革. 建设工程合同成立程序研究 [J]. 重庆建筑大学学报，2004 (6).
[21] 翟保峰. 招标文件是否应作为合同文件的组成部分 [J]. 建筑经济，2006 (1).
[22] 何红锋，李晓宁. 修改投标资格要求招标文件的购买费用应否退还 [J]. 中国招标，2009 (35).
[23] 许明月. 企业法人目的范围外行为研究 [M]//梁慧星主编. 民商法论丛（第6卷）. 北京：法律出版社，1997.
[24] 汪金敏. 谁是发包人，向谁追讨工程款 [J]. 造价师，2010 (3).
[25] 唐青林. 建筑工程施工合同无效的种类及法律后果 [D]. 北京：中国人民大学，2004.
[26] 孔繁华. 准行政行为 [J]. 郧阳师范专科学校学报，2000 (2).
[27] 皮宗泰，王彦. 准行政法律行为研究 [J]. 行政法学研究，2004 (1).
[28] 闫爱宏. 谈建筑工程施工合同及其备案管理制度 [J]. 山西建筑，2009 (34).
[29] 冯小光. 回顾与展望——写在《最高人民法院关于审理建设工程施工合同纠纷案件适用法律问题的解释》颁布实施三周年之际 [M]//最高人民法院民事审判第一庭编民事审判指导与参考总第33集. 北京：法律出版社，2008：78.
[30] 万静. 建筑工程"黑白合同"的效力之辩 [N]. 法制日报，2005-7-19.
[31] 杨鹏，刘尊知. 建设工程"黑白合同"的认定与处理 [J]. 人民司法，2009 (14).
[32] 吕宗斌，李继军，李殿勤. 浅议建筑工程施工项目部的法律主体地位 [J]. 山西建筑，2002，28 (3).
[33] 周旦平. 内部承包合同下的转包与挂靠 [J]. 施工企业管理，2009 (12).
[34] 郭其友. 斯蒂芬·罗斯对金融与经济学的贡献 [J]. 经济学动态，2003 (5).
[35] 夏正芳. 建设工程案件审判实务中的有关问题 [M]//最高人民法院民事审判第一庭编. 民事审判指导与参考（总第35集）. 北京：法律出版社，2009.
[36] 邓海峰. 代理授权行为法律地位辨析 [J]. 法学，2002 (8).
[37] 尹田. 我国新合同法中的表见代理制度评析 [J]. 现代法学，2000 (5).
[38] 章戈. 表见代理及其适用 [J]. 法学研究，1987 (6).
[39] 尹田. 论表见代理 [J]. 政治与法律，1988 (6).
[40] 叶金强. 表见代理构成中的本人归责性要件方法论角度的再思考 [J]. 西北政法大学学报，2010 (5).
[41] 周月萍，庄云. 携手专业律师防范表见代理的法律风险 [J]. 建筑，2011 (7).
[42] 周凯. 表见代理制度的司法适用——以涉建设工程商事纠纷为对象的类型化研究 [J]. 法律适用，2011 (4).
[43] 张谷. 略论合同行为的效力——兼评《合同法》第三章 [J]. 中外法学，2000 (2).
[44] 郭立锋. 表见代理与合同诈骗罪 [J]. 中国刑事法杂志，2004 (5).
[45] 余作文. 劳务招标过程中分包方式及内容的变化与发展 [N]. 首都建设报，2005-3-9.
[46] 史琦. 如何正确理解建设工程案件中"实际施工人" [N]. 人民法院报，2009-12-8.
[47] 冯小光. 中国建设工程施工合同纠纷若干问题谈 [M]//最高人民法院民事审判第一庭编. 中国建设工程法律评论（第一辑）. 北京：法律出版社，2010.
[48] 周吉高. 实际施工人给企业带来的风险 [J]. 施工企业管理，2011 (9).

[49] 周永军. 建设工程项目负责人的越权行为构成表见代理 [J]. 人民司法，2010 (2).
[50] 王军. 论不可抗力 [J]. 法律适用，2001 (12).
[51] 杨文娟. 论不可抗力的适用范围 [J]. 山西财经大学学报，2005 (S1).
[52] 梁三利. 浅析不可抗力的通知义务 [J]. 兰州学刊，2005 (3).
[53] 梁慧星. 合同法上的情势变更问题 [J]. 法学研究，1988 (6).
[54] 毕秀丽. 情势变更与不可抗力比较分析. 政法论丛，1999 (3).
[55] 曹守晔. 最高人民法院.《关于适用〈合同法〉若干问题的解释（二）》之情势变更问题的理解与适用 [J]. 法律适用，2009 (8).
[56] 张建军. 情势变更与商业风险的比较探讨 [J]. 甘肃政法学院学报，2004 (4).
[57] 王如廷. 情势变更制度在建设工程施工合同中的适用考察 [D]. 济南：山东大学，2006.
[58] 冯晓磊. 情势变更原则在建设工程施工合同中的适用 [N]. 人民法院报，2009-9-24.
[59] 路美芳. 情势变更原则在建设工程合同中的适用 [J]. 房地产前沿，2007 (1).
[60] 宋宗宇，王热. 情势变更的类型化分析 [C]?"情势变更制度在建设工程施工合同中的运用"学术研讨会论文集. 2010.
[61] 孙贤程. 关注"情势变更"五大适用问题 [N]. 建筑时报，2009-6-8.
[62] 叶林. 论不可抗力制度 [J]. 北方法学，2007 (5).
[63] 王鉴非. 建筑工程竣工验收备案的法律性质 [J]. 建筑，2007 (2).
[64] 陈雪娇. 论备案制度及其法律性质 [J]. 五邑大学学报（社会科学版)，2005，7 (2).
[65] 邵云鹏，李立宁. 建设工程造价审计决定的法律属性及效力 [J]. 企业导报，2009 (12).
[66] 王利明. 抵押权若干问题的探讨 [J]. 法学，2000 (11).
[67] 申卫星. 我国优先权制度立法研究 [J]. 法学评论，1997 (6).
[68] 赵兰明. 论建设工程的优先受偿权 [D]. 北京：中国政法大学，2003.
[69] 左平良. 论建设工程承包人优先受偿权的法理依据及其行使限制 [J]. 湖南省政法管理干部学院学报，2001 (3).
[70] 杨永清. 建设工程价款优先受偿权司法解释的理解与适用——兼谈与权利有关的几个重要问题 [J]. 判解研究，2002 (3).
[71] 梁慧星. 合同法第二百八十六条的权利性质及其适用 [J]. 山西大学学报，2001 (3).
[72] 梅夏英. 对留置权概念的立法比较及对其实质的思考 [J]. 法学研究，2004 (2).
[73] 王全弟，丁洁. 物权法应确立优先权制度——围绕合同法第286条之争议 [J]. 法学，2001 (4).
[74] 杨与龄. 承揽人法定抵押权之成立与登记 [M]//苏永钦主编. 民法物权实例问题分析. 北京：清华大学出版社，2004.
[75] 李建华，董彪. 论我国法定抵押权制度的立法模式 [J]. 法学研究，2004 (4).
[76] 马俊驹，刘阅春. 物权法的定位及基本体系分析 [J]. 法学杂志，2004 (3).
[77] 梁阳升. 浅谈承揽人法定抵押权顺位之问题 [M]//郑玉波主编. 民法物权论文选辑. 台中：五南图书出版公司，1984.
[78] 张学文. 建设工程承包人优先受偿权若干问题探讨 [J]. 法商研究，2000 (3).

[79] 高飞. 略论建设工程承包人之优先受偿权 [J]. 安徽警官职业学院学报，2003 (4).
[80] 余能斌，范中超. 论法定抵押权 [J]. 法学评论，2002 (1).
[81] 曾有焕. 本案建设工程价款优先受偿权应如何体现？[J]. 法庭，2003 (9).
[82] 王泽鉴. 税捐，工资和抵押权 [M]//民法学说与判例研究 (第四册). 北京：中国政法大学出版社，2003.
[83] 何红锋，张璐，马俊达. 建设工程优先受偿权放弃的效力探讨 [J]. 建筑经济，2005 (6).
[84] 张铁锋. 我看建设工程承包人的优先权 [J]. 中国律师，2001 (10).
[85] 陈旻，孙盈. 建设工程承包人优先权之审判实务若干问题研究 [M]//奚晓明主编. 民事审判指导与参考 (总第 37 集). 北京：法律出版社，2009.
[86] 叶万和，周显峰. 以 BT (建设—移交) 等特许经营模式建设基础设施之法律风险识别与防范 [J]. 建筑经济，2004 (12).
[87] 叶万和，周显峰. 论分包合同"背靠背"条款及其法律风险防范 [J]. 施工企业管理，2008 (4).
[88] 戚碧姬. 浅谈建设工程定额计价与工程量清单计价的区别 [J]. 商品与质量，2010 (12).
[89] 张昊. 对工程签证现状的思考 [J]. 建筑经济，2011 (11).
[90] 史鹏舟. 新版清单计价规范法律效力解析 [N]. 建筑时报，2010-1-4.
[91] 仲伟珩. 建设工程价款优先受偿权若干疑难问题分析 [M]//奚晓明主编. 民事审判指导与参考 (总第 43 集). 北京：法律出版社，2011.
[92] 朱树英. 从一起重大安全事故的责任划分看劳务分包合同的本质属性以及拓展劳务用工模式应注意的法律问题 [M]//中华全国律师协会民事专业委员会编. 房地产建筑律师实务——前沿，务实与责任. 北京：法律出版社，2006.
[93] 朱树英. 完善工期立法，保障工程质量 [N]. 建筑时报，2012-2-9.
[94] 李和森. 财政投资评审的重新定位 [J]. 山东社会科学，2009 (4).
[95] 周泽. 建设工程"黑白合同"法律问题研究——兼对最高法院一条司法解释的批评 [J]. 中国青年政治学院学报，2006 (1).
[96] 钱超，肖东梅. 效力性强制性规定认定标准探析 [J]. 黑龙江省政法管理干部学院学报，2010 (4).
[97] 朱树英. 因违法招投标导致施工合同无效与黑白合同的区别及应注意的法律问题. 建筑经济，2010 (11)
[98] 辜晓丹. 实际施工人界定之我见——对最高院法释〔2004〕14 号第 26 条之辨析" [J]. 河南司法警官职业学院学报，2010 (1).
[99] 姚建军. 实际施工人司法保护若干问题的探析 [N]. 人民法院报，2010-10-20.
[100] 罗万里. 论不可抗力的风险分配与公平原则 [J]. 河北法学，2001 (1).
[101] 谭启平，龚军伟. 不可抗力与合同中的民事责任承担——兼与罗万里先生商榷 [J]. 河北法学，2002 (3).
[102] 范长刚，曾维佳. 情势变更原则辨析——从建筑材料大幅涨价谈起 [J]. 甘肃行政学院学报，2004 (4).

[103] 卡斯腾·海尔斯特尔，许德风. 情事变更原则研究 [J]. 中外法学，2004 (4).
[104] 在建工程应对'不可抗力'研讨会实录（一）[N]. 建筑时报，2008-8-14.
[105] 王利民. 不可抗力条件下的民事免责 [N]. 建筑时报，2008-7-14.
[106] 建纬律师（北京）事务所 FIDIC 课题组. FIDIC99 施工合同条件中不可抗力条款的适用 [J]. 建筑经济，2003 (11).
[107] 傅国方. 诈骗犯罪刑民交错的责任竞合与承担 [J]. 法治研究，2007 (9).
[108] 石必胜. 表见代理的经济分析 [J]. 河北法学，2009 (5).
[109] 林占发，童伟华. 无权代理中的拟制追认效果述评 [J]. 华侨大学学报（哲学社会科学版），2006 (3).
[110] 纪海龙. 论无权代理中被代理人的追认权 [J]. 清华大学学报（哲学社会科学版），2002 (3).
[111] 尹田. 论代理制度的独立性——从一种法技术运用的角度 [J]. 北方法学，2010 (5).
[112] 周月萍，王秀明. 加强工期风险管理是施工企业的要务 [N]. 建筑时报，2011-7-18.
[113] 刘武元. 论建设工程承包人的优先受偿权的性质 [J]. 西南民族学院大学（哲学社会科学版），2003 (5).
[114] 宋宗宇. 建设工程优先受偿权——兼评？中华人民共和国合同法第 286 条 [J]. 重庆大学学报（社会科学版），2001 (4).
[115] 王瑛. 工程款的优先受偿是一种法定优先权——对合同法第 286 条的理解 [N]. 人民法院报，2001-8-6.
[116] 曹诗权. 对合同法第 286 条的定位 [N]. 法制日报，2000-10-22.
[117] 杨振山，孙东雅. 民事优先权的概念辨析 [J]. 山东大学学报，2004 (1).
[118] 申卫星. 论优先权同其他担保物权之区别与竞合 [J]. 法制与社会发展，2001 (3).
[119] 张蕊，邓晓梅. 我国工程款优先受偿权与美国建设者留置权的对比研究 [J]. 建筑经济，2005 (8).
[120] 李万林. 留置权，法定抵押权，优先权？[D]. 厦门：厦门大学，2002.
[121] 李虎. 导致合同不能履行的政府抽象行政行为可视为不可抗力 [J]. 人民司法，2009 (20).
[122] 张析云，陶铮. 政府行政命令当属"不可抗力"[N]. 长春日报，2006-6-17.
[123] 谭松平，汪圣明. 政府调整规划的行为不构成不可抗力 [N]. 人民法院报，2005-12-6.
[124] 万静. 站牌冠名引纠纷"政府行为"是否属于不可抗力 [N]. 法制日报，2006-10-17.
[125] 刘凯湘，张海峡. 论不可抗力 [J]. 法学研究，2000 (6).
[126] 蔡恒，骆电. 检验期，保修期，质保期的关系及其适用——兼评合同法第一百五十八条的规定 [J]. 人民司法，2013 (11).
[127] 陈建晖，罗立军. 浅析商品房的质量保证期和质量保修期 [J]. 井冈山学院学报（哲学社会科学版），2008 (3).
[128] 秦静云. 论质量保证期 [J]. 私法，2017 (1).
[129] 崔建远. 物的瑕疵担保责任的定性与定位 [J]. 中国法学，2006 (6).
[130] 宁红丽. 论承揽人瑕疵责任的构成 [J]. 法学，2013 (9).
[131] 杨磊. 合同约定的索赔时限无效 [J]. 建筑，2012 (16).

[132] 王玉法. 索赔期限与诉讼时效期间问题浅探 [J]. 山东法学，1994 (4).
[133] 何红锋，华心萌. 关于国际工程招标中合同成立时间的研究 [J]. 国际经济合作，2008 (2).
[134] 陈川生，王倩，李显冬. 关于中标通知书法律效力的研究——预约合同的成立和生效 [J]. 北京仲裁，2012 (2).
[135] 王利明. 预约合同若干问题研究——我国司法解释相关规定述评. [J] 法商研究，2014 (1).
[136] 刘承韪. 预约合同层次论 [J]. 法学论坛，2013 (6).
[137] 张晓丽，尹贻林，李彪.《建设工程工程量清单计价规范》强制性条文的效力研究. 项目管理技术，2012 (5).
[138] 魏飞，代群. 浅谈新清单计价规范的强制条文及默认条款效力 [J]. 中国装饰装修，2013 (11).
[139] 柳经纬. 标准的规范性与规范效力——基于标准著作权保护问题的视角 [J]. 法学，2014 (8).
[140] 杨立新. 后让与担保：一个正在形成的习惯性担保物权 [J]. 中国法学，2013 (3).
[141] 崔建远. 以物抵债的理论与实践 [J]. 河北法学，2012 (3).
[142] 张新. 本案以房抵债协议构成新债清偿 [N]. 人民法院报，2006-11-29.
[143] 夏正芳，潘军锋. 以物抵债的性质及法律规制——兼论虚假诉讼的防范 [J]. 人民司法，2013 (21)
[144] 董学立. 也论“后让与担保”——与杨立新教授商榷 [J]. 中国法学，2014 (3).
[145] 房绍坤. 论新债清偿 [J]. 广州社会科学，2014 (5).
[146] 冉克平. 论借名实施法律行为的效果 [J]. 法学，2014 (2).
[147] 王建东，杨国锋. 论招投标过程中居间行为的效力 [J]. 杭州师范大学学报（社会科学版），2013 (5).
[148] 王士贵，于四伟. 投标居间合同之效力认定 [J]. 人民司法，2015 (13).

第二版
后　记

修订时原未打算写后记。后来想，一本刻板的专业书配上一篇相对生活化的后记，可能会让整本书显得活泼些。于是，欣然提笔，也算是对自己的一个阶段性回顾和总结吧。

（一）

我从小在农村长大，闭塞而纯朴的乡土气息充满了童年的记忆。在儿时的同伴中，我算是安静而好学的。也许是因为努力吧，我初中考上了县一中，过了六年的住校生活。自己洗衣服、生炉子，自己骑车回家。听母亲讲，我骑的那辆无牌自行车“历史悠久”，车架子是无缝钢管做的。虽然样子有点儿怪，也没有车闸，我还是骑了三年，每月一次，往返 40 公里。六年中学生活中，最遗憾的，是没住上有暖气的楼房，北方没有暖气的冬天确实难熬。最快乐的，当然是每月一次的改善伙食：下课后鱼贯而出的同学们，以百米冲刺的速度冲向食堂，偶尔有人不幸摔倒，还会奏出一首饭盆交响曲。

1988 年，我如愿以偿地考上了天津大学水利水电工程建筑专业。四年后又被保送攻读本校的岩土工程硕士研究生。理工科的大学生活远非高中想象的那么轻松，但青春总是不知疲倦：敬业湖上的英语桥、树木掩映的水利馆、热火朝天的运动场，无不留下我们年轻的身影。当然，还有那个年代流行的钢笔字帖、朦胧诗选、吉他弹唱……而对我影响最深的，还是母校实事求是的治学精神，它已经融化在我的血液中，成为我一生的追求。

（二）

1995 年 3 月，我毕业到北京工作，从此开启了职业生涯。我第一次出差是到江西宜春，为甲方提供桩基工程的技术服务。宜春盛产松花蛋，蛋白晶莹剔透，松花美妙多姿，只可惜我们无暇品尝，体会更多的是闷热天气下吃猪油炒菜的感觉。工作上当然一丝不苟：正循环，严防塌孔；反循环，控制沉渣；值夜班，周而复始。清晰地记得，第一次值班的那天下着雨，我打着伞盯在现场，从晚上七点一直到早晨五点。

还有很多的第一次：第一次做基坑支护设计，第一次当项目经理，第一次在《土木工程学报》上发表文章，第一次做审稿人，还有第一次醉酒……就这样，我从技术员逐渐成长为工程师、项目经理、主任工程师。科研时的编程、设计上的 CAD 制图，以及下工地时住过的帐篷、抽过的龙泉烟，还有邮政局的 200 电话卡、汉正街 25 元一张的 VCD、一年八个月的出差……至今仍记忆犹新。这段日子可谓平淡而扎实。

（三）

然而事有机缘，一桩工程纠纷使我对法律产生了浓厚的兴趣。我开始在业余时间学习法律，利用周末去上“三校名师”，终于在 2002 年通过了第一届司法考试。但我知道，自己是半路出家，对法律尚是一知半解，于是又去中国政法大学攻读法学硕士研究生课程，并于 2005 年获得了法学硕士学位。记得硕士论文答辩那天，我背着笔记本电脑走进教室。教室的角落里坐着一名女生，她一见我进来，马上站起来毕恭毕敬地打招呼：“老师好!”我哑然失笑：“俺也是答辩的!”看来，面相显老也是由来已久。

2004 年 6 月，我离开了摸爬滚打的工程一线，开始走上管理岗位。建法务部门，修公司制度，推风险管理。但我一直认为自己是一个匠人，管理也需要“专业”。于是，我开始把遇到的工程问题与法律知识结合起来，在工作之余做课题、带徒弟，默默努力，笔耕不辍。法律之于我，不仅在于知识的拓展，更在于人生理念和思维方式的改变，对此我充满感激。

（四）

2016 年 7 月，我主动辞去了单位的职务，投身所钟爱的工程法律服务和仲裁员工作。这是我人生中的一次重大抉择，但我深信，人生没有白走的路，每一步都会留下生命的印记。正是“人生到处知何似，应似飞鸿踏雪泥”!

这段为时不长的时光，让我深切体会到律师近乎苛刻的严谨和客户合法利益至上的精神，这与仲裁员所追求的利益衡平与公平正义目标殊途同归。喜悦的是，我还能偶尔客串一下老师的角色，半圆了儿时传道、授业、解惑的梦想。

以上是我的求学和职业生涯历程，其各个阶段都存在着某种自然的联系和因果，也许人生大多如此吧！所谓“问渠哪得清如许？为有源头活水来。”

（五）

难脱窠臼，还是要写几句感谢的话。

首先要感谢我的父母，是他们给了我生命。母亲虽已离我而去，但始终难忘儿时她寻我回家的呼唤，难忘她嘱我保重身体的叮咛，更难忘她病重时看我不舍的眼神。每当我遇到困难，都仿佛看到母亲在望着我，要我坚强！父亲是个不苟言笑的人，但我仍记得，在我考上县一中时，他把自行车骑得飞快。在我的印象中，大概那是他最快乐的时刻。

妻子是个快乐达观的人，她对我的无欲无求和宽容让我倍感幸运。只是我是一个言辞吝啬之人，希望以后能多加补偿，让我内心的感激使她心知。儿子顺利地渡过了青春期，性格平和、安静。我不求他成功成才，只愿其平安、快乐一生。

感谢原单位，在离职时授予我“杰出贡献奖”的荣誉。感谢不同时期领导、专家对我的无私帮助。感谢曾经共同战斗的战友、兄弟、同事们，在我离别致辞之际，你们全体起立为我鼓掌，那一刻，我至今难忘！

感谢最高人民法院的冯小光庭长为我作序，他深厚的理论功底和丰富的实践经验让我深受教益。

也感谢我的新同事们，你们深厚的法学功底和严谨的工作作风，时刻感染着我，并激励我不断前行。

本书能够再版，感谢中国建筑工业出版社的大力支持，责任编辑张智芊先生的细心、专业令我印象深刻。我的前同事黄丽芳女士在修订过程中也做了大量的工作，在此一并致谢。

王阳明云：“立志用功，如种树然，方其根芽，犹未有干；及其有干，尚未有枝；枝而后叶，叶而后花实。初种根时，只管栽培灌溉。勿作枝想。勿作叶想。勿作花想。勿作实想。悬想何益！但不忘栽培之功，怕没有枝叶花实？”以此与诸君共勉。

高印立

2018 年 9 月于北京

第一版
后　记

经过一年多的写作，书稿终于付梓，但心情却无法平静。虽然繁忙的工作让我只能在业余时间写作，但学习和实践中所遇到的哪怕是一丝疑惑，也足以让我迸发出无穷的灵感。对此，我心存感激。

在写作过程中，许多法律问题的追问都曾让我兴奋、纠结以至夜不能寐。幸运的是，时常有一位智者给我提示方向，他就是最高人民法院的冯小光法官。他深厚的理论功底和丰富的实践经验让我深受教益。

北京合森律师事务所的合伙人周显峰博士也提出了不少好的建议，和他就某些法律问题的探讨充满了智慧和乐趣。

亲人的无私付出和关怀能让我静下心来专心写作，他们是我动力的源泉。我的同事们在工作上也给予了我大力的支持和帮助，在此一并致谢。这些话虽然不免有些俗套但却真实，只是名字不再罗列，希望我们彼此心知。

对工程法律问题的思辨与实践，让我充实并快乐着，我会继续前行……

高印立

2012 年 4 月于北京